U0572562

〔英〕弗雷德里克·埃奇沃思·摩根 著

章和言　周文璇 译

# 霸王序曲

*Frederick Edgworth Morgan*

# OVERTURE TO OVERLORD

WUHAN UNIVERSITY PRESS
武汉大学出版社

**图书在版编目(CIP)数据**

霸王序曲/(英)弗雷德里克·埃奇沃思·摩根著;章和言,周文璇译. —武汉:武汉大学出版社,2024.7
让历史感同身受
书名原文:OVERTURE TO OVERLORD
ISBN 978-7-307-24413-9

Ⅰ.霸… Ⅱ.①弗… ②章… ③周… Ⅲ.弗雷德里克·摩根—回忆录 Ⅳ.K835.615.2

中国国家版本馆 CIP 数据核字(2024)第 106483 号

责任编辑:蒋培卓　责任校对:汪欣怡　装帧设计:韩闻锦

出版发行:**武汉大学出版社** (430072　武昌　珞珈山)
　　　　(电子邮箱:cbs22@whu.edu.cn 网址:www.wdp.com.cn)
印刷:湖北恒泰印务有限公司
开本:787×1092　1/32　印张:11　　字数:276 千字　　插页:2
版次:2024 年 7 月第 1 版　　2024 年 7 月第 1 次印刷
ISBN 978-7-307-24413-9　　定价:86.00 元

# 出版说明

　　本书为弗雷德里克·摩根 *OVERTURE TO OVERLORD* 一书的译本。为了提升阅读体验，帮助广大读者更深入地了解书中的人物性格、情节发展及历史背景，本书译者在翻译过程中添加了详尽注释，对关键信息点进行了解释和拓展。同时，本书特别补充了多幅插图，生动再现了书中描写的场景与人物。因书中所描绘的事件发生于第二次世界大战期间，书中插图多源自档案资料公开的图片信息，我们已尽力确保使用的合法性，但难免有所疏漏，如给相关版权所有者带来不便，我们深表歉意，并恳请相关版权所有者及时与我们联系。此外，因国内外出版规范不同，我们依据国内出版规范，将序言放在目录前，并将他序放在自序前，特此说明。

武汉大学出版社

"霸王计划"牵头起草人，英国陆军中将弗雷德里克·埃奇沃思·摩根（Frederick Edgworth Morgan，1894—1967），昵称"弗雷迪"。1913年毕业于伍尔维奇皇家军事学院，一战时任炮兵中尉参谋，后被派驻印度服役，1932年1月任印度军司令部皇家炮兵二等参谋。1936年3月任陆军部人事处二等参谋。1937年12月任陆军部助理军事秘书。1938年5月任英国第3步兵师一等参谋。1939年8月任第1装甲师师长、第1增援兵团司令，"二战"爆发后率军参加法国战役。1940年11月任第2集团军参谋长。1941年2月负责筹建并担任德文＆康沃尔郡步兵师师长，10月任第55步兵师师长。1942年5月任第1集团军司令，晋升中将。1943年4月担任盟军最高司令参谋长，负责制订"霸王计划"。艾森豪威尔担任盟国远征军最高司令后，比德尔·史密斯任参谋长，摩根在1944年1月改任副参谋长。"二战"后曾作为英国政府代表参与德国恢复重建和英国原子弹研制工作。1946年12月退役。

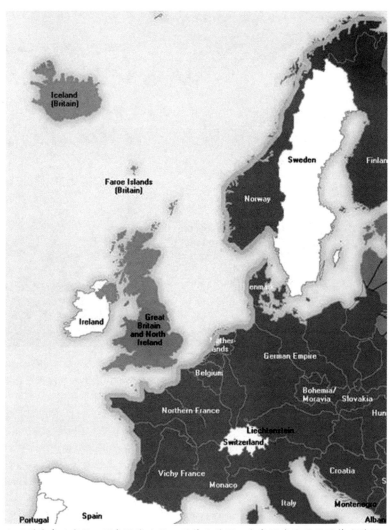

大西洋战争示意图。黑色区域为轴心国势力范围；灰色区域为同盟国势力范围；白色区域为中立国。

1945年5月7日，法国兰斯，德国签署无条件投降书。正面盟军代表，左起：盟
国远征军副参谋长、英国陆军中将弗雷德里克·摩根，法国国防军副参谋长弗朗
索瓦·塞维兹（François Sevez）中将，盟国远征军最高司令艾森豪威尔的副官、美
国海军上校哈里·布彻（Harry Butcher）（站立者），盟国远征军海军司令、英国皇
家海军中将哈罗德·伯勒斯（Harold Burrough），盟国远征军参谋长、美国陆军中
将比德尔·史密斯（Bedell Smith），苏军中尉、翻译伊万·切尔尼亚耶夫（Ivan
Cherniaev）（靠后坐者），苏军驻法国代表伊万·苏斯洛帕罗夫（Ivan Sousloparov）
少将，美国战略航空兵司令卡尔·斯帕茨（Carl Spaatz）中将，盟国远征军副参谋
长、英国皇家空军中将詹姆斯·罗布（James Robb）。会议桌对面德军代表一侧，
左起：德国海军总司令汉斯-格奥尔格·冯·弗里德堡（Hans-Georg von
Friedeburg）海军大将，德国国防军最高统帅部作战部部长阿尔弗雷德·约德尔
（Alfred Jodl）大将，最高统帅部作战部少将参谋、约德尔的助手威廉·奥克西纽
斯（Wilhelm Oxenius）。

1944 年 4 月 18 日的法国加来海岸，遍布着德军设置的障碍物。

1944 年 5 月底或 6 月初，美军的 M4"谢尔曼"坦克已经装上坦克登陆艇，准备参加诺曼底登陆行动。

1944年6月4日或5日，英军第6空降师第22独立伞兵连的士兵正在听取战前简报。

1944年6月6日凌晨，被称为"探路者"的英军突击队员正在对表校准时间，他们将先行空降到诺曼底内陆，为后续滑翔机部队着陆标示位置。他们身旁停着的是一架英国阿姆斯特朗＆惠特沃思公司生产的"阿尔伯马尔"双引擎运输机。

1944年6月6日，被击沉的美军登陆艇上的幸存者爬上奥马哈海滩。

1944年6月6日，奥马哈海滩，美军前两轮攻击波的第16混编战斗队（RCT）第3营官兵正在一处悬崖的掩护下休息。

1944 年 6 月 6 日，奥马哈海滩上等待后送的美军伤兵。奥马哈海滩是诺曼底登陆行动中战斗最为激烈的海滩，当日美军伤亡超过 2500 人，因此又被称为"血腥奥马哈"。电影《拯救大兵瑞恩》中开始那一段经典的战争场面就取材自奥马哈海滩。

1944 年 6 月 7 日，美军第 2 步兵师增援部队抵达奥马哈海滩。

美军的装备和补给源源不断运抵诺曼底奥马哈海滩。

1944年6月6日，正在犹他海滩登陆的美军。

1944 年 6 月 6 日，美军第 4、第 8 步兵师官兵正在翻越犹他海滩的防波堤。

1944 年 6 月 6 日，正在金滩登陆的英军第 47 突击队和坦克登陆艇。

英国皇家海军"劳福德"号护卫舰(HMS Lawford),被改装为诺曼底登陆的前沿指挥舰。照片中可以看到军舰的上层结构进行了扩建,用于容纳更多的参谋人员,还加装了一根较小的主桅,以支撑更多的无线电通讯天线。1944年6月8日,该舰在朱诺海滩附近指挥作战时,在德军空袭中被击沉。

正在为登陆部队提供火力支援的美军"内华达"号战列舰。

**左上**：1945年的盟国远征军最高司令、美国陆军五星上将德怀特·艾森豪威尔。

**右上**：盟国远征军最高司令参谋长、美国陆军中将沃尔特·比德尔·史密斯（Walter Bedell Smith）。史密斯从1942年9月就开始担任艾森豪威尔的参谋长，人称"大管家"，与艾森豪威尔合作融洽。因此，1944年1月艾森豪威尔就任盟国远征军最高司令后，让史密斯继续担任参谋长，而本书作者摩根中将则被大方地改任副参谋长，并出色地完成了各项工作，直到"二战"结束。

**左下**："二战"后期的英国第一海务大臣安德鲁·坎宁安（Andrew Cunningham）元帅。1940年11月他指挥航母编队空袭意大利塔兰托军港，重创意大利海军，首开舰载机袭击军舰的先河。

**右下**：1944年2月，盟军东南亚战区总司令蒙巴顿海军上将在缅甸若开前线视察。他是维多利亚女王的曾外孙、英王乔治六世的表弟，父亲巴腾堡亲王原来是德国王室成员。1942年3月至1943年8月任联合作战司令部司令，为策划横渡海峡行动发挥了重要作用，对本书作者摩根的帮助很大。战后曾担任印度总督，提出"蒙巴顿方案"，使印度和巴基斯坦分治。1979年因所乘游艇被爱尔兰共和军炸弹袭击身亡。

左上：1945 年，盟军地中海战区总司令、英国陆军元帅哈罗德·亚历山大（Harold Alexander）在他设在意大利卡塞塔王宫的司令部里。

右上：绰号"巴哥犬"的英国国防大臣参谋长黑斯廷斯·伊斯梅（Hastings Ismay），他非常成功地在丘吉尔和参谋长们的严峻关系中扮演了润滑剂的角色。

左下：1943 年 5 月死于空难的欧洲战区美军总司令弗兰克·麦克斯韦·安德鲁斯（Frank Maxwell Andrews）中将，他是美国空军的创始人之一。

右下：接替安德鲁斯的欧洲战区美军总司令雅各布·德弗斯（Jacob Devers），主要负责在英国集结、储备参与"霸王行动"的兵员和物资，并实施对欧洲敌占区的战略轰炸。他也是后来登陆法国南部海岸的"龙骑兵行动"指挥官。

**左上**：盟国远征军副参谋长、美国陆军少将雷·巴克（Ray Barker），"霸王计划"的牵头策划人之一，他作风务实，处事干练，而且非常了解英国人的习惯和传统，是本书作者摩根中将的好搭档。

**右上**：英国皇家海军元帅菲利普·路易斯·维安（Philip Louis Vian），他几乎参加了"二战"中皇家海军在大西洋、地中海和太平洋所有的重大作战行动，堪称"二战"英国海战史上的活字典。

**左下**：加拿大远征军司令、加拿大第1集团军司令安德鲁·麦克诺顿（Andrew McNaughton）。

**右下**：南非总理扬·克里斯蒂安·史末资（Jan Christiaan Smuts），他是"英联邦"这一概念的创始者，对国际联盟和联合国的成立均作出了很大贡献。

"二战"时期负责被占领欧洲盟国外交事务的美国陆军少将小安东尼·约瑟夫·德雷克塞尔·比德尔（Anthony Joseph Drexel Biddle, Jr.），为"霸王行动"的策划、实施和欧洲盟国战后重建均作出了重要贡献。比德尔家境富裕，常常一身名牌，衣着光鲜，这张照片曾经登上1943年10月4日《生活》周刊封面，称他从波兰逃亡途径罗马尼亚，在躲避德军轰炸时行头依然一丝不苟，到了20世纪60年代他还被选为最会穿衣服的人。

美国陆军航空队总司令亨利·哈利·阿诺德（Henry Harley Arnold），绰号"哈普"（Hap），意思是"快乐的阿诺德"。1911年就跟着莱特兄弟学习飞行，是美国陆军的首批飞行员之一，被称为"美国现代空军之父"。"二战"期间，阿诺德指挥着世界上最庞大的空中力量，包括15个航空队，下辖234个作战航空大队，共计250万人，约7万架飞机。1946年，阿诺德以陆军五星上将衔退役。1947年美国国会通过"国家安全法"，正式批准陆军航空队脱离陆军，组建独立的美国空军。1949年5月，在美国空军成立2年后，阿诺德被改授为空军五星上将，所以他也是美国历史上唯一的陆军、空军双料五星上将。其回忆录《全球使命》（Global Mission）由"让历史感同身受"丛书策划人、本书译者章和言先生完成翻译，上海译文出版社2019年5月出版。

# 序

1942 年 4 月，英美政府一致认为，要全面击败德军，盟军必须跨越英吉利海峡，发动一次全面进攻，若条件允许，这一行动——随后被称为"霸王行动"——应当尽可能早日付诸实施。从那一刻起，这一目标便成了盟军在欧洲战场的行动纲领。然而，经过早期的详细测算，人们很快意识到，若要取得胜利，必须准备相应的军队、舰船、飞机与各种装备，而这一过程最少也要花上数月时间。

在等待实施"霸王行动"的过程中，盟军采取了一系列海陆空作战行动，抓住和控制主动权，削弱敌军力量，为盟友提供协助，改善在战略、后勤和士气方面的状况。与此同时，这些行动也能够改善战场态势，一旦盟军发动全力一击，将提高取得全面胜利的概率。北非战役采用的也是这种思路。

1943 年 1 月，在卡萨布兰卡会议上，联合参谋长委员会①认为，

---

① 联合参谋长委员会(Combined Chiefs of Staff)，美、英战时进行合作的联合机构之一。太平洋战争爆发和美国参战后，罗斯福和丘吉尔在阿卡迪亚会议上达成协议，于 1942 年 1 月宣告成立。该机构设在华盛顿，成员为美、英的陆海空三军参谋长(或其代表)、约翰·迪尔(代表丘吉尔)和威廉·莱希(1942年 7 月起代表罗斯福)。其权限最初只是根据战略方针制订军需计划、规定分配现有武器的方针、解决海外作战行动的先后次序等。同年 4 月 21 日起，扩大权限为涉及全盘"战争的战略指挥"。每周召开一次会议，一般由美军参谋长联席会议和英军参谋长委员会预先分别研究后，再提交该委员(转下页)

为"霸王行动"制订详细登陆计划的时刻已经来临。在此之前，这一行动仅仅是一个经过一致同意的设想。聚集在伦敦的盟军参谋人员选择了弗雷德里克·摩根中将，即本书作者，作为这一工作的负责人。不得不说，他们十分幸运。

在几个月的时间里，摩根将军和他的助手们不辞辛劳地展开了调查研究，制订了一系列的整编计划、训练计划、作战和后勤计划。首先，这是一次多兵种的协同作战，更为困难的是，摩根将军是盟军最高司令的参谋长，但当时连最高司令官的人选都尚未确定，这意味着他必须承担两个角色的职责，不仅要预测未来最高司令官可能作出的重要决策，还必须向两国军政首脑证明这些决策的合理性，这并非易事。从结果来看，尽管比起最终付诸实施的计划，摩根将军所制订的计划略显局限，但他所做的工作仍然具备极强的实用性，并取得了显著效果。当得知自己被任命为欧洲战区最高司令官时，我还在非洲，对于摩根将军负责的这项计划知之甚少，但从手头上掌握的信息来看，计划中最初设想的攻击正面过于狭窄。由于当时无法亲自前往伦敦，我向我的参谋长史密斯中将以及陆军元帅蒙哥马利（当时是陆军上将）表达了这份担忧。

当时，蒙哥马利正准备前往新战区，我便命令他在我到达伦敦之前代表我对初步计划进行考察，重点在于确定是否有扩大战线的可能性。蒙哥马利认为这一问题至关重要，随后对战线进行了扩大。然而，我们不能因此责怪摩根将军。人们必须明白，摩根将军只能在联合参谋长委员会分配的资源内尽可能制订出最佳计划，而我作为指挥官，总是坚持要拿到更多的资源，尽管这需要时间。我扩大

---

（接上页）会讨论和调整。重大战略决策则在罗斯福与丘吉尔举行的两国首脑会议上共同作出。该委员会常指派若干研究特点问题的专门小组委员会。战后维持到 1949 年 9 月 28 日宣告结束。——译者注

战线的决定得到了摩根将军的大力支持。而且，由于我有一位在"二战"这几年里一直跟随我的参谋长，摩根将军大方地接受了副参谋长这一职位，继续在盟国远征军最高司令部任职，并出色地完成了各项工作，直到德国战败。对我们这些初来乍到最高司令部的新人来说，摩根将军丰厚的知识储备与极强的工作能力无疑是一份宝贵的财产。

"霸王行动"是如何从一个战略构想最终发展成为一个进攻计划的，没有人比摩根将军更有资格对这一过程中发生的重要事件与关键问题作出记录。他为两国政府提供了优异的服务并获得了双方的认可，这一点从他胸前的勋章便可看出。摩根将军自发将那些艰苦卓绝却颇有成就的日子记录下来，由他完成这部著作，我们不胜感激。

德怀特·戴维·艾森豪威尔①

陆军部，参谋长

华盛顿

1947 年 3 月 13 日

---

① 德怀特·戴维·艾森豪威尔（Dwight David Eisenhower, 1890—1969），美国第 34 任总统，昵称"艾克"（Ike）。1915 年毕业于西点军校，当时在班上排第 61 名，只得到军士长的军衔。1929 年被派到陆军部助理部长办公室工作。1933 年 2 月调到陆军参谋长道格拉斯·麦克阿瑟手下，1935 年麦克阿瑟到菲律宾任军事顾问，他继续担任其助手。由于艾森豪威尔熟悉菲律宾和太平洋地区的军事情况，更有丰富的参谋工作经验，在"珍珠港事件"发生后第 5 天，陆军参谋长马歇尔即电召他速回华盛顿，先后在参谋部任作战计划处副处长、处长。1942 年起先后任欧洲战场美军司令、北非战场盟军司令，晋升中将、上将。1944 年任盟国远征军最高司令，成功策划指挥了盟军开辟欧洲第二战场的诺曼底登陆战役。1944 年 12 月晋升五星上将。1945 年 11 月回国接替乔治·马歇尔任美国陆军参谋长。1948 年 2 月退役，任哥伦比亚大学校长至 1953 年。1952 年作为共和党总统候选人参加竞选总统获胜，成为美国第 34 任总统，1956 年再次竞选获胜，连任总统。——译者注

# 自 序

关于 1939 年至 1945 年世界所经历的一切，在未来一段时间内恐怕还无法看到什么值得一读的描述。人们往往看到的是台前上演的剧目，短时间内对幕后所发生的事却知之甚少。

这是一场史无前例的战争，聚焦了全人类的目光，尽管如此，在战争结束后，与此相关的记忆却以惊人的速度开始模糊。战争开辟了广阔的战场，耗时漫长。由于战场距离跨度极大，我们不得不学习大量地理知识。自战争平息以来，世界日新月异，事物层出不穷，人们更多地专注于眼前的事物，脑海中满是对未来的畅想。有时候，人们可能会感到疑惑：记录历史，意义何在？又有何人受益？

万事随风去，内心终将在某个时刻得到安宁。正如我们可以考察先辈所经历的苦难并从中受益一样，我们的后代也将从我们笔下关于 1914 年、1939 年开始的两次世界大战的记录中得到启迪。

我们所受的苦难不应枉费，应当忠实地将关于这些苦难的历史记录下来，以供后人参阅。真相难觅，因此我认为，在它们蒙尘之前，应当以某种方式确定下来。

对于军事事务来说，《英国野战勤务条例》所规定的做法值得称赞。它要求从最高至最低每一级作战单位的指挥官都写战争日记。从理论上看，这一做法能够保证英国最终得以对战争的主要记录进行汇编。然而，实践与理论往往背道而驰。记叙能力并非当选指挥官的必备条件。即使战争日记中记录的事件足以撼动世界，但其文字仍可能无比枯燥。同时，尽管人们尽可能采取一切措施来保证士兵存活率，但战争天生具备破坏性，伤亡必然在日记中占有一席之地，任何军队都难以幸免。

因此，我认为，若有机会，对自己的所做所言所想仍记忆犹新的人便有义务将它们记录下来，无论军衔、无论级别，毕竟许多从前人那里承继而来的知识，也并非全由那些身居高位之人写就。

在本书中，我会尽力将我所了解的英美同盟时期发生的故事记录下来。也许故事本身并无特别之处，但它们将是对艾森豪威尔将军所领导的壮举所作的首次书面描述。

要将这些故事与全局联系，最好在这里写一些关于战争最后几年的编年史，这段岁月中，爆发了我们大多数人有生之年里的第二次战争。然而，即使仅仅是概括这几年的战争历程，对读者来说亦不啻为一种负担。因此，我仅对1943年间——即本书将要讲述的那年——世界上所发生的事情进行介绍。

1942年10月与11月，盟军分别从位于非洲东部的阿拉曼、西部的阿尔及尔以及南部的乍得湖，对隆美尔的非洲军团发起了联合攻势。作为报复措施①，德军于"一战"停战纪念日（11月11日）这天，开进了此前一直未被占领的法国领土，将其前哨基地推进到了

---

① 1940年6月22日法国签署停战协定后，其北部领土沦为德军占领区，维希政府控制的南部领土被称为"自由区"，面积为30万平方公里左右，约占法国本土领土面积的五分之二。1942年11月8日，盟军在法属北非登陆成功，希特勒随即下令德军实施"安东行动"（Case Anton），与意大利军队联合出动，占领了法国南部。但维希政府作为傀儡政权仍然得到了保留。——译者注

里维埃拉①。这一年的 11 月，苏联人在斯大林格勒地区的伟大反击战开始了，在接下来的数周时间内，战况日趋激烈，直到 1943 年 2 月，以那里德军的投降而告终。

1943 年 1 月，在世界的另一端，美军与澳军开始在新几内亚岛与瓜达尔卡纳尔岛斩断日本势力范围最南端的触手。也正是在 1 月，德军对列宁格勒的围困开始被突破，与此同时，苏联人在高加索战线上也频频传来捷报。一直以来，以英国为基地对德国实施的空袭行动都在持续加强。美国的重型轰炸机在这个月首次对第三帝国本土进行了打击。

3 月初，日本联合舰队试图穿越俾斯麦海、前往新几内亚岛的行动遭到空军的阻截，损失惨重。同月，美军对阿留申群岛中的基斯卡岛进行了狂轰滥炸，来自印度的英国皇家空军对缅甸战线的目标进行了轰炸。苏军宣布将在伊尔曼湖地区对德军发起新的攻势。

4 月，从北非东西两翼分别推进的军队首次会师，胜利在望。到了 5 月，北非的战事就结束了。在这个月，英国本土的皇家空军实施了令人难以置信的突袭，摧毁了德国西部的慕恩大坝和埃德大坝。②

---

① 里维埃拉(意大利语：Riviera)，自中世纪已有此词，原本指意大利利古里亚的海岸，后来泛指意大利地中海沿岸和法国的蔚蓝海岸地区。里维埃拉地区被认为是世界上最奢华和最富有的地区之一，受地中海式气候影响，区域内植物种类多，花卉四季均可栽种，岸边景象嵯峨壮丽，是休闲度假的天堂。在 1942 年 11 月的"安东行动"中，意大利第 4 集团军占领了这一地区。——译者注

② 指惩戒行动(Operation Chastise)。1943 年 5 月 16 日至 17 日，英国皇家空军第 617 中队的"兰开斯特"轰炸机对鲁尔河流域的三座水坝实施了轰炸，在空袭中使用了英国工程师巴恩斯·沃利斯发明的专门针对水坝的特殊炸弹"跳弹"，攻破了其中慕恩河(Möhne)和埃德河(Eder)上的两座水坝，破坏了水力发电系统，造成洪水泛滥，对下游农业、工业生产都造成了一定破坏。"兰开斯特"轰炸机为此获得"水坝克星"的绰号。1955 年，英国拍摄了反映"惩戒行动"的电影《轰炸鲁尔水坝记》(The Dam Busters，也可直译为《水坝克星》)。——译者注

6月，英军占领了潘泰莱里亚①与兰佩杜萨②这两座位于地中海的小岛。皇家海军前往斯匹茨卑尔根岛③。美军登陆了新乔治亚群岛与新几内亚岛。

7月，德军在东线发动了最后一次大规模进攻行动，但进展甚微，还损失惨重。同月，英军与美军在西西里岛登陆，罗马周边遭到了轰炸。来自澳大利亚的空军对爪哇岛也进行了轰炸。7月末，墨索里尼下台。

---

① 潘泰莱里亚岛（Pantelleria Island），意大利火山岛，位于地中海，在西西里岛和北非突尼斯之间，扼守西西里海峡咽喉，具有重要战略位置。面积83平方公里，是西西里最大的火山卫星岛。第二次世界大战时期，意大利墨索里尼政府在此建有机场和雷达站，同盟国护航队曾遭到岛上飞机的攻击。北非战事结束后，盟军准备登陆西西里岛，潘泰莱里亚岛是必经之路。1943年6月11日，盟军发起"螺丝锥行动"（Operation Corkscrew），从空中和海上对该岛进行了数日猛烈轰炸，盟军登陆后守军投降，该岛遂成为盟军进攻西西里的空军基地。——译者注

② 兰佩杜萨岛（Lampedusa Island），意大利最南端、距离北非大陆最近的岛屿，也是地中海南部意属佩拉杰群岛中的最大岛屿。西距突尼斯113公里，北距西西里岛205公里，东距马耳他岛176公里，地理位置重要。在"螺丝锥行动"中，英国皇家海军"瞭望"号驱逐舰运载冷溪近卫团2营一部登陆，意大利守军不战而降。——译者注

③ 斯匹茨卑尔根岛（Spitsbergen Island），是挪威斯瓦尔巴德（Svalbard）群岛中最大的岛屿，靠近北极。1920年2月9日，英、美、法、意、日等18个国家在巴黎签订《斯匹茨卑尔根条约》，也称《斯瓦尔巴德条约》。1925年，中、苏、德等33个国家也加入了该条约。该条约使整个斯瓦尔巴德群岛成为北极地区第一个也是唯一的非军事区。条约承认挪威"具有充分和完全的主权"，该地区"永远不得为战争的目的所利用"。条约还规定，各缔约国的公民可以自主进入，在遵守挪威法律的范围内从事正当的生产和商业活动。"二战"爆发后，1940年4月德国占领挪威，德国人控制了该岛的油田和气象站；同时，根据当时的《苏德互不侵犯条约》，岛上还有一些苏联人居住。1941年6月苏德战争爆发后，英加联军登陆该岛。1943年9月8日，德国海军"提尔皮茨"号战列舰曾率舰队对该岛进行突袭，炮击和登陆破坏了岛上设施后安全撤回。——译者注

8月1日，美国空军对罗马尼亚的城市普洛耶什蒂①实施了轰炸。美军在南太平洋的实力日益增长，他们开始对日本占领的岛屿虎视眈眈。与此同时，苏军宣布在东线的别尔哥罗德与奥廖尔战役中取得胜利，并向哈尔科夫地区的德军展开进攻。罗马宣布不设防。美军与加拿大军队登陆了基斯卡岛。西西里岛敌军的抵抗全部停止。8月末，苏军收回了哈尔科夫及周边地区，对意大利的轰炸也在逐日升级。

9月初，第一批登陆开始从意大利的"脚趾"部位实施。几天后，意大利无条件投降，美国第5集团军于那不勒斯附近登陆。苏军宣布已夺回顿涅茨盆地。驻华美国陆军航空队轰炸了停留在香港港内的舰船。墨索里尼被德军救出，试图为重建轴心力量做出最后一搏。9月末，苏军的反击顺利进行，美军、英军与法军在意大利本土稳步推进。德军撤离了科西嘉岛与撒丁岛。

10月初，捷报频传，然而日军对中国大陆的侵略仍不断升级。苏拉威西岛遭到了轰炸。在阿尔滕峡湾，德军的"提尔皮茨"号战列舰在一艘袖珍潜艇的攻击下遭到损坏。葡萄牙人同意盟军入驻亚速尔群岛②以提

---

① 普洛耶什蒂(Ploiesti)，罗马尼亚南部城市，普拉霍瓦县首府。位于首都布加勒斯特以北56公里，罗马尼亚第九大城市。1857年该地建立第一座炼油厂，后随着普拉霍瓦油田的开发，逐步成为全国石油工业中心。1943年8月1日，美国陆军第9航空队在"海啸行动"中对普洛耶什蒂油田进行了猛烈空袭，给纳粹德国的石油供给造成沉重打击。——译者注

② 亚速尔群岛，位于北大西洋东中部的火山群岛，由9个火山岛组成，陆地面积2344平方公里，为葡萄牙海外领地，是欧洲、美洲、非洲之间的海、空航线中继站，战略和交通位置极其重要。第二次世界大战期间，葡萄牙是中立国，但在1943年8月17日，英国和葡萄牙签订《英葡协定》，同年10月12日，英军在亚速尔群岛登陆。1944年11月28日，葡萄牙又同意美国建设空军基地，建在特塞拉岛上的拉日什和圣玛丽亚岛上的圣玛丽亚两座空军基地，是连接美国与欧洲战场的交通中心，也是盟军在大西洋进行反潜作战的重要基地。气象卫星问世之前，从亚速尔群岛收集和传送的气象资料对欧洲的气象预报至关重要。——译者注

供方便。斯科普里①与希腊的一些目标地区开始遭到轰炸。10月末，苏军孤立了克里米亚。孟加拉大饥荒的阴影日益临近。②

在整个11月，苏军向西大举进攻。基辅重新回到了苏联手中。在意大利，盟军逐步靠近德军的"冬季防线"，并于12月1日取得突破。

日军在西南太平洋地区的前哨基地遭遇了强度空前的轰炸。在圣诞节的前夜，同盟国公布了在开罗会议③与德黑兰会

---

① 斯科普里(Skoplje)，北马其顿共和国首都，也是北马其顿最大都市，全国总人口的三分之一居住在该市。自古罗马以来就是北马其顿地区的政治、经济和文化中心。"一战"后成为新成立的南斯拉夫王国的一部分。"二战"爆发后，1941年4月7日被德军占领，之后又划给了保加利亚。1944年9月被解放，成为南斯拉夫加盟共和国马其顿的首都。1991年成为自南斯拉夫独立的马其顿共和国首都。2018年6月，马其顿改名"北马其顿共和国"。——译者注

② 1943年孟加拉大饥荒：孟加拉在历史上是一个饥荒多发地区。当地有着庞大而密集的人口，英属印度时期曾发生过十几次大饥荒。时至今日，粮食安全在当地仍然是一个至关重要的问题。1943年的孟加拉仍是英属印度的一部分，当时战争和印度独立运动主导着印度人的意识，人们都把注意力放在了这两个重大事件上，而隐藏在背后的大饥荒却被各个阶层有意无意地忽略掉了。这次大饥荒一开始并不为世人广泛所知，其主要原因是当时正处于"二战"期间，世界性大战转移了各国的视线。事实上，这次大饥荒导致300多万孟加拉人死亡，很多人只能靠吃草和人肉生存，这次饥荒给孟加拉乃至印度造成了沉重的灾难和深远的影响，是人类历史上的一大悲剧。——摘自重庆师范大学朱四维2017年硕士学位论文《1943年孟加拉大饥荒研究》

③ 开罗会议：第二次世界大战期间美、英、中三国首脑和美、英两国首脑先后在开罗举行的两次会议。第一次开罗会议，代号"六分仪"。1943年11月22日至26日，罗斯福、丘吉尔前往出席德黑兰会议途经开罗时同蒋介石举行的会议。联合参谋长委员会成员以及蒙巴顿、史迪威等与会。主要讨论对日作战和如何处置战败后的日本等问题。会议最后就发表《开罗宣言》达成协议。此次会议为大战期间唯一的一次中、美、英三国首脑会议，对于加速打败日本和战后处理亚洲问题起了积极作用。1943年12月3日至6日，罗斯福、丘吉尔在德黑兰会议结束后返国途经开罗时，又举行了第二次开罗会议。联合参谋长委员会成员与会。12月4日土耳其总统伊诺努到达参加了（转下页）

议①上讨论达成的部分成果。

如果要对以上的历史作个总结，那便是无尽的"热血、眼泪、辛劳、汗水"②。八个字也许过于简短，但纵观全局，这就是事实。也正是在上述背景下，这场西线舞台的最后一幕大戏正准备粉墨登场。

谨以此书献给所有为这一幕之准备提供帮助的人们，无论你们来自英国抑或美国，也献给在剧变与苦难中成长起来的、盎格鲁-美利坚之间那真正团结一致的精神，这一诞生于滔天罪恶③中的美好。本书仅为个人叙述，因此无法对事情的发展进行十分全面的描写。在我笔下的故事背后，还存在着许多其他奇遇，闪烁着其他人物的智慧，我希望有一天，考萨克的其他成员们也能够将他们的故事记录下来。也许这样，在我无意中将他们遗漏时，他们便能纠正我的错误，正如过去他们所做的一样。

---

（接上页）有关会谈。会议确认登陆法国开辟第二战场为 1944 年的主要战役，同意任命艾森豪威尔为"霸王行动"的盟军最高统帅。12 月 7 日发表《美英土三国开罗会议公报》。——译者注

① 德黑兰会议：第二次世界大战期间苏、美、英三国首脑的第一次会议，代号"优里卡"。1943 年 11 月 28 日至 12 月 1 日在伊朗首都德黑兰举行。1943 年大战出现根本转折，苏军在苏德战场展开大反攻；英美盟军解放北非后攻入意大利南部，意大利被迫投降；太平洋战场美军也转入战略反攻。在此形势下，美、英、苏均需要在军事和政治上协调彼此的行动。经美国主动同苏、英协商后，决定举行此会议。除罗斯福、丘吉尔和斯大林外，霍普金斯、艾登、莫洛托夫以及三国军事领导人等均出席会议。会议最后发表了《德黑兰宣言》《苏美英关于伊朗的宣言》和《苏美英三国德黑兰总协定》。此次会议达成了开辟第二战场的协议，使苏、美、英三国在反法西斯战争中的军事合作达到了顶峰；同时就处理战后欧洲和世界问题以及苏联参加对日作战问题交换了意见，加强了苏、美、英三国的团结与合作，对促成反法西斯战争的胜利起了积极作用。——译者注

② 此处作者借用了 1940 年 5 月 13 日丘吉尔受命重新组阁时向英国下议院发表的演讲《热血、辛劳、眼泪和汗水》。原文是："正如我曾对参加本届政府的成员所说的那样，我要向下院说：'我没什么可以奉献，有的，只是热血、辛劳、眼泪和汗水。'"——译者注

③ "滔天罪恶"，指法西斯国家发动的侵略战争。——译者注

最后，我一定要感谢所有那些提供帮助的朋友——既有美国人也有英国人，他们或出于私交或出于公务，耐心地替我审校了这份源自我记忆的作品。

**弗雷德里克·E. 摩根**

1948 年 3 月

# 目　录

# 第一章　拉开序幕

1943 年 3 月 12 日，我乘着新苏格兰场的电梯缓缓上楼。正是在此地，我第一次听闻到一些关于"考萨克"事务的进展情况，接下来我将要讲述的崇高事业也由此展开。

当时我正前往联合作战司令部参加一场会议，电梯即将开动之际，海军上将路易斯·蒙巴顿①跨步走了进来，他刚刚结束与英军参谋长们的讨论。尽管电梯内挤满了各种军衔的乘客，他仍高声向我

---

① 路易斯·蒙巴顿（Louis Mountbatten，1900—1979），英国海军元帅。昵称"迪基"（Dickie）。维多利亚女王的曾外孙，英王乔治六世的表弟。蒙巴顿的父亲是巴腾堡亲王，原系德国王室成员，曾任英国第一海务大臣，但在第一次世界大战开始时爆发的反德浪潮中深受影响，被迫从海军部的岗位上退下来。蒙巴顿早年受教于皇家海军学院和剑桥大学。第二次世界大战开始时任第 5 驱逐舰分舰队司令，参与了反潜作战、挪威战役和克里特岛战役，其座舰"凯利"号两次受重创，最后被炸沉。1941 年 10 月任丘吉尔的联合作战顾问，参与策划和指挥了历次对挪威和法国海岸的登陆作战尝试。1942 年 3 月任联合作战司令部司令，晋升海军中将，成为参谋长委员会正式成员。后曾多次随丘吉尔参加重大的盟国会议。同年 8 月，指挥对法国港口迪耶普的突袭战，参战加拿大部队蒙受惨重损失，蒙巴顿也为此颇受非议，不过此次行动也为后来的诺曼底登陆战积累了宝贵经验。1943 年 8 月任盟军东南亚战区总司令，晋升海军上将，协调盟军在缅甸、马来亚和印度尼西亚的对日作战，直至战争结束。战后两次受封子爵和伯爵，历任印度总督、第四海务大臣、地中海舰队总司令、第一海务大臣兼海军参谋长、国防参谋长和参谋长委员会主席等职。担任印度总督时提出"蒙巴顿方案"，使印度和巴基斯坦分治。1956 年晋升为海军元帅。1979 年因所乘游艇被爱尔兰共和军炸弹袭击身亡。——译者注

表示祝贺。

回顾过去，追溯这一转折点的开端，我必须首先对"考萨克"的含义进行说明。"考萨克"——"COSSAC"，是当时授予我的头衔"盟军最高司令参谋长"（Chief of Staff to the Supreme Allied Commander）的英文首字母缩写。不得不承认，若要长期日常使用，这一称呼显得有些冗长拗口，因此需要尽快想出某种缩略形式，确保既能够向知情人士传达必要的信息，又不至于在公开使用时向那些无需知情或可能不正当利用相关信息的人士透露丝毫风声。"考萨克"这一表达方式简短精练，令人满意，但这一灵感并非产生于电光火石之间。我花了几天的时间思考，最终在一个大家都容易放松身心的时候想出了答案，当时我正在英国伦敦蒙特皇家酒店舒适的部队临时宿舍里泡热水澡。正如我们的战时首相常挂在嘴边的一句教导那样，"名字里有很多含义"。事实上，在许多时候，正是他本人要求保有为众多至关重要行动确定代号的权利。尽管他和"考萨克"这一名称并没有任何关系，但我想，如果听取他意见的话，他也会表示赞同，因为这一名称正好为我所要讲述的那一段历史奠定了基调。"考萨克"这一名称代表了真相，不掺杂任何虚假，但也并非说出了全部的真相。这一旧词新用①可以被视作我们所有计划的"主导动机"②，这些计划将在接下来的篇幅中陆续呈现。

---

① 这里的旧词新用，作者应该是指考萨克的英文字母"COSSAC"，与哥萨克一词的英文字母"Cossack"接近。"Cossack"源于突厥语，含义是"自由自在的人"或"勇敢的人"，哥萨克人是生活在东欧大草原的游牧社群，是俄罗斯和乌克兰民族内部具有独特历史和文化的一个地方性集团，在历史上以骁勇善战和精湛的骑术著称，并且是支撑俄罗斯帝国于17世纪向东方和南方扩张的主要力量，这也象征着盟军接下来要展开的军事行动。——译者注

② 主导动机（Leitmotiv），指一个贯穿整部音乐作品的动机。动机是音乐语汇的短小构成，通常的长度在一到两个小节。例如贝多芬第五交响曲的命运敲门的动机，这个动机就是整个命运的主导动机，整部交响曲就是由它构成，不单单在第一乐章中反复出现，在所有乐章都频繁变形出现。瓦格纳（转下页）

尽管"考萨克"实际上代表着以从西北部进入纳粹欧洲占领区为目标的宏大行动，但听起来却像莫斯科人的读音，因此自带某种欺瞒性质，这也是计划成功所不可或缺的。伟大的"石墙"杰克逊[①]曾说过："迷惑，误导，出其不意。"我们从制订作战计划之初便遵循着这一至理名言。在考萨克运作了几个月之后，我无意中听见两位法国官员带着明显的疑惑询问对方："'考萨克'是什么?"这令我颇感满意。这一名称得到了广泛使用，并在未来许多年里频繁出现在大量国家文件之中。

接下来，有必要将时间拨回到几个月前，去看看这一切究竟是怎么发生的。1942 年 5 月，我受命指挥第 1 军防区，军指挥部设在约克郡唐克斯特镇郊外的希克尔顿庄园。第 1 军下辖驻扎在林肯郡的第 48(南米德兰)师与驻扎在约克郡东雷丁海滩的第 55(西兰开夏郡)师。我在晋升前的那个冬天担任第 55 师师长。第 1 军防区的职责范围包括林肯郡和约克郡东雷丁海滩的一切军事相关事务。第 1

---

(接上页)是真正提出这一概念的作曲家，并影响了他所处时代的作曲家。他在自己的歌剧里用主导动机组织情节，用一特定的旋律表示某一概念，起到重要的剧情提示作用。——译者注

① 托马斯·乔纳森·杰克逊(Thomas Jonathan Jackson，1824—1863)，美国内战时期著名的南军将领，绰号"石墙"，弗吉尼亚州人。1846 年毕业于西点军校。参加过美墨战争。1951 年辞去联邦军职，到有"南方西点"之称的弗吉尼亚军事学院任教官。南北战争爆发后，尽管杰克逊反对奴隶制，但还是加入家乡一方。1861 年 7 月 21 日，在第一次马纳萨斯战役中，杰克逊率部镇守最后一道防线亨利豪斯山高地。北方军连续发起五次以团为单位的冲锋，危急时刻，负责指挥乔治亚旅的巴纳德·比准将振臂高呼："看，杰克逊像石墙一样屹立在那里!"南方军士气大振，又一次击溃了北方军的进攻，此役让杰克逊获"石墙"美称，他所率领的弗吉尼亚第一步兵旅从此也被称为"石墙旅"。1962 年 10 月晋升中将，任南方军第 2 军军长。1863 年 5 月因肺炎去世。——译者注

军的军部设在这里最初是由亚历山大①将军确定的。当时，亚历山大将军刚从敦刻尔克撤回来，第 1 军的主要任务自然是守卫当地免受可能出现的德国入侵。几个月以后，德国入侵的威胁逐渐减弱，于是部队进行了一系列的改革，工作重心从防御逐渐转换到为海外进攻行动做准备，同时精心建立起地方防御组织，当野战军执行其进攻纳粹占领区包括德国本土的任务时，由他们负责保卫本国的国土安全。这意味着组织、武装并装备了一支可能是英国历史上最优秀的陆军——英国本土军，并进一步开展了组建一支精良的民兵力量、预防空袭措施、疏散政府部门等一系列工作。这一过程充满了乐趣，我想主要原因应该是在这个过程中，大家第一次接触到了我们国家男女同胞们表现出来的那种真正的意志力。

1942 年 10 月，接到陆军部通知，让我去参加一个短暂的会议，之后便很快能回到唐克斯特。我也算得上是一名老兵了，而且还在陆军部干过参谋，谨慎起见，我带上了我的参谋长、副官、军需主任、两位分别负责作战与后勤事务的副参谋长，还有一个行李箱，装着至少足够在伦敦住一晚的物品。事实证明，这些准备十分明智，因为我再也没能回到唐克斯特。

---

① 哈罗德·亚历山大（Harold Alexander，1891—1969），伯爵，英国陆军元帅。"一战"中曾任爱尔兰近卫团第 2 营营长，并荣获战争十字勋章和杰出服务勋章。"一战"后被派遣到拉脱维亚担任军事顾问，指挥由德国和波罗的海国家士兵组成的兰德斯威尔旅与布尔什维克党武装进行作战。1926 年进入坎伯利参谋学院深造。1938 年 2 月任第 1 步兵师师长，"二战"爆发后随远征军开赴法国作战。1940 年 5 月，敦刻尔克战役中被提任第 1 军军长。1940 年 12 月任本土军南部军区司令部司令。1942 年 3 月任驻缅甸英军司令。1942 年 8 月起先后任中东战区英军总司令、盟军副总司令、第 18 集团军司令、第 15 集团军司令、地中海战区副总司令、意大利战区盟军司令、盟军地中海战区总司令等职。与蒙哥马利、艾森豪威尔等人配合默契，参与指挥了北非战役、意大利战役等一系列重大作战行动。"二战"后曾任加拿大总督、国防大臣。——译者注

1942 年早秋的时候，在组织军队训练的过程中，我意识到此时的士兵训练无需再集中于击退敌军可能在沃什湾①与洪伯河发动的入侵，由于他们可能被派遣到地球的任何一个地方作战，因此要训练他们适应非本土作战的能力。在远渡重洋到达某个国家后，他们可能会发现，那里的人们对待他们的态度千奇百怪，有些人会友善相待，有些人则怀有明显的敌意，这都是有可能的。根据各条战线的总体情况以及我所掌握的尚算全面的信息进行评估，我决定将我这微不足道的半克朗赌注押在英美联军对北非的进攻上。我将这一区域的地图收集到办公室，和我的高级指挥官以及参谋人员对各种可能性进行了探讨。

　　到达陆军部参加会议以后，我发现自己竟然下对了赌注，这种情况实在少见，因此我的心情反倒有些复杂。我收到一份正式文件，命令我的第 1 军在此次进攻北非的行动中听令于德怀特·D. 艾森豪威尔将军。此时，先遣舰队正准备分别从美国与苏格兰出发。

　　我心情复杂，是因为眼前就有一项安全问题。此刻急需的那一整套地图落在了我位于希克尔顿庄园的办公室里。我与下属对此次行动开展过详细的探讨，倘若我那时便知晓会有此次行动，而非仅凭猜测，我是断然不会这样做的。仓促的考虑常常得出惊人的正确结论，也最容易付诸实施，即什么也不做，不要强调这些仅仅是推测的东西的重要性，让整件事像老人的奇思妙想一样自行消散。事实上也的确如此。

---

① 沃什湾(The Wash)，是英格兰东海岸东安格利亚岛西北角的一个矩形海湾和河口，诺福克郡和林肯郡在这里交汇，是两郡与北海的接壤海域。它是英国最宽的河口之一，汇入了威瑟姆河(Witham)、韦兰河(Welland)、内内河(Nene)和大乌斯河(Great Ouse)。海湾风景优美，鸟类众多，是著名的英国国家自然保护区。——译者注

我一开始写这些，是忍不住把事情有多么的机缘巧合记录下来。正如一位令人尊敬的同事常说的那样，对于我们这些军人来说，"我们的职业全凭机遇"。后来，我偶然发现，此时发生在我身上的一切，全取决于陆军部拟定的某张表格上的几个铅笔字。按照惯例，表格的一栏写着名字，另一栏里空着，等着将任务填上去。在最初的表格中，紧挨着我名字写的任务与我此刻接受的任务截然不同。某个不知名的大人物用铅笔修改了这张表格，也许他早已忘了这件事。不过，现在再想改也有点儿晚了。

我的新任务包括，首先要把军指挥部从防区分离出来，对第1军进行彻底整编，整编后包括第1师和第4师，大部队驻扎在从东边的蒙特罗斯到西南的巴仑特雷这一区域，横跨了苏格兰南部。很快，代号"125部队"就编练完成了，我敢说，这是英国历史上所组建的最精良的远征军，正如俗话所说，他们已经武装到了牙齿。

作为这支小型集团军的头儿，我听命于艾森豪威尔将军。我的任务是准备在一旦需要时从地中海西部沿岸实施辅助登陆，巩固已取得的胜利成果，或是减轻随处可能出现的对己方不利的压力。由于担心我们可能会与经西班牙过境的德军产生正面冲突，艾森豪威尔将军不得不下令从海岸最西端，也就是位于地中海外面的卡萨布兰卡登陆，辉煌的战果也第一次把聚光灯投在了伟大的战士乔治·巴顿①

---

① 乔治·史密斯·巴顿（George Smith Patton，1885—1945），美国陆军上将。1909年毕业于西点军校。早期在骑兵部队服役。1916年任"一战"时候美国远征军总司令潘兴将军的副官，参加对墨西哥的武装干涉。第一次世界大战期间，巴顿曾任坦克训练学校指挥官，后率坦克部队赴欧作战。二十世纪三十年代末在军事学院深造，研究坦克战。1940年入装甲部队服役，历任旅长、师长，晋升少将。美国加入"二战"后，出任第1装甲军军长。1942年11月任代号"火炬行动"的北非登陆行动西部特遣部队司令官，率美军2个师在摩洛哥登陆。1943年3月调任第2军军长，在突尼斯战役中连战（转下页）

将军身上。若能完全避免德军借道西班牙而产生的冲突，远征部队便可能轻松突入直布罗陀海峡，更加迅速地消灭隆美尔沙漠军团的有生力量。英军在北非东西线捷报不断，德军入侵西班牙的威胁不再。我与由我指挥的第1军的主要任务本来是登陆地中海西海岸，次要任务是担任总预备队，在艾森豪威尔将军的指令下前往北非战场的任何地方，而这两项任务真正付诸行动的可能性也越来越小了。

在这段举棋未定的日子里，许多其他可能的方案被提了出来。我们受命考察登陆撒丁岛的可行性，代号"硫磺行动"，为准备大型两栖登陆作战提供了更多宝贵的经验。在此次模拟任务中，第1军将得到一个英国海军陆战队师和两个美国陆军师的增援，后者将直接从美国出发前往撒丁岛。当任务计划的准备工作都在顺利进行时，接到了终止任务的命令，我们受命将目光转向西西里岛。从一开始，征服西西里的行动规模就明显远超在北非与撒丁岛的行动，军这一级作战单位的兵力远远不够，因此，如今已成为历史的"爱斯基摩人行动"——西西里登陆计划的代号——的重担就落到了北非盟军的身上。顺带一提，这一作战方案为参谋学院未来的学生提供了许多有趣的研究方向以及可供计算测量的地点。将撒丁岛而非西西里岛作为继突尼斯后的下一个目标，在战略上是否更加有利，围绕这一点似乎是存在辩驳空间的。对这一问题的考量不能仓促而就，须经深

_____

（接上页）连捷；不久升任第7集团军司令并晋升中将，于7月率部参加西西里登陆战役，连克巴勒莫、墨西拿等重镇；同年11月因"殴打士兵事件"备遭舆论谴责，暂被闲置。1944年1月出任第3集团军司令，率部参加诺曼底登陆，攻克阿弗朗什，横扫布列塔尼地区，与友军一起解放法国；同年底在突出部战役中承担突击支援任务，解巴斯托涅之围。1945年3月率军渡过莱茵河，向德国腹地挺进，曾派军攻入捷克斯洛伐克；4月晋升上将；德国投降后，任美国驻巴伐利亚占领军司令、第15集团军司令等职；同年12月22日死于车祸。著有回忆录《我所知道的战争》。——译者注

思熟虑，在此时此地不便多着笔墨，但我建议未来学习战略的学生可以对此问题进行深入研究。

1943年2月4日，第1师被调离第1军，派往北非作为第1集团军的补充力量。3月初，第4师也脱离了第1军。以这样的方式，整个"125部队"逐步解散。经过测算，英国第1集团军的兵力也仅能扩充到这一程度，无法再容纳另一个"军"的建制，因此，第1军就得以留在英格兰进行重建，下一个新的目标在等着它。

与此同时，在卡萨布兰卡"安法酒店"召开的会议，使西方领导人有机会共同考察战略全局的情况。正是在这次会议上，大家认为，从西北进入欧洲给德军致命一击的时刻正在接近，甚至已经是时候了。这一决定的影响过于重大，即使是我们国家最伟大的人物也无法一口气消化，因此，他们决定，将在近期为这项宏大的计划任命一名指挥官。要提前如此之久为这一职位确定人选是不可能的，但同时，又确实有必要对所有与进攻纳粹欧洲有关的林林总总、或大或小的项目进行梳理和指导。因此，他们决定为那位待定的最高司令先任命一名参谋长。简而言之，这位参谋长的职责就是为所有准备工作"注入凝聚力和驱动力"。这句话的作者大家应该很容易猜到，因为，这位参谋长的人选就是我。

在进入我的故事之前，有必要再次回过头去，从一个全然不同的视角再来考察一下整个事件的背景。我在前文中讲到了一些涉及我本人的军事情况，但在这些情况背后还有一个更加重要的因素。盟军在北非登陆的一系列行动被统称为"火炬行动"。在此期间，我有幸结识了许多在日后工作中注定要密切合作的人，这些人的名字后来在世界上家喻户晓。

前面已经提到过，1942年10月我第一次调到德怀特·戴维·艾森豪威尔将军麾下。我只是在他离开伦敦奔赴位于直布罗陀的前进司令部之前，与他碰过面。按照英国军方的部署，由我指挥的"125部队"成了艾森豪威尔将军麾下的北路军。他的登陆军团由四支部队组成。由美军构成的西路军将在乔治·巴顿将军的指挥下登陆卡萨布兰卡，同样由美军构成的中路军将在劳埃德·弗雷登多尔①将军的指挥下登陆奥兰，东路军将在来自英国的肯尼斯·安德森②将军的指挥下登陆阿尔及尔，最后一支便是我的"125部队"，也就是北路军。我与肯尼斯·安德森同为奎达参谋学院的学生，也因此熟识。后来，我在非州见到了巴顿与弗雷登多尔。在离开伦敦的前夜，我

---

① 劳埃德·弗雷登多尔（Lloyd Fredendall，1883—1963），美国陆军中将。1940年5月任第5步兵师师长；10月任第4摩托化师师长。1941年8月任第2军军长。1942年7月任第11军军长；10月再次回到奉命参加北非战役的第2军担任军长；11月在"火炬行动"中担任三支登陆部队中人数最多的中路军指挥官。登陆后继续指挥第2军，参加突尼斯战役。1943年2月，他率领的部队在凯塞林山口战斗中被德军击溃，造成美军重大损失，为此被艾森豪威尔解除指挥权，任命乔治·巴顿接替他的职务。但在1943年6月仍晋升为中将，回到国内先后担任过中部防御司令部司令、第2和第8集团军司令，主要从事部队训练工作。1946年3月退役。——译者注
② 肯尼思·安德森（Kenneth Anderson，1891—1959），绰号"阳光"（Sunshine），英国陆军上将。出生于英属印度殖民地，1911年9月入伍，"一战"时在法国服役，索姆河战役首日负伤，获十字勋章。两次大战之间先后在巴勒斯坦和印度服役。1938年1月任第11旅旅长。"二战"爆发后参加英国远征军，在敦刻尔克撤退期间，1940年5月接替蒙哥马利任第3步兵师师长；回国后6月任第1师师长。1941年5月任第3军军长；12月任第2军军长。1942年4月任本土军东部司令部司令；8月任英国第1集团军司令，率军参加"火炬行动"。1943年1月，艾森豪威尔就任地中海战区盟军总司令后，授权安德森统一指挥法国第19兵团和美国第2集团军。安德森处事保守，不迎合上级和公众，与其他盟军高级将领的相处不太融洽。艾森豪威尔将军评价他："为人直率，有时候甚至有点儿粗鲁。"1943年6月，北非战事结束后，他从突尼斯回到英国，任第2集团军司令，参与诺曼底登陆行动准备工作。但由于亚历山大和蒙哥马利将军的反对，1944年1月后改任本土军东部司令部司令，12月调任东非司令部司令。"二战"后1946年2月任直布罗陀总督兼驻军司令。1949年6月晋升上将。1952年6月退役。——译者注

见到了艾克·艾森豪威尔，他的副司令马克·克拉克①将军以及参谋长沃尔特·比德尔·史密斯②，沃尔特更广为人知的绰号是"大管家"或"甲壳虫"。

尽管只是短暂的一瞥，但我仍时常感激在那时有机会亲眼看见艾克。我们一共见过两次面，都是在诺福克大厦内。第一次见面时，马克·克拉克刚从北非回来，他单枪匹马乘坐潜艇潜入北非，与法国高层商定合作事宜，为不久后登陆北非遭到相对较弱的抵抗铺平了道路。马克·克拉克从他的钱包里取出还没花完的差旅费，那是

---

① 马克·韦恩·克拉克（Mark Wayne Clark，1896—1984），美国陆军上将。1917年毕业于西点军校，随即前往法国参加"一战"。1940年3月任陆军战争学院教官，协助后来担任陆军地面部队司令的莱斯利·詹姆斯·麦克奈尔准将，组织了旨在提高美军作战能力的路易斯安那军事演习，为参加"二战"做准备。此次演习，参演兵力近40万人、机动车5万辆，深得时任陆军参谋长的马歇尔将军赏识。1941年8月从中校直接晋升准将，提任陆军助理参谋长。1942年1月任美国陆军地面部队副参谋长，4月晋升少将，5月任参谋长；6月调任驻英格兰陆军第2军军长，7月任欧洲战区美国陆军司令，参与拟定反攻欧洲的作战计划；10月任地中海战区盟军副总司令，协助总司令艾森豪威尔将军指挥登陆北非的"火炬行动"；11月晋升中将，年仅46岁，是当时陆军最年轻的中将。1943年1月任美国陆军第5集团军司令，率军参加意大利战役。1944年12月任盟军第15集团军群司令。1945年3月晋升上将，在美国陆军中也是最年轻的。欧战结束后曾任驻奥地利美军总司令、第6集团军司令、美军地面部队司令。1952年5月，克拉克接替西点军校的同学马修·李奇微将军任"联合国军"总司令，指挥朝鲜战争。1953年7月27日，克拉克代表联合国部队在板门店签署停战协定。——译者注

② 沃尔特·比德尔·史密斯（Walter Bedell Smith，1895—1961），美国陆军上将，绰号"甲壳虫"（Beetle）、"大管家"（Beadle）。1911年加入国民警卫队，曾参加"一战"，后在陆军步兵学校任教官。1941年任战争部总参谋部秘书长，1942年任美国参谋长联席会议和英美联合参谋长委员会秘书长。1942年9月起，先后任北非盟军司令部参谋长、欧洲盟军远征军最高司令部参谋长，协助艾森豪威尔将军指挥了北非战役、意大利战役和诺曼底登陆等重大战役。1943年和1945年曾代表艾森豪威尔分别接受意大利和德国的投降。"二战"后任驻苏联大使。1950年10月任中央情报局局长。1951年获上将衔。1953年退役，出任副国务卿。——译者注

一个帆布材质的包，塞满钱包的大面额纸币仍旧浸满了海水。他将钱包扔到了艾克的记事本上，嘴里说着什么。我以为那是美国军队中的专门技术用语，随后才发现并非如此。马克的话让艾克笑了起来，那是我第一次看到他那著名的笑容，也是他最常露出的表情，单单这一笑便能让任何一场战役中的部队去拼命。

第二次见面是在他去往直布罗陀前参加的最后一次会议上，我出席了那场会议。在那里，我又一次看到了他的笑容，但当时所有人都能感受到那笑容背后掩藏着的紧张气氛。后来我才知道之前发生了什么。作为一个对英国以及英国人的行事方法相对陌生的人，艾克在这里度过的几个月里，应该时常感到困惑。在他看来，我们似乎总是无法取得任何进展，但最终行动的时刻还是到来了。在默默无名中度过了大半辈子的艾克此时就站在这里，即将率领着一支精锐的远征军，投身到一次绝地冒险中，尽管经过了周密的筹划，这次冒险或许仍将成为一场壮烈的灾难。回想起那次短暂的会议，我深知，艾克已经考虑到了各种可能性，他还是面带着笑容，减轻了所有人的恐惧，为我们注入了信心，正是靠着这样的信心，我们最终取得了胜利。

基于我后来的个人经历，我可以想象艾克究竟经历过什么。在我看来，比起英国士兵的训练，美国士兵的训练在技术层面上更加完善，并且没有英军常有的半政治性的、社会性的训练。美国陆军驻地的生活，在许多方面应该类似于我们在英国海外军事基地中的生活。对于一位晋升迅速的美国将军来说，一定不太适应梅费尔①和白厅②的那种谨小慎微。普通人大概早已萎靡不振了，但艾克并非普

<hr>

① 梅费尔（Mayfair），英国伦敦威斯敏斯特的一个高端社区，靠近海德公园东侧。第二次世界大战时期是盟军高层将领和机构的驻地。——译者注

② 白厅（Whitehall），英国伦敦的一条街，连接着议会大厦和唐宁街。在这条街及其附近有国防部、外交部、内政部、海军部等一些英国政府机关。因此人们常用"白厅"作为英国行政部门的代称。——译者注

通人。他对问题的实质有着坚定的把握，对自己作出的判断决不让步，最重要的是他那永不屈服的幽默感。尽管刚开始的日子他也不太适应，但如果没有这段经历，接踵而来的挑战将会变得比实际上更加困难。

当艾克和马克·克拉克终于可以松一口气并出发前往直布罗陀时，"大管家"比德尔·史密斯将军则留在伦敦作为总负责人，同时也是英美两国之间沟通的桥梁。那段时间，包括随后而来的战事过程中，他一直忍受着比其他人都要痛苦的内心煎熬。正如许多伟大的军人先辈一样，在不断抗击外敌的同时，比德尔也被迫与自己内心的敌人作斗争。不过，他那顽强的意志让他在两个战场上均赢得了胜利。在登陆非洲的那个早上，在等待消息时，我试着去帮帮忙，和他愉快地聊了一个多小时，我们聊了各种话题，但就是不提及任何与登陆，特别是非洲登陆有关的事情。当时，他的胃非常不舒服，我希望这能够彻底转移他的注意力。不得不承认，在对话的前几分钟我还不确定这是否是个好主意。到了他要前往非洲的时候，我们已经可以相互体谅，这使得我们在后来的工作中也能够友好相处。

不过，大家都不会对军中这类事情着过多笔墨。也正是在那个时候，我第一次见到了詹姆斯·杜立特①将军，他前不久刚刚完成轰

① 詹姆斯·哈罗德·杜立特（James Harold Doolittle，1896—1993），昵称"吉米"，美国空军上将，杰出的特技飞行员和航空工程师。"二战"中率队首次空袭日本本土包括东京在内的数座城市，史称"杜立特空袭"，杜立特也因此成为美国人心目中的英雄。杜立特1917年10月加入美国陆军通信兵预备役部队学习飞行，"一战"中留在国内担任飞行教官。1920年7月转为陆军航空兵现役中尉。1922年9月4日，杜立特驾驶一架DH-4B型飞机，从佛罗里达飞到加利福尼亚，耗时21小时19分，途中仅加油一次，成为首个完成一天内横跨美国本土的飞行员，他此后也成为美军新机型的试飞员之一。（转下页）

炸东京的行动。很容易便能看出，他对自己为何身处此地也抱有疑惑。但所有人都能感受到他内心潜在的力量，就像其他许多杰出的美国人一样。支撑这种力量的只有一个伟大的信念，那就是穷尽一切方法，利用一切资源，去实现一个目标，一切都为了这一个目标，即消灭轴心国势力，尽早归家。我参加过一两次吉米·杜立特在诺福克大厦召开的会议，很高兴能听到他在非洲作战时摸索出来的一

---

(接上页)在航空兵工程学校进修后，杜立特继续进入麻省理工学院学习，1925 年 6 月获航空工程学博士学位。此后回到航空兵工程学校从事试验和教学工作，对"仪表飞行"技术的发展作出了重要贡献。1929 年，杜立特成为第一位不看舱外、仅靠仪表"盲飞"完成起飞和降落的飞行员。1930 年 2 月第一次退出现役转为预备役少校，进入壳牌石油公司，但还经常返回部队进行飞行测试工作，其间还赢得过施耐德锦标赛、本狄克斯航空竞赛和汤普森杯等航空赛事的冠军。"二战"爆发后，1940 年 7 月杜立特恢复现役，8 月随军事代表团赴英国考察空军建设和欧战形势。1941 年 12 月 7 日日军偷袭珍珠港后，杜立特于 1942 年 1 月 2 日晋升中校，调入陆军航空队司令部策划对日本本土发动空袭进行报复；4 月 18 日，杜立特率领 16 架经过满足短距离起降改装的 B-25"米切尔"轰炸机，从"大黄蜂"号航空母舰上起飞，轰炸了日本首都东京等几座城市。从战术上看，这次空袭战果不多，轰炸机在中国、苏联迫降时全部损失掉了；但从战略上看，这次行动极大鼓舞了美国军民的士气。自中国安全回国后，杜立特即被跳开上校军衔直接提升为准将，罗斯福总统亲授国会荣誉勋章。1942 年 6 月任第 4 轰炸机联队司令；9 月任第 12 陆军航空队司令，参加北非战役。1943 年 2 月任西北非战略空军司令兼第 12 轰炸机司令部司令；11 月任第 15 陆军航空队司令，12 月任地中海战略空军司令。1944 年 1 月任驻英国第 8 航空队司令，晋升中将，负责指挥对欧洲的战略空袭；德国投降后率第 8 航空队转战太平洋战区。1946 年 5 月退役，重回壳牌公司任副总裁。1947 年协助创建空军协会并担任首任主席。自 20 世纪 30 年代起，杜立特就对火箭技术颇感兴趣，并利用壳牌石油公司的工作推动火箭燃料的研发。1951 年 3 月被任命为空军参谋长特别助理，以平民身份参与指导军方的导弹和太空技术研发项目；1956 年被任命为国家航空咨询委员会（NACA）主席，1958 年 1 月又被选为太空技术委员会成员，进一步推动了火箭和太空技术的发展。1958 年 7 月美国国家航空航天局（NASA）成立时，曾邀请杜立特担任首任局长，但他没有接受。1959 年 2 月退出空军预备役。1985 年 4 月，美国国会和里根总统为表彰其卓越功绩，授予他上将军衔。1993 年 9 月 27 日在加利福尼亚去世。——译者注

套基本原则，并把它们带到了英国，这套原则后来在作战中产生了巨大的影响。

在1942年12月初的北非之行中，我得以与更多美国将领见面，并目睹了他们中一些人在作战时的表现。倘若我的第1军有幸加入作战，将会引起一些问题，即如何协调向北推进的西路军、向西推进的中路军，还有我指挥的从海上登陆往南打的北路军。到了12月初的时候，伦敦几乎无法再提供任何助力。比起突尼斯正在进行的战役中更为紧迫的问题，我自己想出来的这一假定问题当然是次要的。我深感自己没有理由给艾克拍电报添乱，当时电报线路上挤满了优先级更高的事务。因此，他们借给我一架B-17，也就是"飞行堡垒"，我打算自己到非洲跑一趟，陪同的还有我的"水手"——海军参谋主管、皇家海军准将帕里，和我的"飞行员"——空军参谋主管、美国陆军航空队准将罗伯特·鲍勃·坎迪。

那是我第一次进行长途海外飞行，所带来的感受令我终生难忘。幸运的是，自此以后，我有了许多次乘坐飞机的机会，但我仍无法不感到惊讶，这一交通方式是如此地节省时间，并大大缩短了空间的距离。我的脑海中时常蹦出一首老曲子，唱的是一位先生"今天出发，却在昨晚到达"。毕竟我们很快就实现了这一点，从伦敦出发，经过五个小时的飞行，就能精准地在与出发时间相同的钟点到达纽约。如果我们在飞机上享用了一顿豪华午餐，那么到达美国的时候我们吃的是哪一餐？在离开伦敦前吃的又是哪一餐呢？我们不可能三次都吃同一顿饭吧。但这不过是年轻一代人所要解决的那些恼人问题中的一个罢了。

这趟前往北非的旅途当然有不少令人难忘的时刻。最开始，在凌晨等待着飞机从康沃尔郡的波特里斯起飞时，两家海岸司令部的飞机掉落在我们面前的跑道上，一架接一架地坠毁，我们眼睁睁地看着，机上无人生还，让人感到痛心与担忧。这一事故给我们带来了一些问题，因为飞机坠毁的原因尚不明了。可能是由于飞机遭到了蓄意破坏，而我们即将乘坐的"飞行堡垒""费利斯"号也可能遭到了破坏，面临着同样的后果。是一个人先上飞机冒险试试，留下三个幸运儿等着；还是在白天对飞机进行一次正规检查，然后用人员最少的机组成员驾驶飞机载着我们，在光天化日之下飞越比斯开湾？当时那里可是德国战斗机快乐的猎场。与机组成员的小伙子们对视片刻，我选择了第二个方案。随后，我们完成了一次出色的飞行，直接抵达奥兰机场。这是我第一次降落在一条由穿孔钢板铺设而成的跑道上，还未做好心理准备，我可以发誓那感觉就像是屁股下面的整个机身都在解体。当我们滑行到自己的停机位时，飞机的尾轮爆胎，发出一声剧烈的爆炸，这种恐惧的感觉才达到了高潮。但幸运女神显然没有离我们而去。机组成员立刻脱掉外套，下了飞机，花几天时间展开了复杂的检修。"费利斯"号和它的伙计们看起来显然是个配合密切的小团队。

这一飞行插曲在这里便告一段落了，尽管对于许多经历更加丰富的人来说，这个故事并没什么吸引力，但对有些人来讲还是很有趣的。接下来，我将讲述前往阿尔及尔以及回程的故事。正是在我的第一次长途飞行旅程中，我首次见识到了美国空军力量的潜能和驾驭这支力量的人员的素质。

正如前文所述，"费利斯"号的尾轮在着陆时爆胎了。我们最终乘坐一架借来的 C-47，也被称为"达科塔"①，从奥兰出发前往阿尔及尔。这架飞机由我麾下的鲍勃·坎迪将军驾驶，因为从未在这条线路上飞行过，他准备了一张在我看来像是骑行者使用的

---

① 达科塔（Dakota），是美国产 C-47 运输机在英联邦国家的代号。——译者注

北非旅行地图一样的航线图。由于那时意大利人在海上仍然十分活跃，而我们的"达科塔"又没有武装，因此我们打算在内陆航线上飞行。人们常说，山峦高耸入云，时隐时现，我们这段航程就是这样，给大家留下了深刻的印象。即使在最理想的情况下，我在空中也是提心吊胆。我坐在鲍勃身边的副驾驶座上，他一手操控着飞机，一手拿着一个橘子，时不时就抽空往窗外吐橘子籽，同时还要巧妙地躲避不断从云雾中现身的山崖，一旦撞上可就是机毁人亡。我什么时候有过这样的经历？我想鲍勃应该是注意到了我的——委婉地说——担忧，在一次在我看来完全是侥幸的躲避之后，鲍勃露出了他那极富感染力的笑容，说："这该死的云层里全是石头。"

"费利斯"号最后抵达位于地名叫"白房子"的阿尔及尔机场接上我们。在回程中途，我们很高兴能在直布罗陀停了一下，那条著名的跑道当时还没有完工。① 那时，跑道工程的进展阶段已经到了能够让一架 B-17 从尾轮实际上已经浸在地中海里的位置开始发动，把螺旋桨加到最大推力，冲到前轮刚好触碰不到大西洋水面的那一刻起飞。在离目的地仅剩最后一小段距离时，我们的运气再次受到了考验。飞机的一个发动机在飞越里斯本上空时失灵了，剩余的路程仅靠三个发动机完成。在途中，我们还经过了一个小规

---

① 1943 年 7 月 4 日 23 时 7 分，波兰流亡政府总理瓦迪斯瓦夫·西科尔斯基（Władysław Sikorski）乘坐的专机 B-24 轰炸机（序列号 AL523），从直布罗陀机场起飞后仅 16 秒便坠毁在大海中。西科尔斯基本人、其女儿兼秘书苏菲娅·莱斯妮奥斯卡、参谋总长塔德乌什·克里马少将等 11 名乘客和 5 位机组人员全部丧生，仅有飞行员爱德华·帕查尔生还。官方称这是一起意外事故，但仍有多个阴谋理论认为事实并非如此，称坠机可能是一起暗杀行动。连直布罗陀的西科尔斯基纪念牌上都写着："这起神秘事故的原因尚未查明，并已引起了许多猜测、疑虑和传闻。"——译者注

模德军飞行编队的航线，幸好他们对我们不感兴趣。由于风力的变化，我们比预计时间提前了一个小时降落，但我们并没有收到任何关于风力变化的通知。那个时候，气象服务还停留在初级阶段。幸运的是，这让我飞越了先前经过的锡利群岛，可以肯定没有经过布雷斯特半岛上空。最后我们完好无缺地回到了伦敦郊外的波文登，"水手"立刻跑去酒吧的老虎机上测试了一下我们的好运气，他在那里发了一笔小财。当然这不全靠运气，还要感谢"费利斯"号的机组成员们。

现在话题再回到奥兰。我一落地便被径直带往弗雷登多尔将军的指挥部，受到了他和马克·克拉克的迎接。那时，马克负责指挥中路军与西路军。没有任何迟延，我被要求对情况进行介绍。这是我第一次在美国人面前作简报，以后还会有许多这样的机会。在进行介绍时，我很快便产生了一种感受，这种感受在之后也多次出现：许多曾经在伦敦出现的那些难以解决，甚至是无法解决的问题，仅仅因为我从伦敦跑到了北非，便迎刃而解了。伟大的福煦①元帅曾说过："不要依靠电话，亲自去看看吧。"随着距离越来越远，机器通讯逐渐完善，这一洞见如今显得越发明智。

在奥兰，人们为我举办了热情而愉快的接待会。我到达的时间无意中与某个重大的时刻重合了，更是活跃了气氛。显而易见，乔

---

① 斐迪南·福煦（Ferdinand Foch, 1851—1929），法国陆军元帅。1873年在综合工科学校毕业后，初当炮兵中尉，后再入李谬尔骑兵学校和高级军事学校受训。1894年10月任军事学校高级教官。1907年任该校校长。"一战"爆发后任第20军团司令。1917年5月任总参谋长。1918年3月底，德军统帅兴登堡对亚眠方向的索姆发动攻势后，他先任西线协约国军队总司令，后任全线总司令，阻挡住兴登堡的推进。1918年7月18日指挥协约国军队开始反攻，屡败德军；8月升任陆军元帅；同年11月11日代表协约国与德国签订停战协定。巴黎和会中任法国代表团首席军事顾问，主张扩张法国领土。十月革命后曾参与对苏俄的武装干涉。——译者注

治·巴顿和弗雷登多尔就谁能抢先登陆打了个赌。最先登陆海岸的部队指挥官可以从输家那儿获得一箱香槟。弗雷登多尔取得了胜利，奖品正好在我到达的那一天兑现，我得以加入他们的庆祝活动。他们因此得出结论，认为中路军和北路军无疑非常合得来。

一到阿尔及尔，我们便受到了艾克亲切的欢迎。第二天，他为我和从卡萨布兰卡赶来的乔治·巴顿将军安排了一次会面。刚刚到达时，乔治有些疲惫，这也难怪，我之前也提到过，意大利的飞机那时在地中海上空还很活跃。毕竟登陆上岸才没多久，我们的防空工事在短时间内还未组织完善，而且我们的注意力主要集中在进一步向北非纵深地带推进。就在乔治着陆的几分钟前，一架意大利鱼雷机从云层中钻出来，熟练地击中了阿尔及尔海湾外停泊的哨舰。这一切发生得太快了，防空力量都没来得及反应。紧接着从云层里冒出来的便是乔治的飞机。这一次，防空力量已是草木皆兵，按乔治自己的话说，他受到了热烈的"欢迎"，所有东西甚至包括厨房里用的灶台都在向他开火。但他似乎并未受到影响，仅仅是有一些疲倦而已。

接下来，巴顿将军简洁凝练却切中要害地报告了他所指挥的西路军的相关情况。在这里，关于调整各项部署的沟通，同样仅花费了很少的时间和口舌。我再一次感觉到，在阿尔及尔，所有的事情看起来比在伦敦简单多了。乔治在前厅卸下了配枪，我们享用了一顿美妙的午餐，伴随着艾克、乔治和陆军准将托马斯·杰斐逊·戴维斯之间令人捧腹的拌嘴打诨。

回到伦敦，许多事情我处理起来都感到顺手多了。我不仅得以将拟订作战方案的大部分细节统合起来，还带了不少英国长期很难吃到的橘子、香蕉等水果回家。此外收获最大的，还是能够看到联合战争机器在奥兰、阿尔及尔和直布罗陀的行动，并与指挥人员会会面。最令人兴奋的应该是我能亲眼目睹盟军司令部的工作。还有机会与英国陆军里的老朋友们聊聊天，他们已成为艾克队伍中的一分子。我从他们身上看到、同时自己也领悟到了"英美联合行动"这一吓人概念背后的真正涵义：无论这两个民族的联合或融合进行到了何种程度，都要心存感激。

在我的首次非洲之旅中，还有一件事同样值得记录下来。那是我们在阿尔及尔举办的最后几场派对期间，一种叫"美国内战"的游戏又火了起来，这类聚会上经常玩。一番较量下来，"北方佬"的军队占据了地方上的人数优势。"叛军"实际上只有两个人，领头的是美国海军上将霍尔，手下只有一个伦纳德·西姆斯上校，一位来自最最南边的南方人。没有人能在面对屠杀的时候无动于衷，于是我和其他一些"英国佬"加入了战事，按照惯例支持南方阵营。当"战火"最终平息时，我发现自己已经"当选"为亚拉巴马州民主党荣誉党员了。能够获得这一荣誉，我始终感到十分自豪。这个轻轻松松搞来的身份让我受益颇多，其中一个宝贵的特权自然是可以在心软时对"北方佬"手下留情。

那段时间，我与英国海军上将安德鲁·坎宁安①也安排了一次

---

① 安德鲁·布朗·坎宁安（Andrew Browne Cunningham，1883—1963），英国皇家海军元帅，子爵，绰号"ABC"。1898年毕业于达特茅斯皇家海军学院。"一战"期间任驱逐舰舰长。1922年起历任第6、第1驱逐舰队司令。1926年任北美和西印度群岛舰队参谋长。1928年进入帝国国防学院学习。1930年毕业后任"罗德尼"号战列舰舰长。1931年任查塔姆海军基地司令。1932年9月任国王侍从武官。1937年任地中海舰队副司令。1938年9月任皇家海军副参谋长。1939年6月任地中海舰队司令。1940年6月法国沦陷后，（转下页）

会面，气氛便全然不同了。他在深入北非腹地之前希望对我说几句话，直接关系到我要起草的计划。我们的会面十分短暂，甚至可以用秒来计算。"现在请看着我，将军，请您听清楚。在当前这场战争中我已经撤离过两支英国陆军了①，我不希望再有第三支。祝您好运。"他想对我说的仅此而已。很遗憾的是，从总体上看，英国陆军当时确实未能充分发挥出自己的实力。在阅历尚浅的人看来，安德鲁的话似乎丝毫没有体现合作精神，反而坦率到近乎残酷。但就像许多其他情况一样，有时候说话的内容还没有说话的方式重要，在过去的几年里我逐渐明白了一点，在紧要关头，任何非基于绝对坦诚的合作都是毫无价值的。

举例来说，我就曾经看到过有人表现出满脸的惊讶，当一位英国将领收到那种用打字机敲出来的瘦长字体的命令，要求他听命于一位外国指挥官的时候。也正是这样一种再普通不过的命令，要求我听命于艾森豪威尔将军。根据这一命令，我将服从艾森豪威尔将军的指挥，除非我认为这样做会置英国的国家利益于危险之中。多

---

（接上页）坎宁安主导了与法国海军中将勒内·埃米尔·戈德弗鲁瓦（René-Emile Godfroy）的谈判，解除了驻埃及亚历山大港的法国舰队武装。1940 年 11 月指挥空袭意大利塔兰托军港，重创意大利海军，首开舰载机袭击军舰的先河。1941 年指挥了马塔潘角海战和克里特岛战役。1942 年底任北非盟国远征军海军司令，参与指挥盟军在北非登陆的"火炬行动"。1943 年 1 月晋升海军元帅，10 月任第一海务大臣兼海军参谋长，先后出席了开罗、德黑兰、雅尔塔、波茨坦等会议，参与了盟军一系列重大战略决策。1946 年 5 月退役。——译者注

① 英国远征军（British Expeditionary Forces，BEF），第二次世界大战爆发后，英国调遣 9 个师陆续开赴法国，由戈特任司令，协同法军驻守法国北部。1940 年 5 月德军在西线大举进攻后，远征军主力向比利时境内推进。色当之战后遭德军包抄后路，被迫于 5 月 27 日至 6 月 4 日实施敦刻尔克撤退。此后英国从本土又调派 2 个师到法国，与残留部队合约 15 万人，由艾伦·布鲁克指挥，在布列塔尼半岛一带协同法军防守，史称"英国第二远征军"；6 月 17 至 18 日法国投降前再次撤返英国本土。——译者注

心之人可能会认为，这样的命令无异于先给点儿好处但又随时准备拿走，但我们并非多心之人。对于我们来说，这仅仅是一个正常的、合乎常识的预防措施。尤其是在大战之初，没有人清楚每个人面对所需承担的责任将作何反应，因此预防措施是必不可少的。简而言之，这一预防措施完全是被动的。合作双方对其存在了然于心，丝毫无损于双方奉为圭臬的开诚布公之精神，若人们能正确理解这一命令，那么它甚至能够起到促进合作的作用。我毫不怀疑在命令中加上这样一句话仅仅是出于政治原因。我们的内阁大臣们就国家武装力量对全体选民负责，因此，他们设法减轻哪怕些许这方面的责任与负担，也不足为奇。这些责任进一步落在了指挥官们的肩上，我也不认为有什么不公之处。这不过是英国这个国家正常运作的一部分，并非什么新鲜事物。早在 1801 年 1 月，阿伯克龙比将军在致信丹达斯首相时就曾写道："英国在战争中所承担的风险是在其他任何公共事务中都不存在的。"这句话是经年不变的真理。

为了结束这段解释性的文字，我必须讲一下我在 1942 年的另一段经历，这段经历对接下来的行动将产生重大影响。我之前提到过，陆军部命令我听从艾森豪威尔将军的指挥。根据正常流程，接下来艾森豪威尔将军本人将会下达详细的指令，指示"125 部队"，即北路军在登陆北非的"火炬行动"整体作战中的任务。不出所料，艾森豪威尔将军的司令部送来了一沓沉甸甸的文件，在反复研读多遍以后，我逐渐意识到，这份文件我一个字也看不懂。毫无疑问，文件上的每一个字都是英语，但它们组合起来，无法向我传达任何意义。最后，我不得不求助于经验丰富的翻译，将文件中的命令从美国军事用语转化成英国军事用语。这件事给我上了一课，那就是美式英语和英式英语是两种完全不同的语言。这一点，我想所有英国人都有所体会。在我的印象里，萧伯纳曾玩笑般地说过："英国和美国是被同一种语言分开的两个民族。"现在看来，这并不是句玩笑话，说是事实也不为过。在大西洋彼岸的美国，与萧伯纳式幽默对应的一句话自然是"美国是现在唯一使用英语的国家"。但无论如何，令人无法忽视的是，尽管我们有着共同的祖先与其他千丝万缕的联系，但当今世界的发展已使得英国和美国同时使用了两种不同的语言。如今，英国已有整整一代的年轻人受到了好莱坞电影中口语的影响，他们当中的许多人认为自己能够使用并理解美式英语。但这仅仅是自以为是罢了。为了人类的未来，这一语言问题值得更加深入的研究。但于我而言，这份由美式英语起草并下达给我的首个书面命令，给我上了终身难忘的一课。有些人无意中会在对话或是通信中夹杂一些美式英语，我们常常对此嗤之以鼻，这种傲慢的态度必须努力予以克服。曾经有一段时间，人们会使用一连串拉丁语、希腊语、甚至是法语和德语中的词句，以体现自身的博学，即使它们之间可能并不存在因果关系。那么，为什么人们对待美式英语的态度却截然不同呢？应当是因为相较于其他语言，仅有少数英国人能够熟练地使用美式英语进行对话或将其用作书面语言吧。也许我不应该这么说，但我认为美国人在使用英式英语时也遇到了不小的阻碍。

现在回到正题上来。如前所述，正当我准备重新组建英国陆军第1军时，却失去了指挥权。我受命成为盟国远征军最高司令参谋长，隶属于一位人选尚未确定的最高司令官。重组第1军并非与大局毫无关系。原定计划是，在第1军完成第二次整编后立即作为先头部队，为最终登陆欧洲西北海岸开展训练。这一计划有其深意，还有哪支队伍能比第1军更适合在整个作战行动中打头阵呢？可不仅仅是因为这个番号的数字最小，它那独具一格的、象征着先头部队的臂章也令人自豪。在工作启动的初期，我便开始敦促上级，制订更加具体登陆方案的时机已经到来。在过去的几个月里，在路易斯·蒙巴顿勋爵的积极领导下，联合作战司令部这一充满活力的部门，就敌前登陆这一问题整体上进行了大量试验，尝试了各种登陆方案。然而，联合作战司令部必须要考虑各种不同的技术，为在任何情况下、在世界上任何地区的任何一片海滩登陆做准备。他们在很早之前便发现，几乎没有两片海滩是完全相同的，正如从未出现过完全相同的战局一样。举例来说，在长途海上航行后登陆缅甸海岸红树林沼泽所需的方法，与登陆欧洲海岸悬崖峭壁所需的方法必然有着巨大的差异。在我看来，若要使进一步的试验与训练取得成效，有必要先缩小未来正式作战时可能遭遇的场景范围。事实上，尽快确定具体行动地点，预测可能出现的状况是十分必要的。几乎是在同一时间，卡萨布兰卡会议上也讨论了近乎相同的问题，当然，对此我并不知情。

遵照指令，我将第 1 军军部迁至苏格兰。1943 年 1 月，在我探访"125 部队"时，曾发现了一个地方，我便将位于斯凯尔莫利的这块地方作为军部的新址。此地距离拉格斯①很近，路易斯·蒙巴顿勋爵的司令部就设在拉格斯，其麾下的各支苏格兰编练部队，就分散在苏格兰西海岸各地。我自己则留在了南方，一方面是为了尽可能搞清楚第 1 军将来要扮演的角色，另一方面是为了探访位于北德文郡阿普尔多尔②的联合作战训练基地。训练基地围绕着托河与托里奇河的交汇入海口，这一区域与我们在欧洲大陆可能的登陆目标拥

---

① 拉格斯(Largs)，苏格兰艾尔郡北部克莱德湾上的一个城镇，距格拉斯哥约 53 公里。原名在苏格兰盖尔语中的意思是"斜坡"。1263 年挪威和苏格兰之间的拉格斯战役就发生在这里。斯凯尔莫利(Skelmorlie)是拉格斯北边的一个村。——译者注

② 阿普尔多尔(Appledore)，英格兰德文郡北部托里奇河入海口的一个村。——译者注

有大量相似的特征，尽管这对当地居民、高尔夫和鲑鱼垂钓爱好者，还有其他野生禽类来说是个不幸的消息。我没来得及去斯凯尔莫利，因为我从德文郡就直接被召回伦敦去了，去听取那一改变我命运的消息。从那一刻起，我便开始了充满"欺骗"的生活，这一状态将持续很长时间。

遇到的第一个问题就是要骗住我自己的军参谋班子，还有我第1军的其他官兵。我不能让他们知道我在做些什么，也不能让他们知道我为何离开他们。这相对来说并不困难，毕竟他们身处苏格兰，而我留在伦敦。更重要的是，连我自己也不清楚事态将如何发展。在当时的氛围下，似乎有着许多宏大的想法等待付诸实践，但它们太多，太庞大，以至于人们对于如何落地实施毫无头绪。

我前往战时内阁办公室向另一位旧友报到，这位友人便是黑斯廷斯·伊斯梅①将军。他当时是战时内阁的副秘书长，也是丘吉尔首相的参谋长。不知为何，在他的办公室里存放着卡萨布兰卡会议的纪要，以及我对于西北欧战事中一些实际问题看法的记录，当然，这些看法并非十分重要。这里还存有过去几年逐渐积累下来的、堆积成山的文件，这些文件记录着一个被称为"联合指挥部"的机构此前数月的工作，这个机构接到的任务紧紧围绕着一个主题，即：为

---

① 黑斯廷斯·莱昂内尔·伊斯梅（Hastings Lionel Ismay，1887—1965），男爵，外号"巴哥犬"（Pug），英国陆军上将。参加过"一战"。1925 至 1930 年在帝国防务委员会秘书长莫里斯·汉基（Maurice Hankey）手下工作，1936 年成为汉基副手，1938 年接替其任秘书长。"二战"期间，丘吉尔首相同时兼任国防大臣，选伊斯梅担任参谋长，兼战时内阁副秘书长，并让他进入英军参谋长委员会。总体上，伊斯梅非常成功地在丘吉尔和参谋长们的严峻关系中扮演了润滑剂的角色。"巴哥犬"的外号其实来自于他的外表，尽管他对上司有着忠犬一般的精神，但大部分时候可能表现得像一只猫。1946 年退役后曾任印度总督路易斯·蒙巴顿的幕僚长。1951 年丘吉尔再次当选首相后，任英联邦关系国务大臣，1952 年出任北大西洋公约组织首任秘书长。——译者注

一场横渡海峡的进攻制订计划。等我看完了这一大堆文件，就被请到英军的诸位参谋长面前，他们希望我讲讲对作战计划的想法，下一步该干些什么。在说完要求之后，他们像往常一样，说："不用着急，伙计，明天完成就行。"令我自己都感到惊讶的是，第二天我竟真的有了一些想法。但当这些想法形成文字时，我并未予以深入思考，参谋长们也是如此，因此，他们又给了我一次机会。

大家需要搞明白的一点是，我所要处理的那些事务，都是关于最高层面的。举例来说，这些事务不包括任何基层的战术甚至是战略问题。首先要做的，便是组建一个机构，能够自然融入现有的指挥与控制架构，但同时保留对进攻部队的独立指挥权，若不能做到这一点，作战行动就无法展开。一开始，我竭力主张首先应当尽快任命一位司令官，若实际情况不允许，那至少应当任命一名参谋长，按照美国军队的模式，应当赋予这位参谋长未来司令官绝大部分甚至是全部的指挥权。同时，我建议应当为参谋长配备一支小规模的、配合良好的下属团队，人选从英美三军中指派。我斗胆提交了第一份暂定组织架构图。

尽管对于参谋长应当处于当前组织架构中的哪个层级这一问题仍存在争议，基于卡萨布兰卡会议达成的决定，我提出的第二个方案在经过修改后获得了批准，并成为一切与行动计划相关事务的出发点。参谋长应当留在伦敦或是邻近地区，而非华盛顿，并尽可能靠近进攻发起位置，也就是英国南部海岸，这一点从一开始便显而易见。因此，存在争议的是，参谋长应当隶属于英军参谋长委员会还是联合参谋长委员会。若从地理位置的角度看，应当是前者，但是仍然存在许多无法忽视的支持后者的理由。这一问题的解决方案并没什么新奇的，双方最终达成妥协，参谋长向联合参谋长委员会负责，但二者应当通过英军参谋长委员会进行联络。

这一问题解决之后，接踵而来的难题便是参谋长人选的确定。在一段时间内，人们认为，若参谋长确定隶属于英军参谋长委员会，那么我被认为是合适的人选，但若并非如此，则应当选择一位级别更高、经验更加丰富的军官。卡萨布兰卡会议已经明确，最终确定的司令官将由英国人担任，因此，参谋长的人选毋庸置疑应当是一位英国人，这一观点在提出之后的好几个星期内占据了主流。

我设法向英军参谋长委员会讲明了自己的两个主要观点，很不错，他们基本上都接受了。首先，在当前这样特殊的情况下，应当在计划与执行之间建立比现有模式更加紧密的联系。我将在后文谈及与作战计划人员交换军事情报相关的制度问题，但是在此时，1943年3月，抽调来的作战计划人员已经习惯于可以说是"在真空中"做方案，他们所完成的工作需要交给各种各样的上级部门审查，而且在未来付诸实施时又受到执行这一计划的指挥官的影响。在这样的情况下，计划自然会有所调整，而每次调整都会引起原先作战方案的变化或修改，在许多情况下甚至要求取消或重新执行那些已经由地面部队开始实施的工作。关于这次横渡海峡的进攻行动，少数几件已明确的事情之一就是预计登陆时间，定于1944年初。在我看来，时间迫在眉睫，已无法做出万全的准备。因此，我提议所有相关人员从一开始就应该牢牢记住，我们需要的不仅仅是书面上的计划，而是尽可能做到视登陆行动自这一刻起已实际启动了。

我认为应该予以强调的第二点，是有必要对英美两国的参谋人员、此前已经完成的工作、两国全部的军队以及其他所有一切资源，从一开始就进行全面的整合。我曾有幸目睹在艾森豪威尔将军领导下，英美联军统合为一体的司令部是如何运作的。我很快意识到，在英格兰，伦敦的英国军事高层与美军的欧洲战区司令部之间不存在任何相同程度的整合。当然，我无法对这一现象产生的理由进行更加详细的说明，因为一个英美联合司令部在战场上指挥对敌作战所做的工作，与英国陆军部和美军欧洲战区司令部之间展开的合作，是无法进行直接比较的。我现在不能准确形容我那时的感受，但在我的印象里，我认为双方在一定程度上缺乏互相理解。这一判断随后在我多次参加英军参谋长委员会会议时得到了印证，一同开会的还有美国陆军的弗兰克·安德鲁斯①将军，在他不幸遇难之后，继任者是美国陆军的雅各布·德弗斯②将军。

---

① 弗兰克·安德鲁斯(Frank Andrews，1884—1943)，美国陆军中将，美国空军的创始人之一。他继承了比利·米切尔等人未完成的事业，为建设独立空军做出了贡献。1906年毕业于西点军校。1917年9月进入陆军通信兵主任办公室担任参谋，"一战"期间在国内负责飞行员培训工作。"一战"后接替比利·米切尔准将，担任美国驻德国占领军空军指挥官。1923年回国后担任德克萨斯州凯利机场指挥官。1927年进入航空队战术学校学习。1928年进入指挥参谋学院学习。1930年7月担任陆军航空兵训练与作战处处长。1932年8月进入陆军战争学院学习。1933年7月担任第1驱逐机大队兼密歇根塞尔弗里奇机场指挥官。1934年10月任陆军总参谋部助理参谋长联络官。1935年3月，陆军航空队总指挥部在弗吉尼亚州的兰利机场成立，安德鲁斯担任首任总指挥，负责指挥陆军航空兵所有战术部队。1939年8月任陆军总参谋部分管作战与训练的助理参谋长。1940年11月任驻巴拿马运河空军司令。1941年9月任加勒比防空司令部兼巴拿马运河管理局司令。1942年11月担任中东地区美国陆军司令。1943年2月接替艾森豪威尔担任欧洲战区美军总司令，5月视察冰岛时死于飞机坠毁。现马里兰州安德鲁斯空军基地是为了纪念他而得名。——译者注

② 雅各布·德弗斯(Jacob Devers，1887—1979)，美国陆军上将。1909年毕业于西点军校，与巴顿、辛普森和艾克尔伯格是同学。"一战"期间，德弗斯在俄克拉何马州锡尔堡野战炮兵学校任教官；1918年9月任第60野战炮兵团团长，还没有来得及去法国就停战了。1919年在法国特雷夫斯炮兵学校学习三个月，考察了交战双方的火炮装备及其战术运用情况。回国后先后在西点军校和锡尔堡野战炮兵学校担任炮兵教官，并在野战炮兵部队任职，期间德弗斯积极推动部队的机械化改造。1940年10月任美国陆军第9师长。1941年8月任陆军装甲部队司令，组织将当时的4个装甲师扩编(转下页)

总而言之，我想要说明的是，从长远来看，这一机构的设立将取决于联合国家①在西线进行的战略储备，而这一储备主要是由美国陆军构成的，因此，在这个即将由一位代表最高司令官的参谋长组建的机构内部，美国的利益从一开始就应该得到充分体现。我预计，在西线集结的军队规模最终将达到 100 个师左右，其中 70 到 80 个师将由美军组成。这一预测在军中许多地方受到嘲讽，但在我看来，要得出这一数字并不困难，只消去问问美军他们打算组建多少个师，有了这一主要因素，便能大致推算出来。答案是 100。而对付太平洋战争，除了海军陆战队之外，有 25 个师大概也是足够了。我大致知道英国能够派出多少个师，再加上两三个，凑个整数，所得

---

（接上页）为 16 个，针对装甲部队在当年路易斯安娜军事演习和卡罗来纳军事演习中暴露出来的不足，着力解决了基层军官缺乏训练和坦克兵、步兵、炮兵等多兵种之间缺乏协同等问题，并主动加强与军工生产部门的协作，推动了 M4"谢尔曼"坦克和 M26"潘兴"坦克等装备的设计改进和生产列装，尤其是在 M4"谢尔曼"的设计制造过程中，德弗斯发挥了重要作用，德弗斯的这些工作大大提高了美军装甲部队的战斗力。1943 年 5 月接替因飞机失事遇难的安德鲁斯将军，任欧洲战区美军总司令，负责储备参与"霸王行动"的兵员和物资，并实施对欧洲敌占区的战略轰炸。德弗斯不同意艾森豪威尔把驻欧洲美军调拨给北非战区使用，但 1944 年 1 月艾森豪威尔接替德弗斯担任欧洲战区美军总司令，德弗斯调任盟军地中海战区副总司令兼驻北非战区美军总司令，7 月任美军和法军组成的盟军第 6 集团军群（也称南方集团军群）司令，参与了登陆法国南部的"龙骑兵行动"、粉碎德军"北风行动"、攻占莱茵区、解放奥地利等一系列作战行动。"二战"后曾任美国陆军地面部队司令、野战部队司令。1949 年退役。——译者注

① 联合国家（United Nations），指第二次世界大战期间签署了《联合国家宣言》（Declaration by United Nations）的国家，该宣言亦称《阿卡迪亚会议宣言》，或《二十六国宣言》。1941 年 12 月 22 日至 1942 年 1 月 14 日，美国总统罗斯福、英国首相丘吉尔在华盛顿举行了代号为"阿卡迪亚"（Arcadia）的会议，倡议对法西斯国家作战各国签署一项宣言。经与苏联磋商并告知有关国家后，1942 年 1 月 1 日，美、英、苏、中等 26 国在华盛顿签署了《联合国家宣言》。宣言表示赞成《大西洋宪章》，并决心共同战败德、意、日法西斯侵略，决不和敌国单独议和。此宣言标志着国际反法西斯联盟正式形成，为日后创建联合国组织奠定了初步基础。——译者注

出的数字便是 70 到 80。从最终的结果来看，我猜得还算准。一些人认为，如果出动如此庞大数量的军队，这场战争将不可避免地退化成一场肉搏战，我们将重回 1914 年到 1918 年的那场战争。

三月下旬，针对这些话题的讨论和争辩相持不下。当情况逐渐明朗之后，大家便将注意力转移到起草一份书面命令上来，该命令将在正式任命时颁发给这位隶属于最高司令官（待定）的参谋长。

那个时候，我的处境有些奇怪，很像穆罕默德的棺材，悬浮于半空中。① 处于这样的境况之中，我面临着两种选择。一是什么都不做；二是以自己的常识和预测为指引，立即投身到紧张的工作中。在全体参谋人员的帮助下，我选择了后者。整个班子包括：我的副官波比，我的司机班布里奇下士，坦白说他连同他的座驾都是我从第 1 军军部偷来的，其他的还有两位勤务兵。我们在诺福克大厦找了一间闲置房，作为这个小团队的活动据点。这里恰好是我第一次与"艾克"·艾森豪威尔碰面的房间，我将此看作某种预兆。房间里有两套桌椅，我们还很幸运地找到了一些纸张和一支某人遗落在地板上的铅笔。在抢到了先占权之后，我们与办公室清扫人员以及其他后勤人员都相处友好，并大胆出击，去这栋楼里我们找到的其他办公室寻求文职方面的帮助，这些办公室代表着名目繁多的各种机构。到了晚上，波比回到他的公寓里，而我则回到位于蒙特皇家酒店的套房，其余参谋人员回到各自的营地，第二天一早再返回。在未来的许多年里，这里都是我们筹划作战方案的一个重要活动中心。

随着时间的流逝，这一宏大任务所带来的重担越来越清晰地在我眼前浮现出来。在为数不多的闲暇时刻里，我常常思索在前方等

① 伊斯兰教的创始人穆罕默德去世后，教徒们都深信这位先知的棺材上下没有任何东西支持，而是由强大的磁力支托着悬在墓穴里。——译者注

待我的将会是什么。现在，我已经从本章开头提到的、初次听到消息时的巨大冲击中缓过神来了。当时，我以最快的速度离开联合作战司令部，前往距离最近的圣殿花园使自己冷静下来，那里是一块空旷的地界，我常与波比在此散步。又过了一会儿，在骑兵俱乐部的酒吧里，我就彻底恢复了平静。听到这一消息，我的第一反应是强烈的不甘心，不甘又一次被剥夺了指挥权。自 1939 年的 8 月 8 日以来——除了曾在第 2 军干过 4 个月的准将参谋长之外——我都是以陆军准将、少将以及中将的身份担任司令官职务的。1940 年，我曾以陆军少将司令官的身份指挥过一支临时组建的增援部队，与法国第 1 装甲师并肩作战过一个月的时间。这只是一段小插曲，但是在那里的每一个小时都令人受益匪浅。1941 年的夏天，我在德文郡和康沃尔郡组建并领导了两个师。随后，正如前文已提到过的，我受命指挥第 55（西兰开夏郡）师，再然后，便是第 1 军。我再没有以更高的军衔去实战中指挥抗敌，但我已经拥有了足够的指挥经验，得以体味其中乐趣。再者说，我本质上并非喜爱操劳之人，比起需要不停出苦力的发动机舱，我更喜欢待在相对清闲的上层后甲板。但是另一方面，这一全新任务的前景从一开始便有其自身的吸引力。比如，这一行动不曾有过先例；另外，比起一辈子在一成不变的传统套路里锻炼自己，恐怕我还是无法抗拒离经叛道的魅力。总体来看，这似乎是一件好差事。

但另一方面，早在 3 月末，我便开始怀疑，英美双方在这件事上都没有表达出自己的真实想法。美方坚称自己全心全意支持这一横渡海峡行动，而我选择相信他们的说法，因为这与我的个人想法完全吻合。也许是因为在第一次世界大战的时候我全程待在西线战场上，所以身上沾染了西方人的习惯。此外，无论外国人怎么说、怎么想，在我看来，真正的英国人总是更倾向于寻求最直接、最便捷的方法，而从伦敦到柏林最短的路线就是穿越英吉利海峡。当然，还需要对其他因素进行考量。自从美国人宣布参战，便决心要打一场更大规模、更出色的战争，为此，他们集结了庞大的海陆空军装备。然而，在1943年的时候，在我看来，美国要运用如此大规模的武装力量还是十分困难的。尽管英美一致决定并宣称，将在先击败德国之后再对付日本人，但是美国人在内心深处明白，自始自终他们都应当将更多注意力集中于日本问题之上。随着对日战争在开始后几个月的发展，规模庞大的陆军越来越难以派上用场。美国陆军必须为自己找到用武之地，否则可能会直接引起政治上的不良反应，并在未来对美国的国防机构产生长期负面影响。欧洲为大规模陆军作战提供了唯一一个可能的舞台。比起美国官方到目前为止在明面上所表现出来的，这一想法是否实际上受到了更多的重视，我对这一问题的答案感到好奇。

在英国方面，我所写的是我在伦敦察觉到的人们的想法。在我看来，从卡萨布兰卡返回的英军将领们，对于要提前一年多冒险进行横渡海峡作战并不十分满意。同时，我认为，英国当局部分人士由于害怕死的人太多，本能地想要从这整件事情中抽身。英国在1914年至1918年间的战争中伤亡惨重，几乎失去了整整一代人，如今，我们又被卷入了战争，在之前三年半的时间里，英国在极其不利的情况下独自战斗了一年。期间历经磨难，我们还未完全恢复元气。那些在这场大战中担负重大责任的人士有了前车之鉴，这一次便不再急着把脖子伸出去，也就丝毫不奇怪了。

来自克里姆林宫的奚落似乎变得更加恼人了。我在伦敦周边的路上，多次看到不少白墙上都涂刷着"请立刻开辟第二战场"，这代表了一些人的声音。这些话曾经遭到嘲讽，但如今却很难对此一笑置之。

我将那些等待完成的事务用红色墨水笔整理出来之后，开始思考为什么如此重大复杂的任务会交我来处理。不得不承认，我曾怀疑过这一切不过是一次规模庞大的虚张声势，当时确实有人这样称呼这一行动，而我这个名不见经传的小人物将做出牺牲，成为替罪羔羊，除我之外的任何人都不会有什么损失。那段时间，我比以往更加低调，为何要那样做，现在已经很难说清楚了，也许可以称为"反向势利"，也就是说，我不愿张扬行事。我讨厌报纸上"人物介绍"板块以及其他类似出版物刊登任何与我有关的报道，除非他们自有本领从别人那儿获取我的消息，那我就管不着了。不消说，这导致那些与我相关的信息——除非是官方机密文件的记录——要么是过时的，要么是错误的。这大概就是有得必有失吧。

不管怎样，当一切都尘埃落定时，我的个人感受是无足轻重的。我在军队中度过了三分之一个世纪，在此期间我一直遵循的一条箴言便是"即使心存疑问也要严守命令"。然而，巧合的是，将我从第1军军长调任盟国远征军最高司令参谋长的命令，在一个重要的日子送到了我的手中，即每个财政年度的第一天，4月1日，愚人节。

在对这场国际性的事业进行正式讲述之前，我还想记下另一件事。我想大家会原谅我在1943年4月4日契克斯庄园①举办的一场

① 契克斯庄园（Chequers），位于英国白金汉郡艾尔斯伯里镇东南方的奇尔顿山脚下，距离伦敦约60公里，建成于16世纪，是一幢具有都铎风格的庄园宅第。史料记载，契克斯刚刚建成就成了亨利七世曾外孙女、"九日女王"简·格雷的妹妹玛丽·格雷的软禁地。契克斯庄园18世纪成为英国资产阶级革命领袖克伦威尔孙辈的住所。"一战"前，英国首相大多出身贵族，在乡间都有房产，不愁没地方度假。"一战"期间，契克斯庄园一度成为医院和疗养院。"一战"后，许多平民首相的出现让这种情况发生了变化，由于"一战"催生了很多出身平民的政治家，首相不像他们的贵族前任那样有乡间住宅接待外宾，契克斯庄园的拥有者费勒姆子爵亚瑟·李有感于此，1921年将该房产赠予英国首相。1917年，英国议会通过《契克斯庄园法案》，正式指定契克斯庄园供在任首相度假使用，从此，契克斯庄园成为英国首相的乡间别墅及接待外国政要嘉宾的场所，而劳合·乔治则是第一位入住这里的英国首相。契克斯庄园曾见证过许多历史性重大时刻。1941年，丘吉尔首相就是在这里会见美国总统特使时，得知日本偷袭珍珠港的消息。1956年前苏联领导人赫鲁晓夫在这里发表了著名的契克斯别墅"炉边谈话"，借火箭试验成功的机会，"虚张声势"地宣称苏联导弹足以打到英国，在战略上迷惑了西方阵营。——译者注

周日午宴上再费些笔墨。午宴菜肴丰盛，人们妙语连珠，言谈间闪烁着智慧的光芒。现场气氛十分欢快。中式桌球边不断传来欢声笑语，小温斯顿虽然才两岁，但似乎已经掌握了这项游戏的正统技法，当然也使出了许多天马行空的玩法。随后，私人影院播放了当时的新电影《沙漠的胜利》。当得知我没有去看这部电影时，首相显得十分惊讶，为了弥补这一遗漏，我不得不当场看完它，据说是为了保证我能够认识到，在训练登陆部队时严格遵守"非洲兵团"征服者所遵循的方法是十分重要的。即使可能会失去一切，但我还是没忍住，提出北非沙漠和北欧的战事固然有相似之处，但也存在差异，如果观看电影是为了振奋斗志，那么英国军队的斗志不存在任何问题。幸运的是，我的观点获得了一些来宾的支持，当然，这也不是什么需要拿到议会表决的事项。在准备投影仪的时候，我得以观赏首相最近收到的礼物，那是一个精美的、闪着光的地球仪，还有一个配套的、标有刻度的弧形量角器。首相伸出手，握住他装在北极上方的特殊把手，转动起这个全人类所居住的"世界"，能够有机会听这位伟人指点江山还是挺令人激动的。我们从一个战场前往下一个战场，从罗盘的每一个方向、每一个角度研究它们。我从中学到了许多，这一点令我感激不已。我很快便有机会将它们用于实践当中，并产生了许多积极作用，我将在下一章对此进行阐述。

这是我唯一一次真正接触到这位伟大人物所思所想的机会。对我来说深受鼓舞。他很好心，说会告诉陆军部"我会做的"，但他所指的到底是要做什么，我一直都没搞明白。

# 第二章　伦敦的准备工作

　　前文充斥着大量第一人称视角，这实在是不得已而为之，因为在 1943 年 4 月初之前，大规模挺进欧洲大陆的计划——随后被称为"霸王行动"——几乎全由我一人负责。然而，自四月的第一个星期起，这一状况很快发生了变化。上面已作出决定，我直接听命于坐落在美国华盛顿特区的联合参谋长委员会，而非英国当局，因此，英国陆军部和首相作出的决议并非一锤定音。这就导致英国方面作出的设立考萨克的提案、向我下达的指令以及对我的任命，直到现在才提请至委员会进行审议。与此同时，我被告知事情进展顺利，只待获得批准，不必过于担心，专心工作便是。在又一个十分"吉利"的日子，我收到了任命的确定消息，那天是 1943 年的 4 月 13 日。

　　眼下最迫切的任务自然是选定"考萨克"的高级参谋人员。在拟定人员资格时，我要求最高级别参谋人员的军衔至少得是少将，这招来了许多责难的声音。然而，我有充分的理由支持这一决定，最终，这些理由也得到了认可。其中，主要原因在于英国方面。"考萨克"在初期开展的许多工作，要求尽可能与英国陆军部保持密切联系。我之前也提到过，对于此次任务来说，速度至关重要，虽然在许多人看来，陆军部行事效率低下，但其实只要能够与陆军部高层建立良好的沟通渠道，陆军部完全可以做到高效运转。根据我的个人经验，这里的高层大致得是在陆军部担任主管的少将级别军官。

因此，人们认同"考萨克"的助理参谋长这一职位，应当由少将级别的军官担任。助理参谋长是美国军队体系中的职位名称，在许多情况下，采用美军而非英军的体系用语来命名军中职务更加便利，在此也不例外。在我的设想中，应当先确定分管各部门的助理参谋长的少将人选，向他们分配各自的任务，然后，由他们自行任命自己的下一级军官，以此类推，直到最低一级人员得以确定，这一设想大体上得到了落实。显然，要完全贯彻这一机构组建方式是不可能的，但是对于那些与考萨克一样，从零开始建立起来的机构来说，我十分推荐这样的方式，最大的优点在于可以从一开始就保证团队合作。实际上，任何称职的高级军官在晋升前大都积累了一批追随者，过去，这些追随者在其麾下尽职尽责，而在长官晋升后，也乐意接替他的职位，继续效忠于他。

前文提到过，在最初向英军参谋长委员会提交的文件中，我斗胆制作了一份组织架构图。为了绘制这份图纸，来自不同领域的许多人付出了大量的时间。我想，把这过程稍加说明，也许能够对大家有所启发。

无论是绘制还是落实一份组织架构图，都需把握一个基本原则，即一份糟糕且理论上难以实行的图纸，只要人选合适，那么在实践中也可能很好地发挥作用；而一份精心制作、尽善尽美的图纸，若是人选不合适，真正做起来也可能走进死胡同。然而，在确定组织人选的过程中，有一点我始终难以把握，即组织何时优先于个人，个人又何时高于组织。军队中从来不乏个性鲜明者，尤其是在奉行个人主义的西方民主国家，这些人难以适应组织中循规蹈矩的行事方式，但他们的个人价值极为突出，若这类人能够为组织效力，那么抛弃一些条条框框又何妨呢。

这话难免有王婆卖瓜之嫌，但同时，它也说明，在纸上画几个

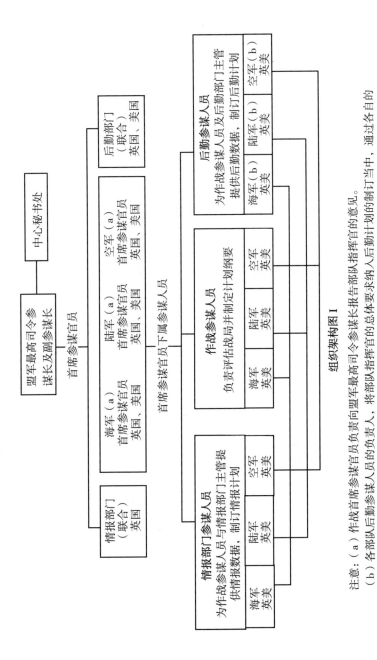

组织架构图 I

注意：（a）作战首席参谋官员负责向盟军最高司令部负责部队报告部队指挥官的意见。
（b）各部队后勤参谋人员的负责人，将部队指挥官的总体要求纳入后勤的制订计划当中，通过各自的
首席参谋官员或在合适时通过主管后勤计划呈递盟军最高司令参谋长审批。

整齐的小长方形，再用黑的、蓝的、绿的、实的、虚的几条线把它们连起来，最后完成的这样一张图纸还远远不够。总有一天，纸上的计划要由人来落实，他们或于陆地行进，或于水面航行，或于空域翱翔，而如今最常见的，却还是坐在椅子上纸上谈兵。为了在理论上进行探讨，并说服军队人事主管部门，图纸仍然十分重要，且绘制得越精细效果越好，但实施计划最终依靠的不是那几张薄纸，而是人。

在选人这件事情上我仍旧很幸运。1936年至1937年，我有幸担任陆军部人事处的二等参谋，负责为大英帝国的所有参谋职位物色人选。在履职过程中，我能够接触到从上尉到少将军衔的所有具备资格担任参谋的大英帝国陆军军官的资料。尽管掌握这些信息有时难免会闹出些尴尬，但对此时的我来说算是如虎添翼。也许正因我曾担任此职，当英国陆军方面准备组建相应的考萨克参谋班子时，陆军部的高层十分慷慨，几乎全交由我自行决定。因此，考萨克的英国陆军分支最终能够快速进入状态，也就不足为奇了。

在此重现我们当时制作的组织架构图，理解起来大概最为直观。不难发现，我们最初并没有对所有部门都进行整合，而且，只有两个部门在实际设立时仅在细节上进行了轻微调整，即情报部门与后勤部门。在情报方面，英国当时的水平无疑远超美国。英国参战已有三年半的时间，足以将情报网覆盖全球。英国的情报机构分布在世界各地，手中握有横跨各个领域的信息。反观美国，参战仅一年多，且据我所知，他们在和平年代对军事情报的重视程度远远低于英国，而实际上英国在和平年代也并非十分重视情报收集，单单这一点已经很能说明问题了。因此，在设立考萨克情报部门时，美国十分乐意将指挥权交给英国。至于后勤部门的设立，结合理论和布

尔战争①中获取的经验，人们便能得出结论，英美两国的后勤体系

---

① 布尔战争（Boer War），此处是指第二次布尔战争，1899 年 10 月 11 日至 1902
年 5 月 31 日，是英国人和布尔人建立的德兰士瓦共和国、奥兰治自由邦之间
为了争夺南非殖民地而展开的战争。"布尔"语源为荷兰语"Boer"一词，意为
"农民"。布尔人指到南部非洲殖民的"海上马车夫"荷兰人与法国、德国白人
移民后裔所形成的混合民族。现已基本不用"布尔人"一名，改称
"Afrikaaner"，汉译为阿非利卡人或阿非利堪人。1652 年，第一批荷兰人来
到南非的好望角地区，建立了开普（Cape）殖民地。经过百余年的殖民活动，
布尔人已成为当地的主要民族。但是，布尔人并没有在南非造成独霸局面。
1795 年，英国舰队在南非开普敦登陆，开始了和布尔人在南非长达百年的争
夺战。1795 年和 1806 年，英国两次占领好望角殖民地。1815 年维也纳和会
上，英国以 600 万英镑的价格从荷兰手中购买了好望角，开始殖民统治。不
满英国人统治的布尔人陆续北迁，先后建立了南非共和国（又称德兰士瓦共
和国）、纳塔利亚共和国和奥兰治自由邦共和国。1877 年 4 月，英国吞并德
兰士瓦共和国。1880 年 12 月，布尔人起兵反抗，要求恢复南非共和国，这
就是第一次布尔战争。1881 年 8 月双方签订《比勒利亚协定》，规定德兰士
瓦可以建立在英国女王宗主权下的完全自治的政府，英国保留三项特权：控
制德兰士瓦对外关系；保持对德兰士瓦同非洲部落关系的控制权；战时英军
有权借道德兰士瓦。1884 年，德兰士瓦的比勒陀利亚和瓦尔河之间发现了世
界上规模最大的金矿"兰德金矿"，在矿区基础上建立了新城约翰内斯堡，经
济开始快速发展，同时也加剧了与英国的摩擦。1890 年，德兰士瓦宣布定居
在约翰内斯堡的外国侨民要缴纳全额赋税，但不得享受参加总统和立法会选
举的权利，除非在德兰士瓦住满 14 年并归化国籍；此外，所有外侨都不能担
任政府公职，其子女不能上政府资助的学校。这一法律遭到了英国的抗议，
因为德兰士瓦的外侨大多是英国人。1895 年，英国矿业公司的警察和外侨武
装企图推翻德兰士瓦政府，爆发流血冲突。英国以保护侨民为由不断向南非
增兵，1899 年 10 月 11 日，德兰士瓦共和国和奥兰治自由邦共和国向英国宣
战，第二次英布战争爆发。英国先后动员了 45 万军队，其中 25.6 万为英国
正规军，10.9 万为英国志愿军，5.3 万为南非英国殖民地军队，3.1 万来自
加拿大、澳大利亚和新西兰。布尔人参加战斗的前后共计 8.8 万人，其中德
兰士瓦人 4.3 万，奥兰治人 3 万，这两个国家全部人口不过 44 万，几乎全部
男性青壮年都上阵作战；此外，还有 1.3 万开普殖民地的布尔人，以及 2000
名同情布尔人的外国志愿者。面对占绝对优势的英军，布尔人在路易斯·波
塔、扬·史末资等人领导下展开游击战。为了彻底消灭游击队的活动基础，
英军总司令基钦纳下令先后将 13.6 万名布尔人妇女、儿童和老人以及 8 万多
黑人仆役从被焚毁的农场上抓走，关进集中营。南非境内的集中营有 50 多
座，四周环绕铁丝网，凡有试图翻越逃跑者一律射杀。集中营内人（转下页）

（在这里，后勤"Administration"一词使用的是其在英式英语中的含义）可以说是南辕北辙，很难看出将两者强行整合起来有什么好处。相反，保持两国后勤体系独立运行方为上策。为了尽快结束围绕这一问题的争论，后勤部门分立的原则最终得以确立。

许多英国人还记得，1940 年的时候，英军亟需轻型武器，值此危急关头，是美国人伸出了援手。他们运来了成千上万的武器和弹药，此举无疑为美国带来了沉重的负担。相信许多人对英美轻型武器口径之间 0.003 英寸（约 0.076 厘米）的差距仍记忆犹新，作战时这一微小差异为英军带来了不少麻烦。因此，不难想象，如果将两国全体军备完全整合起来会是何种景象。对此，我们无意尝试。

一个国家希望与它的邻国尽可能维持差异，而非求同，这一想法无可指摘。但若在这场战役之前，英美两国之间的信任无法到达一个新的高度，那么我所书之事也就失去了进行下去的意义。

上文提到，在英国陆军方面对考萨克参谋人员的招募相对简单

---

（接上页）口密度极高，营养不良，物资奇缺，瘟疫流行，死亡率极高，奥兰治地区白人集中营的死亡率在 1901 年 10 月曾高达 40.1%。战争期间死在集中营内的布尔平民共有 27927 人，英国为此遭到世界各国的激烈抨击。1902 年 5 月 31 日英布双方在弗里尼欣签订和约，布尔人建立的共和国与大英帝国合并。1910 年 5 月 31 日，英国将开普、纳塔尔、德兰士瓦及奥兰治四个殖民地合并成为南非联邦，是英联邦的自治领之一。第二次布尔战争之后，英国将南部非洲的殖民地连成一片，控制了通向非洲腹地的走廊，成为英属海外帝国最重要的前哨基地之一；经济方面，随着世界上最大的兰德金矿被英国把持，英国得以控制全球经济命脉，来自南非的黄金使伦敦迅速成为全球金融业和黄金交易中心。但第二次布尔战争也标志着英国海外扩张史的终结。英国政治家发觉，由于近代化战争代价高昂，同时保卫大英帝国海外领地和英国本土的做法在经济上和战略上都是不可行的，因此英国开始了全球范围内的战略收缩，将部分海外势力范围转给加、澳、新等自治领，英国本身的战略重点则转回欧洲。——译者注

迅速，但不管是在英国还是美国，其他部门人员的招募就没那么顺利了。即使如此，在美军方面，我们的招募行动还是迎来了开门红，足以弥补考萨克在美方骨干人员配备上缓慢的进展了。这关键的一步便是任命雷·巴克①准将为盟国远征军最高司令副参谋长，也就是我的副手。巴克来自美国陆军欧洲战区司令部总部，在过去的一年里，他同英国的联合作战司令部保持着密切联系，参与了与横渡海峡行动相关的工作。因此，雷·巴克很快便了解了事情的来龙去脉。他在此前几乎同所有行动相关人员打过照面，手里掌握着当前最新信息，熟知如何与英国政府机关打交道，更重要的是，他清醒地认识到，此次任务道阻且长，不能抱任何不切实际的幻想。

在我看来，巴克无疑是绝佳人选。随着时间的流逝，我们将逐渐意识到，英军与美军之间的互相了解在1939年以前是多么的浅薄，但此时，人们却很难认识到这一点。除了官方外交专员以外，很少有美军长官会来参观我们在欧洲的军事单位或是基地，而且外交专员来此也不过是进行礼节性的访问，双方一起打打马球，就算任务圆满完成，即可打道回府。英美军方之间的联系似乎就止于这样的程度，不再深入。美国人无疑会学习英国的军事历史，而许多英国军官甚至比大部分美国军官还要了解美国内战那段历史，但这种程度的了解显然还是不够。雷·巴克至今绝大部分的假期都在英国度过，因此对英国的了解能够与时俱进，他了解英国人的生活方式，了解他们的思维习惯，这在美军中几乎是独苗一根。

---

① 雷·W.巴克（Ray Wehnes Barker，1889—1974），美国陆军少将。1910年入伍。"一战"时在第13野战炮兵团服役。1940年毕业于美国陆军战争学院。1942年晋升准将。1943年至1944年任美军欧洲战区副参谋长、盟国远征军最高司令部副参谋长。巴克是英美联合参谋组（盟军最高司令部的前身）的主要成员，参与制订了"霸王计划"。——译者注

然而，请谨记，雷·巴克到底是美国人，美国人从来不放过任何挑剔英国的机会，但巴克总能针对英国人的情况提出富有建设性的意见，这一点难能可贵。总之一句话，雷·巴克简直是万里挑一，再合适不过的人选了。

大部分美国陆军参谋班底的人选还迟迟未能确定。这并非因为无人愿意担此重任，只是合适的人选供不应求罢了。大多数人还未意识到，美国陆军在1942年底1943年初的冬天实施了规模庞大的扩军计划。英国人自认为对扩军的难度已有所了解，但在我看来，英国在扩军时所遇到的困难，与美军相比只能算是小巫见大巫。大约就是在此时，单单美国陆军每个月招收的人数，就超过了战前陆军的总体规模。不出几个月的时间，美国陆军高级参谋人员就出现了明显的短缺——这还是委婉一些的说法。但是，当时，无论是在英国还是在美国，颇有些时势造英雄的氛围——在工作起步的头几周，与我们一起工作的寥寥几位美国陆军军官态度十分积极，以一当十，直到后来人渐渐多了起来，才得以分担重担。

在机构组建刚开始的很长一段时间内，海军和空军参谋部门的人选才是最令人头疼的。人们常说，水手心无牵挂，自由自在，不管这话对不对，至少可以肯定，他们对考萨克漠不关心。事实上，陆军对参谋人员的抵触，甚至可以说是厌恶，直到最近才或多或少得以克服，而此时，在这场战役的初期，海军在这方面似乎落了下风。海军对参谋人员的态度其实不难理解：为了方便作战，主力舰上的住宿空间必然受到限制，若再从这方寸之间划一块给参谋人员，而且这些人还不直接参与舰队的战斗，船员们难免心生芥蒂。在他们看来，一名海员只有在海上战斗才配得上这一称号，况且，在没有配备什么参谋人员的情况下，纳尔逊不也照样取得了特拉法尔加海战①的胜利。话虽如此，但实际上，海军方面的主要问题还是参谋人员存在人手不足的情况。英国海军在此前经过了大规模扩张，再者，战争到了这个时候，英国海军早已元气大伤，而美国海军前不久才逐渐从珍珠港事件中恢复过来，正积蓄力量，准备将日方势力轰出太平洋地区。因此，在最初的几周里，针对考萨克的海军分支机构，我们只好采取权宜之计。美国方面派出了一名全天待命的海军官员，而英国方面则派出了位于朴次茅斯②的总指挥官及其参谋长，他们当时负责的英吉利海峡中部地区任务非常繁重，仅能利用些许空闲时间处理考萨克相关事务，无法全程跟进。这听起来十分不利，但实际上并非如此。在朴次茅斯总指挥部，一支海军攻击部队正在孕育当中，联合作战司令将该部队留在英吉利海峡内继续成长壮大，而非将其派往地中海作战。所以，这一切安排也算是尽力而为了。

此时，资历这一令人有些尴尬的问题似乎也横亘眼前。当时朴次茅斯的总指挥官是海军上将查尔斯·利特尔③。毫无疑问，他的资

---

① 特拉法尔加海战（Battle of Trafalgar），1805 年 10 月 21 日，英法两国舰队在西班牙特拉法尔加角外海面相遇，决战不可避免，战斗持续 5 小时。由于英军指挥、战术及训练皆胜一筹，法兰西联合舰队遭受决定性打击，主帅维尔纳夫被俘。英军主帅霍雷肖·纳尔逊海军中将也在战斗中阵亡。法国海军精锐尽丧，一蹶不振，拿破仑被迫放弃进攻英国本土的计划。而英国海上霸主的地位得以巩固。——译者注
② 朴次茅斯（Portsmouth），位于英国东南部汉普郡，南临索伦特海峡，对岸是怀特岛。近几个世纪以来，一直以其英国皇家海军港口的地位而著名，为皇家海军三个现役海军基地之一，基地内设有英国海军总指挥部，近 60% 的水面舰艇长期停泊于此。"二战"敦刻尔克大撤退中，盟军部队主要撤退到这里。策划、指挥"霸王行动"的盟军最高司令部设于朴次茅斯市北，现如今当地还有诺曼底登陆纪念博物馆。——译者注
③ 查尔斯·利特尔（Charles Little，1882—1973），英国皇家海军上将。毕业于达特茅斯皇家海军学院，参加过"一战"。战后曾任"克莉奥帕特拉"号巡洋舰舰长、海军部贸易处处长、"铁公爵"号战列舰舰（转下页）

历远远比考萨克内任职或可能任职的所有参谋人员都要高。然而，在这里，人们无需在意这一点，查尔斯上将表现出了充分的理解和宽广的胸襟。不得不承认，考萨克内的一些人曾对海军当局存有偏见，认为他们在制订作战计划和准备时总冒出些不切实际的想法。但在过去几个世纪里，海军的表现往往不负众望，仔细想想，这次的行动也不大可能成为例外。

经过几个月的时间，考萨克此时终于拥有了自己的海军上将。同时，由于查尔斯身处朴次茅斯，因此，在他的支持下，许多下级军官作为其代表，在考萨克司令部或多或少工作了一段时间。其中，工作时间最短的是英国海军少将菲利普·维安①，考虑到他在"哥萨克人"号驱逐舰上的英勇事迹，他来考萨克工作似乎十分合适。维安

---

（接上页）长、皇家海军学院院长等职务。1930年任第2战列舰中队司令。1932年任皇家海军副参谋长。1936年任皇家海军中国基地（设于香港添马舰）司令。1938年任第二海务大臣，主抓训练工作。1941年任英国驻华盛顿联合参谋团团长。1942年任朴次茅斯海军基地总司令。1945年退役。——译者注

① 菲利普·路易斯·维安（Philip Louis Vian，1894—1968），英国皇家海军元帅。1911年毕业于达特茅斯皇家海军学院。参加过"一战"，战后曾在英国、澳大利亚和印度海军服役，在一线舰队担任多个指挥职务。"二战"爆发后，1940年初任第4驱逐舰舰队司令，旗舰为"哥萨克人"号，同年2月在当时仍属中立的挪威海岸强行登上德国补给舰"阿尔特马克"号（Altmark），解救了300多名遭关押的英国商船海员，虽遭外交抗议，但维安为此荣获"杰出服役勋章"。随后参加了挪威战役、追击德国战列舰"俾斯麦"号的作战。1941年7月晋升海军少将；9月指挥K舰队实施了摧毁挪威斯匹茨卑尔根群岛煤矿的行动；10月转战地中海战区，任第15驱逐舰中队司令，参加了保卫马耳他岛、支持北非战役的作战。1942年9月因健康原因回国。1943年4月受命参与"霸王行动"筹备工作；7月再次返回地中海参加登陆西西里岛的行动；9月率领V舰队为萨勒诺登陆战提供支援；11月回国担任J舰队司令，次年1月改任东路特遣舰队司令，为诺曼底登陆行动提供支援。1944年11月任英国太平洋舰队副总司令兼第1航母中队司令，配合美国海军对日作战。1945年5月晋升海军中将。1946年任分管海军航空兵的第五海（转下页）

的到来让我们为之一振。我们对自己是否有幸能够长期与维安共事一直抱有疑惑，毕竟这里是陆地，而大海才是他熟悉的地方。查尔斯派维安来到司令部，我们第一次见面时，他面色深沉，我从未在其他水手脸上见过类似表情。维安本意是在这里短暂工作一段时间，但在发现自己不得不长期待在陆地上时，他面露惊慌，那是我从未见过的表情。不过，仅仅不到48小时，一场空难发生得猝不及防，维安必须回到海上，接替因空难丧生的人员，他自然是松了口气，但对我们来说，他的离开是一项损失。

在此期间，对最终胜利所作出的个人贡献最大的，大概就是海军准将约翰·修斯-哈利特①了。在他手上，海峡攻击部队中J舰队的指挥部扩充了一倍，即上文提到的那支未被投入到地中海作战的部队，其指挥部位于英国皇家赛艇队所在地，在怀特岛的考斯。哈特利是朴次茅斯海军基地总司令查尔斯在考萨克的特别代表，他在

---

（接上页）务大臣，晋升海军上将。1948年任本土舰队总司令，1952年6月晋升海军元帅，同年退役。在没有担任过第一海务大臣的英国海军将领中，很少有人能够晋升海军元帅。维安几乎参加了"二战"时期英国皇家海军在大西洋、地中海和太平洋上所有的重大作战行动，堪称"二战"英国海战史上的活字典。——译者注

① 约翰·修斯-哈利特（John Hughes-Hallett，1901—1972），英国皇家海军中将。1918年5月加入海军。"二战"爆发后，1940年参加了挪威战役，随后协助联合作战司令部司令蒙巴顿策划、组织横渡英吉利海峡的突袭行动，担任了1942年8月19日袭击法国海港迪耶普的海军指挥官，虽然行动失败了，但为海滩登陆行动积累了宝贵经验；随后10月他便加入了策划"霸王行动"的工作，担任五支海峡攻击部队中最早组建的J舰队指挥官。关于诺曼底登陆行动中使用的代号为"桑葚"的人工港，到底是谁最早提出的存在争议，很多人认为就是哈利特。1943年5月接替菲利普·维安担任盟国远征军最高司令部海军处处长；同年12月调任"牙买加"号驱逐舰舰长，一直到"二战"结束。1954年以海军中将衔退役，同年当选国会议员。1958至1960年还曾任驻欧洲理事会代表。——译者注

陆战与海战中均战功累累，参与指挥过迪耶普突袭①，还完成过从伦敦出发骑行至朴次茅斯的壮举。哈利特斗志昂扬，雷厉风行，克服了参谋人员的短缺以及各种其他问题。我将在后文介绍代号为"桑葚"的奇妙项目，而哈利特实则是这一项目的真正发起人。七月底，我们迎来了皇家海军的海军少将乔治·克瑞希②，如同他的前任们，克瑞希也是再合适不过的人选。他的思维并未受到海军身份的局限。

① 迪耶普突袭是英国海军上将蒙巴顿勋爵的联合作战司令部在法国沿海实施的作战行动，以吸引德军注意力，缓解东线压力；同时通过实战试验新装备，获取两栖登陆作战经验；还有一个重要目的就是窃取当时德国的四转子恩尼格玛密码机或相关资料，以便英国谍报部门破解。这次代号为"庆典"（Jubilee）的奇袭行动选在法国港口小镇迪耶普（Dieppe），它地处英吉利海峡最窄处，进攻路线短，而且处于皇家空军战斗机的作战半径之内。突击行动从 1942 年 8 月 19 日 5 时开始，至 10 时 50 分被迫撤退，超过 6000 名步兵参与，主要是加拿大部队，并得到皇家海军和皇家空军的支援。该行动没有达成主要目标，6086 人中有 3623 人伤亡或被俘，达 60%；德国空军损失飞机 48 架，盟军损失飞机 96 架；皇家海军还损失军舰 34 艘。迪耶普奇袭对登陆作战带来了很多启示，对北非登陆和诺曼底登陆作战的筹备工作有很大帮助。迪耶普奇袭还使希特勒误以为盟军在两年后仍会选择在英吉利海峡较窄处的加来登陆，并将德军主力错误地部署到该地区，使盟军在诺曼底的登陆得以顺利进行。蒙巴顿上将后来评价说："我毫不怀疑，诺曼底战役是在迪耶普的海滩上取得的胜利。每个死在迪耶普的士兵，都至少令 10 个人于 1944 年在诺曼底幸免于难。"——译者注

② 乔治·克瑞希（George Creasy, 1895—1972），英国皇家海军元帅。1908 年毕业于达特茅斯皇家海军学院。参加过"一战"，战后在一线舰队担任多个职务。1936 年 6 月任海军部计划处副处长。1938 年 5 月任地中海舰队第 1 驱逐舰舰队司令。"二战"爆发后参加了营救荷兰王储朱丽安娜公主、敦刻尔克撤退行动。1940 年 6 月任第一海务大臣首席参谋；9 月任反潜作战处处长。1942 年 9 月调任本土舰队旗舰"约克公爵"号战列舰指挥官。1943 年 7 月晋升海军少将；12 月调任盟国远征军最高司令部海军总司令的首席参谋，负责策划、实施"霸王计划"中代号"海王星"（Neptune）的海军作战行动。1944 年 10 月任潜艇部队指挥官，"二战"结束时负责敌军潜艇部队受降工作。战后曾任远东舰队副司令、第五海务大臣、海军副参谋长、本土舰队总司令和北约大西洋东路海军总司令等职。1954 年 9 月任朴次茅斯海军基地总司令。1955 年 4 月晋升海军元帅。1957 年退役。——译者注

他平日与我们谈笑风生，人缘颇佳，内心蕴含的巨大能量与钢铁般的意志都蛰伏在这温和的性子当中。

空军方面人员的招募情况与海军相差无几。在任命朴次茅斯海军基地总司令负责海军作战计划和准备的同时，英国皇家空军战斗机司令部的司令特拉福德·利-马洛里①上将接受派遣，负责空军的作战计划和准备工作。遗憾的是，在登陆行动取得胜利后，他携妻子飞往东方，接手英国空军对日作战的指挥权，却在途中不幸遇难。

然而，与海军相比，空军人员在性格方面的冲突，与其他军种的冲突，还有因国籍不同而产生的冲突。我在此就不一一列举英国皇家空军内部的种种分歧了。究其原因，空军这一军种，作战时生死就在瞬息之间，性情难免暴躁，在外人看来，空军在这种情况下容易起冲突，是再正常不过的了。此时正值 1943 年，英国皇家空军和美国陆军航空队之间才刚开始培养良性竞争关系，然而，双方的互动落在外人眼里，看起来仍是针锋相对的状态。

首先要明白，这是美国陆军航空队首次在"二战"中加入盟军。尽管美国陆军航空兵在"一战"中表现优异，但到 1918 年签订停战协

① 特拉福德·利-马洛里（Trafford Leigh-Mallory, 1892—1944），英国皇家空军上将。剑桥大学毕业。"一战"爆发后参军，起初在步兵团服役，1915 年春季负伤。康复后，1916 年 1 月加入皇家飞行团，先后任第 15、第 8 飞行中队中队长。"一战"后历任飞行联队、陆军协同作战学校、第 2 飞行学校指挥官。1937 年 12 月任第 12 战斗机大队指挥官。在不列颠战役中主张大机群作战，严厉批判第 11 战斗机大队"打了就跑"的小机群战术，得到皇家空军参谋部的认同。1940 年接替基斯·帕克担任第 11 战斗机大队指挥官，负责指挥英格兰东南部的空中作战，逐步扭转战局，转入攻势。1942 年 11 月任英国战斗机司令部司令，晋升空军上将。1943 年末任盟国远征军空军总司令，指挥战术空军保证诺曼底登陆准备和实施中的制空权。1944 年 11 月调任东南亚战区盟国空军司令，携夫人赴任途中，12 月 14 日因飞机失事遇难。——译者注

议时，美军参战时间相对较短，未能形成气候。然而，他们在"一战"结束至"二战"开始的这段时间内进行了各种大胆的探索，因此，在加入"二战"时，实力已然不可同日而语。不难想象，美国人第一次踏进皇家空军的地盘，表示要来提供支持和帮助会是何等场面。英国空军取得了迄今为止世界空军史上最大的胜利，即不列颠之战①，但他们如今深陷与德国空军长期拉锯的泥潭难以自拔，无暇应付美国人。因此，可以想见，当美国人来到皇家空军的地盘，看到的便是身穿蓝色制服的英国空军目不转睛地盯着瞄准镜，仅能从余光中分出些眼神给一身褐色制服的来客，嘴里断断续续说着欢迎的客套话。

　　上文提到过，美国人往往能够提出建设性的意见。他们指出了皇家空军存在的三点问题，而后者有些难以接受。首先便是能否使用重型轰炸机进行日间轰炸这一难题。皇家空军很久以前就放弃了日间轰炸这一想法，并全力支持空军中将哈里斯②及其夜间轰炸机

---

① 不列颠之战，英国抗击德国空中进攻的防空作战。1940 年 7 月中，德国制订了代号"海狮"的入侵英国计划。为保障渡海登陆作战，必须排除英国海、空军的干预，德军企图通过空中进攻夺取制空权。德国空军动用以挪、荷、比及法国北部为基地的 3 个航空队，约有作战飞机 2400 架。英国战斗机司令部拥有战斗机 4 个大队约 700 架左右。英国实行广泛动员，利用新发明的雷达，建立起由战斗机、高射炮、雷达、探照灯和阻塞气球组成的防空体系，适时组织起飞截击，运用正确的战术，以少量兵力抗击入侵的大机群。从 7 月到 10 月底，德国损失飞机 1733 架，英损失飞机 915 架。最后以德军失败告终。——译者注

② 阿瑟·特拉弗斯·哈里斯（Arthur Travers Harris，1892—1984）。英国皇家空军元帅，是"轰炸机致胜论"的倡导者，绰号"轰炸机"，也因主张对平民无差别轰炸被称为"屠夫"。"一战"初期在南非服役，1915 年回到英国，加入皇家飞行队，后曾在法国和英国数度指挥飞行中队。二三十年代先后在伊拉克、印度和英国服役，对发展夜间轰炸和高难航行技术有着突出贡献。哈里斯认为，皇家空军应该摆脱陆军的控制而独立执行作战任务，极力主张发展高性能轰炸机，把空军轰炸机部队建设成为一支主力部队，在战争中对敌方重要目标实施大规模空袭，使其迅速丧失战争能力，从而赢得战（转下页）

司令部的工作。

第二个问题与英国空军的近距离战斗机理论有关。站在皇家空军的立场上，怀疑"喷火"战斗机是否是最适合作战的机种，是没有任何意义的，因为在当时，英国战斗机生产线正是紧紧围绕着这一基础机型设立的，要改变机型，就要对整个生产线进行改造。"喷火"战斗机的特点是航程短，英国制订的所有跨海峡行动计划，均不得不受制于此。想必我们当中还有许多人记得，以英格兰南部的作战区域为中心，在英吉利海峡地图上划出的航程范围全是半径极小的圆，令人备感无力。

以上两点所导致的第三个问题，便是英国皇家空军战斗机司令部实质上是否仅具备防御能力。若果真如此，那么将这次跨海峡进攻行动的空军分支建立在这样一支队伍之上，是否真的是最佳选择？尽管在防守任务中皇家空军的表现异常出色，但这样一支队伍的指挥官，又真的是领导进攻行动的最佳人选吗？

我认为，美国人提出的最后一点并不合理。尽管他们的思路在大体方向上是正确的，但不可否认的是，到1943年的时候，英国皇家空军战斗机司令部成功遏制住了德军的进攻，并且他们的战斗机

---

（接上页）争。1927年进入坎伯利参谋学院学习。1933年8月至1937年5月在空军部任职，曾任计划处副处长，致力于发展新式重型轰炸机。1937年6月起先后任新组建的轰炸机司令部所属第4、第5轰炸机大队指挥官。1940年底任皇家空军副参谋长。1942年2月担任轰炸机司令部司令，实施大规模"饱和轰炸"战术，即集中大批轰炸机对一个城市进行大规模袭击，旨在完全将之摧毁，给纳粹德国占领的欧洲带来极大破坏。在持续5年半的对德空袭中，英国皇家空军在大约40万架次空袭中投下了130万吨炸弹，为此付出了超过1万架轰炸机和7万名机组人员（其中55000人阵亡）的代价，只有一半人员活着完成30次空袭任务而退出第一线。1946年1月晋升皇家空军元帅，不久后退出现役。他对战后历史学家和英国广播电台对他的批评虽很反感，但却始终没有进行他认为有损尊严的争辩。——译者注

已深入欧洲腹地作战。再者说，任何人只要和特拉福德·利-马洛里见上一面，聊上几句，都不会觉得他是个防御型的司令官。

由于上述分歧，考萨克的空军参谋班子在短时间内还无法做到齐心协力。"轰炸机男爵们"①全程置身事外，但他们这么做也无可厚非。当时，根据联合参谋长委员会的命令，他们被派往执行"直射行动"②，对德国进行全面轰炸。这一命令显然具有最高优先级。在我看来，美国陆军航空队在作战行动开始之后，才真正开始配合执行最初由考萨克拟定的空战总体计划。当时我就认为，历史终将证明，整个空军取得的傲人战果，很大程度上并不是由于组织工作做得好。毕竟，任何人想要把艾森豪威尔将军的指令，按照组织架构表上设计的渠道传达给他麾下所有的空军人员，都需要花费大量时间。

尽管考萨克在组建海军和空军分支机构的时候遇到了许多困难和阻碍，但在陆军分支机构的设立上，无论是美国还是英国方面，

---

① 此处的"轰炸机男爵们"（BomberBarons），应该是作者对英国皇家空军轰炸机司令部的戏称，其司令官哈里斯在1953年被封为准男爵（Baronet）。——译者注

② 直射行动（Operation PointBlank），在1943年1月的卡萨布兰卡会议上，英美联合参谋长委员会就发起联合轰炸行动达成一致意见。同年6月14日，英美联合参谋长委员会命令英国皇家空军轰炸机司令部和美国陆军第8航空队，实施代号"直射"（Pointblank）的联合轰炸行动，旨在削弱或摧毁德国战斗机力量，从而使其远离前线，确保其不会成为登陆西北欧的障碍。该命令对年初在卡萨布兰卡达成的意见作了修改，明确将德国的战斗机工厂作为优先目标，1943年8月的魁北克会议对这一命令进行了确认。到那时为止，英国皇家空军和美国陆军航空队均以自己的方式实施对德空袭——英国主要对德国城市和工业区进行夜间轰炸，而美国陆航则在白天对特定目标进行"精确轰炸"。作战指令的执行权被留给部队指挥官，因此，即使在该命令下达后，英国人仍继续进行夜间空袭；对德国战斗机工厂的轰炸和与战斗机作战的任务，比如对雷根斯堡梅塞施密特飞机厂、施韦因富特轴承厂的空袭，大多数是白天作战的美国陆军航空队承担的。——译者注

进展可谓一帆风顺。然而，这并不意味着我们已经克服了所有的困难，招募只是第一步，人际关系的处理同样会引发许多问题，只要有人在的地方，就会有摩擦。即便是一个经营得井井有条的家庭，从组建的那一刻开始矛盾便悄然滋生。常言道，就没有不吵架的夫妻。考萨克的参谋人员来自两个不同国家，既有男也有女，服务于六个不同的军事部门，冲突在所难免。若能抑制这些冲突，当然是非凡的成就，但更令人感到惊讶的是，这些冲突和矛盾，已经成为胜利之师跨越欧洲大陆这支进行曲不可分割的旋律。凡是听过现代音乐家作品的人都会感到，若要造就佳作，古典音乐中那激昂的和声便不可或缺。

由于性格上的冲突，引发的内部矛盾屡见不鲜，而且也不局限于来自不同国家、不同军种的人。英美两国人有时固然相看两厌，但即使是本国人内部，也同样存在分歧。一些就任考萨克参谋职位的英国参谋人员，获得了来自美国同僚的赞美与爱戴，但却难以与本国的同僚合作，反之亦然。前文已提到过，速度对于行动计划的制订来说至关重要，争吵是对时间的浪费，调和矛盾更是费时费力。人际关系的协调如同治病，喝药见效慢，我们需要的是一场手术，方可快刀斩乱麻。

最尖锐的内部对立，出现在考萨克中海军与陆军负责运输的参谋人员之间。海军运输参谋与陆军运输参谋是同属一个部门的内设分支机构，由于属性相似，职责存在重叠之处，摩擦在所难免。一直以来，海军与陆军之间职责范围的划分皆是以大潮平均高潮位为界线。但"二战"中采取了许多其他陆地与海洋之间的划分标准，大潮平均高潮位仅是其中之一。这多亏了联合作战参谋委员会，现在，即使看到穿着水手短上衣的陆军士兵在船上值岗，或是穿着卡其色陆军战地服的水手驾驶着卡车在大道中心行进，人们也丝毫不会感到奇怪。然而，此前，陆、海军之间的划分还是较为明确的。当时，海上、陆地之间人员、车辆及各种物资的运输速度，对整个作战行动来说至关重要，这就导致陆、海军运输参谋之间极有可能相互产生敌意、妒忌，最终甚至可能演变为冲突。有时，陆军参谋对海军参谋横眉瞪眼、疾声厉色，说出譬如"这一任务必须在此时此地完成"一类的话。而海军参谋同样心怀怒气，往往回敬道"这不可能"。双方往往因此陷入长达数小时的僵局。常言道，数据不会说谎（尽管美国参谋人员反复强调"骗子也能出数据"），但在这里，参谋们翻来覆去地修改、重算各项数据，却还是无法说服对方。陆军参谋说："物资应该运送至此地。"海军参谋则说："此地难以通行。"这一矛盾最终的解决方式也充分体现了考萨克的行事风格。有一位陆军运输参谋，虽然已经疲于应对旷日持久的争执，还是发挥了他最后一点儿幽默感，苦苦思索了一夜，自己写出了一个剧本，这个剧本后来很出名。剧本的内容是关于一个代号为"跳船"（Overboard）的假想行动，对行动的细节进行了十分详尽的描写。而我们正在策划的伟大登陆行动的代号"霸王"（Overlord），当时被列为专门术语，在美国被定为秘密，英国定为最高机密。而"跳船行动"剧本用的大标题则是"美国人笨蛋""英国人大笨蛋"。考萨克内部根据这剧本排演了一场滑稽短剧，内容围绕着我们当时进行的各项活动编排，为大家带来了许多欢乐，缓解了当时的对立氛围，梦寐以求的和睦也终于得以实现。

然而，欢乐背后的隐患差点儿导致了灾难性的后果。尽管这个剧本的内容荒诞不经，但我们的安全专家很快便注意到这一假想的"跳船行动"与"霸王行动"之间存在许多相似之处，毕竟正是因为模仿了"霸王行动"，这一短剧才显得如此有趣。因此，我们决定严格限制"跳船行动"剧本的传播范围，除几份送往总司令、本土部队、联合作战司令及首相参谋长的复印件外，严禁一切剧本相关内容传出诺福克大厦。然而，这一命令并未达到预期的效果，一份副本不知怎的传到大西洋对岸的美国去了。若是遇到一位诗人，也许会认为这样一份佳作只能在考萨克总部内传阅实在可惜，也就是说，像诗人这一类人，他们不了解绝对保密的重要性，大概会想，美国与柏林相距甚远，传到美国去有什么要紧的。

几个星期过去了，更为紧迫的事情占据了我们大部分的注意力，人们逐渐忘了这一小插曲。直到一天，我收到了一封来自英国陆军参谋部戈登·麦克雷迪①将军的信，他当时人在美国华盛顿，信中提到，他不久前接待了一位来自《指导者》的代表，《指导者》是一本由西点军校士官生出版的周刊。这位代表表示，自己很幸运地得到了一份在伦敦成稿的剧本，名为《"跳船行动"计划》。他认为即使是在像《指导者》这样一份严肃刊物上，这一剧本也很有刊载价值，然而，既然这个剧本来自英国，他认为有必要经英国当局同意后再行发表。尽管当时身处美国的英国高层对我们的计划知之甚少，但他们还是很快嗅出了一丝不寻常的气息。戈登将军便寄来此信，虽然这导致《指导者》杂志失去了一次刊登重要稿件的机会，但却顺利阻止了一次机密信息泄露这样严重事件的发生。

这个剧本固然稍稍缓解了考萨克参谋人员之间的紧张氛围，但事实上，每一位军官、准尉、军士，无论性别，之所以能够放下成见、并肩作战，是因为他们都在同一精神的激励下前行。我们有幸

① 戈登·麦克雷迪（Gordon Macready, 1891—1956），英国陆军中将。1934 年 4 月任陆军部一等参谋。1936 年 10 月任陆军部人事处副处长。1938 年 9 月任驻埃及军事代表团团长。1940 年 10 月任陆军助理参谋长。1942 年 6 月任英国陆军驻华盛顿代表团团长，一直到"二战"结束。1946 年 9 月退役。——译者注

建立起了考萨克的核心部分，为整个组织的成形奠定了基础。美国人那"初生牛犊不怕虎"的活力，甚至在一向沉稳的英国人内心也激起了波澜。要知道，英国人长久以来内敛惯了，宁可断头流血，也不肯将自己那百折不挠的坚定决心剖析出来。三年半的时间里，英国笼罩在战争失利的阴影之下，但他们的决心却从未磨灭，他们没有一刻不坚信，胜利的曙光就在前方。

目前为止，我主要对考萨克参谋班底核心部分的组建过程进行了讲述，即严格意义上的幕僚或者说是那些带"长"字头的。为了避免混淆，部分特别岗位的参谋人员还将在后文予以介绍。此次行动错综复杂，可以说是史无前例，这些特别参谋人员对于任务的顺利执行不可或缺。在横渡海峡之前，我们的队伍里有大使、缩微胶片操作员、银行家、农业专家、新闻工作者、律师、林务员及其他各行各业的成员，这些来自不同领域的人能够提供必要的专业知识和技能，帮助我们直抵彼岸。

然而，与扩充人员同样重要的，是为参谋们提供合适的办公场地。就住宿问题而言，考萨克目前的规模尚算合理，但必须考虑到，如今，也就是1943年初，"霸王行动"已不再是纸上谈兵，而是在推进当中。在最初的设想里，考萨克在将来会成为行动的最高司令部，因此，规模必然只增不减。根据决议，考萨克的办公地点将设在位于圣詹姆斯广场的诺福克大厦内，我当即表示反对，理由主要是基于心理因素考虑。在过去的几个月里，诺福克大厦是许多作战计划人员的办公地点，而除了"火炬行动"外，一拨拨的作战计划人员几乎整日争论不休，埋头于成堆的文件中，却再也没能制订出什么像样的计划。值得注意的是，诺福克大厦曾经是联合作战司令部的活动中心，如果传言属实的话，当时联合作战司令部的气氛十分低迷，军官们之间相互冷嘲热讽。总之，由于种种因素，诺福克大厦已经成为了失败的象征。① 若有人说自己在诺福克大厦工作，不管当时人们在聊什么，气氛都会急转直下。然而，单单我自己说反对，显然影响不了这项决议，因此，我提出了几个替代方案，但都被一一否决了，我甚至提出要将诺福克大厦暂时更名为"萨福克大楼"或者其他类似的名字，有些搞迷信的味道，最终也没能得到采纳。办公场地就这样确定了下来，尽管上文提到了种种不利因素，但在诺福克大厦办公，实际上也有许多好处，比如，外人会觉得，我们在诺福克大厦里面所进行的项目与之前没什么不同，既然注定要失败，便不值得过多关心。站在大楼的房间内，我可以想象出这里将要举行的秘密会议，劳埃德银行的董事会成员们聚集于此，面色沉沉，讨论我本人在经费上的严重透支问题。不得不承认，因为总是能联想到这样的场景，在此举行会议居然令我感到十分满意。同时，有许多美国军官也被分配至诺福克大厦办公，他们之中倒是没听到有反对的声音，毕竟这里是英王乔治三世的出生地，正是在他的统治时期，美国赢得了独立战争的胜利。

办公场地选址问题暂时得到解决后，我们便开始思考其他相关场所的确定。考虑到考萨克这一机构的性质，团队精神尤为重要，但在伦敦的诺福克大厦里，似乎很难培养出团队精神。因此，我们认为也许可以设置一些宿舍，供考萨克的成员们住宿，这样一来，他们不当值时便有更多机会互相交流。不巧的是，当时伦敦全是未经疏散、或经疏散后返回，或正处于返程途中的英国市民，这座城市很难再承载更多人。所有的旅社都挤得满满当当，其中大多是美国军队，但这还只是美军的先头部队，大部队还未抵达伦敦，如此

① 1942 年 8 月 19 日遭受重大损失的迪耶普突袭战就是联合作战司令部策划的。——译者注

看来，他们也没法儿为我们腾出些地方来。

因此，设置宿舍的想法很快被搁置了。我们转而考虑开设餐吧或者俱乐部，英国人工作之余向来喜欢在这样的地方放松。为此，我们把目光锁定在了万宝路俱乐部身上，该俱乐部坐落于伦敦的蓓尔美尔街，往来十分方便。经过协商，我们暂定了一个价格，作为考萨克临时使用该俱乐部的费用。我们像往常一样制订了一套备选方案，即在诺福克大厦内找一块场地作餐厅使用。幸运的是，这笔开支比租用万宝路俱乐部的费用要低得多。

随后，为了获得资金，我们按照惯例来到了陆军部。说是按照惯例，是因为我当时还未意识到，由于考萨克由多军种组成，我们实际上有权向任一军种部门支取经费，并不是非陆军部不可。我们在之后的许多情况下也受益于考萨克的这一特殊属性，尤其是在英国海岸边的多处训练区域里争夺狩猎、垂钓和射击场地时，我们显然更具优势。

在全世界范围内，每天都有高达千万元的经费在战争的齿轮中被搅得稀碎。临时租用万宝路俱乐部仅需几万元，陆军的财政部门听了却几近晕厥，我们只好采取备选方案。等他们清醒一些后，我们向财政部门的人解释道，他们刚才听错了，我们只是想把诺福克大厦的顶层修缮一下，几千块就够了。财政部门的人立马松了口气，体温和血压都恢复了正常，很快批准了这笔小钱。

诺福克顶楼的修缮工作正紧锣密鼓地开展着，在 1943 年那样的环境下，要完成这些工作绝非易事，设备和工作人员尤其难找。好在，幸运女神再次眷顾了我们。工程部的一位高级官员得知了我们的计划，这个部门的名声可是向来不够大方，没想到奇迹发生了，那位官员说："你们的建议是我听过的最异想天开的，而且不符合我们所有的规章制度。你们就干吧。将来总会有人买单，除非在空袭中被炸掉。我确定英国政府是不会买的，希望也不是你和我。"就这样，施工计划得以顺利实施。煤气灶、冰箱还有其他各种设备源源不断地运了过来，甚至还送来了一个完整的超级鸡尾酒酒吧，我想也许是伦敦的塞尔福里奇百货公司①或者别的什么地方搞装修拆下来的，最后送到这儿来了。这个大家伙的到来为工程画上了圆满的句号。至此，这一异想天开的计划超额完成，接下来要考虑的，便是工作人员的招募。我在前文提到过，由于人手不足，当时的英国弥漫着时势造英雄的氛围，而此时，在这间刚刚落成的餐吧里，则颇有些巾帼不让须眉的味道。当时，有一位军官得到允许，与太太、孩子同住在诺福克大厦的一个小套间内。这位太太的厨艺极佳，平生最大的爱好就是承办宴席，并因此结识了许多精于此道的女性朋友，她们也很愿意来帮忙，于是，她们来到这儿，十分熟练地草拟了相关合同，尽管其中一些条款违背了不少政府规章，但这无伤大雅。可以说，霍尔女士在接下来几个月里的辛勤劳动，不仅有助于许多考萨克参谋人员的个人健康，也为"霸王行动"取得最终胜利作出了贡献。

与人数相比，建成后的餐吧显得有些狭小，但由于英国人与美国人的饮食习惯大相径庭，实际上并不会感到拥挤。用英国人的时间尺度来衡量，美国人似乎喜欢在半夜吃早饭，上午半当中吃午饭，下午茶时间吃晚饭，因此，双方的用餐时间完全错开，这样的安排十分便利，但也有不少缺点。许多美国人意识到，正如雷·巴克将

---

① 塞尔福里奇百货公司(Selfridges)，位于英国伦敦牛津街，是伦敦最著名的百货公司之一，始创于1909年，汇聚了众多的流行品牌及设计师专柜，营业面积5万平方米，是英国第二大零售商店。——译者注

军所言，自己白天按照美国人的作息起床，晚上却按英国人的作息睡觉，这样一来，睡眠时间就大大缩短了。我待在美国的时候也有类似的体验，那感觉并不怎么样。

时差问题只是一个方面，那个时候，英国人和美国人的差异还体现在饭量和饮食结构上。幸运的是，我们俱乐部的管理层总有办法弄来许多未经授权的物资，大家都睁一只眼闭一只眼。但大体上看，英国人不大能接受美国人的饮食，而美国人也无法习惯英国人的饮食。因此，尽管我们希望两国人能够利用用餐时间来增进感情，但目前看来，这一美好愿景可望不可及。《笨拙》①杂志曾在书中向读者介绍了"联合早餐"的相关趣闻，这个词是《笨拙》杂志自己想出来的，这些趣闻在英国人读来倒是挺滑稽的。

情况在吧台又完全不同了。英国人和美国人到了吧台，可以说是其乐融融。两国人的饮酒习惯有着惊人的相似。当然，在 1943 年，英国的酒精供应匮乏，因此英国人的酒量一开始还不能完全跟上他们美国同事的步伐。为了营造氛围，我们决定为餐吧打造一句标语，还用拉丁文粗体写在了墙上："在此憩飧。"有了这标语，人们更容易放松下来，连酒也能多喝几巡。那些学识颇高的朋友们看见这标语后，文绉绉的样子总是令人捧腹，没学过古文的人反而更容易看懂标语背后的含义，"憩"就是"息"，"飧"就是"食"，意思是这是个供人们休息吃喝的地方，多么简单明了。

---

① 《笨拙》(Punch)，英国幽默讽刺杂志，由木刻家埃比尼泽·兰德斯(Ebenezer Landells)和记者亨利·梅休(HenryMayhew)于 1841 年创立于伦敦，2002 年永久停刊。1843 年，《笨拙》中"卡通"(cartoon)一词第一次被用来指代幽默插图，即现代意义上的具讽刺意味的幽默卡通画，而此刊中的卡通插画也让"卡通"这个术语被广泛地接受和使用。《笨拙》的影响力在 20 世纪四五十年代达到顶峰，1947 年至 1948 年间发行量达到 18.4 万本的峰值。——译者注

前文也提到过，"霸王行动"要求分别从英美两国海、陆、空三军中招募参谋人员。然而，出于一些原因，若能够在考萨克的内部分支机构中尽可能多地提高来自大英帝国人员的数量，就再好不过了。尽管这一行动是为了维护母国的利益，但为此，处于大英帝国国王统治下的每一位臣民都付出了不懈的努力。事实上我们从一开始便清楚，远征军的很大一部分是由加拿大军队构成的，因此来自加拿大的盖伊·特纳①少将代表安迪·麦克诺顿②将军以观察员的身份被安排进入了考萨克。这两位都是我的老友，1915 年至 1917 年，我在法国战场的加拿大陆军部队里面服役，自那以后，我们相识至今。仰仗着我们的老友情谊，我请求麦克诺顿将军帮忙，为考萨克参谋班子里的几个空缺岗位寻找合适的人选。他欣然应允并表示将全力支持。我们其实一直有一套备选计划，即在目前能力合适的英国参谋军官数量不足时，引进训练有素的加拿大一流参谋人员。加拿大远征军的司令官向我作出承诺，将为我们提供他们手中最好的

① 盖伊·特纳（Guy Turner，1889—1963），加拿大陆军少将。参加过"一战"。1939 年 1 月任加拿大第 11 军区一等参谋；10 月派驻英格兰，任加拿大第 1 师一等参谋。1940 年任英国第 7 军准将参谋；12 月任驻英格兰的加拿大第 1 军准将参谋。1941 年 12 月起先后任加拿大第 1 军、加拿大第 1 集团军副总军需官兼副总长。1943 年起派驻盟国远征军最高司令部任联络官。"二战"结束后回到加拿大任西部军事总监，1946 年退役。——译者注
② 安德鲁·麦克诺顿（Andrew McNaughton，1887—1966），昵称"安迪"（Andy），加拿大陆军上将，科学家、政治家、外交家。1910 年毕业于麦吉尔大学。"一战"爆发后加入加拿大远征军，1915 年 2 月赴法国参战，期间发明了提高火炮瞄准精度的技术，并将专利权以 10 块钱的象征性价格出售给加拿大政府。"一战"结束前夕，1918 年 11 月任加拿大重炮部队指挥官。1923 年 1 月任加拿大国家防御司令部副总参谋长，1929 年 1 月提任总参谋长。"二战"爆发后，1939 年 12 月率加拿大第 1 步兵师抵达英国。1940 年 6 月领军参加法国战役；7 月任英国第 7 军军长；12 月任加拿大第 1 军军长。1942 年 4 月任加拿大第 1 集团军司令。1944 年 11 月退出现役，任加拿大国防部长。1945 年至 1949 年任美加联合防御委员会加方主席。——译者注

资源，他并没有食言。

我强调希望能有一位出类拔萃的加拿大军官担任我的军事助理。麦克诺顿将军对我的这一诉求十分上心，他挑选了来自女王御用步枪队的陆军少校罗利·哈里斯来担任这一职务，但哈里斯少校尚有事务缠身，无法立即赴任，因此，麦克诺顿将军便借调来自加拿大皇家工程兵的彼得·莱特少校供我临时差遣。他的到来为考萨克的参谋班子注入了新的力量，尽管是通过一种不那么官方、正式的方式。彼得·莱特在贝克街区住了一段时间，在漫长的冬夜里，莱特成了马里波恩大街上一家名叫"黑马"的酒吧的常客。不列颠群岛上所有酒吧的客人都热衷于讨论世界上发生的各种事件，黑马酒吧的客人也不例外。他们每晚坐在酒吧里，谈论应该采取何种措施加速敌人的溃败，在他们看来，敌人之所以还能负隅顽抗，全然是因为领导不力、既得利益者优柔寡断，以及其他一些众所周知的原因。彼得成为我的临时助理时，黑马酒吧的客人们对反攻欧洲这一想法已经进行了十分深入的探讨，他将酒吧讨论的最新进展告诉我，方便我跟上其他客人的步伐。我们合作不久，就发现彼此面临着许多同样的难题，彼得的幽默感此时发挥了作用，他建议我们把其中一个再三出现的问题叫做"黑马"，我举双手赞成。此后，我们时不时坐在这家氛围热烈的酒吧里，听着客人们高谈阔论，他们对此毫不知情。这些客人身份各异，能够代表不同的声音发表意见，让我们时有收获。当然，不是所有的话题都适合以这种形式听取意见，但是当我认识到，除我们以外，还有其他人也在关心着这些问题，而且，不仅仅是那些提供收费咨询服务的人，任何人都能畅所欲言，提出有建设性的意见，这让我感到十分高兴。毕竟，我们的行动计划能够获得西方民主制度的基石——英国酒吧——的建议，也是好事一桩。

考萨克的参谋班子也得到了南非的支持。史末资①将军特别指派皮特·德瓦尔准将来考萨克任职。澳大利亚方面则派出了马克尼科尔上校作为对我们强有力的支援，他是我们所拥有的最出色的初级参谋军官之一。

由于人员构成复杂，在此不得不谈谈保密的问题。与军事行动相关的一切事务绝对保密，是一项必须遵守的义务。较以往的军事行动，考萨克负责的这一行动在许多方面对保密义务提出了更高的要求。具体是哪些方面呢？显然，英美两国军人都心知肚明，或早或晚，未来终将有一支远征军从不列颠群岛出发，在欧洲大陆的某处目标登陆并发起进攻，因此，与行动的时间、兵力及目标相关的保密工作至关重要。直到行动开始前一刻，都必须不惜一切代价保护相关信息不被泄露。然而，若有两则信息的内容联系密切，要区分哪一则信息需要保密，哪一则不需要保密，无疑十分困难，几乎不可能做到。因此，为了保险起见，干脆对所有信息都进行绝对

---

① 扬·克里斯蒂安·史末资（Jan Christian Smuts，1870—1950），南非著名政治家，英国陆军元帅，1919 年到 1924 年和 1939 年到 1948 年任南非总理。他是"英联邦"这一概念的创始者，对国际联盟和联合国的成立均作出很大贡献。1870 年 5 月 24 日出生在南非开普省一个布尔人庄园主和官僚家庭。1891 年入剑桥大学学习法律，四年后返南非，执律师业。1898 年被任命为德兰士瓦共和国检察长。英布战争中，任好望角州布尔共和国军司令。1904 年至 1909 年间，是南非主要的英国合作者。1910 年南非联邦成立后，出任矿业、国防和内政部长。第一次世界大战期间，1916 年出任英军东非前线总司令，翌年赴伦敦任帝国议会的南非代表，并加入英国战时内阁，任枢密院顾问。战后参加凡尔赛会议。1919 年任南非联邦党主席。1919 年至 1924 年任南非联邦总理。1930 年加入英国皇家学会，1931 年出任安德鲁大学校长。1933 年至 1939 年任副总理。第二次世界大战爆发后，力主参战。1941 年被授予英国陆军元帅军衔。1939 年至 1948 年间再度出任总理，任内镇压工人运动，推行种族歧视政策，并企图吞并西南非洲。1945 年作为南非联邦代表出席旧金山联合国成立大会，牵头起草了《联合国宪章》的序言部分。1948 至 1950 年为反对党领袖。1950 年 9 月 11 日因心脏病突发去世。——译者注

保密。

好在，之前提到的诺福克大厦的名声为我们提供了掩护，顶楼的俱乐部也有助于实现此目的。那些精力旺盛、憋不住事儿的人可以在俱乐部里一吐为快。军事组织内部的行事程序规则，经过时间的打磨趋于完善，但也无法完全防止信息泄露。强有力的组织架构能够有效管控其中任一层级的常规工作人员，但难免会有漏网之鱼。组织内的一些非正式员工偶然得到了一些敏感信息，他们可能无法理解，便产生好奇，想知道这究竟是什么意思，尽管他们没有恶意，但在他们手中，信息极易泄露，直到有人把这些一点一点泄露出来的信息串联起来，形成一个完整的链条，酿出祸端。这并非泄露者刻意为之，他们甚至最不愿看到任何人，至少是不愿看到自己的故土、同胞受到伤害，却在不知情的情况下，成为了链条中的一环。

这种情况到底会不会出现全凭运气，但我们还是决定尽可能减少坏运气降临的可能性。大部分成员被要求接受极其周密的信息保密常规训练，当然，训练过程难免枯燥。一些人还要学习如何在信息保密失败的情况下尽量减少泄露渠道。我们不希望考萨克内部的参谋人员盲目服从指令，我们迫切需要调用一切能够调动的聪明才智，如果参谋人员对考萨克所追求的目标一无所知，就无法充分发挥其能力，但这反过来又会增加信息保密的难度。为解决这一矛盾，我们作了一个大胆的决定。之前，与"霸王行动"相关的重要机密信息只在一个内部小圈子里流通，外围的工作人员全被蒙在鼓里。现在，我们决定，将我们的目标向考萨克全体人员披露。

只要考萨克的所有参谋人员都住进诺福克大厦，就有可能做到这一点。事实上，我们一共在两个场合执行了这一决定——第一次是在刚搬进诺福克大厦的时候，大约有 200 名军官住了进来；第二次是在 1943 年的夏季，那时诺福克大厦已经没法儿住下所有人了，一些军官便在外面找了住处。在 1943 年夏季第二次宣布时,我们已经能够告诉考萨克的所有人,他们的辛勤劳动取得了不俗的成果,并且获得了美国总统、英国首相以及许多人的认可。

在这样的两个场合,考萨克全体人员,包括厨师,聚集在诺福克大厦一层的大房间里,这里被用作海陆空三军供应站的咖啡厅。第一次,房间里的空间还绰绰有余。到了第二次,晚来的人要想挤进来,就不得不使出在突击部队学到的本领。在这样的两个场合,我们告诉所有人,发生了什么,现在的情况如何,他们在行动中的作用,接下来应该做些什么。我们正准备进攻希特勒盘踞的欧洲大陆,我们将采取何种手段发动进攻,这些惊人的秘密,现在考萨克的所有人都知道了。我们还告诉他们,向考萨克成员以外的人透露丝毫关于这一行动的风声,都有可能导致联合国家的计划毁于一旦。每一个平凡的美国人、英国人内心都蕴藏着一种精神,我想,正是这种精神,激励着他们坚守了本心——没有人向外吐露一个字。

来自美国、英国、自治领的陆军、水手、海军陆战队和空军们,来自皇家海军女兵部队、英国女子辅助军团、美国女子陆军军团、英国女子辅助空军、加拿大女子陆军军团、英国志愿援助支队、英国海陆空军供应站、英国国家消防局或其他军队、部门的人们,无论出处、背景、爱好,保持缄默的所有人都为胜利作出了杰出的贡献。对于一些人来说,毫无保留的信任也许本身并没有什么意义,但我仍觉得,能够得到它,是一件值得庆幸的事情。

# 第三章　考萨克的三项任务

　　我在前面的章节中提到过，1943 年 3 月，一道命令的草稿出现在驻英格兰的几大军事机构(即英军参谋长委员会、美国陆军欧洲战区司令部)面前，是用于联合参谋长委员会下达给盟军最高司令(待定)参谋长的。结果大家已经都知道了，这位未来的参谋长便是我。4 月的第一周，命令代拟稿被提交至位于华盛顿的当局，即美军参谋长联席会议①与联合参谋长委员会。4 月 26 日，官方正式向我下达了这一命令，而此前我已获得授权，在默认美方将会批准的情况下，根据命令代拟稿的内容开展工作。

---

　　① 　美军参谋长联席会议(Joint Chiefs of Staff)，根据美国《1947 年国家安全法案》(National Security Act of 1947)正式建立，该法案由第 80 届国会制定，1947 年 7 月 26 日表决通过。虽然美军参谋长联席会议在 1942 年 2 月 9 日就召开了首次会议，但一直没有法定地位，为时任总统罗斯福依据战时总统特权建立起来的跨军种协调参谋机构，当时的成员有莱希海军上将、陆军参谋长马歇尔、海军作战部长金和陆军航空队司令阿诺德。1942 年 7 月 20 日，莱希有了正式职务——陆海军总司令参谋长(Chief of Staff to the Commander in Chief of the Army and Navy)。《1947 年国家安全法案》正式授权建立了参谋长联席会议，明确了职能，规定了法定成员为三位军种主官，法案中并没有规定参联会主席，而是依然延续了莱西的职务称谓，规定若设有总司令参谋长的话也是法定成员，还授权建立了由不超过 100 名军官组成的联合参谋部，作为参谋长联席会议的下属机构。1949 年修正案授权建立了参谋长联席会议主席，但该职务仅为主持人，而无投票权，陆军上将布拉德利成为首位有正式职务的参谋长联席会议主席，修正案同时将联合参谋部的组成军官人数限制改为 200 名。——摘自 http://baike.so.com/doc/8259426-8576415.html

这是我上任后接到的第一条命令，内容清晰详细，以便我们着手推进，可一旦实际操作起来，便觉得一些部分还有待解释和补充。同时，只有在经过了实践的检验与反复试错后，我们才真正领会到命令的实质与方向。

该命令的开头是一段简短的序言，接下来继续写道，联合参谋长委员会决定任命一位最高司令，负责指挥所有参与从英国登陆欧洲大陆这一行动的联合国家部队，同时，即刻为该最高司令配备一位参谋长。命令表明，本次行动的目标是"击溃德军在欧洲西北部的战斗力量"。委员会还决心要做到以下两点，作为次要目标：第一，尽可能集结现有的最强武装力量（但不能影响已分配至其他战场的部队），并随时待命，在1943年德军抵抗力量减弱时重返欧洲战场；第二，委员会承诺将根据实际情况，按照第一条的要求，随时开展行动，并提供委员会能力范围内所能集结的一切武装力量与资源。

各行各业的人，无论是否是军人，也无论是用于军事行动还是其他什么目的，但凡起草过指示或命令的，都知道其中最重要也最难写的部分，就是目标。一旦目标不够清晰，不管其他部分多么详尽，仍会令人感到不知所云。对目标的表述应尽可能精简，落笔前反复推敲，确保每一个字均有其分量。有经验的参谋往往会请指挥官本人来撰写指示或命令的目标，或至少是在替指挥官写完以后，请他过目，才好继续起草其他部分。

这是考萨克收到的第一条命令，不过一开工我们就感到，有必要对其赋予考萨克的目标提出些问题。请记住，联合参谋长委员会声称命令中所书即为其目标。难道他们进入欧洲西北部的唯一目标仅仅是在这一区域击溃德军的作战力量吗？在我们看来，事情可没这么简单。

命令中对考萨克的任务有着明确的阐述，这些任务将会在下文提及，然而，问题在于执行任务的方式。只有明确了此次横渡海峡行动的总体目标，我们才能决定应采取何种方式来完成考萨克在其中肩负的使命。也许有人会说，任何战争的总体目标都是取得胜利，这话不算错，但取得胜利之后呢？明天的太阳依旧会升起，即使在战争中取得了举世瞩目的胜利，生活也依然要继续。许多理论家在不同场合对战争下过不同的定义，在我看来，尽管有些残酷，但战争实质上就是国际关系的一种表现形式。一旦取得胜利，用斧子敲碎邻居脑壳这种事是不可能一直干下去的，会有新的国际关系取代战争。就算你的邻居被搞得家破人亡，但在别处肯定会有他的亲戚活下来，你还是不得不去处理由此引发的问题。到了那个时候，你可能会在心里盘算，倒不如把邻居教训一顿，没必要赶尽杀绝，等他恢复过来了，只要你能掌控得住，有些麻烦事便可由他自己去处理了。要是你在采取行动前就能想到这一点，就会选择用棍子，而不是斧子一类的杀伤性武器了。举这个例子可能过于简单，但国际关系又何尝不是如此呢？在开战之前，发动战争的一方就应当对赢得胜利后的国际政策走向作出相对清晰的预测。我们试图从这份命令中找出有关长期政治目标的表述，可惜没有找到，一直到今天，仍有人在努力找出这层意思。

一道目标模糊的命令是很容易招致谴责的，军人对此尤为反感。人们也许很难相信，在大多情况下，我们的意愿并非次次都能得到满足，眼下算是这一情况的典型代表。这一问题对后世来说颇有研究价值，即西方同盟国的真正目标究竟是什么？盟军在 1944 年反攻欧洲西北部的时候，这一目标是否能够见诸文字，又该如何表述？毫无疑问，作战的目的地是柏林，但目标和目的地不可混为一谈。我们最终的确成功抵达了柏林，但若能预先告知我们为何要历经千辛万苦来到此地，任务也许会简单得多。是要摧毁一座城市、一个国家抑或一个政权？是在破坏局部地区后撤退，还是无限期或有限期地占领柏林？是要创设一个新的德国政府，还是一个新的德国？无论未来的学生对上述问题作出了怎样的回答，最好不要全盘否定，否则答案肯定是错误的。

在此不便对以上问题多着笔墨，只多提一句。就手中的命令来看，如果历史记载没错的话，我们和过去成吉思汗麾下大军面临着相同的任务，即消灭前进道路上的一切有生力量，扫清一切障碍。若所有任务都像这样，那无论是战时还是战后，参谋人员的工作都要轻松许多。然而，每当考萨克的几位参谋人员想到这点，便觉得一筹莫展，压力倍增，因为他们并不认为这是个好主意。

让我们把话题再回到当时，即1943年。联合参谋长委员会在命令中的作战部分要求，盟军最高司令参谋长要同时为三个可能实施的行动制订计划。第一项计划贯穿1943年的整个夏季，即在此期间持续分散德军力量，将德军牢牢捆在西线战场上，防止其派兵增援在东线与苏联作战、在意大利与西方盟军作战的部队。命令要求，这一夏季计划，至少要包括一次陆空两栖的佯攻，诱使德国空军在有利于我方的战场上与本土皇家空军、驻不列颠的美国陆军第8航空队作战。

第二项行动要求制订计划，一旦出现德国崩溃的情况即重返欧洲大陆。自接到命令的那一刻起，必须时刻准备，一旦条件成熟，需确保英国境内任何可用部队均能够紧急执行此计划。

第三项计划要求，为在1944年尽早发动一次全面进攻欧洲大陆的行动做好准备。

至于命令的其他部分，仅涉及一些相对来说不那么重要的内容。例如，命令明确，在英美两国参谋人员之外，此项计划中不再安排来自其他同盟国的军事参谋人员；在该命令发布后，此前所有要求制订自英国发动两栖作战计划的命令均予废除，这一条倒是令人颇为满意，因为这条命令中与此相关的部分十分简短，仅占了一页半的篇幅。

以上便是命令的全部内容，一切只待落地实施，分清轻重缓急后，便可着手推进。然而，问题在于，孰轻孰重，判断的标准又是什么？是优先考虑时间？还是另有更为重要的其他衡量尺度？是成本还是另外的什么因素？每当参谋人员试图解读这条表面上看来浅显易懂的命令时，问题总是层出不穷。没过不久，我们就发现，这三项计划实际上不过是同一个计划的三个方面，而非各自独立。首先，很重要的一点是，要确保1943年夏季分散德军力量的计划不能对1944年的全面进攻计划产生任何不利影响。同样，在德国崩溃时紧急跨越英吉利海峡登上欧洲大陆的计划，也就导致1944年的全面进攻计划提前实现了。因此，首先要推进的恰恰是命令中排在最后面的那项计划，即在时间上最迟的那一项。换句话说，不论怎么看，我们都应该先着手推进第三项计划，然后是第二项，再到第一项。然而，这样一来，我们开始启动筹备的第一个方案，就大大超出了我们手头可调动的重要资源，包括人员、舰船、飞机、弹药、可用港口泊位，等等。那么，如果同时启动一头一尾两项计划，相向而行，是否才是最佳选择呢？

当然，要想作出决定，妥协是必然的，整件事也经过了反复商讨。在这里，为了叙述上的方便，还是按照命令中的顺序，对这三项任务的命运予以简要说明。

不过，首先还是有必要说明时间这一因素对考萨克工作人员的影响。与专职的作战计划人员不同，从1943年4月命令发布到1944年5月的某日登陆行动开始前的这段时间内，我们并不能完全专注于计划的制订，期间仍有许多其他事务需要处理。

1943 年分散德军注意力的行动若要真能瞒天过海，该行动就必须在有可能实施大规模横渡海峡作战的时候达到高潮。我们很快对英国海军官兵做了一些调查，再没有人比他们更了解英吉利海峡了，他们表示适合登陆的季节将在 9 月份结束。这就意味着必须在短短 5 个月内完成佯攻行动方案的起草制定、获得批准与组织实施。稍有销售经验的人都知道我们面临着怎样的难题。考萨克正如一家新设立的跨国公司，公司章程严禁任何形式的宣传，而这一次，我们这些职员要在极为有限的时间内，面向一个十分狭窄的目标市场推广产品，而该市场又恰好因为抵制推销而名声在外。若考萨克的伙计们能够取得成功，我相信今后他们能以任何价格向任何人卖掉任何产品，而现在，留给我们的时间不多了。

紧接着是第二项计划，即一旦出现德国崩溃或政府垮台的情况，便重返欧洲大陆。在当时，这几乎算得上是天方夜谭，但请不要忘记 1918 年发生的一切，历史是无法否认的，那一年 3 月，德军已变成单线作战，聚集了大规模的兵力，几乎击败了西线上的所有盟军，而到了 11 月，德军竟然投降了。① 1943 年初的大致情况与 1918 年的早期状况相比，有着许多相似之处。如今是 1943 年的 4 月，显然，

① 鲁登道夫攻势与德国十一月革命：第一次世界大战进入 1918 年，东面战线因俄国发生十月革命并退出战争而结束，德国签订《布列斯特和约》后立即抽调 80 个师猛攻西线，意图在美军到达欧洲形成战斗力之前，于 1918 年夏季打败英法两国，以扭转局势。1918 年 3 月至 7 月，德军接连于西线发动 5 次大规模的攻势，史称鲁登道夫攻势。但此时德国经济陷入危机，政治动荡，再加上俄国十月革命的影响，国内阶级矛盾空前尖锐。1918 年 10 月 29 日至 11 月 3 日，基尔港首先发生起义。4 万名海员及船只认为德国在战争中大势已去，出战只是自取灭亡，于是抗拒海军的出兵命令。11 月 8 日，工人与士兵的议会已占领了德国西部的大部分，为"议会共和"作准备。11 月 9 日，威廉二世被迫退位，德意志帝国灭亡。11 月 11 日德国宣布无条件投降。第一次世界大战结束。——译者注

还未出现德国崩溃的苗头。

最后一项，也是最重要的，便是1944年全面进攻欧洲的计划。要实施这一计划，必须保证1944年欧洲西北部的总体情况与现在即1943年4月时的情况基本保持不变。立即开展准备工作固然重要，但在此之前，我们制订的计划必须报多个层级的相关当局进行审查、分析、讨论，获得批准后方可落地推进，参与进攻行动的军队才能得到官方下达的指示和命令。我们开始预测走完这些流程要花去多少时间，却突然接到指示，明确要求必须在7月初将计划提交至英军参谋长委员会，也就是说，我们必须在2个月左右的时间内完成三项计划的制订。

我们不得不争分夺秒，而节约时间最好的方式即避免犯错。因此，我们的首要任务就是想些法子，确保在制订计划的过程中不犯任何错误。这绝非易事，我们手中的任务没有任何先例，也没有任何蓝本可供参照，以判断每一步的工作是否有误。考萨克里一些有经验的伙计给出了解决方案，他们在作战计划的制订方面有着丰富的知识储备。其中能力最为突出的是来自英国皇家工程兵的准将肯尼斯·麦克莱恩，他是位极优秀的战略规划师，在讲解作战计划这方面也有着十分出色的表现。在未来的几个月里，他在多位国家首脑面前对作战方案进行了讲解，并赢得了许多掌声，我想，他当之无愧。

军中有这样一个惯例，即下级呈报给上级的作战计划，会由上级指挥官交由自己的作战计划人员进行审查。尽管有些失礼，但作战计划人员偶尔会被比作中世纪宫廷中的近臣，那时，近臣是贵族身份的象征，身边没有私人近臣的贵族甚至算不上是显贵，而在1943年的时候，指挥官身边若没有专属的作战计划人员，会被认为与其在军中的身份不符。因此，任何作战计划要获得批准，最有效的办法就是买通上级指挥官身边的这些人，等到计划正式交付审查时，他们已大致了解了情况，并能够立即向指挥官表示同意批准这份计划。

不过还是不要去推测这里头有什么猫腻，就当一切都是开诚布公的吧。要获得英国海陆空军作战计划人员的审核与同意，还好办些，问题是如何让身处华盛顿的美方作战计划人员跟上我们的进度。通过互相拜访并进行电话交流，这一问题得到了解决，电话是美军安装的，保密性能良好，不像战争早期那样，跨大西洋通话的保密性很难得到保障。

做到这一步还远远不够，我们不仅要确保所有人跟上进度，还要尽量不在细枝末节上浪费时间。这意味着我们没有时间去仔细推敲以往几任作战计划人员为类似任务制订的计划，尽管他们当时面临的主要问题与我们相似，并进行了大量的、多方面的研究，可问题在于，无论是眼下还是未来，我们都享有他们所不具备的优势，因此前人的计划对我们来说借鉴意义不大。在我们看来，他们解决问题的方式全然是错的。他们接到命令，在白纸上写下行动可能需要用到的资源，而一旦作战方案制订完成，便无一例外地被告知，计划是写得不错，但要获取实施计划所需的资源几乎是天方夜谭。因此，第一稿要么打回修改，要么重做。因为这类理由不予通过，大概是最容易令作战计划人员心灰意冷的了。

我们眼下面临的问题则大不相同。到了1943年初，一些特需物资的生产项目或已确定，或已投入生产，或已高度成熟，因此可以合理推测出1944年能够投入使用的总产量。我们所面临的问题则是："有了这些物资，我们能否完成任务？"这个问题自然衍生出下一个问题来："如果答案是肯定的，如何利用这些物资完成任务；如果答案是否定的，那么原因何在？"为了回答这些问题，我们必须在指导思想上做出一些转变，并在考萨克内部确立几项基本原则。

首先，我们必须坚信，考萨克的设立是为了在 1944 年成立最高司令部做准备，而最高司令部将率领解放之师，彻底击败德国，终结欧洲大陆的战争。

基于这一信念，我们必须具备大局观念。此次行动大致需要一百个师的兵力，战斗将在我们消灭敌军后备部队的主力时达到高潮，而这绝不可能是在海上或沿海地区完成的。也就是说，跨越敌军严密防守的海岸线仅仅是战事的开端，或看作过渡阶段。虽说余下的所有计划均取决于是否能够成功跨过海岸线，但我们必须时刻谨记，抢滩之战不过是行动的第一步。

为此，我们从一开始就应当选择合适的地图以确保行动顺利展开。仅仅显示从英国南部到法国北部的地图是远远不够的，我们要找的地图，在东西方向上必须从美国旧金山延伸到柏林，在南北方向上必须从北极圈一直到北非。

以上三点似乎有故弄玄虚之嫌，但对我们来说，如果要采取适当措施，避免因缺乏远见而导致任务失败，做到上述几点是很有必要的。我们不希望在成功跨越第一道障碍后，由于缺乏必要的补给，比如架桥材料、卡车或是通信线路部队的帮助，在进入陆地纵深一百英里后便无力继续前进，出现这种情况是不可原谅的。我们不仅要尽最大努力确保前线战斗部队的推进，还必须保证这台庞大复杂的战争机器，乃至后方生产物资的工厂，均全体准备就绪，将战斗进行到底，直至取得胜利。

经过以上种种考量，我们最大的愿望就是希望设法让考萨克掌握一些发号施令的权力。到了这个时候，我们第一次意识到，任务面临的最大障碍其实是考萨克缺乏一位自己的司令官，这个问题在以后也常常困扰着我们。自考萨克成立以来，我们便接受了自己的使命，即为一位最高司令官效力，而非仅仅提供些想法，起草起草作战计划。考萨克的内部人员对此深信不疑，然而，外人似乎很难理解这一点，尤其是在我们与其他名头更大、级别更高的机构打交道时，往往因此产生矛盾。这些机构很幸运，都拥有真正的、而不是什么待任命的最高司令官。我们只好从之前大英帝国总参谋长向我下达的那条简短口头指令中寻找些许安慰："现状就是如此。这压根儿就行不通，但你只能成功。"

在决心要做到上述几点后，下一步则是寻找是否能够通过什么方式替我们省些力气。首先要看看前人的工作能否直接为我所用。通过这个办法，我们获取了大量信息，比如许多与敌军海岸线相关的详细资料，有的地方甚至精确到了每一英尺。我们能够立即获取想知道的几乎一切信息，我们在海、陆、空都有完备的侦察系统，敌军的一举一动顷刻间尽收眼底。然而，上文也提到过，由于前人制订的作战计划均集中于有限的目标之上，动用的军队规模虽不确定，但总体较小，因此其中与战略或战术相关的意见难以借鉴。在他们留下的方案中，支持率最高的一份建议是从瑟堡①半岛登陆，作为未来继续深入欧洲的桥头堡，然而在我们看来，这些方案总体上均以防御为主。这可以理解，方案从未落地实施，这一事实似乎削弱了制定者的勇气，他们当中的一些人变得瞻前顾后，畏首畏尾。举例来说，我们从他们那儿得到的建议是，在确保登陆艇能够同时运送十个师的突击部队以前，制订任何计划都是徒劳的。之所以提出这一建议，部分是由于敌军沿海岸线设置的防御工事过于完备。据高层传来的消息，德军在海岸上拉了一道连续不断、难以穿越的

---

① 瑟堡(Cherbourg)，法国西北部重要的军港和商港，在科唐坦半岛北端，临英吉利海峡。在两次世界大战期间都为战略要地。——译者注

铁丝网，在铁丝网的后面，沿线散布着密密麻麻的碉堡，由钢筋混凝土构建而成，厚度远超以往，口径不一的枪炮遍布海滩，身着防弹衣的德军在瞄准镜后面虎视眈眈，他们身经百战，对猎物绝不手软。面对如此坚固的防御系统，选择从悬崖处登陆大概是损失最低的途径，但这意味着我们不得不越过百尺高的陡崖，局面也十分不利，要在短时间内取得胜利困难重重。

预测远在海峡对岸的德军的防御情况并非易事，但要了解英国本土的准备情况就容易多了。通过梳理前几任作战计划人员制定的方案，发现已经完成了大量的铺垫工作，当我们逐渐意识到这一点时，作为继任者便愈发感到幸运。无论最终从不列颠群岛出发进攻欧洲大陆的行动采取何种方案，唯一可以确定的是，主要工作必将在英格兰东南部海岸的某个地方开展。在过去的几年里，许多与登陆行动相关的想法被提了出来，其中有一些曾一度占了上风，但又出于种种原因被放弃，其中最主要的原因自然是缺乏实施方案所需的资源。不过，这些想法都有一个共同点，即它们选定的筹备基地，无论是作为飞机着陆快速装弹而备用的"硬地"、营地或仓库，还是铺设道路、铁路、机场、输油管道或其他林林总总的建设项目，均集中在英格兰南部的普利茅斯①到沃什湾一带。总有这样一群人，他们笃信，自己所做的工作是登陆行动不可或缺的基础，在经历过一次又一次的失望后仍坚守信念，勇敢面对一切困难和阻碍。各种意想不到的部门的人纷纷来到诺福克大厦，他们肩扛不同军衔，隶属不同部门，他们事无巨细地向我们介绍自己的工作，以及这些工作在整体局势中的作用。也正因为如此，老实说，考萨克根本就不需

---

① 普利茅斯（Plymouth）位于英国西南部，靠近英吉利海峡，是德文郡的港口城市，也是英国重要的海军基地。在"二战"中曾遭受严重轰炸破坏，战后重建。——译者注

要在作战方案的制定上做出什么创新。如果大家还记得的话，考萨克的任务是对一直以来的计划制订工作"注入凝聚力和驱动力"。在考虑设立考萨克这一机构以前，作战计划的制订及准备工作已经进行了好几年，如果没有这几年的努力，1944年的行动就不可能成为现实。

现在回到最高司令官的任命这一话题上来，当时这一人选仍未确定。即使我们制订的计划能够在司令官缺位的情况下按照预期顺利推进，但至多只能坚持到英美联军与德军真正交手以前。战斗一旦打响，情况瞬息万变，难以预测，只能依靠建立相应的指挥体系来发挥作用，因此，一位最高司令官不可或缺。

接下来是关于我们设想中的一百个陆军师的安排问题。没有人会希望把数量如此庞大的陆军聚集到不列颠群岛。先不说这些拥挤的小岛上有没有足够的氧气供这么多人呼吸，单单就是跨越大西洋把士兵、大大小小的包裹和行李从美国运来，再换一种船型，穿过英吉利海峡把他们从不列颠群岛送到欧洲大陆去，就简直多此一举。一看战略地图便知，当时这支兵力的分布是一条长蛇阵，头在英格兰南部，尾巴一直延伸到美国西海岸。简单来说，我们的任务首先是让这支部队开进到莱茵河一线并在此会合，然后继续前进，直逼德国心脏。不列颠群岛上只有一支规模不大的先头部队，显然，从战术层面上讲，我们必须增强这支部队的力量，使其成为一支先遣队，先在欧洲大陆上占领一块阵地，大小和设施能够承载我们的主要兵力在那里会集。接下来，由先遣部队先建立起一道道防御阵地，后续主力部队将越过防御阵地与敌军主力作战。因此，我们在早期阶段就要弄清楚，在1944年初期能够执行此任务的先遣部队的大致规模。

我们已就上述问题与一些上级部门进行了讨论，但直到5月25

日，联合参谋长委员会才下达了补充命令，细节才得以确定。

补充命令为我们定下了更为具体的目标，即在欧洲占领一块滩头阵地，以便未来进一步发动进攻。为此，我们需要制订计划，攻占海岸港口，并以此为据点，按照每月三到五个师的速度，将更多部队从美国及其他地方运至港口，为初期进攻提供更多兵力。登陆行动的日期定在了 1944 年 5 月 1 日，并且计划纲要应当在1943 年 8 月 1 日前提交给联合参谋长委员会。命令还表示，共有29 个师将作为先遣部队发动初期进攻，并接受后续兵力增补。其中，5 个步兵师将同时乘坐登陆艇及船舶穿越海峡，命令对此进行了详细说明，并要求两个步兵师紧随其后出发。还有 2 个师的步兵将乘坐飞机出发，这样一来，共有 9 个步兵师将参与初期及后续的进攻。剩余 20 个师的任务则是以最快的速度前往我方夺取的滩头阵地。除此之外，可能还有来自法国的一个师将参与到这次初期进攻行动中来。

这道命令几乎给出了我们所需的全部关键信息，但从问题的讨论到命令的下达，也花去了一个月的时间。同时，其他方面的许多工作也在推进当中。考萨克以缓慢的速度扩充着各分支、各军种的人员，并提前与伦敦的各个机构建立起了联系，为今后的往来做好准备。我们从一开始就与联合作战司令部保持着紧密的联系，此时，联合作战司令部的司令，同时有着皇家海军上将、陆军上将和皇家空军中将军衔的路易斯·蒙巴顿勋爵，是英军参谋长委员会中颇为活跃的成员。我们与战时内阁的策划与情报部门也保持着密切的日常往来，并获得了英国海陆空三军的鼎力支持。英国政府机构的各个部门也十分乐意助我们一臂之力，考萨克需要他们的帮助，在将来也可能会介入他们的工作。当然，我们与美国陆军欧洲战区司令部的所有参谋部门也保持着日常联系，尤其是与他们的后勤部门。

我们需要后勤部门尽快加入并提供帮助，因为在 1943 年的前六个月，美军在英国境内的地面作战部队仅有一个师的兵力，后勤部门因此面临着繁重的任务。作战方案若想有任何取得成功的可能，那么美军后勤部门应当在至多 12 个月以内，从大西洋对岸向英国输送有效兵力超过 100 万人的陆军部队，同时还需做好准备，安排这支部队以作战阵型向南跨越海峡，并确保他们能够在前文提到的欧洲大陆上的集结区域站稳脚跟。

先遣部队中的美军部分将从英国出发前往海峡对岸，在他们扫清障碍后，美军主力将直接从美国向欧洲大陆进发，这就意味着后勤部门必须设立一个庞大的前进基地，为这些士兵提供先进的装备、优秀的参谋人员等资源。同时，还必须弄清楚，作为全体美军的代表，美方派出哪一支部队驻扎英国成本最低，毕竟，若美军全都以 3000 英里外大西洋对岸的美国本土为大本营，那成本可就有些高了。

然而，此时的大不列颠岛也并不太平。幸运的是，敌人对英国的直接攻击已经转入低潮。德国空军正在其他地方忙活，其被派往西线作战的航空队也被迫转入防守状态。尽管如此，英军在海上与空中仍未停止作战。英国不断向东线及地中海战场输送兵力。这个春季，在地中海战场上，我们的陆军正与非洲军团①及其附庸国部队鏖战，为进攻西西里岛做准备。雷·巴克将军开始考察"爱斯基摩人行动"的准备工作，以期为我们的登陆行动提供参考。

---

① 非洲军团(Afrika—Korgs)，德国派往北非的战略战役军团。由 1941 年 2 月组建，初辖第 5 轻装师(后改编为第 21 坦克师)和第 15 坦克师。同年夏增辖第 90 轻装师。1942 年 8 月增辖 1 个空降旅。至阿拉曼战役前，兵力达 4 个师和 1 个空降旅。司令先后为隆美尔(1941—1943)和阿尼姆(1943—1943)。与北非意军组成德意联军，在北非战场作战。1943 年 5 月中旬向盟军投降。——摘自上海辞书出版社《第二次世界大战百科词典》

与此同时，伦敦方面也组织并控制着大量的地下抵抗运动，在敌军的欧洲占领区制造了许多麻烦，为此，我们付出了不小的代价，投入了大量飞机、武器、弹药及爆炸物，也有人因此牺牲。

英国在欧洲以外的战场上耗费了大量资源，美国在太平洋战场上的投入更是不遑多让。毕竟，谁也不能保证考萨克的任务一定会取得成功。

尽管如此，形势还是渐渐明朗了起来，到 1944 年，无论是在人数上，还是在武器、装备上，西方盟军都有足够的力量去完成我们的任务，甚至仍有余力。同时，人们逐渐能够预见，德军难以再从打击中轻易恢复，经斯大林格勒一役①，局势明显逆转。此时，苏联

---

① 斯大林格勒会战，苏德战争中的大规模战略性战役。德军 1942 年夏季攻势原计划把斯大林格勒作为第三个突击目标，7 月中旬，担任北路主攻的保卢斯的德国第 6 集团军前出至顿河大弯曲部，已形成对斯大林格勒的进攻态势。按《希特勒第四十五号指令》，德军最高统帅部决定同时对斯大林格勒和高加索发起突击，而把攻占斯大林格勒作为对南进高加索的侧翼配合。会战分为苏军防御时期（7 月 17 日—11 月 18 日，亦称斯大林格勒防御战役）和苏军反攻时期（11 月 19 日—翌年 2 月 2 日，亦称斯大林格勒进攻战役）。苏军防御时期又分为城市外围防御阶段（7 月 17 日—9 月 12 日）和城市防御阶段（9 月 13 日—11 月 18 日）。由于会战一开始就十分激烈，7 月 22 日，德军兵力增加到 18 个师，7 月 31 日，霍特的德国第 4 坦克集团军奉命从高加索方向调往斯大林格勒方向；同时，苏军也不断补充新锐部队，双方逐渐在斯大林格勒地域形成决战态势。9 月 13 日起双方展开市区争夺战，马马耶夫岗及其周围地区的战斗尤为激烈。9 月 26 日，德军在遭受重大伤亡后占领市区中部和南部，此后战斗中心转向市区北部的工厂区，德军虽继续有所推进，但攻击力日趋衰竭，进展速度极慢。11 月 11 日，德军发起最后一次突击，在"街垒"工厂以南进抵伏尔加河，将苏军分割成三部分，但此后即无力再行进攻，苏军坚守阵地直至防御时期结束。11 月 19 日，苏军发起代号为"天王星"的反攻战役，投入西南方面军、顿河方面军和斯大林格勒方面军，共 110.6 万人；当面德军为第 6 集团军、第 4 坦克集团军和罗马尼亚第 3、第 4 集团军，共 101.1 万人。11 月 23 日，苏军合围德军第 6 集团军和第 4 坦克集团军一部共 22 个师又若干独立部队，总计 33 万人。12 月 12 日，德军实施"冬季风暴行动"，企图从科捷利尼科夫斯基方向出击以解救被围部队，但至（转下页）

人正向西推进。

总的来说，在 1943 年早期，代表盟军战果的曲线正稳步上升，而代表德军力量的曲线则初显颓势。也许在 1944 年，甚至在 1944 年以前，这两条曲线就有相交的可能。

远东战场上，日军也辉煌不再，不过，根据联合参谋长委员会确立的几点原则，我们暂时无需与日军交手。首先，在资源的配置上，对德作战要优先于对日作战。其次是要把反攻欧洲西北部的行动作为 1944 年的主要任务。在这两条原则的指导下，武器、装备等方面的细节工作正有条不紊地进行，但主要问题实际上还是应如何调动各方积极性。当前看来，无论是美国还是英国，在 1944 年似乎都有足够的能力向欧洲西北部发动攻势，但问题是，他们是否愿意这样做。

我在前文中提到过，第一批加入考萨克的参谋人员对英国参与此次行动的意愿抱有怀疑。随着时间的流逝，怀疑不减反增。设立考萨克的念头源于卡萨布兰卡会议①，但在对相关会议记录进行仔

---

（接上页）12 月 23 日被苏军粉碎。同时，被围德军的突围计划也遭希特勒拒绝。1943 年 1 月 10 日，苏军发起最后攻击，代号为"指环"。1 月 31 日，德军南集群投降；2 月 2 日，北集群也停止抵抗。德国第 6 集团军司令保卢斯等高级将领被苏军俘虏。至此，历时 200 天的会战结束。德军在会战中共损失兵力 150 万人，占其在苏德战场作战总兵力的四分之一。会战结局具有重大军事政治意义，苏军的胜利不仅挫败了德军 1942 年的攻势计划，而且实现了苏德战争的根本性战略转折，并为第二次世界大战的根本转折作出决定性贡献。——摘自上海辞书出版社《第二次世界大战百科词典》

① 卡萨布兰卡会议（Casablanca Conference），1943 年 1 月 14 日至 24 日，美国总统罗斯福和英国首相丘吉尔在摩洛哥的卡萨布兰卡举行的会议，英美联合参谋长委员会成员与会。主要讨论 1943 年对德、意的军事行动问题。丘吉尔提出地中海战略的作战思想，力主在 1943 年扩大地中海战场，进攻意大利和巴尔干。而美国的马歇尔等人则主张横渡英吉利海峡，在法国展开大规模功势。双方争论激烈，至 1 月 23 日才通过《1943 年作战方针》，规定：加强对德国的战略轰炸和反潜艇战，继续在英国集结军队以便在 1943（转下页）

细研究后，仍难以看出英国人的真实想法。一般来说，这类会议记录确实派不上什么用场，真正重要的事情往往不会留下任何文字记录。在询问过英国参谋部门的人员后，我们的猜想才得到证实，英国的确不希望做出任何书面承诺去支持一个长期政策，因为1942年的情形已经表明，在一年甚至更长的时间里，战况可能发生翻天覆地的变化。灵活性在考萨克的战略中不可或缺，我们对此也时有提及，在我们看来，采取机动灵活的战略是有益的，只要运用得当，就能够体现出许多优势，尤其是在资源匮乏的时期。然而，灵活多变也会带来危险，尤其是对此次行动而言。只有目标明确，信念坚定，灵活才能成为助力而非阻力。阿奇博尔德·韦维尔①将军说过

---

(接上页)8、9月间进行在法国登陆的作战；结束北非战役后将进攻西西里岛，加强对意大利的压力，任命艾森豪威尔为地中海战场盟军总司令，亚历山大任副总司令；英国接受美国对太平洋和远东的作战计划，同意于11月发动缅北战役，并保证在战胜德国后将积极参加太平洋战争。会议在研究关于法属北非行政机构问题时，邀请戴高乐和吉罗出席，并促使戴高乐同吉罗达成协议。会议还就争取土耳其参战、交换原子弹研制情报、殖民地命运等问题进行了磋商。1月24日，罗斯福在记者招待会上首次提出了"无条件投降"原则。会议结束后发表公报宣称：双方就"1943年对德意日的作战计划和措施达成了圆满的协议"，但实际上并未消除双方在战略上的分歧。——摘自上海辞书出版社《第二次世界大战百科词典》

① 阿奇博尔德·珀西瓦尔·韦维尔(Archibald Percival Wavell，1883—1950)，昵称"阿奇"，英国陆军元帅。其父是英国陆军少将，担任过驻约翰内斯堡英军司令。韦维尔曾在被称为"黑色守望者"的皇家苏格兰团服役，之后被调往印度，1908年回本土进入坎伯利参谋学院学习，是同届里两个以A等级毕业的学生之一。在后来的院长罗伯森的鼓动下，他前往俄国学习俄语和战略(1916年又作为观察员重返那里)。"一战"爆发后，他被安排在英国远征军总司令部情报处工作，但他很快给自己谋到了一个副旅长的岗位，经常出没于战壕，结果1915年在第二次伊珀尔战役中因被炮弹碎片击中而失去了左眼。战后有一段时间拿着半薪，靠向《大英百科全书》投稿补贴生活。后曾任驻巴勒斯坦和外约旦英军司令、本土军南方军区司令。韦维尔还在剑桥大学军事史教学中开设有关李斯·诺尔斯(Lees Knowles，英国大律师、(转下页)

一句发人深省的话，"英国大兵迟早会向着前线进发的"。事情总有不得不去面对的那一天，灵活机动的策略不可能无限期地延续下去，英国大兵总有一天也要实施他那著名的计划，但我们当中不止一个人认为，当时英国当局并没有形成什么真正的方案去迎接那一天的到来。

即使抛开主观意愿这一问题不谈，英国在供给上也面临着压力。不可否认，资源正在源源不断地流出本土，当然，为了给世界范围内的英军战线提供补给，这在一定程度上是难以避免的。自英国参战以来，已过去了三年半的时间，这一点虽说是老生常谈，却也不可忽视。在这三年半的时间里，英军都是以防御为主，敌军却时不时地给英军带来灾难性的打击，军队的营房是这一切的见证，战争在墙体上留下了难以磨灭的印记。英国默默地承受着这一切，几乎体无完肤。如今，她真的下定决心要奋力反击了吗？

碰巧在刚开始的时候还发生了一件事，加重了考萨克以及其他机构人员对英国参与意愿的怀疑。忙碌的首相大人时刻关注着与战争相关的话题，几乎不分昼夜。首相关于这些话题的看法由他的参谋班子以备忘录的形式记录下来，随后送到政府的各个办公室。考萨克作为一个国际机构成立后不久，内阁办公室寄来了一份此类文件，是寄给我个人的。这份文件是一份简短的提纲，计划着如何将全部英美联军的力量都投入到地中海战场上去。请注意，此时，所有关于向欧洲西北部发动进攻的决定已经签署并向相关方发出，但

---

（接上页）军事史家）的课程。1939 年 7 月任英军中东战区总司令，指挥了利比亚战役、希腊战役。1941 年 6 月因无法挡住隆美尔的进攻而被解职；7 月调任印度军总司令。太平洋战争爆发后，1942 年 1 月，韦维尔调任新组建的西南太平洋战区美英荷澳联合司令部总司令；3 月该司令部解散后继续任印度军总司令。1943 年 1 月晋升陆军元帅；9 月被任命为印度总督。——摘译自 https：//en.wikipedia.org/wiki/Archibald_Wavell

这类来源特殊的备忘录，对于作为英国人的我们来说，重要性是不言而喻的。一旦收到来自首相的备忘录，所有人都必须严肃对待，随时准备汇报当前工作。这份文件之所以寄到我这儿，是因为他们认为我足够了解欧洲西北部作战方案与地中海作战方案各自的优缺点，能够及时向首相汇报。（然而，此时我还不知道，不久之后，华盛顿白宫将出于同样的目的，临时要求我向他们汇报同一件事情！）

在我看来，考萨克这一机构既不隶属于英国，也不隶属于美国。作为一个联合机构，它同时向英美两国政府负责，因此，职责驱使我将这份文件的内容告知我那位来自美国的副手及好友，也就是雷·巴克将军。结果证明，这一选择十分明智。巴克感到自己能做的也不过是将这份文件的大意报告给驻英的美军总司令，气氛一时间紧张了起来。当然，这件事最终并没有造成什么实质性后果，可能是因为后来战时内阁办公室又给我寄来了一份文件，仅限于我个人阅知的，这次我没有再与任何人分享文件的内容。尽管如此，这件事仍然提供了一个极好的机会，让人们逐渐认识到，考萨克是一个国际性机构，如果有些事情英国当局认为没有告知美方的必要，那么这件事同样不应该告诉考萨克。幸运的是，这些波澜都发生在早期阶段，英方之后再也没做过类似的事情了，倒是美方后来闹过一两次乌龙，但那时盟军已足够团结，发生这样的事，大家也只是一笑置之。这里就有一件令人印象深刻的小插曲。有一次，在一场跨大西洋通话中，电话两头坐着不止一位听众，一位五角大楼的官员刚刚发表了一番慷慨激昂的陈词，最后来了一句："但是看在老天的份上，别让英国人知道我说了什么。"当这位官员义愤填膺地质问为何电话那头传来笑声时，伦敦这边的主官，一位美军高级将领告诉他，这儿有两位英国陆军上将和一位海军上将一字不差地把他的话全听去了。

现在，回到主观意愿这一问题上来，在 1943 年的早期，伦敦方面很难通过权威渠道探知美方当局对此次行动的看法。安德鲁斯将军在冰岛因机身撞上冰山不幸身亡，一段时间后，雅各布·德弗斯将军继任，经过我们的请求，德弗斯将军不得不坦诚相告，他告诉我们，就连他也并不十分确定美方对于考萨克正在计划的行动看法如何，打算怎么做。不过，许多美国老百姓对此次行动的看法倒是不难得知，至少，一位激进的美国业余评论员就对此公开发表了许多言论。然而，问题在于，当时大部分来自美国的驻英新闻记者并非专业人士，他们对未来情势的发展缺乏有深度的认识。这些人对英国口诛笔伐，留下了许多谈资，其中最新，也是最为突出的一条就是站在美国的立场上，指责英国为了实施英方自己的战略，将美国已尽力运往英国的小规模地面部队派往北非作战，相当于在地中海开辟了一个全新的美国战场。在一些人看来，在北非耗费的资源若能投入到欧洲西北部，效率将更高。美国人往往缺乏耐心，因此，有耐心的人在他们看来往往过于谨小慎微。这次行动远远不是穿越大西洋，在英格兰换上几件装备，再越过英吉利海峡那么简单，然而，这些人对军事不过一知半解，只有假以时日他们才能够意识到这一点。

美国陆军部长亨利·L. 史汀生①在这一年的年末拜访了考萨克，

① 亨利·刘易斯·史汀生（Henry Lewis Stimson，1867—1950），美国共和党政治家。出生于纽约曼哈顿，父亲是著名外科医师刘易斯·阿特伯里·史汀生，9 岁时母亲去世。1890 年毕业于哈佛法学院，早年在华尔街从事律师工作。在史汀生漫长的政治职业生涯中，先后在多届政府中担任重要职务，对国家的外交和战争政策均发挥过重要影响。1911 年至 1913 年，史汀生担任威廉·霍华德·塔夫脱总统时期的战争部长，"一战"期间曾作为炮兵军官赴法国参战。1928 年至 1929 年担任卡尔文·柯立芝总统时期的菲律宾（转下页）

他的到来让我们倍感光荣，同时也减轻了我们对于美方参与登陆欧洲西北部行动意愿的怀疑。这位经多见广的老人对诺福克大厦内发生的一切刨根问底，并送上了诚挚的祝愿。这次拜访为我们注入了一丝安定，鼓舞了考萨克内部的士气。不过，这还远远不够。

有人也许会问，如果有替代方案的话，那么除了登陆欧洲大陆以外，是否还有其他方式能够结束战争。我想，到目前为止，在所有替代方案中，最有力的竞争者就是仅仅通过空中力量就能击溃德国。不出所料，这项提议在英美的空军圈子内得到了广泛支持，乍看之下，这项提议在那个时候确实有它的吸引力。许多专业的思想家与笔杆子纷纷对采取空中攻势的优劣发表见地，表示支持或反对。就我后来所了解到的，至少在当时，很少有人能够坚定地说，1943年到1944年我们实际采用的登陆欧洲大陆的方案是正确的。若要讨论孰优孰劣，不能将思维局限在战术或战略上。一个空中编队要将炸弹、子弹、空降兵等物资与人员运至目标上空，需要各个产业资源的支持，对空战方案的评估同样不能忽视这一因素。众所周知，

---

（接上页）总督。1929年至1933年担任赫伯特·胡佛总统时期的国务卿，期间致力于限制世界范围内的海军扩张，推动了《伦敦海军条约》的签订。日本发动"九一八"事变占领中国东北后，史汀生宣布美国不承认远东由武力引起的损害中国独立与行政完整的变化，史称"不承认主义"，也称"史汀生主义"。胡佛总统任期结束后，史汀生也暂时离开了政坛，随着日、德成为战争策源地，虽然美国国内仍然孤立主义盛行，但史汀生始终是坚决反对日本侵略、支持中国抗战的强硬派，积极呼吁美国放弃孤立主义。1939年"二战"爆发后，史汀生主张支援反法西斯国家。1940年7月10日，他以73岁高龄再次担任战争部长，一直到1945年9月21日战争结束。"二战"期间，史汀生负责征募和培训了1300万士兵和飞行员，动员美国工业转入战时轨道，使国内生产总值的三分之一用于陆军和空军建设，协助制定军事战略，主张尽早开辟欧洲第二战场，负责监督原子弹研制，主张对日本实施核打击。在选择对日原子弹轰炸目标时，由于他曾与妻子去京都度蜜月，深知京都的历史和文化价值，力排众议令京都免于核爆毁灭。——摘译自https：//en.wikipedia.org/wiki/Henry_L._Stimson

英国飞机的荷载量明显不足，而且，一旦决定发动全面空战，若出现问题，也不可能再有机会改变方案。接下来就只有听天由命了，寄希望于德军在我们发动空战以前没有革新其防御手段，否则后果不堪设想。

我们对英方、美方参与登陆行动的意愿均抱有疑虑，同时，在我们看来，到目前为止，由英美联合构成的"战争机器"似乎也难以令人信赖。举例来说，双方决定，在赢得对德战争后，再将注意力转向日本，但就当前的情况来看，我们有理由相信，太平洋的战况反而日趋激烈。考萨克的情况又是一例，在卡萨布兰卡会议之后，即刻决定，将由一名英军将领掌握远征欧洲西北部行动的指挥权，但传闻甚嚣尘上，表示这位最高司令将由美国军官担任。到了5月，人选似乎已确定将在马歇尔将军和艾森豪威尔将军之间产生。6月，离马歇尔将军走马上任似乎只差一道命令。

然而，在战争中，恐惧与怀疑百无一用。将传闻与分歧撇在一边，心中便只剩下那句话：即使心存疑问，也要严守命令。

尽管美国人与英国人在处理军事以及其他问题时所采取的方式简直是南辕北辙，但幸运的是，他们总能殊途同归。

当美国人面对一项问题时，他首先自然而然地就会说服自己，相信对方提出的行事方式是合理的。一旦做到这一点，他就会给出热情而诚恳地回应："没问题，长官，我们完全同意您的方案。我们将按照不低于110%的比例运送您要求的物资。至于您提出的时间要求，这完全不是问题，我们的伙计将提前一周送达，我们是专业的。您问我如何做到，我的这支小队当年在得克萨斯……"他还能接着滔滔不绝讲下去。

当英国军官面对同一问题时，他会感到一阵难以置信的恐慌，口中喃喃道："我亲爱的老兄，这真的有必要吗？如果有必要的话，我们是不是可以把数量减半。你想要的这个数量我们做不到：我们最多最多也只能提供90%。至于时间，你给的时间太短了，我们至少需要再多一周的时间。如果你坚持，我们可以试试，但是你不要抱有太高的期望。我们会尽力而为。"不用担心，虽然话这么说，但英国人最后还是能够按要求完成任务。只要英美双方都明白这一点，我们就能和睦相处了。

必须承认，如何将一项令人不快的任务通过英国长官之手下达给美国士兵，或是反其道而行之，通过美国长官之手下达给英国士兵，都是很需要技巧的。然而，一旦考萨克的所有人都行动起来，这些都无关紧要了，因为，每时每刻，我们口中都说着同一种语言，心中都怀着同样的信念。

现在，考萨克的各个组成部分已全部到位，接下来就需要设计一种便于组织成员理解、接受并付诸实践的工作方式。如果说我们的成员是原料，那么好的工作方式能够在处理好原料以后，将它们组织起来，制成成品。由于考萨克的工作大多在伦敦进行，并且与英国政府部门保持着密切的联系，因此，考萨克的建制必须确保其与英国机构之间的正常沟通与协作。要做到这一点，首先应当在必要的最低程度上，让美国人接受英国人那著名的，或者说是声名狼藉的委员会机制。

英国的委员会机制有其优点，但也不可避免地存在许多明显缺陷，对于那些不熟悉这一套机制，从未与其打过交道的人来说尤甚。在美国人看来，如果我们追求的是胜利，而且是迅速的胜利，那么委员会机制完全没有存在的必要。委员会的负面形象似乎深入人心，它总是好像前进路上的绊脚石，常常把重要问题搞得含糊不清。然而，在另一方面，委员会又常常发挥着安全阀的作用，在出现问题时，肩负着承担责任的重任。精明的美国观察员已经发现，如果希望将某项行动无限期推迟，最有效的方式就是将这一议题提交给由合适人员组成的委员会去决定；如果希望某项行动尽快实施，而且还要经过某个委员会集体决定，那么在选人方面就要多加注意了。应当挑选一位干练的委员会主席，避免与议题无关的讨论，同时还要挑选一位能够提前写好会议议程的秘书，这样做可以确保会议程序合理，尽可能避免推迟和干扰，与此同时，通过会议记录，还可以查证议题是否听取了所有相关人员的意见。

很难说美国人的观察没有道理。

委员会机制本质上是英国人生活方式的一种体现——悠哉游哉，不紧不慢，效率底下。要维持这样一种消极的生活方式，委员会必须拥有充分的授权。委员会还喜欢遵循先例，这可以替他们省下思考的时间。如果其他国家也能够像英国人一样接受委员会制度，这世界一定会变得十分美好。

思考的过程是痛苦的，思考后要得出结论更是一项折磨，得出结论后再去维护它则完全是深重的苦难，而只消成立一个委员会，以上种种痛苦的过程便可由其代劳。反正，人们总是可以拒绝接受或是援引委员会的调查结果，无论是全部还是部分。

尽管考萨克的运作遵循着明确的指令，但为了安抚英国人，在一定程度上仍有必要按照本土规则行事。要向我们的美国同僚解释这一点，须花上一些时间与耐心，但有些事情不得不立即解决。如果我没记错的话，在联合司令部解散后，为了接手其工作，后勤部门的一些人设立了29个职能交叉的委员会。在我们看来，这29个委员会中的大部分到目前为止已发挥出了其全部作用，而且，这一精心打造的系统可能会构成潜在障碍，因此，我们进行了大刀阔斧的改动，只留下其中4个委员会。这是对英国生活方式的妥协，最终，这些委员会也成了战事不可或缺的机构。考萨克的参谋人员尽可能在公开会议上不称委员会制度是一种"机制"，因为有时候它就是一帮稀里糊涂的人聚在一起不知所云。尽管我们的美国同僚别无选择，只得接受委员会的存在，但他们在此事上所展现出的容忍无疑值得称赞。

在美国人看来，处理任何事务，都应当直接由司令官向下发布命令，这才是军队的行事方式。毫无疑问，考萨克是一个军事机构，它也收到了上级发布的一道军事命令，但问题是，考萨克无法向下发布指令。要再过上一段时间，考萨克才会拥有自己的下级机关，最重要的是，考萨克的最高司令此时仍未确定下来。最终，人们只得妥协，另想法子，于是一种新的工作方式出现了。首席参谋官们，也就是考萨克海陆空军的副参谋长们，每周召开一次秘密会议，报告工作进度，交流意见。每周一次的频率能够确保一切事务正常运转，又不至于过于频繁从而影响到个人工作。在闭会期间，副参谋长及其同僚们能够通过备忘录了解到高层的最新动态和影响整体工作的新因素、新考量，这些新因素和新考量，有时出现在内部，有时则是从外部渠道搜集而来。

有一种工作方式似乎为英美两国人所共享，就是在餐桌上侃大山。对考萨克参谋人员来说，英国当局在娱乐费用上慷慨得出人意料，而我的副官波比在这方面也体现出了独特的价值。战争期间，波比都在伦敦服役，因此，在 1943 年的早期，他清楚地知道伦敦几乎每一瓶酒的下落和故事。作为一名终身的烹饪爱好者，即使是在物资匮乏的当下，波比也能组织起各种热闹非凡的午宴与晚宴。

许多次聚会都给人留下了深刻的印象。我们有幸与来自两国最尊贵的客人举杯共饮，许多重要的谈话正是在聚会上发生的，哪里会有比这更友好的氛围呢。对一些老正统来说，在这种场合上谈公事简直不可理喻，但人性天生就有弱点，我敢打包票，如果人们能够得知真相的话，就会发现，那些影响人类命运的决定，常常是在这样的聚会上成形的，而不都是在会议室里与办公桌上。当然，真相很少为人所知。

在我们早期举办的一次宴会上有一件趣事。这次宴会的主宾是一位美国大使，常驻盟国中的许多欧洲小国。出于众所周知的原因，这位大使如今留在伦敦，他就是尊敬的小安东尼·J. 德雷克塞尔·比德尔①。安东尼不仅是一名外交官，还是一位军人，他有着丰富的履历，知识渊博，甚至对酒也有着不俗的了解与鉴赏能力。这次宴会的主角是几瓶极特别的干红葡萄酒，由波比保存在萨沃伊酒店的地窖里。当第一口酒液抵达这位尊贵客人的味蕾时，我看着他的脸，以为他下一秒会露出惊恐与厌恶的表情，但情况截然相反。他转头看向我，说道："这不可能。如果我没记错的话，我以前只喝过一次这种特别的酒。你知道的，1940 年我人在巴黎，当灾难降临时，我

---

① 小安东尼·约瑟夫·德雷克塞尔·比德尔（Anthony Joseph Drexel Biddle，Jr.，1897—1961），昵称"托尼"（Tony），美国陆军少将，外交官，出生于金融富商家庭。参加过"一战"。1935 年 7 月任驻挪威特命全权公使。1937 年 5 月任驻波兰大使。1939 年 9 月 1 日德国入侵波兰时，他的住所也被炸弹碎片击中。后随波兰流亡政府逃往法国，1940 年 6 月法国遭到入侵后返回美国。1941 年 2 月，比德尔受命担任驻卢森堡、荷兰、比利时、捷克斯洛伐克、希腊、南斯拉夫、挪威流亡政府的大使，次月来到伦敦，一直到 1943 年 12 月。1944 年 1 月，他辞去国务院的大使职务并加入陆军，成为盟军最高司令艾森豪威尔将军的一名中校参谋，负责联络被占领国家的地下抵抗运动，为策划"霸王行动"提供情报。"二战"结束后仍然留在军中，参与欧洲重建工作。1955 年退役后担任家乡费城国民警卫队的副官长。比德尔家境富裕，常常一身名牌，衣着光鲜，1943 年 10 月 4 日曾经登上《生活》周刊封面，刊载的照片是他从波兰逃亡途径罗马尼亚，在躲避德军轰炸时拍的，其行头依然一丝不苟，到了 1960 年代还被选为最会穿衣服的人。——摘译自 https：// military-history. fandom. com/wiki/Anthony_Joseph_Drexel_Biddle，_Jr.

不得不跟随所有人一起迁到波尔多①去。我们离开巴黎的时间已经晚了，一天之内到不了波尔多，就在路边的乡间别墅里待了一晚。那是一间酒庄，里面的酒都很少见，而且味道醇厚。如果我没记错的话，那儿的葡萄园很小，所以出口量也不大。但很奇怪，我想我可以发誓，这瓶酒就是那间葡萄园里酿出来的。"信不信由你，事实竟真是如此。

这类聚会往往只对高级军官开放，而且常常是为公务举办，因此，参加者仅限于那些希望通过聚会扩展人脉的军官们。然而，下级军官同样有权享受聚会的快乐，因此，我们决定择日为考萨克全体参谋人员举办一次派对。当我们的工作顺利完成，报告提交给英军参谋长委员会之后，考萨克的第一次派对便正式拉开了帷幕。尽管是在这样一个场合，我们也无法放松安全警戒，派对几乎只对考萨克参谋班子的成员开放。受到邀请前来的外部人员必须经过仔细审查方可进入派对。考萨克酒吧几乎下了血本，诺福克大厦顶层的劳埃德银行董事办公室用作舞厅正合适。在英国伴舞乐团的演奏中，在深夜美国人随音乐放肆热烈的舞蹈中，圣詹姆斯广场那庄严肃穆

---

① 波尔多(Bordeaux)，法国西南部城市、港口，位于加龙河(Garonne)下游，距大西洋98公里。法国第四大城市，位列巴黎、里昂、马赛之后，欧洲大西洋沿岸战略要地。波尔多港是法国连接西非和美洲大陆最近的港口，是西南欧的铁路枢纽。它是阿基坦大区首府，同时是吉伦特省首府，也曾是法国旧省吉耶纳的首府，历史上属加斯科涅地区，是著名的红酒产地。1870年、1914年和1940年曾三次作为法国临时政府所在地。1870年普法战争期间，由于德军迫近图尔，法国政府第一次迁都波尔多。"一战"爆发后，1914年8月德军迫近巴黎，法国政府第二次迁都波尔多。"二战"期间，1940年6月德军占领巴黎，法国政府先迁往图尔，继而第三次迁往波尔多。法国战败后，波尔多成为德军潜艇和空军基地，遭受盟军频繁轰炸。1944年8月，该城主要由法国军队解放。现在波尔多还是欧洲军事、空间和航空的研究与制造中心，2007年6月被联合国教科文组织评为世界文化遗产。——摘自https：//baike. so. com/doc/3984111-4180257. html

的氛围很快便烟消云散了。一时间，诺福克大厦似乎恢复了往日样貌，昔日聚会的欢愉记忆历历在目，所有人都沉浸在这欢乐的气氛当中。凌晨一到，手持火把的伙计、四轮马车、双轮马车在门前聚集，而前灯昏暗的运兵卡车穿过它们的阴影，缓缓开进大门。也可以说，此时此刻方才算得上是集齐了考萨克的全体人员。

人们只能从这样短暂的经历中获得些许快乐，但却几乎不可能全然放松。时间紧迫，每一个人都明白我们肩上的责任有多重要。想想那些身处水深火热之中的人们，解放他们是我们神圣的任务，分针每转动一圈，时针每转动一圈，他们的痛苦便愈加深重。对于队伍当中的年轻参谋来说，很难想象我们即将面对的挑战，但考萨克当中有许多人在五年前，甚至在二十年前就已经与我们的德国对手打过交道，还有一些人也已经在这次战争中与德军交过手。如果考萨克当中还有人缺乏前进的动力，那么请睁开双眼看看伦敦吧，看看她遍地的废墟，看看她满目的疮痍。当空袭来临，伦敦陷入一片黑暗，警报声日夜长鸣。时间紧迫，我们必须打起精神，加速前进。

# 第四章　1943 年的行动

为方便理解起见，我在这里先介绍一下我们主要的作战计划及其代号。眼下，所有人都处在一个充满代号的环境里。人们的对话经常由一连串代号组成，最多再加上几个合适的连词。有时候，我们由衷希望这些代号能够有效迷惑敌人，无论如何，我们自己是已经晕头转向了。

第一个计划围绕将于 1943 年实施的行动制订。根据该计划，行动中的最关键"一役"，如果可以这么说的话，最终被命名为"斯塔基行动"，陆军的作战将被伪装成一次军事演习，该演习被冠以一个似乎还挺合适的代号，即"丑角"。

第二个将要制订的计划则是当德军从欧洲占领区的任一地区撤退时，或当德军力量减弱至一定程度，以至于值得我们在全力投入最主要的一击之前，尝试对其发动进攻。与此有关的方案统称为"兰金行动"，在下文也将提及，该行动共分三种情形予以考虑，简称为"兰金行动"之方案 A、方案 B 和方案 C。

最后一项计划是在 1944 年初向欧洲大陆发动一次全面进攻，该行动被冠以代号"霸王行动"。

如今再回过头去看，在这些代号中选出一个最出彩的并非难事，据我了解，"霸王"这一代号是首相亲自批准的，而其他代号只不过是参谋班子从备用的代号列表中选出来的。

现在，我打算对 1943 年的行动、"兰金行动"与"霸王行动"依次作个介绍。

相信大家还没有忘记，命令中对 1943 年行动的要求是，我们要制订一项贯穿整个夏季的牵制性作战计划，将敌军牢牢拴在西线战场，使其始终相信 1943 年将会出现大规模的横渡海峡行动。我们的行动将至少包括一次两栖佯攻，旨在利用本土皇家空军与美国第 8 航空队发动空战。

要令德国军事情报局相信威胁真实存在，迫使德国最高统帅部感到不得不改变其在各个交战战场上的作战计划，这从一开始就显然不是件容易的事。当时，德军在东线及南线战场已被迫转入防守状态，防线岌岌可危，前线兵力难以为继，因此，必须找到某种方式，使德国国防军最高统帅部相信，来自大不列颠的威胁将持续存在且真实存在。此外，还必须确保不会与德军真的发生地面冲突。这绝非易事。

就我方而言，困难之处同样显而易见。去年夏季的迪耶普战役是前车之鉴。这场战役耗费了英国当时拥有的一大部分资源，不难想见，敌人一定也会计算我们的投入与战果，得出简单合理的结论，也就是说，这次我们的准备规模必须远超迪耶普战役。据我们了解，迪耶普战役对敌人造成的影响可以说是有限而短暂的。然而，这场战役为考萨克的工作人员提供了许多宝贵的启示，不过在 1943 年的当下，我们的注意力主要集中在可能产生的更为广泛的战略影响上。

然而，与迪耶普战役相比，1943 年英国可用的各类资源已大大减少。自那以后，针对北非的登陆行动占据了主导地位，资源不可避免地流向这一战场，尤其是人员、登陆艇与舰船。眼下，西北欧仅剩下一个美国师驻守，还有少数几个英国师刚刚形成战斗力，登陆艇的数量都很难凑成一支海军攻击部队，突击队的人数也是最少的时候。

战局的主要情况是众所周知的，敌我双方都一样。因此，尽管我们可以散播假消息，但未必就能够迷惑住敌人。在我们坚守的为数不多的几项战时政策当中，其中效果最令人满意的一项便是坚决把控住向世界、向"公众"发布信息的渠道，使其在可忍受的最大范围内免遭外界染指。尽管美国与英国的新闻系统在一定程度上分别由战时新闻办公室与新闻部集中管控，但这种管控在性质上显然与德国人的新闻控制截然不同。美国与英国对新闻媒体的管控通常是消极被动的，很少进行主动干预。这种管控的约束力基本上是仰赖"君子协定"，因此无法全然信任相关部门，然而幸运的是，大家对于新闻系统的信赖实际上很少被辜负。

从一开始我们就清楚地意识到，既然必须要做这件事，就一定要有所收获。在完成命令的同时，必须竭力确保演习行动对我们的主要目标有所裨益。显然，若行动取得成功，不仅有望将敌军的潜在后备部队捆在西欧，以缓解同盟国在东线与南线的压力，还可能歼灭一大批德国空军力量，最重要的是，至少能够诱使敌人在一定程度上暴露其真实意图。若我们能使德军完全相信盟军将从西北方向进攻，便能够通过研究德军的反应，预测1944年我们按计划真的发动进攻时将遭遇何种抵抗。

即使是这次演习行动所带来的最不起眼的好处也依然十分重要。它能够使我方大部分军队、设备及相关部门进行一次接近实战的演练，这一过程使我们能够完善那最后一击所需经历的流程。打一开始，我们就必须打起十二分精神，从演习行动中发掘一切可能对我方有利的因素。

然而，与主要问题相比，这些都不过是细枝末节。贯穿此次行动的指导思想应该是什么呢？我们坐下来，凝视着西北欧的地图，回想此地过去发生的种种情形，排除所有不切实际的目标，希望能够获得有用的线索。最终，灵感如期而至。一切都要从回答一个问题说起，这个问题就是敌人为何要在西欧保留数量如此庞大的兵力。德军经历了迪耶普的小打小闹之后，必然能够敏锐地觉察到，无论是在迪耶普战役之前，还是之后，英国所剩的资源都无法支撑任何一次进攻。在1943年早期，敌人对英国港口的侦察仍算频繁，对英国南部海岸线的侦察无疑已经为敌人提供了其所需的一切信息。人们都记得，在1940年与1941年的危急时刻，我们是如何满心焦虑地清点了一遍又一遍欧洲航道内被我们称为"入侵驳船"的数量。大家也都知道，敌人有必要派驻一定数量的占领军在其侵占的国家内——挪威、丹麦、荷兰、比利时和法国。然而，这些国家的地下抵抗力量所带来的危险，还不至于令德军惧怕到要派出十二个师，包括装甲部队和正规步兵。挪威和法国西海岸对德军潜艇及其商船破袭战的重要性众所周知，但即便如此，德军在此保留的兵力仍显得有些过于谨小慎微。他们这么做必定事出有因。站在敌人的角度来观察一张普通的欧洲西北部地图，我们可能会建议他们忽略一些并不突出的风险。除瑟堡至日德兰半岛一带，其他地区现有的海岸防御力量完全可以大幅削减，即使在削减过后地下抵抗组织的破坏活动会增加，德军也仍能够应付被占领国家的内部安全问题，可能只需要在比如法国东北部等中心地带驻留一支规模更小的机动预备队。不过，由于挪威北部的德军与苏联地面部队处于直接对峙状态，那里的情况则不得不予以特殊对待，而考虑到芬兰的国力及其气候，那里战事的规模肯定会相当小，以至于在应对主要问题时，芬兰的问题可以完全忽略不计。①

---

① 继续战争（Continuation War），是第二次世界大战期间芬兰和苏联之间的战争。1809 年俄瑞战争后，芬兰成为俄罗斯的大公国，"一战"中 1917 年 12 月芬兰共和国才宣布独立，自芬兰立国以后，苏联一直对与芬兰相接的国境存有异议，认为其威胁到距边境仅 32 公里的苏联第二大城列宁格勒的安危，于是持续以谈判、威胁或尝试颠覆芬兰政府的方式来解决其边界问题。1939年，苏联制造了"曼尼拉炮击事件"，以此为借口对芬兰宣战，在两国边境发动全线进攻，苏芬战争爆发，历史上也称为"冬季战争"，最终以 1940 年签定的《莫斯科协定》告终，芬兰丧失了 1/5 的工业，11% 的耕地，12% 的人口被迫迁徙。《莫斯科协定》对芬兰人来说是很大的打击，于是伺机报复。当时希特勒已经计划要进攻苏联，本来希特勒对芬兰没有兴趣，但冬季战争发生后，他看到了芬兰的地理和军事价值，于是和芬兰秘密签定了军事协定。1941 年 6 月 21 日，德国通知芬兰战争正式开始，次日德军大举进攻苏联，芬兰军队也进入奥兰群岛，德国军队全面通过挪威北部进入波特萨莫，6 月 25 日苏联空袭芬兰，继续战争正式爆发。芬兰方面称持续战争是为了和冬季战争联系起来，认为是冬季战争的延续，但苏联方面认为只是卫国战争的一部分，是苏联和纳粹德国之间的战斗，芬兰只不过是德国的帮凶。到 1941 年 8 月，芬兰军队已经全部收复在冬季战争中被夺去的领土，并仍然和英国、瑞典保持着外交关系，在 5 月和 6 月时还宣称芬兰和苏联的战争只是防御性的，芬兰决不会和德国结盟。但是随着芬德联军的进攻，国联对芬兰实行封锁，7 月 31 日英国和芬兰断绝外交，英国空军轰炸了波特萨莫港口；9 月 11 日美国大使通知，既然芬兰已经收回领土，就不应该再继续参与德国围攻列宁格勒的战斗；9 月 22 日，英国通过挪威大使，要求芬兰方面让所有德国军队撤出芬兰领土，芬兰军队应该撤回到冬季战争的边界，否则英国将向芬兰宣战，芬兰没有答应这个条件，1941 年 12 月 6 日，在芬兰独立日这一天，英国正式向芬兰宣战，但事实上没有参加战斗。1943 年 2 月，斯大林格勒战役德国战败后，芬兰组织新一届政府，力图和苏联及国联达成和平协议，但谈判始终没有成功。此后，随着德国在各条战线上的不断溃败，芬兰急于想和苏联以任何条件尽快媾和，1944 年 9 月 19 日，双方在莫斯科达成协定，芬兰交还 1940 年边界以外的所有领土，另外将波特萨莫区域划割苏联，帕尔卡拉半岛租借给苏联 50 年（1956 年就已经归还），所有德国军队必须撤离芬兰领土。但德国军队不愿意自行离开，芬兰在拉普兰战役中和自己以前的盟国德国军队进行了一场战斗。——摘自 https：//baike. so. com/doc/7890236-8164331. html

在分析完"普通的欧洲西北部地图"之后，前面问题的答案似乎已经呼之欲出了。德国人应该还不至于愚蠢到使用与考萨克相同的普通地图，而我们则盯着这样的地图看了大半辈子。

考萨克的参谋人员应当要习惯使用与其雄心大略匹配的地图，也就是这张地图至少应当从旧金山延伸至柏林。我在前文也提到过，立下这一规矩费了不少功夫。伦敦被搜了个底朝天，最后却发现几乎不可能找到这样的地图。毕竟没有哪位印刷商有闲心去费那个劲儿，制作这样一种特定区域的地图。我只好自己将就着拿欧洲、大西洋与北美的三张地图拼起来看。如此一来，我的思绪便随着拼接的地图活跃了起来。我突然发现，在大家都知道的人当中，原来给德国人帮助最大的是墨卡托①，他绘制的地图虽然在英国的学校里也是人手一册，但对于"地缘政治学"真正重视的只有德国人。我也是到了最近才有机会亲眼目睹首相大人把玩他的地球仪，随着他的思路去游历一个又一个战场，并从各个角度审视它们。

我们的思绪如此这般环游了一番，再回到手头的欧洲西北部地

---

① 墨卡托（Gerardus Mercator, 1512—1594），16 世纪的地图制图学家，精通天文、数学和地理。1512 年 3 月 5 日出生于荷兰佛兰德斯省，现比利时安特卫普附近。1530—1532 年就读于卢万大学。1552 年移居德国的杜伊斯堡。早在1537 年绘制了第一幅地图（巴勒斯坦），后接受对佛兰德斯进行实地测绘任务，采用哥伦布发现的磁子午线为标准经线，为实测地图的开端。1540 年在卢万开设地图作坊，印出依比例实测地图，引起广泛重视，并制成了地球仪。1568 年制成著名航海地图"世界平面图"，该图采用墨卡托设计的等角投影，被称为"墨卡托投影"，可使航海者用直线（即等角航线）导航，并第一次将世界完整地表现在地图上，1630 年以后被普遍采用，对推动世界航海、贸易、探险发挥了重要作用，至今仍为最常用的海图投影。晚年所著《地图与记述》是地图集巨著，轰动世界，封面上有古希腊神话中的撑天巨人阿特拉斯像，后人将"Atlas"用作地图集同义词，至今沿用。墨卡托是地图发展史上的划时代人物，结束了托勒密时代的传统观念，开辟了近代地图学发展的广阔道路。——摘自 https：//baike.baidu.com/item/94680

图上来，自然不难发现，这些地图正如我们所预想的，与我们的目标并不适配。更为严重的是，这些地图传递出来的信息完全误导了我们。已出版地图册中所呈现的不列颠群岛，就像一个人站在法国北部，从巴黎的位置看伦敦的方向。然而，我们实际上是站在伦敦望向巴黎。也就是说，事实上，整个地图都上下颠倒了。因此，我们设法找来了能够找到的最精确的欧洲地图，按照最真实的投影方式重新制作。这是一副镶嵌图案式地图，用我们从皇家空军那儿借来的地图专用纸制作的。我们还请来了皇家空军内部的地图专家，让他们将这幅欧洲地图悬挂在墙上，使我们看到的地图与飞行员飞至英国中部高空时径直望向巴黎所看到的景象一致。说实话，要说服飞行员承担这项特殊的任务颇有难度，但当他们开始意识到这么做的用意时，热情也随之增长，这令人再欣喜不过了。

若将这张按照最真实的投影方式制作的地图倒置，人们便会惊奇地发现，尽管我们从小接受的教育告诉我们，不列颠群岛不过是欧洲西北海岸多长出来的一颗瘤，被欧洲大陆放逐于大西洋，但事实上，不列颠群岛位于从菲尼斯特雷角①到挪威北角②连线的圆弧凹

---

① 菲尼斯特雷角（Cape Finisterre），是西班牙加利西亚西海岸的一个多岩石半岛，距加利西亚大区首府、基督教三大圣地之一的圣地亚哥城约 90 公里。名字源自于拉丁语，意思是"大地的尽头"，在古罗马时代，人们认为菲尼斯特雷角是地球的最西端。地处地中海通往北欧航道的要冲，历史上英法海军曾在附近海域进行过数次大规模海战。——摘译自 https：//en. wikipedia. org/wiki/Cape_Finisterre

② 北角（North Cape），是挪威北方北角县（Nordkapp）马格尔岛（Magerøya）北端的一个海岬，地处北纬 71°，东经 25°40′，距离北极 2102 公里，它沿海的一面 307 米高的陡峭悬崖是一片横切前寒武纪砂岩层的高原，气势雄伟，常常被认为是欧洲大陆的最北端。从严格意义上说，位于北角以东 80 公里处北纬 71°8′2″的诺尔辰角（Cape Nordkinn）才是欧洲大陆真正的极北点。（转下页）

陷处。若用军事术语来总结一下，就我们的作战而言，我们正好处于进行所谓"内线作战"①的理想状态，而德军的防御则覆盖了我们周围的几乎所有方向。这一发现为我们提供了答案的线索。

显然，敌人认为我们有能力从多个地点中任选其一发动进攻，而且无论进攻哪里都同样方便，因此，要误导敌人认为我们所做的进攻准备是另有所指，从而掩盖我们的真实目标也是可能的。这便是"斯塔基行动"的主要目的，为此，我们必须找到一个假想目标，以使我们在英国境内一些难以秘密开展的必要行动能够被敌人看作"斯塔基行动"的一部分。

为避免混淆，须在此将进度拉快一些，我将在后文介绍 1944 年可能的进攻地点是如何被缩减至仅剩两个的，一个是我们真正进攻的地点，另一个则是布洛涅②-加来地区，其更广为人知的名称叫"加来海峡"。在两个地点确定下来后，问题在于，为 1944 年诺曼底登陆所做的初步工作，是否能够伪装成为 1943 年进攻加来所做的准备？幸运的是，答案是肯定的，而且加来海峡本身几乎就是"斯塔基行动"最理想的选择。

根据要求，1943 年行动的重点之一是展开一场大规模空战，我

---

（接上页）北角具有地理上的意义，它与斯匹次卑尔根群岛间的连线，是挪威海和巴伦支海的分界；北大西洋暖流经北角流入巴伦支海后便改称北角洋流；北角扼摩尔曼斯克通大西洋的航道，具有重要的战略地位；斯堪的纳维亚山脉以北角为终点。——译者注

① 内线作战（interior-line），是指对从外围数个方向对我实施向心作战之敌，我在内侧保持后方交通线所进行的作战。内线作战的实质是集中全力对付各个分散的目标，也就是各个击破横广纵深分散之敌。在内线作战中，集中兵力与时间因素都具有最重要的意义。——译者注

② 滨海布洛涅（法语：Boulogne-sur-Mer），法国北部海港城市，上法兰西大区加来海峡省的副省会，历史悠久，凯撒大帝曾将其设为古罗马帝国大西洋沿岸的重要港口，中世纪时兴建了滨海布洛涅古城，成为当时沿海最大的防御工事之一。——摘自 https://www.wanweibaike.net/wiki-滨海布洛涅

们自然希望战斗能够在最有利于自己的条件下进行。在地面作战中，一方总是力求诱使敌人在己方选择的地点进行战斗。而眼下，则需要诱使敌人前往我们选择的空域，这一地点必须使我方能够派出的短程战斗机数量达到最大，而且停留时间要尽可能得长。问题的答案显而易见，就是以肯特半岛①为中心向四周辐射，并覆盖加来海峡的这一块空域。

碰巧，我们的海军资源一贯集中于英格兰东南部的普利茅斯、朴次茅斯与查塔姆。因此，海军无论为什么样的行动所做的任何准备工作，多半汇集于以上地点。1944 年也是这样。通过"斯塔基行动"，应当有可能营造出海军的目标在东南方向而非正南方向的假象。

陆军方面遇到的阻碍就更小了。1943 年的时候，英国陆军没有任何固定的基地，也不会因为投入其他任务而无法抽身，完全可以根据需要调动。在此次计划的行动中，空军与海军的利益必须摆在优先地位，而陆军完全可以配合二者来开展行动。

大多数事项确定之后，接下来则必须尽可能地将具体任务分配出去。考萨克手上还有许多其他同样重要的事情要做，而考萨克——即盟军最高司令参谋长——从这个名字也能看得出来，我们并非一个执行机构，这也是考萨克所面临的主要困境。因此，我们亟需具备执行权的各方力量加入进来，告知他们行动的整体理念，

① 肯特郡(Kent County)，英国英格兰东南部的一个郡，北滨泰晤士河和北海，南滨多佛海峡和英吉利海峡。隔海峡距欧洲大陆仅 21 英里。郡内有一系列东西走向的小山脊，陆地插入北海中形成一个大的半岛。肯特最显眼的地标是多佛白崖，一片长达 5 公里的白色悬崖，最高点达 110 米，由细粒石灰石组成。多佛白崖被认为是英格兰的象征，晴日里从欧洲大陆远眺英伦，最显眼的就是这片美丽的白崖。第二次世界大战中肯特郡的机场发挥了重要作用，而肯特的居民区则经常遭受空袭。——译者注

剩下的一切便交由指挥官们去做了。由于此次行动实际上计划仅出动空军与敌方进行直接交手，因此指挥权无疑应当交给战斗机司令部总司令负责，并由海军与陆军的将领担任副司令，人选由朴次茅斯海军基地总司令与本土军总司令指派。

这并不意味着考萨克此后便撒手不管了，事实远非如此。我们需要对海陆空三军的行动进行统筹，这算是相对简单的协调工作，除此之外，我们还要对演习中出现的各种情况进行分析，以求对1944年的行动有所裨益。最重要的工作则是研究敌人对我方行动的反应，一旦有任何疏忽，都可能产生与我们的计划南辕北辙的后果。

即使是在地面上与敌军正面交锋，也很难搞清楚敌军指挥官究竟在想些什么。不过，通过作战，至少能够在一定程度上予以试探。然而，在1943年的欧洲西北部，我们与敌军的接触应该说都是间接的。敌军获得的情报大多来自二手、三手甚至更远的渠道。当然，在像安卡拉、里斯本、都柏林、马德里、斯德哥尔摩这些中立国的首都，也会出现一些直接的接触，但敌人与我们同样意识到了，对于来自这些城市的情报，都有必要设置"过滤器"。因此，我们很难依靠这些渠道去做些什么。

我们也有特工和特工小组不停地穿越敌人的封锁线，还有"地下抵抗战士"从海上、空中进入被占领地区，这些男男女女都怀着惊人的勇气，但由于其工作性质，他们对我们所关注的情况知之甚少。当然，无线电通信能够跨越国境、防线甚至是海岸线，但使用无线电通信所带来的危险也是人尽皆知。而且，监视敌方的无线电通信也拿不到多少我们想要的东西。

再有就是报纸。我们会阅读敌方的报纸，敌人也会阅读我们的报纸。战线两侧的双方对待报纸的方式并不相同。我们无法从敌方的报纸上发现任何有用的信息，而从我方的报纸上，我们至少能知道一些令人震惊的消息，当然不全是振奋人心的事情。

英国人和美国人都有充分的理由为自己所享有的宝贵的言论自由感到骄傲，这种言论自由不可避免地引发了猜测的自由，大家应该还记得，在1943年的时候，关于英国针对欧洲西北部发起军事行动的各种消息甚嚣尘上。"我们的随军记者""我们的特派记者"等名头从四面八方冒出来，当时，几乎所有报纸至少会每周刊登一次欧洲地图，上面印着箭头，预测着兵力可能部署在哪儿，应当部署在哪儿，或实际部署在哪儿，并推测这些军队可能采取或是应当采取何种攻势，是突然袭击、正面进攻、侧翼迂回，抑或是钳形攻势，等等，这些形形色色的猜测文章数量之多，令人感到晕头转向。然而，至少有一家知名周刊，在1943年夏季发行的刊物上准确地暴露了我们1944年的作战计划。遇到这种情况，人们的第一反应往往是采取某些措施去弥补自己的坏运气。好在更为明智的建议占了上风，这篇"中奖"的文章被我们看作不过是作者为保住薪水而绞尽脑汁所做的又一次努力。显然，敌人也是这么认为的。

我们希望能够想出一些法子，确保参与"斯塔基行动"的部队所付出的一切艰苦努力不会白费，更不会与我们的设想背道而驰。

敌人有多大的可能会相信我们将取道加来海峡进攻欧洲呢？1940年的时候，德军似乎想要通过加来海峡挥师而来进攻英国。这能成为支撑我们选择同一路径的有力理由吗？德国人的想象力并不丰富，英国人更是因此而闻名，较德国人有过之而无不及。任何一个国家的人在需要跨越水域时，自然而然都会选择最窄的那一段。英国人就是在未能尽全力投入的情况下选择了更宽的海峡前往迪耶普，并且在敌人看来是遭遇了惨败。现在回过头去看，从德军将加来海峡省周边作为其秘密武器基地来看，他们比我们猜想的要更加担心这一地区。不过，即使撇开距离短这一因素，盟军选择加来海峡作为可能的登陆地点也合情合理。我们当中的许多人都公开认可加来海峡作为登陆地点所具备的优势。

安慰似乎无处可寻，我们只能从情报系统提供的未经证实的报告中寻找蛛丝马迹聊以慰藉。

情报系统提供的报告有几分可信度呢？这是个好问题。但眼下并非对此展开长篇大论的好时机。负责情报的参谋人员有一套评级体系，根据可信度对材料进行评级。而指挥官也需要在其情报官的帮助下做同样的事情。对情报进行汇总后，"斯塔基行动"对敌人的影响可以总结如下，即我们没有理由担心"斯塔基行动"会有损于1944年的"霸王行动"；但同时，我们也没能成功向敌人传达我们与加来海峡有关的任何安排，无论是让他们认为我们有意还是无意进攻。毫无疑问，这样的结果很安全。现在回头去看，第一条结论是正确的，而第二条结论则全然错了。不过，这一错误似乎是歪打正着，原因在于，我们后来为掩盖真实进攻地点而在加来海峡所做的努力，在敌人看来是理所应当的。对于更为灵活的头脑来说，我们的做法可能会引起警觉，但在德国人的思维方式中，我们不停地这样去做，一定是因为这符合我们的需求，而我们正是运用了希特勒和戈培尔的伎俩——谎言重复一千遍便成真了。

从为"斯塔基行动"制订计划的第一天起，考萨克就被一个噩梦紧紧纠缠着，直到我们的机构不复存在那一天，在考萨克被艾森豪威尔将军的最高司令部取代之后，这一噩梦的阴影仍挥之不去，甚至令人更加难以入眠，那便是登陆艇的短缺。用于两栖行动的登陆艇从来都不够。指挥官们能拿到的数量，要么仅能够避免发生灾难性的后果，要么比这个还少。情况一直都是这样。

在我看来，即使是到了战争后期，也不可能准确搞清楚全世界范围内可供英美两军使用的登陆艇数量到底有多少。也许官方历史记录有一天会给出一个数字，但即便如此，也几乎没法儿去验证，而且到了那个时候，有没有准确的数字早已经不重要了。

此时此刻，我们正忙着生产各式各样的登陆艇，将它们运送到作战地点（并非所有类型的登陆艇都用于海上），为它们配备经过训练的艇员，操控它们运行，这才第一次体会到了任务的艰巨。更别提在1943年我们还需要大量的登陆艇用于训练，不仅要拿来训练相关艇员，还要训练士兵们如何正确使用它们。

不过，后来这种抢登陆艇被大家戏称为"地下彩票"的情况，在"斯塔基行动"之后才发展到顶峰。眼下，我们的伪装部门施以援手，他们使用了大量的假船，并称它们为"大块头鲍勃"和"爱划艇的学生"。这些假的船艇都是经过专门设计的，在谢珀顿附近的伦敦大都会水务局蓄水池里制造出来。虽然这些假的船壳子只使用了很少的铁皮和帆布，但即使是站在几码外，看过去也足以以假乱真。为了防止被人识破，它们停泊在南部几条指定的水路上，船上零星晾晒着几件小衣物，几缕青烟散漫地飘出烟囱，除了那些我们计划要欺骗的对象外，肯定还误导了不少其他人。

在考萨克制订计划之初，货真价实的登陆艇储备已经捉襟见肘了，几周以后，情况愈发严重。地中海战场简直是个无底洞，而考萨克则又一次伤在了那个最大的缺陷上，就是因为缺少一位司令官，而没有充分的发言权去为自身的需求据理力争。更为糟糕的是，正当诺福克大厦还剩下一点儿空间时，一群作战计划部门的参谋又涌了进来，打算在极短时间内准备并发动一场小规模的军事行动，令本就焦头烂额的我们更加头大。我们本来打算不去考虑他们的行动可能对我们既定战略产生的影响，然而，他们也想要登陆艇，而且势在必得，还得是质量好的，能开到大西洋的那种。

一切都很艰难。到了7月，我们不得不实事求是地向参谋长委员会报告，取消一次两栖佯攻也许更加明智。作为安慰，我们只能期待对意大利的攻势能够更加猛烈，这样一来，在海峡发动佯攻的必要性就会降低，尽管事实并不一定如此，但至少从表面上看，这一观点还算有几分道理。

　　除了为登陆艇的事争执不休外，还有其他许多事情要做。如果我们要把进攻加来海峡伪装得真像那么回事，那么除了攻击部队之外，还需要其他部队的加入。海军在受命忙于准备两栖佯攻的同时，显然还得继续在地中海沿岸奋战。陆军正在准备作为整体行动一部分的"丑角"演习，并最大程度为将来要参与进来的全部陆军提供经验积累，同时他们还要应对随时可能出现的海外战场。空军正全力以赴，为计划中的空战做准备。这不仅需要现有基地的空军作战单位，还需要大量地勤部队的配合，除此以外，我们还要说服"轰炸机男爵们"配合我们，他们当时与德国人激战正酣，恰好是需要加大轰炸力度的时候，自身需求必然摆在首位。此外，为1944年的登陆行动组建一支盟国远征军的空军部队又是一桩难事。同时，英国的防空部队也绝不容忽视，实际上，必须对空军进行改组以适应未来的行动。还有一件事需要考虑，那就是与老百姓相关的事宜。在和平时期，军队被细心关照必须保护平民权益，然而，眼下并非和平时期。到了此时此刻，英格兰的每一个人，男人女人，甚至儿童，都已成了战争的一分子，因此，问题不在于我们如何尽可能不去打扰平民的正常生活，而在于为了达到预期效果，我们要打扰他们到何种程度。

　　若我们真要利用南安普顿到费利克斯托港之间的海岸线发动进攻，那么不可避免地会对几个郡的居民生活产生影响。

　　首先，德国空军的注意力可能会被我们的举动逐渐吸引过来，尤其是在港口或登陆点附近的活动。因此，必须采取一些措施，减少日渐升级的德军空袭对当地平民的影响。另一方面，也必须确保平民的一般日常活动不会影响军队在近海内陆的集结和通过。同时，还需要为当地居民提供机会，让他们能够尽自己的一份力，尽可能为军事行动提供一些帮助。居民的行动也应当被限制在特定区域，并禁止他们进入、离开某些区域，这样一来，居民就不至于对军事行动造成妨碍，同时还可以确保他们的安全。当然，还应尽可能不向非与行动直接相关的人员透露行动的细节。

要做到上述几点，意味着那些为平民提供交通、食物、燃料、水、照明等物资的部门也要在一定程度上参与进来，一般来说，还需要警察部门和交通管理部门提供帮助。对于考萨克的参谋人员来说，这意味着我们要和管理居民各项事务的中央政府部门打交道。后来，也正是在与这些部门打交道的过程中，我们意识到了很多事情其实于我们有利。我们尤其认识到，绝不能对小型船运的需求掉以轻心。直到现在，我还没完全搞明白，英国人，尤其是东南部地区的人，在日常需求的供应上有多么依赖沿海航运，特别是燃料，这些都有赖于肯特郡至萨塞克斯郡沿岸散布着的小海湾和小型船舶所形成的一套运输系统。我们正在筹备的行动有一个不可避免的影响，即在很长一段时间内，沿海运输必须全面暂停，征用小型船只更是理所当然。当下，英格兰东南部的煤炭供应已经面临着巨大的困难，而暂停运输无异于雪上加霜。我们的行动定在夏季，但在燃料供应部门看来，夏季正是为当年冬季囤积煤炭的好时机。当然，现如今我们对这方面事情的了解，要比我在1943年时候知道的多得多。

显然，一些中央政府部门必须对正在发生的事情有所了解，才能知道如何处理地方政府的需求和提议。然而，同样重要的是，不能让太多人知道我们1943年的目标只不过是一次佯攻，而不是真正的进攻。幸运的是，为解决这一难题，我们找到了一位免费的顾问，并且是智者当中最聪明的那一位，那便是芬勒特·斯图尔特①爵士，他是一位典型的民主国家的那种官员，很难用语言表述这类人在当时的职位和作用是什么，也很难弄清楚该把他们放在政府组织架构图的什么位置。

我们当初正式入驻诺福克大厦时，就被告知有权对这幢建筑内的一切进行清理。现代军事官僚机构的膨胀往往难以控制。当这种膨胀发生在像伦敦这样的城市，而且英国人骨子里的随性还得以肆意发挥时，人员与机构很容易就在每个角落生根发芽。我们当中没人知道诺福克大厦里到底都有些什么机构，也不知道它们是如何形成的。要找到答案，非得拿着喷雾器走遍整幢大楼，然后仔细盯着门或者窗户，看看飞出来的到底是何方神圣才行。人们总是很好奇，军事机构这棵参天大树上的最后一根枝桠到底要何年何月才能被找出来，然后被一刀斩断。一定还有许多人藏在不知名的角落里，挂着薪水丰厚的闲职。这种情况即使在战争中也时有发生。也许这无伤大雅，但若是为了降低失业率，这种方式的代价未免有些昂贵。

我们从诺福克大厦的地下室开始，一路向上"消毒"。正是在阁楼里，我们发现了一小块"蜘蛛网"，坐在网中央的便是芬勒特·斯图尔特爵士。我们很快便发现，他是一位极富价值的盟友。由于长

---

① 芬勒特·斯图尔特（Findlater Stewart，1879—1960），早年一直在印度工作，直至成为大英帝国派驻印度的常务副大臣。"二战"爆发后，他受命在本土军工作，曾负责美军在英国的设施建设。——摘译自 https：//en. wikipedia. org/wiki/Findlater_Stewart

期从事与国防相关的各种协调工作，他理所当然被安排到了同样重要的任务上，即协调美国军队进驻英国的一切事宜，即"波莱罗行动"①。除此以外，他对白厅里面的弯弯绕绕如数家珍，无人能及。他似乎与英国政府雇佣的每一个人都私交甚切，而且还认识屈指可数的那一小群人，这群人能够协调解决任何事务，无论多么庞大，多么复杂。许多工作都是在芬勒特爵士的阁楼里处理的，英国作战部队的主要后勤官员在这里定期召开会议。总之，毫无疑问，我们应当立即请求芬勒特·斯图尔特爵士的帮助，并且让他参与到我们面临的所有麻烦与困难中来，比如我们眼前的这一个，也许他能够让它们通通消失。事实上，他从来没有失过手。

因此，我们来到楼上，见到芬勒特·斯图尔特爵士，向他请教如何在告诉各部门相关信息的同时，却不透露与"斯塔基行动"有关的一切。他提出了一个很简单的解决办法，即由他召集有关部门的常务副部长，而由我来和这些副部长沟通。他大胆建议，应当直截了当地命令这些副部长，就我对他们所说的一切，不得向他们的部长透露一个字。在一个经验丰富的资深公务员看来，这提议简直棒极了。不过，芬勒特·斯图尔特爵士在一件事情上确实失手了，他建议为这些常务副部长的集会取一个代号，称之为"口袋"。"口袋"似乎有些太接近军事用语了，而其他的词又不太适合大众使用。因此，我们最后相互妥协，决定使用"水坑"来称呼他们，尽管这个词有点儿湿漉漉的感觉。"水坑"按时聚齐了，但正如我们所担心的那

---

① 波莱罗行动（Operation Bolero），也译作"波利乐"，美、英集结美军兵力和物资于不列颠群岛的行动计划代号，与代号"围捕行动"（Operation Roundup）计划同于1942年春拟定。目的是为1943年实现横渡英吉利海峡攻入西欧的作战行动提供保障，故广义上也用作1943年攻入欧洲大陆的行动代号。由于英、美拖延开辟第二战场，长期未被认真执行。后来成为"霸王行动"计划的一部分。——摘自上海辞书出版社《第二次世界大战百科词典》

样，向部长隐瞒一切命令让他们的处境变得有些尴尬。不难想象，一旦一名部长得知了正在进行的一切，他必然会向其他同事提起。这种情形一旦出现便十分危险，原因在于，这些部长本身肩负其他重任，可能不会对从二手或者三手渠道获取的信息予以足够重视。又一次，多亏芬勒特爵士的随机应变，他把相关部门的部长们召集到唐宁街 10 号的内阁会议室，共同参加了一次会议，他们十分耐心地听完了整件事情，并承诺会提供帮助。

正因如此，我们了解到了许多政府事务的运作方式，以及为何应当这样做的理由，我们也因此能够使一切在很大程度上看起来像是真实的了。只是本就不幸的平民百姓如今更是心惊胆战，只因他们成了一场巧妙伪装战的受害者。我们对东南部地区的空袭预防措施进行了一番大检查，消防部门得到了强化，食物和燃料储备也增加了，更多防空部队被投放到了东南部地区。军事勘察人员在乡间来回穿梭，显然是在为容纳即将到达此地的大规模部队进行土地勘测，制订建设计划。各单位正在尽一切努力加快各项任务的进度，包括道路拓宽工程、管道铺设、安装更多交通通信设备等。

当然，军队已经被告知"丑角行动"实际上是一次演习。这似乎没什么不对。他们以往也进行过无数次类似性质的演习。然而，"丑角行动"真的和以往的演习一样吗？与从前相比，难道这次演习就没有什么不同吗？这确实是一次演习，这一点已经重申了许多次，你可以告诉别人真相，但他们信不信就由不得你控制了。

"斯塔基行动"的预演于 8 月初展开。一周以后，从南部海岸逐渐频繁的侦察与轰炸中，可以窥见敌人对此作出了些许反应。但除此以外，敌人并没有进一步的行动。这可能只是因为天气恶化，因此我们继续坚持了下去。我们计划在 9 月的第一周使行动达到一个高潮，到那个时候，空军作战的力度也将达到顶峰，并且我们将对海峡进行扫雷。然而，天气似乎在与我们作对。考虑到轰炸机司令部自身的主要任务，他们其实已经很为我们着想了。尽管没办法从主力部队中抽调出大部分参与到我们的行动中来，但他们为我们投入了使用中的训练机，炸弹无论从谁手中投下去，效果都一样。不过，海军连一两艘老式主力舰都无法提供给我们，用以呼应轰炸机中队的行动，让我们感到有些失望。这件事是我们特意去问的，因为在前段时间，"沙恩霍斯特"号、"格奈森瑙"号和"欧根亲王"号大胆冲过英吉利海峡时，为空军创造了很好的作战条件，① 而我们也正需要为空军创造一个作战环境。不过，我们同样不能忘记"威尔士亲王"号②与"反击"号的命运。一艘战列舰无论多么老旧，她所有船员的生命都是十分宝贵的。海军作出了判断，这场游戏，没错，在他们看来这只是场游戏，不值得付出这么大的代

---

① 德国战列舰"俾斯麦"号在 1941 年 5 月 27 日被英国皇家海军击沉之后，战列巡洋舰"沙恩霍斯特"号、"格奈森瑙"号等德国大型军舰就成了盟军重点关注的对象，一直被困在法国的港口。1941 年底，希特勒从战略上判断美国参战后将加大对苏联的援助，因此有必要加强对北极航线的破袭。为此，他召集德国海军和空军，亲自制定了利用英国麻痹松懈心理冒险穿越英吉利海峡的方案，调遣了大批的护航军舰和飞机。编队于 1942 年 2 月 11 日离开法国布雷斯特港，2 月 13 日抵达德国。德军的行动出乎英国人的意料，因为他们自认为英吉利海峡的防备很完善，以至于德国舰队在夜幕的掩护下通过了海峡。英国人直到 2 月 12 日中午才侦察到德国舰队。在行动就要获得成功的时候，"沙恩霍斯特"号和"格奈森瑙"号却相继被水雷炸伤，"欧根亲王"号全身而退，安全抵达德国。——译者注

② "威尔士亲王"号是英国新乔治 V 级战列舰的 2 号舰，也是"二战"开始时英国最先进的战列舰。1941 年 3 月完工，在调试阶段就参与了对德国"俾斯麦"号战列舰的围剿行动，并被击伤。同年 8 月，丘吉尔搭乘该舰与罗斯福会面，并在该舰上签署了著名的《大西洋宪章》。此后，因为远东局势恶化，英国部署该舰和"无敌"号航空母舰、"反击"号战列巡洋舰等组成 Z 舰队前往远东。太平洋战争爆发后，12 月 10 日，该舰与"反击"号因为缺乏空中掩护，被日军海军航空兵击沉，舰上 327 人丧生，包括远东舰队司令菲利普斯中将和舰长里奇。——摘译自 https：//en. wikipedia. org/wiki/HMS_Prince_of_Wales_(53)

价。对于我提出的这条建议，参谋长委员会的会议室里曾经进行过激烈争论，我想原因也在于此。

"斯塔基行动"于 1943 年 9 月 8 日正式拉开序幕，这是个可爱的日子。英国本土军总司令，陆军上将伯纳德·佩吉特①爵士热心邀请了我们当中的一小群人，乘坐他那辆设备齐全的专列"长剑"号，前往视察受"丑角"演习影响的地区。同车的还有美国陆军的雅各布·德弗斯、克里夫·李②以及美军欧洲战区司令部的伊德沃尔·爱德华兹③。我们首先参观了南安普顿北部地区的复杂建筑布局，准备登

---

① 伯纳德·佩吉特（Bernard Paget，1887—1961），英国陆军上将。1907 年毕业于桑德赫斯特皇家军事学院，参加过"一战"，曾负伤 5 次，先后荣获十字勋章和杰出服役勋章。1926 年 1 月任坎伯利参谋学院教官。1929 年 1 月进入帝国国防学院进修。1930 年任利兵营指挥官。1932 年 4 月任印度奎达参谋学院主教官。1934 年 7 月任陆军部一等参谋。1937 年 2 月又回到印度任第 4 奎达步兵旅旅长兼俾路支军区代司令。1938 年 1 月任坎伯利参谋学院院长。1939 年 11 月任第 18 步兵师师长。1940 年 4 月任挪威远征军司令，指挥了挪威战役和翁达尔斯内斯撤退行动；6 月任本土军参谋长。1941 年 2 月任东南司令部司令。1942 年 12 月任本土军总司令。1943 年 7 月任第 21 集团军群总司令。1944 年 1 月任中东司令部总司令。1946 年 10 月退役。——摘译自 https://en. wikipedia. org/wiki/Bernard _ Paget，http：//www. generals. dk/general/Paget/Sir_Bernard_Charles_Tolver/Great_Britain. html

② 约翰·克利福德·霍奇斯·李（John Clifford Hodges Lee，1887—1958），美国陆军中将。长期在后勤工程部队服役。1941 年 11 月任第 2 步兵师师长。美国参加"二战"后，1942 年 5 月被派驻伦敦，任欧洲战区后勤部队司令。1944 年 1 月任欧洲战区办公室副主任。1946 年 1 月任地中海战区副总司令兼美军司令。1947 年 12 月退役。——摘译自 http：//www. generals. dk/general/Lee/John_Clifford_Hodges/USA. html

③ 伊德沃尔·爱德华兹（Idwal Edwards，1895—1981），美国陆军中将。1940 年 12 月任陆军航空队基础飞行学校校长兼德克萨斯州伦道夫机场指挥官。1942 年 5 月任总参谋部分管作战和训练工作的助理参谋长。1943 年 5 月任欧洲战区美国陆军参谋长，7 月任副司令；11 月任第 8 陆军航空队副司令。1944 年 1 月任地中海战区美国陆军副司令。1945 年 2 月再次回到总参谋部任分管作战和训练工作的助理参谋长。战后曾任驻欧洲美国空军司令、空军副参谋长、空军大学校长等职务。1953 年 2 月退役。——摘译自 https://www. generals.dk/general/Edwards/Idwal_Hubert/USA. html

船的部队就驻扎在那里。单单登船这项工作就耗时很长，而且复杂程度令人难以置信。与几个世纪以来的做法不同，现如今，不是说让部队开进一个海港小镇，然后再把他们从当地小旅店赶出来爬上舷梯就行了。眼下，登陆部队在离海岸好几英里的地方就由负责登陆的主管部门接手了。部队、军车以及他们携带的所有物品都需要安排妥当，确保他们能够准确到达各自的上船地点，以便船只的大小和型号能够正好装得下他们，否则船可能会沉的。而船只的大小和型号，不仅取决于目的地下船设施的类型，还取决于肩负特殊使命的小分队或交通工具在登陆时必须立即实施的任务。不难想象，在整个过程中，尤其是在行动规模如此庞大的情况下，所有环节都可能牵一发而动全身，对工作平稳推进产生影响。因此，整件事情不仅要做到一丝不苟、精确无误，还要能够随机应变。也就是在这个过程中，我们发现，尽管我们在每个细节安排上都尽量做到完美，比如供应了美味的餐食和热腾腾的洗澡水，还有音乐会派对，万一出现了不可避免的延期，好让无聊的士兵分散注意力。然而，在整个组织工作当中，似乎还是缺少一些灵活性，难以对计划进行较大的调整。举例来说，当一名指挥官在遥远的彼岸战斗时，他可能会发现自己想要的是一支装甲师，而按照他的预想所制订的登陆计划，到达那里的可能会是一支步兵师。针对这种情况，我们又作出了一些修正，在未来的行动中或许能派上用场。请美军将领一同参加考察对我们帮助很大，可以让他们了解英国人认为需要什么。后来他们都提出了自己的看法，这些建议在几个月后成功发挥了巨大作用。

在一个阳光明媚的早晨，我们来到肯特郡海斯和福克斯通附近的海边，看到每个人都努力将自己手中的事情做到尽善尽美，这情形令人为之一振。

视线投向大海，我们可以看见海军如往常一样正在运送货物。

扫雷舰一路扫过海峡，有的甚至已经开到了德军海防炮的炮口下，幸运的是，除了少数几次准头不高的射击外，德国人好像对扫雷舰并不感兴趣。向海岸两侧望去，英吉利海峡的景象一览无余，可以看到一支庞大的商船队，考虑到敌方可能发动空袭，船上载着的只是防空武器，要是真的运载着我们进攻部队的步兵就好了。沿着海岸边的硬地上，军队如溪流般行进，大部队一到海边就转个方向回去了，只有防空武器被装上正在待命的登陆艇，准备去享受一次美好的海上观光。天空中回荡着英美两军大部队呼喊的口令声，他们本来是准备冲向战场的，到了却发现战斗并不存在。有人告诉我们，在海峡对岸，德军一名炮兵军官和自己上尉的无线电通话被截听到了，他问是否有人知道对面闹哄哄的到底在干什么。也不知道我们是不是脸红了。

演习圆满结束了。毫无疑问，我们看起来就像是虚晃一枪。不过，在"丑角"演习中有一样东西，一旦看过，就绝不会忘记，那便是当士兵们被要求从海岸边撤回来，得知可以回去了之后的眼神。任何人一旦看过此时此刻他们脸上的表情，便绝不会再对英国陆军所拥有的士气产生一丝一毫的怀疑，这种士气不仅造就了生机勃勃的英国陆军，还激励了整个英国的国民。即使经历了经年累月疲惫又无望的等待，经历了年深日久的轰炸与失败，一旦到了需要他们跨越海峡登上法国土地的时候，他们依然会毫不犹豫地纵身一跃，气势如虹。谁要是想阻止他们，只能祈求上帝帮忙了。

不过，一切还不算尘埃落定。还有一项宝贵的经验有待汲取，这与媒体对"斯塔基行动"的报道有关，这件事倒有些复杂。如果我们保持沉默，那么相关人士必然会很快得出结论，即我们确实试图进攻，却以失败告终。尽管这并非事实，但仍旧会对任务产生负面影响。媒体对"斯塔基行动"准备工作的关注与反应正是我们不希望看到的。在事情结束前，我们也不能广而告之，说这不过是一次演习。由于缺乏适当的引导，不少兢兢业业的记者作了各种各样的推测，而这些猜测又成功地使许多老百姓相信这是一次真实的进攻。因此，我们不得不尽可能做些什么，以最大程度减轻人们的失望。为大局着想，我们只能发出一份十分蹩脚的公报。所有人都从中汲取了有用的教训，其中，负责公共关系的工作人员学到的最多。

然而，对于其他许多人来说，我们的演习就不是那么简单有趣了。大量潜伏在敌占区的地下抵抗组织，一直在等待着我们的真正到来，他们便会挺身而起，为我们提供帮助，而如今，他们的耐心已逐渐消磨殆尽。一直以来，除了密切关注敌人对我们行动的反应之外，我们还必须细心留意法国、比利时与荷兰等盟友的反应。出于显而易见的理由，我们也不可能提前告诉他们，行动最终不会是他们热切期盼与渴望的那样——一场真正的进攻。然而，我们同样不能欺骗他们。尽管我们与他们之间拥有十分完善的通讯工具，但所有的沟通还是要通过复杂的密码实现。即使为了这些盟友自身的利益着想，我们也不能向他们透露太多。法国抗德游击队内部的紧张情绪已经到达定点，即使是最小的火星也能引发一场剧烈的爆炸。一场仓促的暴动所引发的可怕后果，想必不用在此细说。

我们所能做的，也只是不断告诉这些经受了严酷考验的人们，无论发生了什么，一定要等待伦敦方面的指示。无论看见了什么，听见了什么，感受到了什么，都只需要听从一项指示，而这项指示只会来自一个地方。尽管预先采取了这些措施，许多同盟国的朋友在 1943 年 9 月初还是经历了焦躁不安的时刻，害怕出现什么闪失。幸运的是，这件事还是顺利按计划进行了。

我们的所有努力，终于从敌人那儿换来了宝贵的蛛丝马迹，打道回府也算有个交代了。整个行动给德军留下的初步印象，在柏林的广播报道中被提到，尽管肯定是经过了修饰的版本。根据报道，在英格兰南部集结的部队已经被注意到了，并且"就开辟西欧第二战场而言，毫无疑问，英国已经做了许多准备工作，规模庞大"。敌人并没有像我们曾经希望的那样，泄露任何与他们自己有关的消息。尽管如此，既然敌人这么好心地告诉我们，他们已经看到了我们的行动，那么我们还是会继续抱有期待，希望他们在私下里已经作出了错误的推断。我们此次工作的重心在东南部地区，而海军在"斯塔基行动"中的任务则是将南安普顿一带与多佛海峡联系起来。

我方的优势在于每一个人，即使是远离任务中心的人，都对海洋有着丰富、宝贵的经验，每个人都对即将发生的一切有所预感。

尽管许多专家作出了悲观的预言，但我们仍然坚持完成了"斯塔基行动"，目的就是争取在 1944 年赢得伟大的胜利。在当时看来，整场演习还是挺不容易的。不过，根据我们所拥有的最好的情报渠道，现在我们已经知道了，敌人完全相信我们 1944 年计划从加来海峡登陆以发动进攻。他们是如此坚信这一点，以至于在诺曼底登陆之后的几周时间里，他们还是对这一想法紧咬着不放，认为诺曼底登陆只不过是盟军在更北边发动主要攻势的序曲，以至于他们一直将预备部队留在低地国家按兵不动，来应对他们甚为担心的威胁，倘若敌人及时将预备部队抽调至诺曼底，或许还能转危为安。在"斯塔基行动"之后，考萨克又做了很多工作，都是为了让敌人始终相信加来就是我们的登陆地点。毫无疑问，大家在 1943 年夏天经受的所有不便和困难，都为赢得最终胜利作出了贡献。

# 第五章　为德国崩溃做预案

　　在收到的第一份命令中，我们被要求制订的第二个计划是为了应对下面的突发状况，即"从现在起，如果出现德国崩溃的情况，根据手上既有兵力，随时准备返回欧洲大陆"。我们马上就可以看出，这第二个计划在本质上与将要制订的其他两个计划——1943年的作战计划和1944年的登陆计划——是不同的。其中的差异在于，在后两项行动中，主动权将掌握在我们自己手中，而执行"兰金行动"①的信号将来自敌人。该命令的关键词是"在德国崩溃的情况下"，因此，我们在设定这个方程式的时候，似乎要面对相当多的变量，才能和另一头的"兰金"画上等号。这意味着，我们计划的主要特点是富有弹性的，所有相关方面都必须准备好"临时"采取行动，所以在此后我们的官方通信中，就常常出现这个貌似令人感到轻松的词。

　　其实，"临时"是一种非常难以把握的状态，现在，我们必须努

---

① "兰金行动"（Operation Rankin），"二战"中盟军针对诺曼底登陆之前德国投降的情况而制订的计划，这可能是由于苏联前线的军事灾难，或者德国的内部崩溃，也可能两者兼而有之。1944年2月之前，美国陆军第101空降师是英格兰唯一可用的空降师，当年1月初，该师接到命令，为攻占法国勒阿弗尔港和勒阿弗尔奥克特维尔、圣维格和圣瓦莱里恩考的周边机场制订详细计划。在这次空降行动中，将使用所有可用的盟军空运，一旦勒阿弗尔被占领，美国第1集团军将在那里登陆。由于触发条件没有发生，"兰金行动"没有实施。——摘译自 https：//www.dday-overlord.com/en/d-day/preliminary-operations/rankin

力从大量无法估量的因素中筛选出一些牢靠的基础，以便制订出一个计划，可以提交给我们的上级批准，并在通过后下达给部队，作为他们采取行动的指导。首先，很难搞清楚这个问题应该给予多大的重视。好像也可以用一篇能够自圆其说的文字方案应付过去。尽管怀有这样的疑虑，但命令是必须遵守的。不过，要想说服考萨克的工作人员相信这一切是值得的，依然相当困难。

我们要准备的东西，好像有点儿类似于和平时期的动员计划。在美国和英国，这种动员计划的制订总是基于一个明确的假想敌，且不论这个敌人是谁，他们的行动将是触发动员计划实施的前提条件。我们的政治制度是这样的，在任何时候都很难准确地预测短时间内可以动员的力量及其构成，最重要的是，这样一个计划在付诸实施之前，不会对人民在和平时期的正常生活产生不利影响。我们需要拟定的"兰金计划"，和上面讲的情况好像也差不多。敌人的崩溃将触发计划的实施；"兰金计划"也不得干扰我们自己的另外两个计划，或英美两国在海外其他地方进行的任何作战行动。不过，有一条很幸运，我们能够相当准确地计算出手上立即可调用的部队，以及在未来 12 个月内可调用的部队，以实施我们可能为"兰金行动"制订的任何计划。

让考萨克工作人员提起兴趣的困难，与其他政府部门被激发出来的热情相比，简直是小巫见大巫。如果最终什么也没有发生，也就是说，如果敌人没有出现崩溃或被削弱的情况，那整个事情就变成了一场噩梦。但是，如果敌人真的出现了这种情况，那就意味着战争结束的开始。如果战争结束真是到来得如此让我们措手不及，也只会造成难以形容的混乱，几乎不利于任何战后问题的解决。大家是否还记得，1918 年底到 1919 年初，第一次世界大战结束的时候就是这个情况。

我们的命令是在 1943 年 4 月下达给我们的，但直到 7 月底，仍然没有拿出一份像样的方案来。在这一段时间里，我们见证了非洲战事的终结，成功登陆西西里岛，意大利投降，以及俄国人在东线成功发起猛烈的反击。因此，几乎每天都可能出现需要实施"兰金行动"的情况。7 月的时候，考萨克的工作人员开始来劲了，感觉有必要把所有探讨和辩论的东西整理出来。参谋长委员会也在催要我们的计划，凭借超人的努力，我们终于在 8 月 13 日之前给他们提交了一份方案。整个材料只能说是一个提纲，一部分原因是前面提到过的大家一开始都提不起兴趣，还有就是相关协作部门也像我们一样本身已经忙得不可开交。同样也再一次受到司令官没有到位的不利影响，我们很难从上级那里得到全面和正确的指导。如果德国真的彻底瓦解，我们就应该可以在欧洲大陆自由地选择任何地方部署我们的军队。那么我们到底应该选择哪里呢？换句话说，美国、苏联和英国如何组织对德国的占领呢？我们究竟该如何考虑对法国、比利时、荷兰、丹麦和挪威，以及卢森堡和海峡群岛①的解放呢？在1943 年初的时候，无论是在英国还是在美国，都很难找到一个开始对这些问题进行现实思考的人。有些人虽然也有一些原则性的想法，但具体怎么去做却没有考虑过。我们面临的任务很艰巨，要设法把大量高调的理论化为实践。至少我们要提出一些具体的建议，等着让上级去批驳。在这种情况下，我们首先必须从工作对象中推断出目标，而这个对象却根本没有明确的定义。事实上，我们在这里面对的问题，与"霸王行动"中提出的问题是截然相反的，"霸王行动"

---

① 海峡群岛(Channel Islands)，位于法国科唐坦半岛西北、圣马洛湾入口处的英吉利海峡中，北距大不列颠岛 130 公里，南距法国诺曼底海岸 15～48 公里。为英皇领地，由英国负责防务和外交。"二战"中，该群岛是唯一被德国人占领的英国领土。——译者注

中要实现的目标，在"兰金行动"中恰恰是不存在的。如果说有什么可取之处的话，那就是这两个项目可以进行互补。

在我们8月提交给参谋长委员会的计划中，首先涉及对敌人可能出现哪些状况的分析，因为正如我前面指出的，触发计划启动的是敌人。"德国崩溃"的程度和范围，将决定我们的行动方针。在所有各种可能性中，我们选择了三种情况进行分析，在我们看来，这三种可能性足以覆盖整体战局，又提供了足够的多样性。基于此，我们相应拟定了"兰金行动"的A、B、C三套方案。A方案设想了敌人在保持其从比利牛斯山脉①到北角的现有战线不被打破的情况下，又不得不稀释防线上的兵力，我们就可以考虑避开那些防守坚固的地段，用少得多的兵力就可以突破这条防线。B方案的设计是为了应付这样一种情况，即敌人可能会由于其他几条战线上出现的形势，而被迫在西北欧减少兵力，也就是主动撤出部分防线的兵力，同时仍保持其主要防线的完整。例如，他可能会决定撤出法国或挪威的一部分兵力，同时坚守英吉利海峡沿岸和低地国家的防线。C方案用来应对纳粹政权像1918年11月那样彻底垮台而迅速投降的可能性。

我们没有花太多时间在"兰金行动"A方案上。1943年夏天的时候，英国可供我们使用的资源微不足道，远远低于人们所能想象的任何规模，在短期内不可能对欧洲大陆进行一次小型突袭。而且这里所考虑的还不仅仅是一次突袭，而是应该为最终投放的美国和英国全部军队提供基础。实际上，我们必须把它看成一次小型的"霸王行动"，要在欧洲大陆上建立一个永久的集结区，作为展开后续作战

---

① 比利牛斯山脉（Pyrenees Mountains），欧洲西南部山脉。法国与西班牙两国界山。东起地中海海岸，西止大西洋比斯开湾畔，全长约430公里。当时西班牙是中立国。——译者注

的坚实基地。根据我们的计算，在 1943 年底之前，我们不可能拥有展开此类行动所需的最小规模的部队。因此，也就没有什么值得多讨论的了。

因此，我们建议从长计议。从 1944 年 1 月起，我们认为应该有可能对防守薄弱的地区发起攻击，并确保守住永久占领的目标。从 1944 年 3 月起，我们的处境将迅速得到改善，届时我们应该能够考虑夺取科唐坦半岛，前提是我们在 48 小时内恢复瑟堡港的运作。此外，可能有必要在加来海峡和法国南部同时进行转移注意力的作战行动，到那个时候，这两个地区都应该在我们的能力范围内了。上述这些完成之后，我们就应该可以全力推进完整版的"霸王行动"了。

人们可能认为这样考虑是过分悲观了。纯粹从时间进度来看，"霸王行动"的准备时间要求是一年，过了九个月我们应该完成好四分之三的准备工作。但是，筹备如此庞大复杂的事情，是不能通过简单的数字比例来衡量其进度的。它有大量环环相扣的组成部分，这些部分不仅需要创建出来，还必须装配在一起，并经过严格训练才能实现相互配合。哪怕是一小部分的超前一步，也可能会破坏整体的平衡。

"兰金行动"B 方案的难度要大很多，我们很快就发现政策和战略之间可能存在着冲突。如果敌人碰巧撤离了法国西部或挪威北部的一部分地区，那么从战略上讲，我们向这些地区派遣军队几乎没有什么好处。然而，如果从其他角度来考量，我们又绝对有义务这样做。毫无疑问，挪威北部的海岸对我们来说会有更大的用处。如果能够安全地占领其中一段海岸线，将有助于我们保护来往于苏联北部港口的商船队，并将大大加强我们对 U 型潜艇的控制。但是，如果作为对抗敌人主力部队或德国本土的作战基地，对下一步的发展几乎没有什么积极作用。

在法国西海岸的问题上，似乎可以提出大致相同的论点。如果敌人撤离这里，我们无疑会去填补由此造成的真空，即使只是为了解救居民百姓也要这样去做，但从战略角度来看，这样做只会增加我们的负担，几乎没有任何好处。也许可以设想占领一些主要的港口，及时改造成合适的基地，供从英国和美国过来的军队使用。但这将是一个昂贵、耗时的长期项目。德国人撤离以后留下的任何港口，都很难再进行利用。修复工作将需要大量的设备，而且还要加强防御以应对来自陆地和空中的反击。考虑到这些情况，我们觉得，除非能在瑟堡或瑟堡以东找到任何空出来的地方，否则对于我们来说没有什么真正的好处，但这种情况基本上不可能发生。

不过，还有一种很小的可能性似乎值得考虑，那就是敌军感觉有必要全面向东撤军。

大家应该还记得1916年底1917年初的冬天在西线战场发生的那一幕，当时德国人选择了一个对我们来说最糟糕的时刻，主动撤回到他们的兴登堡防线①，让我们的部队陷入了一片充满陷阱的无人

---

① 兴登堡防线（Hindenburg Line），是第一次世界大战期间，德国西线指挥官兴登堡为防御协约国军队而构建的防御工事。1917年，协约国占据了领先优势，在西线战场上，法国的尼韦勒将军取代了一向谨小慎微的霞飞将军，决定用闪电战取得战争的胜利。同时德国方面，用东线取得胜利的兴登堡取代了法金汉，他鉴于在前一年凡尔登战役和索姆河战役的失败，决定在西线采取守势，而在海上展开无限制的潜艇战，希望通过这种策略迫使英国人因饥饿而投降，同时将法国孤立在欧洲大陆上。于是德国将部队撤回到一个新的设防阵地，即兴登堡防线。当时战争的特点是防御性武器优于进攻性武器，传统的进攻方式是大批步兵在炮火掩护下发起冲锋，但是这种冲锋在深壕沟、巧布的地雷和机枪掩体相结合的防御设施面前没有多大效果。兴登堡防线更直、更短、筑有更多的防御工事，使得协约国蒙受了四十万人的伤亡，而德国人只有二十五万人。直到1918年9月29日，协约国多国联军在西线发起大规模进攻，才突破了号称固若金汤的兴登堡防线。——摘自 https：//baike.so.com/doc/6415115-6628785.html

区，不得不痛苦地在雪地、冰水和泥地里爬行。德国人的记忆力可能同样好，他们很可能正在考虑以同样的、但规模要大得多的方式，再次对我们故技重施。因此，我们假设他们可能会寻找一些向西的防御阵地，而不是他们在法国北部、西部和南部海岸以及比利牛斯山脉的现有防线。1940 年的痛苦经历，大大颠覆了我们在战争前对防御战的看法，找遍我们的地图，似乎找不到敌人能够坚守的完整防线，除非退到齐格菲防御体系①。所有的情报来源都被用来寻找法国内陆防御准备的迹象，但找不到任何线索。敌人似乎不太可能撤退到自己的边境，除非到了最后一刻。无论如何，希特勒的战略都不会支持任何此类行动。

因此，我们建议"兰金行动"B 方案的计划是，随时准备从英国

---

① 齐格菲防线（Siegfried Line），"二战"开始前纳粹德国在其西部边境地区构筑的对抗法国马其诺防线的筑垒体系，由德国著名的建筑工程组织——托特机构负责建造，德国人又称之为"西墙"，用于掩护德国西线，并作为向西进攻的屯兵场以及支援进攻的重炮阵地。1936 年德国占领莱茵兰之后开始构筑，至 1939 年基本建成，全长达 630 公里。防线由障碍地带、主防御地带和后方阵地三部分组成，纵深 35 至 75 公里。障碍地带主要是地雷场、刺铁丝网、防坦克壕以及著名的"龙牙"（多列角锥形钢筋混凝土桩砦）系统。主防御地带的最前缘位于障碍地带后方数十至数百米处，配备钢筋混凝土和钢铁装甲的机枪、火炮工事以及指挥所、观察所、人员掩蔽部、车辆洞库、弹药库、物资库等。后方阵地位于主防御地带后方数公里至数十公里处，主要是预备队人员掩蔽部、预备队车辆洞库以及战备物资库，在法德交界地段还配属有 170~305mm 要塞化远程重炮群。但很多工事只有混凝土而缺乏用于防御重型炮弹的装甲钢板，主要是由于当时德国钢的紧缺；同时，很多战争后期的大型火炮无法安装在较小的炮座上（只能适应战争初期的小口径火炮），进一步削弱了该防线的防御作用。1944 年 9 月，英、美盟军从西线向德国本土进攻时，德军依托这一防线阻滞了盟军 5 个月时间。齐格菲防线的宣传意义几乎和它的战略意义一样大，在相当长的时间里，它都被宣称为一条坚固的防线，直影响到了 1944 年。——摘自 http://baike.haosou.com/doc/705840 0.html

单独派遣团级或旅级的部队前往波尔多、南特①和布雷斯特②。另外需要准备两支这样的部队在地中海战区待命，一旦德军撤离马赛和土伦就跟着进驻。每支部队的任务主要是向当地法国人提供援助，然后进行侦察。随后的目标将是修复港口，以便接收直接从美国运来的部队。如果敌人继续撤退，那么瑟堡将成为美军使用的港口，勒阿弗尔③将成为英军的主要基地港。地中海沿岸将视情而定。

---

① 南特(Nantes)，法国西部最大的城市和法国第六大城市，卢瓦尔河大区首府和大西洋卢瓦尔省省会。坐落于卢瓦尔河下游北岸，南特-塞弗尔河(La Sèvre Nantaise)、埃德尔河(L'Erdre)两河与卢瓦尔河的交汇点，距入海口约50公里。南特历史悠久，是布列塔尼地区历史上最重要的城市，1598年颁布的《南特敕令》，在罗马帝国之后的欧洲历史上第一次以法律形式确保了宗教宽容，新教徒得以解放，对法国宗教历史产生了非常深远的影响。此地温带海洋性气候，终年温暖湿润，降水分布均匀，气候怡人，是欧洲最适合居住的城市之一。2013年获欧盟委员会颁发的"欧洲绿色首都奖"。——译者注

② 布雷斯特(Brest)，法国西部城市，位于布列塔尼半岛西端、布雷斯特湾的北岸。港阔水深，是法国最大的海军基地和重要的贸易港，战略地位十分重要。从罗马时期开始，布雷斯特就是著名的军事要塞，十七世纪起扩建为优良军港，建有兵工厂、飞机场及海军学校，以建造大型战舰著称。"二战"时德军在这里设有大型潜艇基地，为此经常遭到盟军轰炸机的猛烈轰炸。1944年8月7日至9月19日，盟军在诺曼底成功登陆后，为夺取港口扩大补给能力，发起了布雷斯特战役；德军进行了顽强抵抗，很多战斗都是逐屋争夺，整个城市几乎尽毁于战火，仅有少数中世纪石材建筑未倒塌。战后，西德政府向布雷斯特支付了数十亿马克的赔款，用于赔偿无家可归的市民和城市重建。现雷斯特港内的长岛(Ile Longue)是法国重要战备核潜艇基地，法国第一艘核动力航空母舰"戴高乐"号也里建造的。——编译自百度百科词条及https://en.wikipedia.org/wiki/Battle_for_Brest

③ 勒阿弗尔(Le Havre)，法国北部海滨城市，上诺曼底大区滨海塞纳省的一个副省会城市，是整个诺曼底地区人口最多的市镇，也是该地区继鲁昂和卡昂之后的第三大城市。位于法国五大水系之一的塞纳河的入海口北侧，阿弗尔半岛的西端，濒临英吉利海峡，是法国仅次于马赛的第二大港口和前往大不列颠岛的重要码头之一，也是距离巴黎最近的大型港口，有"巴黎外港"之称，在法国经济中具有独特的地位。二战时市区严重损毁，战后重建，是法国重要的工业城市。2005年，勒阿弗尔城被列入联合国《世界文化遗产》名录。——摘自 https://baike.so.com/doc/5356727-5592229.html

关于挪威，我们建议一个旅级战斗群随时待命，需要配备好适合寒冷气候下作战的特殊装备，在接到通知后能够立即开赴挪威北部执行任务，同时准备在德军撤离后派遣一个师前往挪威南部。

在上述每一种情况下，都需要配合开展适当的海空行动，以支持地面部队。在诺曼底登陆实施之前，我们对任何特定的方向过于投入似乎都是不明智的。事实上，我们只要完成侦察阶段的任务就足够了。

要知道，尽管我们很多方面的潜在资源都足够，但它们远不是无限的。我们不得不考虑，如果我们修复和开放吉伦特①省的港口，但以后可能会得到位置更方便的港口，例如瑟堡港或勒阿弗尔港，我们就会发现自己没有足够的鸡蛋来填满第二个篮子，除非后者要经过很长时间才能使用。

这里还有另一个引人入胜的课题可供将来研究，即希特勒的总体战略。在我看来，这个课题比我现在做的事情可要有意思多了。阿道夫·希特勒如果还活着，肯定认为自己是这场战争中最成功的指挥官。然而，他的成功是敌人对他的评价，而不是他自己人的。他一次又一次地强迫手下的将军们把头枕在木块上，好让我们更加方便地把他们的脑袋砍下来。斯大林格勒战役、诺曼底战役、阿登战役②，

---

① 吉伦特（Gironde），一译"纪龙德"。法国西南部省份，首府波尔多。西临比斯开湾，海岸线平直，沿岸有砂丘。加龙河下游谷地是法国葡萄产地之一，葡萄酒生产素有盛名。——译者注

② 阿登战役（Ardennes Offensive），又称"突出部之役"（Battle of the Bulge），第二次世界大战期间的重要战役之一。1944 年秋，希特勒为了改变盟军登陆后其在西线所处的不利地位，计划在卢、比、德三国交界的阿登地区实施反扑，突破盟军防线，并渡过默兹河，直插布鲁塞尔和安特卫普，将盟军切成两半，消灭盟军在北方的 4 个集团军，迫使西方单独议和，然后再将兵力转向东方，对付苏联。为此，德军调集了 3 个集团军共 20 万人，准备对防守阿登一线 136 公里战线的美国第 5 军和第 8 军实施重点突破。1944 年 12（转下页）

无一不是这种情况，如果我们事先对这位"战争大师"有更多的了解，就用不着在考萨克花那么多时间、费那么大劲去搞什么"兰金行动"A方案、B方案了。

有时候我们忍不住会做一些不是很离谱的猜测，即如果德国人真的像我们担心的那样行事，可能会出现什么情况？例如，他们真从法国西部的一个或多个港口撤出，或者撤离了海峡群岛。对他们来说，似乎只带来士气上的损失。那么对我们又意味着什么呢？

我的观点是，哪怕是从道义的角度，我们也不得不采取一些行动。但是，究竟会导致什么样的后果呢，会不会给自己打开了一个需要持续投入的无底洞？我们一直被教导，只有在确定可以打赢时，才应该派出军队。近年来，英国人在欧洲海岸进行小规模袭扰作战方面积累了丰富的经验，但其实一直都没有捞到什么好处。历史上曾经前往海尔德、瓦尔赫伦、贝尔岛、奎伯伦和拉罗谢尔①的一连串

---

（接上页）月16日晨5时30分，德军在猛烈炮火掩护下发起进攻，迅速突破美军防线。12月17日，德军在施尼·艾菲尔包围美军106师两个团。12月18日，德军进抵交通枢纽巴斯托涅，双方在该地展开激战。12月24日，德军进抵距默兹河只有6.4公里的塞莱斯镇，至此纵深突破达96公里。由于缺少油料，德军只能停止进攻。盟军利用自己优越的装备及空中优势，迅速调整部署，于1945年1月3日发动大反攻，德军抵抗不住，节节后退。1月8日，希特勒下令撤退。经过数十天战斗，盟军于1月28日将德军赶回德国边境，恢复了原来的阵线。此次战役是第二次世界大战中西线最大的一次阵地战，双方有60个师参加战斗，美军有60万人参战，伤亡及被俘8.1万，英军伤亡1400人。德军伤亡与被俘约10万人，损失坦克800辆，飞机1000架。——摘自华夏出版社《第二次世界大战大词典》

① 海尔德(Helder)，即登海尔德，荷兰西北部港市，在北运河的北端，重要军港，"二战"时期为德军大西洋壁垒的重要支点。瓦尔赫伦(Walcheren)，荷兰泽兰省的一个地区和岛屿，位于斯海尔德河口，地理位置重要，"二战"时期德军曾派重兵把守。贝尔岛(Belle Isle)，法国西北部布列塔尼半岛以南大西洋中的小岛，莫尔比昂省的一个行政区，行政中心帕莱是港口，（转下页）

远征行动在我脑海中也一一闪过。如果我们在 1943 年也被迫搞一次或几次类似的现代版远征，那么 1944 年登陆行动的成功将受到严重威胁。如果愿意的话，军校的男孩们可以在这个问题上作一些研究。

然后是关于"兰金行动"C 方案的计划，如果在"霸王行动"进攻部队完成登陆欧洲准备工作之前，敌人在几乎没有征兆的情况下自行解除了抵抗，该怎么办。在这种情况下，后面会是个什么场景，我们只好对着水晶球瞎猜，完全凭自己的想象了。因为在这一点上，我们没有得到过任何情报来源的支持，这种话题对情报人员没有任何意义，让他们担心的事情还多着呢。首要任务必须首先处理，战争结束前可能发生的事情，显然比战争结束时才冒出来的问题更值得关注。

1943 年夏天的时候，英国当局已经开始考虑战后的问题，参谋长委员会和外交部联合成立了战后规划小组委员会。但这个机构还需要再过上一段时间才能真正发挥作用，自从成立以来，他们提出的建议都是模糊不清的。

所以，我们就按照顺其自然的原则来处理。很明显，苏联人将从东方进入德国，美国和英国军队从西方进入德国。此外，正如我们所知道的，美国人将从英国出发，在英国人的右翼发起攻击，然后半路整体向左转，这将把美国人带到德国西南部，而英国人则会进入德国西北部。因此，我们首先将德国地图分成三部分，这个答案已经很接近最终解决方案了。在这个时候，还不存在法国占领区的问题。后来的法国占领区是法国人觉得自己能够承担

---

（接上页）现为度假胜地。奎伯伦（Quiberon），法国西北部布列塔尼半岛莫尔比昂省的一个行政区，位于奎伯伦半岛的南部。拉罗谢尔（La Rochelle），法国西部城市，滨海夏朗德省省会，大西洋沿岸重要港口。——译者注

起更多义务的时候，在原有美国和英国占领区中简单划出去之后建立的。

顺便提一下，大家或许有兴趣讨论一下这个不太引人关注的话题，即美军从英国出发时，显然会在英军的右翼前往欧洲，瑟堡一直被视为美国人的目标，勒阿弗尔则是英国人的。回顾过去，在我看来，这个重大战略决策，最初很可能是由英国陆军部营房部门的某位官员作出的，大概还考虑到了从北非战区调集美军的可能性。我不相信当时就有人意识到第一批抵达英国的美军是全部驻扎在北爱尔兰的。随着美军在不列颠群岛兵力的增加，驻军自然会蔓延到英格兰西部，部分原因是英格兰西部离美国更近，可以为跨大西洋船队提供更方便的终点站，部分原因是当时英国人还忙于在英格兰东南部作战，第三个考虑是，美军司令部希望尽可能集中自己的部队和资源。如前所述，美国和英国的后勤管理体系存在一定程度的差异，因此不可能将它们并在一起运作。如果美国人选择英国的一个地区运行他们的系统，而英国人也尽可能单独运行，那么大家的问题都容易解决。这方面的考虑也再次表明，英国的西部比东部更符合美国人的要求。因此，在考萨克，我们当中甚至都没有人提出过这个问题，后面我们还会提到这件事，一直到考萨克的任务快要结束之前，美国人才向我们提出进军路线的问题。

等我们准备用蓝色铅笔把德国地图划成三块的时候，冒出来一堆等着我们回答的问题。到底应该怎么样把一个国家一分为三？是创建三个新国家，还是按照一个新国家的三个省份来管理，大致想法是什么？我们应该考虑三个分别独立的经济单位吗？如果是的话，这样的想法行得通吗？还有柏林呢？我们是继续把这个地方视为首都，还是会有另一个更方便的地方成为首都？我们很快发现，所有这些和其他类似的棘手问题几乎压得我们透不过气来。

我们没有答案，但这些问题的答案又是我们考虑后续问题的基础。因此，我们画的蓝色铅笔线，也只能沿着现有的省界略作勾勒，使三个区域看起来大致上平分，然后我们换从另一个角度重新考虑这个问题。

无论区域边界如何确定，最终似乎都与我们的推测相差不大，事实上也是这样。且不论战争的最终目的是什么，显然都有一些任务将在战争结束后立即落在军队的肩上。首先是占领并牢牢掌控德国战争经济体系中的关键点，只有这样，在战后通常都会展开的和平谈判中，才能使敌人无法躲避赔偿上的责任。然后就是解除德国武装的问题。可以想象的出，德国军队可不是全部整齐地集中在本土，而是分散在整个欧洲各地。此外，我们还必须考虑把德国作为一个整体来解除武装，无论如何都要摧毁其一切"战争潜力"，用这个词还是比较确切的。然后是在该国维持社会秩序的问题，战后立刻就会出现流离失所的人群，其中的绝大多数人一旦被解除了胁迫，往往会涌回到他们原本生活的地方。还有一些被强征到德国来的人，包括军人、劳工、行政人员，以及其他再也不想回到德国的人，与返回德国的人将形成对冲的人流。

光这些就够忙活的了，所以我们预估了两个西部占领区的军队可能需要做些什么，才能解决好这些问题。苏联占领区自然不是我们考萨克考虑的事情，考萨克里也没有俄国人。我们的总体想法是，先在莱茵河上站稳脚跟，美国人负责从瑞士边境到杜塞尔多夫①，英

---

① 杜塞尔多夫（Dusseldorf），德国西北部靠近荷兰的重要城市，工业、文化、科研和物流中心，19 世纪德国著名诗人海因里希·海涅的出生地。位于莱茵河畔，紧邻著名的鲁尔区，"二战"时期几乎被盟军轰炸夷为平地，战后重建，1946 年成为北莱茵-威斯特法伦州的首府。德语中"Dorf"是村庄之意，因此杜塞尔多夫也被戏称为"欧洲最大的村庄"。——摘自 https：//baike.so.com/doc/3918972-4113043.html

国人从那里向北负责鲁尔到吕贝克。我们提议在莱茵河流域驻扎 11 个师，在鲁尔区驻扎 6 个师，在德国西北部驻扎 7 个师，包括我们认为的重要港口和日德兰半岛。这样我们就总共需要 24 个师，远远超出了 1943 年时候我们在英国拥有的兵力。为此我们只好向美国寻求帮助，如果德军投降，我们希望能尽快调集军队过来，不过其训练和组织水平可以低于作战所需的水平。不可否认，这是一个值得商榷的权宜之计，因为占领任务在许多方面的要求，不会低于任何其他形式的军事任务。同时我们还希望，我们在地中海战区的部队能够分担这一任务。

但这还不是全部。还有被占领国家的解放问题。谁去解放他们？如何着手实施？在伦敦虽然有相关国家流亡政府的代表，许多人在英国还有自己的武装部队，但在结束占领后的混乱局面得到有效控制之前，就凭这些核心力量，好像无论如何都不足以在新解放的领土上重建任何形式的稳定。可能还是需要美国和英国军队的帮助，而且这样做似乎也很合理。为此我们的建议是，美国当局应当在广义上"负责"法国、比利时和卢森堡的解放，而英国当局则"负责"荷兰、丹麦和挪威。毫无疑问，英吉利海峡群岛的解放应该是英国人自己的事情。英吉利海峡群岛是唯一被德国人占领的英国领土。

这就引出了"兰金行动"C 方案的国际性问题。我们的第一个建议是，如果占领柏林，那么美国、英国和苏联军队各派驻一个师，对其他敌对国首都也一样，应当以同等的三方力量来占领。然后，我们又想出了一个主意：在德国的苏占区部署英军和美军各一个师，在美占区部署英军和苏军各一个师，在英占区部署美军和苏军各一个师。虽然这在理论上好像是可取的，但我们很早就被迫放弃了这个想法，因为在行政管理上行不通。再加上还有帮助解放其他国家的兵力问题，好像只能由美国和英国实施联合行动。

我们按照上述思路制订了"兰金行动"C 方案的暂定计划，连同 A 方案和 B 方案，一并提交给 1943 年 8 月英美两国参谋长在魁北克联合召开的"四分仪会议"①。令考萨克工作人员有些意外的是，这些计划得到了参谋长们的一致认可，除了"兰金行动"C 方案预估的兵力偏多。人们很容易把这种情况看成上级对下级提出的无论什么方案的一种本能反应。英国军队尤其如此。但实际上，大家要知道，我们在计划中所要求的最大兵力，比后来实际投入的力量要少得多。

我们被告知，为了满足指导下步工作的需要，我们应该集中精力完善"兰金行动"的 A 方案，即针对敌人抵抗能力大大削弱情况下的小规模攻击计划。

简而言之，坦率地说，这些决定让我们考萨克的处境有些尴尬。现在轮到我们着手进行计划的第二阶段，把我们的计划变成对部队

---

① 此处是指第一次魁北克会议，代号"四分仪"。1943 年 7 月 25 日墨索里尼里倒台，意大利投降在即，为了调整盟国战略以适应此形势，8 月 14 日至 24 日，罗斯福、丘吉尔举行此会议。联合参谋长委员会成员与会。中国、加拿大政府代表参加了有关会议。会上，英、美对实施"霸王计划"争论激烈，英国继续主张优先进军意大利和巴尔干。由于美国坚持，会议批准了"霸王计划"，并给予优先地位，但实施日期推迟至 1944 年 5 月 1 日；决定对德国联合进行战略轰炸，并拟定了向法国南部发动辅助性攻击的"铁砧计划"（即后来的"龙骑兵行动"）；双方商定"霸王行动"由美国将领指挥，而将地中海战区的最高指挥权交给英国将领；在意大利的军事行动首先迫使意大利退出战争，继而占领撒丁岛和科西嘉岛，最后对意大利北部的德军继续施加压力。会议还讨论了远东问题，作出在对德战争胜利后一年内击败日本的决定；批准了美军夺取吉尔伯特群岛、马绍尔群岛以便向日本推进的作战计划；重申优先考虑在缅甸北部发动进攻以打通滇缅公路，而对孟加拉湾的作战留待今后研究，同时确认了已经成立的东南亚盟军司令部，任命英国的蒙巴顿为最高司令。会议还签署了有关原子弹生产的《魁北克协议》。1944 年 9 月 11 至 16 日，罗斯福、丘吉尔又召开了第二次魁北克会议，代号"八边形"，磋商击败德国后的政策和对日作战问题。——摘自上海辞书出版社《第二次世界大战百科词典》

的实际指令，如果敌人出现预测的情况，部队就必须执行这些指令。尽管我们很努力，但在年底之前，我们仍然看不到能够将"兰金行动"A方案付诸实施的任何前景，所以我们是否应该把整个事情再保密一两个月？当时我们正在全身心地忙着策划和推进"霸王行动"以及1943年的事情。不过，在我们为"兰金行动"C方案所做的工作中，我们还是发现了不寻常的意外收获。该方案已经涵盖了与占领和解放相关的所有事务。我在其他地方说过，这项计划需要预先假定德国"无条件投降"，实际上这意味着已经实现了"霸王行动"的结果，即对欧洲的占领。也就是不再需要登陆行动就赢得了胜利。因此，我们在"兰金行动"C方案中所做的几乎所有事情，以及我们付出的所有心血，都对我们的主要工作产生了直接而重要的影响。所以，为了我们自己考虑，我们决定把"兰金行动"A、B两套方案先暂时雪藏起来，同时继续处理C方案。

在C方案的规划中，我们已经开始着手解决"民政"方面的问题，包括难民和流离失所人员的问题，解除武装的问题以及战后一般事务，考萨克实际上也就是军政府和管制委员会的前身。我们已经开始意识到，我们所有西欧朋友的解放将带来巨大的问题。即便是我们坐在诺福克大厦里等着，所有这些事情总有一天也会出现在我们眼前，唯一的区别在于我们是通过"霸王行动"的战斗换来，还是像"兰金行动"C方案中想象的那样坐享其成。这两个选项之间也有可能会发生转换，比如德国人在"霸王行动"的第一个回合交手中就被击倒，或者没打几个回合便败下阵来。如果是这样的话，按照我们当时的说法，只需要从"霸王行动"迅速切换为"兰金行动"C方案。所以，无论出现何种情况，我们继续花功夫完善"兰金行动"C方案都是值得的。最终我们做到了这一点。

尽管绝对保密一直是而且必须是考萨克的口号，但我们竟然闭门策划友好国家的解放，却没有与那些每天在外面街道上擦肩而过的友好国家合法代表进行任何沟通，事情到了这样一个地步，也显得非常可笑。毕竟，我们承担的解放使命，都是为了这些政府和他们所代表的国家的利益。这是他们的事，而不是我们的事。我们应该与这些人进行一些接触，以了解他们在这个问题上的想法，这似乎也是合情合理的。我们需要关于这些国家的各种各样的信息，例如，如果要了解比利时的信息，不去问比利时的部长或高级官员，还有哪里会更好呢？他们是比利时人，而且正盼望着以任何可能的方式提供帮助。

但是，做出这样的决定是经过深思熟虑的，我们不能与这些热心善良的人直接联系。他们都通过各种方式与自己的祖国和在德国占领下受苦受难的不幸朋友保持着密切联系。通信非常方便，信息交流也不断。被占领国家的紧张局势每天都在加剧，被践踏奴役的人民正急切地关注着西方的信号，希望能够看出一点儿拯救他们的时间和方法。如果我们向这些国家驻伦敦的代表透露太多我们的计划，还期望他们中的每个人都将这些信息绝对保密，那对人性的要求未免太高了。

他们中许多人都把最亲近的人留在了敌人的手中，不去关心他们面临的麻烦，还要去质问他们的忠诚，这显然是不公平的。但是，如果我们把通盘计划进行原汁原味的解读，很可能会发现那是自己给自己捅篓子。因此，我们要求对原本的命令进行一些修改，并于1943 年 8 月获得批准，与比利时、荷兰、挪威、波兰和捷克斯洛伐克政府在伦敦的军事代表团展开协商，并与戴高乐将军的司令部作出特别安排。

在实际进行接触之前，我们已经非常仔细地与美国和英国当局演练了要遵循的程序，我们要告诉这些官员什么，以及想要让他们告诉我们什么。尤其有必要就欧洲西北部的作战行动将推进到欧洲的具体什么位置，达成一些非常明确的共识。我们是否需要对捷克斯洛伐克和波兰的解放负责？如果不是，我们展开的对话是否要将这些国家的代表排除在外？所有那些在英国临时避难的人，都产生了一种患难之交的同志友谊，我们估计，对其中一个国家的代表所说的任何话，或与一个国家的代表所做的任何交易，都会很快被其他国家所了解。因此，我们原则上决定，应该与上面提到的所有国家的代表进行对话。

很明显，我们必须在最广泛的范围内，就同盟国主要远征军的作战区域达成一些比较明确的共识。因为从最广泛的意义上来讲，德国是三支进攻部队集中打击的焦点，这三支部队分别来自苏联、地中海和不列颠群岛。如果我们从一开始就能安排好三位参与者中的每一位完成多少工作，那就太好了。但即使在当时，就这些问题与苏联人达成协议的希望也很渺茫，我们应该而且能够做到的，就是与我们自己的地中海战区达成共识。尽管英国人迄今为止都觉得没有必要深入考虑这个问题，但从登陆北非的时候起，美国人就一直把这个问题放在心上，而且在他们的北非战区和欧洲战区之间已经作了明确的划分。经过谈判，双方同意考萨克采用美国划定的边界。这就使得捷克斯洛伐克和波兰被排除在我们的关注之外。

边界的问题得到合理解决之后，接下来要考虑与同盟国军事代表团进行接触的具体方法。显而易见的是，他们无论如何都必须进入到我们的总部里面来，但必须注意，又不能让他们在整个办公场所自由走动。如果这样，他们很可能会在无意中获得一些信息，反而会让他们感到非常尴尬。好像有必要事先在考萨克总部建立一个特定的联络点，通过该联络点处理所有此类事务，因此我们便成立了一个专门的工作小组，名字叫"欧洲盟国联络科"，负责该小组的人员，我们有幸请来了令人尊敬的小安东尼·J. 德雷克塞尔·比德尔先生，在这之前他一直担任美国派驻上述所有国家的大使，而我们现在正准备与这些国家的政府代表打交道。

这个小组承担了巨大的责任，完成了无比重要的任务。它的职责主要是在考萨克工作人员和所有其他同盟国的代表之间进行沟通联络，在严格遵守所有复杂的安全保密规定的前提下，尽可能地让双方都能从对方那里得到想要的东西，既不能多也不能少。前面已经决定，所有同盟国的代表都应该被告知，在不久的将来的某个时候，盟军将登陆并重新夺回欧洲。在这种情况下，我们自然希望尽可能多地了解每个国家当时的内部局势，以及已经制订或即将制订的战后复兴计划。能与这些国家伟大的军人和政治家们交谈，是一件非常激动人心的事情。他们中的很多人都曾经陷入地狱的最深处，而相比之下，我们对自己所谈论的恐怖行径却知之甚少。不管在心理上还是在物质上，与他们的接触对我们都有着不可估量的好处。

对于捷克人和波兰人，我们只能保证，愿上帝保佑，当机会最终到来时，我们将尽最大努力为他们返回自己的祖国铺平道路。随着时间的推移，我们和大家一起，越来越深入地探讨未来可能会遇到的民政方面问题。

到了1943年10月底，通过各种方式，我们已经能够把我们的"兰金行动"C方案转换成命令的形式，随后我们的指令被下达给了美国第1集团军群和英国本土军基础上组建的第21集团军群。不过，挪威和海峡群岛除外。挪威的位置不在登陆欧洲的任何一条进攻路线上，因此，无论要求哪一支进攻部队如此大范围地转移兵力都是不可能的。所以，我们决定在德国投降后，将重新占领挪威作为苏格兰司令部总司令的一项特殊任务，届时行动应服从盟军最高司令官的指挥。

同样，英吉利海峡群岛的光复也被作为一项特殊任务，分配给了英国南方司令部总司令。为此，1943 年 11 月向这两位将领下达了特别指示，后来他们都在条件成熟的时候执行了这些命令。

# 第六章　总　体　计　划

我们奉命制订的第三个计划就是被称为"霸王行动"的计划。另外两个计划的情况前面已经作过解释，1943年的行动并没有对敌人产生直接可见的影响，不过对我们自己却大有裨益。尽管"兰金行动"并未付诸实施，但为我们考萨克提供了大量宝贵的经验和情报，这对我们的其他工作的开展是不可或缺的。考萨克策划的"霸王行动"才是贯穿始终的主旋律，现在就让我们先回顾一下1943年初考萨克在英国伦敦圣詹姆斯广场诺福克大厦初创时候的情况。

首先，我们必须再次强调，考萨克制订的计划可不全是原创作品。到1943年的时候，大多数内容经过了反复打磨，是一大批人艰巨劳动的成果。许多方面的研判和筹备工作从来没有间断过，这似乎也是完全合乎逻辑的，甚至是无法回避的，因为总有一天战争肯定会打到德国。第二，必须始终牢记，盟国远征军最高司令官直到1943年12月才被任命，实际上1944年1月下旬才真正到位，开始承担起整个行动全部和最终的责任。从1943年4月考萨克接到第一条命令，到1944年1月听命于新任命的最高司令官，据我所知，这期间考萨克的绝大多数职务任命，是在没有与最高司令官协商的情况下做出的，因为最高司令官尚未被任命，甚至都不知道最高司令官到底是谁。因此，随着时间的推移和各种下设司令部职务任命的出台，考萨克制订的计划不可避免地会发生或多或少的变化。但计划的最终实施，只能由那位承担责任的人来做出决定，这个人就是最高司令官。

从理论上和逻辑上来说，在规划和发动一场重大战役时，要采取的第一步就是先任命一名指挥官来组织实施这场战役，向他下达命令，然后帮助他实现发布命令者的潜在意图。但无论如何，英国人都算不上那种理论或逻辑特别好的人。总的来说，他们更喜欢依靠自己的天赋和运气，特别是在战争中，他们自己称之为"蒙混过关"。他们在战争中的确一直很幸运，也总觉得自己的运气不会改变。不管怎么说，维持和平在经济上要便宜得多，即使是在最糟糕的世纪，和平的年月似乎也比战争多。

毫无疑问，英国人和美国人都想赢得这场战争，但在1943年初的这个时候，大家似乎都对打赢战争的具体方法有着相当多的疑虑。这其中的冲突就体现在考萨克总部。正如本书前面已经提到过的，有理由怀疑，在重大战略问题上，也就是在如何赢得战争的问题上，无论是美国人还是英国人，也无论是对自己人还是对对方，都没有做到完全坦白。此时英国人还远远没有认识到美国军队的实力。有一次，在军官俱乐部，一位非常资深的退休军官喝了两杯波特酒后对我说（那个时候军官俱乐部的资深成员在午餐后仍然可以喝两杯波特酒），美国军队应该会从英国军官身上学到不少东西。这与1918年时候英国人和法国人的说法可不一样。在一些非正式的场合，大家在某种程度上都能感觉到彼此缺乏完全的信任。我曾经提到过在空军之间存在的根本分歧。这里面的情况无疑是复杂的，皇家空军不愿意与"棕色制服"打交道，即那些穿着与英国陆军相同颜色制服的美国陆军航空队；而美国陆军航空队看到一支穿着蓝色制服的独立空军，心里又充满了各种欲望和野心。① 海军之间的冲突似乎有着不同的性质。我认为，这主要是因为美国海军清楚地知道，他们自己家的后院太平洋上激战正酣。为什么不让他们留在太平洋，继续参加那场显然对美国人民有着更大直接利益的战争？为什么英国海军就不能把地球自己这一边的仗打好？

在美国人的某些场合，他们对英国战略家们的真实动机存在着严重怀疑，其中最令他们不安的就是地中海战役。就重新打开地中海航线，对于从英国到远东、从美国到苏联南部交通线的必要性而言，美国人与英国人的看法完全一致。我们绕道非洲南端的主要补给线运输成本太高了，而且还远远满足不了运输需要。在美国人看来，为了打通地中海航线供我们的船队使用，只需要拿下意大利半岛南部的一小段距离就够了。从另一个角度来看，占领福贾机场②供我们的重型轰炸机使用，从而加强对德国的轰炸攻势，这当然也是有道理的。因为据估计，从福贾到阿尔卑斯山的距离，可以让一架满载的轰炸机获得足够的高度，以便安全地穿越群山，所以就没有必要再向北深入了。他们认为，我们地面部队必须夺取的最北边的点，就是为了保证空军不受干扰地使用福贾机场所必需的。然而，英国人却一直在喋喋不休地谈论罗马，以及打算在巴尔干半岛进行的各种未经大家讨论过的冒险行动，这些行动都将以意大利为基地。

---

① 美国空军一直到 1947 年才成为独立军种，"二战"期间一直从属于陆军和海军，分别为陆军航空队和海军航空队。但美国陆军航空队从成立之初起，就一直在为建成独立军种而努力。——译者注

② 福贾(Foggia)，意大利东南部城市，福贾省省会。位于亚平宁山脉南段东侧普利亚平原中心，有"意大利粮仓"之称。重要的铁路枢纽，建有军用机场，在第二次世界大战中遭受严重破坏。——译者注

所有这些关于欧洲"柔软下腹部"①的想法，到头来都是一场空谈。英国人曾经成功地带领天真的美国人沿着地中海花园小径走了一段路，这让他们卷入了与法国人有关的各种可怕的、无法预料的问题。一朝被蛇咬，十年怕井绳，现在他们已经变得警觉了。

　　但是，另一方面，对于人们常常讲的英国"地中海战略"，的确有很多话可以说说。尽管这里不是一个详细讨论英国在东南欧传统政策的地方。但重要的是想让大家知道，美英两国在地中海战略上的观点分歧从未得到调和。这对"霸王行动"产生了重大影响，不仅在总体布局上，而且对后来"霸王行动"中要求从意大利登陆法国南部的那一部分计划的制订，也起到了至关重要的作用。我认为，出现这种情况的原因很可能是，在这场最后的战争中，美国人实际上第一次全面体验了如何具体处理错综复杂的欧洲国际关系。在此之前，美国在欧洲的利益只能说是相对浅薄的。现在，他们第一次被迫全力以赴投入到那些他们以前本来可以不管的事情上，而且这么做在很大程度上违背了他们当中许多人的意愿。他们采取这种立场的原因也很简单，因为美国居民中有很大一部分人与他们在欧洲的

---

①　"柔软下腹部"（soft underbelly），苏德战争爆发后，斯大林希望英美能够尽快在欧洲大陆开辟第二战场，以减轻苏德战场上苏军的压力。这一点，英国和美国并不反对。然而，在什么地方开辟第二战场，丘吉尔与斯大林的分歧却极大。斯大林要求在法国北部开辟第二战场，而丘吉尔却坚持在地中海开辟第二战场。丘吉尔的理由是：如果说德国是一只凶恶的鳄鱼的话，那么鳄鱼最要害的部分在它柔软的下腹部，地中海就是德国的下腹部。丘吉尔坚持在地中海地区开辟第二战场，是企图将苏联的影响阻挡在东欧以外，而让英国占领巴尔干地区和整个中欧、西欧地区。如果从法国北部开辟第二战场，则形成苏联从东往西打，英国与美国从西往东打，最后出现英美与苏联平分欧洲"秋色"的局面，这是丘吉尔不愿意看到的。在这个问题上，丘吉尔与斯大林各执一端，互不相让，差一点闹翻。最后，还是在罗斯福的劝说下，丘吉尔放弃了自己的主张。——摘自 http：//jishi.cntv.cn/20110128/100226.shtml

原籍国保持着密切联系，而这些原籍国都在受苦受难。在美国的政治中心活动着相当多的民族主义集团，他们仍在融入自己新家园的过程中。

不管怎么说，当考萨克首次登场亮相时，许多美国人还在明显怀疑英国人的诚意，而对于美国人没有能力或拒绝理解英国人在这些问题上的考虑和目的，很多英国人也表现出明显的愤慨，这种局面是毫无益处的。对于英国人来说，必须再次指出，他们已经在战争中打了好几年，那可是真刀真枪地打仗。如果说得更久远一些，人们总是忘不了 1917 年到 1918 年时候的经历。在第一次世界大战中，英国不仅遭受了灾难性的损失，而且在战争期间和战争之后，英美之间的关系在很大程度上都谈不上和谐。虽然美国的损失相对较轻，但在许多英国人看来，美国人可是发了大财。有什么能保证这方面的历史不会在 25 年后重演？从英国发动登陆行动的想法，几乎把英国人吓坏了。在我们了解的全部历史上，没有任何先例证明可以实现如此大规模的登陆行动。如果要这样做的话，所有可能导致失败的因素都必须事先消除。但即便如此，人们好像也无法完全忽视失败的可能性。胜利，是无法保证的。英国和美国的力量加在一起固然很可怕，但历史上胜利被非常弱小的力量夺走的例子还少吗？假设这件事真的失败了，就像士兵们说的那样，谁又来收拾残局呢？对于这个问题，英国人显然是唯一的答案，他们很可能会发现，自己不仅回到了 1940 年开始的地方，而且情况更糟。

不会有人认为我在这里写的东西代表了国家政策。不管怎样，当时美国人和英国人似乎都没有制定这方面的国家政策，即便是制定了，也很少会普及到基层政府雇员知晓。而考萨克工作人员获得的印象，都是通过与两国高级官员的频繁和多方面接触得来的。与年轻一代、底层普通人的接触则呈现出完全不同的情况。综上所述，暂时撇开动机不谈，在我们看来，从一开始，美国高层官员都支持我们的登陆计划，而英国高层则倾向于谨慎行事。另一方面，美国的年轻人，尤其是那些绝大多数以前没有接触过英国人以及他们滑稽的办事方式的人，刚刚进入考萨克的时候，做事情基本上不太对英国人的口味，而英国的年轻人几乎从一开始就非常愿意尽一切可能提供帮助。总体而言，似乎相当平衡。

把如此具有腐蚀性和潜在爆炸性的"混合物"装进考萨克这个装置，我们不太确定会发生什么情况。或许它可以变成一种化学制剂，能引起海、陆、空三方面的变化，以便在世界战场的一个区域里，实现意图的统一、方法的统一，以及行动的统一。或者，它也可能成为一只替罪羊，所有后果都落在这只替罪羊身上。一个没有配备司令官的参谋班子，好像非常适合承担这个角色。我们从一开始就很清楚，我们是被选来充当超级"背锅侠"的。失败的责任全是我们的，而成功的功劳都是其他人的。生活就是这样，在这种特殊的处境下，考虑到情况既然如此，好像也就心安理得了。如果我们能帮助打赢战争，那当然更好了。获胜才是最重要的，如何获胜以及由谁获胜都是次要的考虑因素。另一方面，万一我们失败了，只要我们尽力而为了，就没有什么可以责备自己的。

不管大家准备开始做什么样的事情，都不妨先问自己三个问题。你对谁负责？你要负责的到底是什么？通过什么样的办法履行这一责任？就考萨克总部而言，第一个问题的答案是明确的。我们对美英联合参谋长委员会负责，当然也通过他们对美国和英联邦两国政府负责。尽管考萨克在伦敦出生和长大，并被指示通过同样在伦敦的英军参谋长委员会与联合参谋长委员会进行沟通，这种基本的双重责任一直存在。如此这般运作到盟国远征军最高司令官被任命，届时，现在考萨克承担的责任将由他来承担。在最初阶段的时候，这位盟军最高司令官的人选将是一名英国军官。

至于考萨克的责任，最早是出现在1943年1月卡萨布兰卡会议的记录中，即我们要为英美登陆西北欧的所有计划，包括过去、现在和未来的，"注入凝聚力和驱动力"。1943年4月，我们收到了第一份正式命令，要求"你们……要制订计划：……在1944年尽早全面进攻欧洲大陆"，这种表述就更接近实际操作了。就此而言，意思已经足够清楚了，但我们在第一份命令中找不到刚刚提到的三个问题中第三个问题的任何答案。的确，在该命令中说明白了联合参谋长委员会的意图，即"努力集结尽可能强大的部队（根据其他战区的事先承诺），随时准备在1943年德国抵抗力量削弱到一定程度时重新进入欧洲大陆"。但这里面并没有给我们指明，策划"霸王行动"所需要的东西在哪里。我们大致知道该去往什么地方，也大致知道什么时候去，但却没有接到明确的指示：究竟依靠什么力量去推动这一进程呢？当然，你也可以将该命令解释为，我们可以调动整个美国和英国所有的武装部队。但这样想是荒唐的。这些部队中的很大一部分，已经在世界各地与我们的各色敌人打得不可开交，而且他们中的很多人已经被考虑用于未来的作战之中了。制定世界战略可不是我们的事，所以我们不得不要求给一些更明确的指示，说清楚我们打算在西北欧投入哪些力量。为此我们得到了进一步的命令，不仅为我们提供了在预计时间可调用部队的详细信息，而且还缩小了我们的目标范围，即在欧洲大陆建立一个"集结区域"，供更多尚未指定的部队进驻，这些部队将参加登陆后的作战行动，并一直战斗到底。

事实上，我们一拿到计划中可调用兵力的详细信息，就开始提出激烈抗议，这点儿兵力根本就不足以完成手头的任务。这一详细命令是在我们开始工作之后一个多月收到的，即1943年5月25日。

在这段时间里我们也没有浪费时间，抓紧了解了我们面临的基本情况，已经形成了一些想法，大体上确定了第一轮进攻应当投入的最少兵力。在我们加入考萨克之前，几乎每个人都知道，在所有重要的战争物资供应项目中，最关键的是登陆艇和船只。当我们看到补充命令中提供给我们的数字时，立刻意识到，虽然我们计划使用的登陆艇和船只总数并不大，但我们还是怀疑，到了登陆行动发起的时候，即便是这点儿船艇可能也拿不到。在那段时间，尽管我们抓住每一次机会大声疾呼，但问题却没有得到任何改善。经过深入分析，我们发现这是完全正常的。我们不得不承认，给我们的数字只不过是一个比较合理的保守估计，是综合考虑了 1943 年 5 月时候的战局，以及未来 12 个月可能出现的各种情况而作出的，这应该是一年时间内可用资源的合理预期，将影响到所有战区需要使用登陆艇和船只的客户。这里立即引出了一个值得关注的重大问题，也就是在这种情况下，整个登陆行动将取决于分配船艇和航运资源的优先权。按照最初的组建方式，如果我们的司令官没有到位，考萨克对于物资分配优先权就无法产生真正的影响，在"公开市场"上与那些已经致力于重大战役的现有司令部根本没有办法竞争。因此，在这个阶段大惊小怪是没有用的。我们首先要找到正确的路径，根据已经给到我们手上的东西，看看能最大限度做些什么。我们很快就发现，其实我们离拿出一个看起来足够吸引人、能够赢得支持的行动方案并不遥远。一旦方案得到了支持，我们就大可放心，这件事一定会从我们手上转交到那些能够掌握世界上所有优先权和任务分配的人手上。于是，我们开始着手草拟行动方案。

时间很紧张，因此最重要的是把方案起草工作组织好，以免浪费时间。当时考萨克的工作班子仍然很小，因此，在可用的人手之间尽可能均匀地分配任务就很重要。我们要花时间收集各种各样的数据，而且数量惊人。但幸运的是，从一开始就很容易看出，在主要工作方向上并没有太多的选项可供考虑。事实上，可供选择的选项好像已经缩减为两个，即加来方向或诺曼底西部方向。

下面就让我们来看看选项是如何一个个被剔除的。在过去的方案中，曾经考虑把布列塔尼①和比利时之间的几乎每一处海岸都列为突袭或攻击的候选目标。由于资源匮乏，特别是考虑到英国战斗机的航程短，而且在远征军空军中英国的短程战斗机将占多数，因此有必要缩小关注的地域范围。但换一个新的角度来看这件事，我们眼下所拥有的总体资源，比那些可怜的前辈们还是要多很多。所以，我们认为应该把这件事再从头复盘一遍。可以说，我们面对的战线一头在西班牙，另一头则延伸到北极圈。也许值得再看看，整条线上是否还有被其他人否决的可能选项。

首先回顾一下上一次欧洲陷入类似战乱的历史。当时的情况可能更糟，敌军主力直奔我们而来，而且他的左翼在葡萄牙。当时的主要策略是蚕食他的侧翼，攻击他的左侧。如果1944年再来一次半岛战争②，又该怎么打呢？在迅速考虑了所有的利弊之后，我们决定

---

① 布列塔尼半岛（Brittany），位于法国西部，与诺曼底紧紧相连，北部为圣马洛湾，南部为比斯开湾。遍布着海港，被称为"航海圣地"，重要港口布雷斯特（Brest）就位于布列塔尼半岛西端。攻占该半岛有助于缓解反攻法国盟军的物资补给紧张问题。——译者注

② 半岛战争（Peninsular War），是拿破仑时期的一场战争，地点发生在伊比利亚半岛，交战方分别是西班牙、葡萄牙、英国和拿破仑统治下的法国。英国人主要采用了槌砧战术，"铁锤"代表的是数量4万到8万的英葡联军，指挥官是第一任威灵顿公爵阿瑟·韦莱斯利，同另一支"铁砧"力量，即西班牙军队和游击队以及葡萄牙民兵相配合，痛击法国军队。战争从1808年法国军队占领西班牙开始，至1814年第六次反法同盟打败了拿破仑结束。——译者注

放弃选择这里。我们奇怪地发现，伊比利亚半岛提供给现代正规军队的作战条件十分糟糕。自威灵顿公爵时代以来，这个国家在许多方面都没有变化。公路和铁路设施非常短缺，而且几乎没有什么大的港口，没有这些保障，现代军队就无法生存。不管怎么说，从躲过了战火这个角度，伊比利亚半岛或许值得羡慕。

敌人的另一个侧翼在挪威，显然对我们的作战目标更加没有意义。过去的试探性作战行动很多是针对挪威的，但我认为，所有这些行动都是有限的或暂时的。虽然挪威也可能被视为"集结区域"的一个选择，但从那里再向南进发带来的麻烦可就大了。我们中的一些人在1940年去过挪威①，所以我们也把挪威从1944年的目标中排除掉了，尽管其他人有不同想法，这在后面书中还会提到。

当时，日德兰半岛看上去几乎汇集了所有的不利因素。那么我

---

① 挪威战役，又称"斯堪的纳维亚战役"。1940年4月9日，德军集中14万人，1300架飞机和234艘舰艇，于拂晓向丹麦、挪威同时实施突击。在丹麦，摩托化步兵冲过国境线后向日德兰半岛北端长驱直入，空降兵也同时在西兰岛和首都哥本哈根着陆。入侵一小时后，丹麦政府和国王克里斯蒂安十世呼吁人民"放弃任何抵抗"。德军占领丹麦仅死2人，伤10人。在挪威，德军先遣队在吉斯林分子的配合下，在南起奥斯陆北至纳尔维克的各主要口岸突然实施登陆和空降，未遇严重抵抗即完成占领，随即增兵向挪威中部推进。挪威政府和国王哈肯七世拒绝投降，向腹地撤退，组织挪威残部继续战斗。英、法当初曾计划将战争扩大到中立的挪威，在英法援芬军事计划流产后，又准备于4月初在挪威水域布雷并在西海岸登陆。德军抢先行动，迫使英、法仓促应战。4月中旬，英法波联军近4个师，先后在北部纳尔维克附近和中部纳姆索斯、翁达尔斯内斯登陆。联军在中部向特隆赫姆作钳形包抄，进攻受挫后于5月1日登船撤退，战斗重心转向北方。5月10日起德军向西欧发动进攻，法国局势严峻，联军遂于6月5—8日撤出纳尔维克地域。6月7日，挪威政府流亡英国，挪军残部于10日投降，德军占领挪威全境。此战盟军由于指挥优柔寡断和未能协同作战，致遭失败。德军死亡和失踪共5356人，损失军舰15艘；盟军死亡和失踪共3734人，损失军舰10艘。——摘自上海辞书出版社《第二次世界大战百科词典》

们可以考虑弗里西亚群岛①沿岸吗？人们还记得厄斯金·奇尔德斯②和他的《沙滩之谜》，这本书是很多年前写的，当时有人曾谈论过横渡海峡的行动。那里的地理情况过去可能有利于军队登陆，但现在已经不再合适了。我们的先辈已经证明，海尔德半岛和瓦尔赫伦不适合作为我们的目标，所以我们又回到了起点。还有敦刻尔克怎么样？英国人和法国人曾经在敦刻尔克登船撤离③，但留下了他们的装备，这是真的。但自1940年以来，我们学到了很多东西。专家们告

---

① 弗里西亚群岛(Frisian Islands)，北欧海岸外的三组群岛。呈链条状，地势低平，距大陆5~32公里。地理上构成一个单元，习惯上被分为东、西、北弗里西亚群岛。西弗里西亚群岛的9个岛属荷兰，东弗里西亚群岛的7个岛属德国，北弗里西亚群岛分属德国与丹麦。整个岛群曾在1970年代进行大规模的围海造陆。——译者注

② 厄斯金·奇尔德斯(Robert Erskine Childers, 1870—1922)，爱尔兰民族主义者，小说家，独立运动领导人。1921年曾参加与英国的谈判。1922年被爱尔兰自由州以持有枪支的政治罪名处决。他的儿子汉密尔顿·奇尔德斯(Erskine Hamilton Childers)是第四任爱尔兰总统。——译者注

③ 敦刻尔克撤退：1940年5月26日至6月4日，英、法、比联军从法国敦刻尔克地区向英国实施的撤退。是年5月10日，德军向西欧发动进攻，担任主攻的A集团军群前锋于5月20日进抵索姆河口，随即北上攻击英、法军侧背，右翼B集团军群则从东面向斯海尔德河和利斯河一带比、英军的防线冲击，把盟军压向法比边境的滨海地区。盟军尝试突围未获成功。24日，德军前出到离敦刻尔克不到20公里的海边。此时，希特勒突然下令坦克部队停止前进，使盟军得到一个喘息机会。26日，英国政府下令执行代号"发电机"的撤退计划，多佛港司令官拉姆齐为总指挥。英国先后动员各种舰船693艘，法国、比利时和荷兰也动员舰船168艘，合计861艘，其中包括民间志愿人员驾驶的私人游艇、帆船、舢舨等。撤退开始后，德军展开总攻，并对港口、滩头和穿梭于海峡的船队加强轰炸。28日，比利时军队投降，法英军退据狭小的滩头阵地。经9天9夜的奋战，共有33.8万人撤至英国，其中英军21.5万人，法、比军12.3万人。盟军共损失舰船243艘，英军丢失全部辎重，困守在防线突出部里尔的法军6个师6月1日被歼，至6月4日未及登船撤走的法军4万余人被俘。此次撤退保存了英国远征军的基本兵力，为尔后重整旗鼓准备了条件。——摘自上海辞书出版社《第二次世界大战百科词典》

诉我们，为什么敦刻尔克不能作为一个登陆海滩。他们接着又告诉我们，为什么其他海滩也不能选。我们因此而明白，必须抬起头来，把眼光再放远一点儿。我们要寻找的不仅仅是海滩。选择登陆海滩要考虑的因素很多，而海滩只是其中的一个。

我们需要的是一个临时集结区，在那里我们要能够迅速扩张兵力，以应对必然会在那里遇到的反击。我们的主力部队也要在那里集结之后，再向东开展进攻。如果分析一下这个集结区域的概念，它似乎包含了各种各样的需求。这是一个权衡和评估每个构成因素价值的问题。反抗越激烈或条件越困难的海滩，对空军支援的要求就越高。这样的考虑会把我们引向加来海峡，在那里我们的空军可以发挥最大作用，而且舰船在那里"掉头"也是最快的。但德国人也能看懂地图，他们的防御准备沿海岸线进行了很好的分级，以符合他们对形势的估计，这不可避免地与我们的估计基本一致。既然如此，那么到底什么才是影响我们选择的决定性因素呢？在所有可能的因素中，最重要的是主要港口需要具备的吞吐能力。如果没有这一能力，就不可能设想由大约 25 至 30 个师的军队长期占领一个集结区，更不用说维持大约 100 个师的增援部队展开作战了。欧洲西北部海岸的主要港口并不多，还有一些其他因素会限制我们的选择。在布雷斯特和安特卫普①之间，只有瑟堡和勒阿弗尔能被列为军事基地港口。如果我们在加来海滩登陆，就必须获得勒阿弗尔或安特卫普的控制权，然后才算是完成了要求我们做的事情。对于布洛涅、

---

① 安特卫普（Antwerp），位于比利时西北部斯海尔德河畔，是比利时第二大城市和最大港口，欧洲第二大港，世界最大的钻石加工和贸易中心，也是欧洲著名文化中心，居民大多使用荷兰地方方言。1944 年 9 月被英军解放。但在1944 年末至 1945 年初，德军在西线发起反击，为了争夺港口控制权，西线盟军和纳粹德军展开了一系列血战。——译者注

加来、敦刻尔克等小港口群的吞吐量而言，即使在修复之后，这可能需要几个月，也不足以满足我们的要求。瑟堡曾经是之前几个作战方案的目标，但万一我们在这里耽搁了时间，应该很难从科唐坦半岛打出去。因为单凭瑟堡港的吞吐能力，即使完好无损，运转良好，也只能维持我们方案中先遣部队的一部分补给，而先遣部队只不过是整个远征军的一小部分。如果我们前往诺曼底西部海岸，会不幸地发现勒阿弗尔是被塞纳河穿过的①，我们只能从陆路向西去攻占瑟堡。

正是在瑟堡的问题上，一个被误解或部分误解的常用语让我们走了一点儿弯路。在重新进入欧洲的计划中，大家都会很自然地想到一点，即所有的一切都取决于"尽早占领一个港口"。正如我所说，过去的作战规划之所以遇到如此多的困难，都是打算用"一个港口"来承载设想中的交通运输。大家的想法当然就集中在瑟堡上，尽管是否选它也值得商榷。于是我们就自己掉进了一个空间陷阱，花了一两个星期才明白，我们需要的不是"一个港口"，而是"一些港口"。瑟堡很可能是第一个被拿下的，但我们的远征行动将达到前所未有的规模，"一个港口"是远远不够的。我想，可以毫不夸张地说，直到很晚的时候，一些英国高层人物才真正意识到"霸王行动"的规模有多么巨大。我相信，有些人至今仍然不明白，从物质方面来说，英国对整个世界的贡献是多么微不足道。我必须承认，即使是我自己，之后也一直没有想过太多，直到 1945 年 7 月，在法兰克福陪同艾森豪威尔将军审看即将上映的"霸王行动"纪录片，才对其规模之浩瀚感到震惊。

---

① 作者此处所说的"不幸"，应该是指德军很容易利用塞纳河的航运便利，对勒阿弗尔港展开反攻。——译者注

为了解决选择上的纠结，我们决定在考萨克的参谋班子内部对两个主要方案进行一次正式的比选，这两个方案应该是之前所有规划工作的集中成果。大家应该知道，当时工作人员还没有完全融合好，所幸的是，两套方案可以在两条平行线上同时操作。因此，陆军作战科的美国陆军成员被指示为针对诺曼底的行动制订一份大纲计划，而他们的英国同行也被命令为针对加来海峡的行动制订一份大纲计划。在海军和空军参谋人员中，美国人还很少，于是海空军参谋被要求平分参与这两个项目。从一开始我们就很清楚，由于分配的登陆艇不足，不允许任何辅助性或牵制性的行动从主攻方向转移资源，因此美国和英国的每个规划小组都被告知，他们手上掌握的就是考萨克分到的整个家当。不是你的就是他的。

比选的进程受到了一小组"贵宾"的密切关注，不仅包括总参谋长和副总参谋长，他们之前小心翼翼地将自己排除在这一阶段的事情之外，还包括一些来自外部的特邀观察员，有伯纳德·佩吉特爵士，当时的英国本土军总司令；雅各布·德弗斯将军，欧洲战区美军总司令，当然还有联合作战司令部司令路易斯·蒙巴顿海军上将。这让人感觉既紧张又兴奋。我们的副参谋长和我都知道，我们必须下定决心的时刻到了，不仅要决定两个备选方案中哪一个会被证明行不通，更要紧的是，整个登陆行动是否有可能实现。事实上，我们首先要回答自己给自己提出的补充问题："如果行，如何去做；如果不行，为什么不行？"

保持思想的完全独立是非常困难的，几乎是不可能的。即将做出的方案取舍给支持和反对的力量都带来了刺激，围绕可能存在的所有风险，双方进行了激烈的争论。渐渐地，负面的批评似乎集中在英国本土军司令部，对我们考萨克眼下正在做的事情，那里的几位高级军官此前已经进行过深入研究，具有丰富的经验，比我们考萨克的任何人都要丰富。据我们了解，所有以前的方案规划者得出的一般结论都是，综合考虑各方面因素，整个登陆行动就是一场不可行的冒险，但如果真的要下令进行，那么合适的登陆地点只有加来。他们辩称，凭我们手上的那点儿资源，任何登陆行动都是不可能的。而美国人尤其反对这种说法，毕竟美国人知道自己国家可以投入到战争中的巨大力量和资源。很多英国人对此并不了解，而且在过去四分之一个世纪里，大多数英国人都是在斤斤计较中勉强度日的，由此带来的影响很难完全克服。我们从小受到的教育，就是做事情要追求成本最低的方法。一个不用花什么钱但看起来又足够好的方案，才是最好的方案。

从这可怕的困境中，我们被联合作战司令蒙巴顿勋爵救了出来，他一直是一位思想进步的领导，相对于那些年纪更大的同僚来说，他有点儿像一个难缠的孩子。他给我们创造了一个机会，让我们的整个讨论远离伦敦这个圈子。在这里，无论从物质上还是心理上，周围的环境都不利于进行开明地思考，容不得任何大胆背离既定先例的行为，让事情很难迈入一个新的阶段。在位于苏格兰拉格斯的联合作战司令部总部，要定期召开有关联合作战的例会，为了掩人耳目，我们对会议的形式和内容进行了不显眼的改动，让考萨克负责方案制定的主要人员参加了会议，一同参会的还有其他相关部门的主要负责人。与会人员包括了美国和英国各个军种的人。会议的议程是讨论各种不同观点之间的主要差异，目的是让所有相关人员都有机会公开发表意见，就横渡海峡行动的整体目标、总体上的可行性以及大量具体环节的可操作性展开讨论。各种想法的数量几乎和参会人员数量一样多。但已经没有时间在各自的帐篷里生闷气或在纸面上玩弄文字和数字游戏了。我们必须在经过比较公开的辩论之后，立即得出某个问题的结论。不过我们需要讨论的都是原则性问题。尽管现在是我们考萨克在负责统筹整个方案，但我们并没有自称是所有领域的专家。这里的专家比比皆是，他们中的许多人都相信，在他自己的脑子里，在他自己的黑色小皮包里，掌握着这个庞大工程的某一个秘密。

细节往往很重要，通过我们会议安排上的很多小事，可以看出"蒙巴顿的活儿怎么样"。会务安排得再好不过了。房间里的安排也很完美。负责警卫工作的是突击队员，气派非凡，让最挑剔的批评者也没有什么话可说。为了缓解气氛，当地国民自卫队的管乐团会不时地演奏一曲当地人的音乐。甚至连天公也作美，给了我们完美的一天，这种好天气在苏格兰海岸可不多见。我们就是想尽力营造一个美好的氛围，有助于实现我们的会议意图。唯一有点儿扫兴的是，海面上能够看到一支沿克莱德河①而下的庞大船队，载着一个加拿大师前往西西里岛的战场，参加"霸王行动"的师又少了一个。与会的麦克诺顿将军，在总部所在酒店的屋顶上，让一位皇家海军的女通信员向他的部下发出了告别的灯光信号。

在我们第一天的讨论和研究结束时，联合作战司令蒙巴顿勋爵和我在草坪上散步，交流彼此对会议的印象。从我们的角度来看，感觉似乎没有希望。因为他和我从一开始就站在一起，决心把这件事坚持到底。当然，服从命令是我的职责。与大多数同事不同的是，蒙巴顿从一开始就对成功的可能性毫不怀疑。此外，身为联合作战司令，他不可能不支持这项行动，如果登陆成功了，这将成为所有联合作战人员的典范，也就是所有未来的水手、步兵和飞行员的典

---

① 克莱德河(River Clyde)，苏格兰境内的主要河流之一，发源于南拉纳克郡，流经第一大城市格拉斯哥市中心，汇入克莱德湾，注入连接爱尔兰海和大西洋的北海峡，全长176公里，是苏格兰的第三长河。——译者注

范，即使不能永远存在，也将持续很多年。但从那天对整个"反对派"的仔细观察来看，似乎没有希望。我们应该现在就放弃吗？蒙巴顿勋爵还有许多其他紧急事务需要处理。我们决定再花上一天时间。在第二天，我们希望的情景开始出现了：有一名"反对派"成员被看到面带微笑。我们趁热打铁，到会议结束时，不仅大家的意见达成了一致，而且还热情高涨。就考萨克而言，"霸王"这场好戏要开始上演了。

但此时也到了一个关键时刻，整个方案必须以书面的形式进行整合，将我们的想法提交给我们的上级，即英军参谋长委员会。

虽然拉格斯会议讨论到了一般原则、方法和组织问题，但这只是在假设的基础上进行的。我们还要解释在两个选项之间做出的选择。按照我们的想法，现在这个选择很容易，一定是诺曼底西部海岸。如果我们要在一年内按照既定时间表发起进攻，那就别无选择。

我认为，公平地说，我们一直倾向于支持在诺曼底实施登陆，这不仅仅是因为我们之前已经完成的许多基础工作，都是在南边的科唐坦半岛到迪耶普一线的海滩实施登陆的，而不是东南方向的加来，并且还有其他方面的突出优势。首先是海滩所处的位置。我们搜集了过去几年的天气记录，很难找到南部和西部海岸在夏季出现恶劣天气的例子，诺曼底海滩正好完全处在这一地区，而更东边的海滩就难说了。不过，在这件事情上，我们完全赌输了，因为1944年的D日①刚过，就开始吹东北风了。但最初我们这样下赌注是不

---

① D日，在军事术语中，D日经常用作表示一次作战或行动发起的那天。"二战"中，诺曼底登陆的D日被定为1944年6月6日，这天也被广泛地由D日这个缩写来代替。——译者注

错的。

海滩上的天气让人想到了另一个问题，对于一支庞大的军队来说也非常重要，这就是渡海的长度。因为由大约 30 个师组成的先遣部队是一支非常庞大的军队，其所有运输工具和装备的吨位都达到了天文数字。道理很简单，航程当然越短越好。在海上，陆军无法自救，只能依靠海军和空军来保护自己，对于英吉利海峡的情况而言，这是一项极其复杂和困难的任务。对于一支行动缓慢的薄皮登陆艇舰队来说，敌人只需要出动很少的潜艇、快速鱼雷艇或轰炸机，就能在很短的时间内给我方造成巨大损失。所以，这些船队的航程越短越好。在其他条件相同的情况下，海军当然希望通过加来海峡登陆。但还有其他方面的考量因素，而且到诺曼底的航程对于海军而言也没有遥不可及。

还有一个至关重要的问题是"海滩出口"，也就是说，如何离开海滩进入海滩后面的乡村。如果进攻的战斗被压缩在海滩上，那么登陆行动就已经失败了。大家总是希望并计划在尽可能远离海滩的内陆作战。必须尽可能减少拖延，使部队及其各种物资尽快离开海滩进入内陆。这主要是选择海滩的问题，与考虑其他大多数因素一样，作出妥协是必要的。从海军的角度来看，陆军登陆的海滩最好在悬崖脚下。从陆军的角度来看，最好的海滩可能是通过浅滩和岩石地面。总的来说，诺曼底是最合适的。

在集结区域的问题上，不仅应该要有适合远洋运输的港口，而且在主力部队集结时，先遣部队要有展开防御的空间，在这一点上几乎没有争论。诺曼底海滩通往法国西北部，在那里，瑟堡、布雷斯特、洛里昂①和圣纳泽尔②这组港口的分布相当合理，更不用说圣马洛③和许多较小的港口和避风锚地了。我们计划中建立的集结区域，东至塞纳河，南至卢瓦尔河，这里应该非常适合陆军和空军的下一步推进。而基于加来的登陆方案就有点儿难了。跨着布洛涅和加来上岸之后，接下来他们到哪里去呢？是从佛兰德斯④往东到奥斯

---

① 洛里昂（Lorient），法国西北部布列塔尼大区摩尔比昂省的首府，海港城市。十七世纪起建立造船厂，港口贸易繁荣。1664—1770 年法国东印度公司设立于此。第二次世界大战中，德国占领后建有潜艇基地。——摘自 https：//baike. so. com/doc/5998731-6211706. html

② 圣纳泽尔（St. Nazaire），位于法国西海岸比斯开湾的的卢瓦尔河口，是法国第四大港，大西洋沿岸第一大港。"二战"时期该地建有法国唯一可容纳德国大型战舰的诺曼底船坞，船坞长 350 米，宽 50 米，是世界上最大的船坞之一，可容纳 85000 吨的船只进入维修，两端有闸门，可将船拉入隐坞内，关闭两端闸门，将水抽出；如果用作入口，在船只通过时，闸门交互开闭即可；另外还有潜艇的隐蔽所。德军在圣纳泽尔为军舰进行维修，并整训人员，成为"二战"中德军重要的海军基地。1942 年 3 月 28 日，英国哥曼德（Commandos）特种部队实施"战车行动"（Operation Chariot），利用一艘老旧驱逐舰"坎贝尔敦"号（Campbeltown）撞击水闸闸门，并引爆舰首安装的炸弹将船坞炸毁，以防止德国战列舰"提尔皮茨"号以此为维修据点袭击大西洋航线，同时还重创了德国潜艇隐蔽所。在参加战斗的 611 名英国突击队官兵中，战死 169 人，被俘 215 人，只有 228 人返回，英国军方称之为"最伟大的突袭"。——译者注

③ 圣马洛（Saint Malo），位于法国布列塔尼伊勒-维莱讷省的海港城市，旅游胜地。位于圣马洛海中的圣米歇尔山，是天主教除了耶路撒冷和梵蒂冈之外的第三大圣地，其教堂自公元 708 年开始修建，历时 800 年方才建成。1944 年盟军为解放圣马洛进行了激烈的战斗，80% 的城区都成为了废墟，战后按照历史原貌进行了重建。——摘自 https：//baike. so. com/doc/6279036-649 2487. html

④ 佛兰德斯（Flanders），又译法兰德斯，其荷兰语名 Vlaanderen 意为"泛水之地"。是西欧的一个历史地名，泛指位于西欧低地西南部、北海沿岸的古代尼德兰南部地区，包括今比利时的东佛兰德省和西佛兰德省、法国的加来海峡省和诺尔省、荷兰的泽兰省。——摘自 https：//baike. so. com/doc/67 24284-6938424. html

坦德①和安特卫普，还是向西到迪耶普和勒阿弗尔？根据那里的情况，这两条路线都没有太大的前途。

正如人们所说，就算处于和平时期完全正常的运作状态，加来的小港口如今也几乎没有什么军事价值，1944年的时候还要从德国人手中艰难地夺回来，情况会更糟。在这种条件下建成的基地，对于一场大规模的登陆作战来说，条件将是最糟糕的。如果要支撑后续主力部队的作战，就必须拿下斯海尔德河②沿岸或塞纳河沿岸两组港口中的任何一个。而无论进攻其中哪一个，都会涉及一个暴露侧翼的动作，不是越过敌人的正面，而是沿着敌人的正面。无论如何，在加来和安特卫普之间，我们曾经进行了长达四年的战斗，在这四年中，任何一方取得的进展都是用码来衡量的。如果打算在布洛涅进行一场陆地战役以夺取塞纳河的港口，似乎是胡说八道。

空中作战当然也是一个至关重要的因素。大家发现，加来海峡和诺曼底两个地方对空中作战造成的影响，并不像乍看上去那样大。争论自然是关于战斗机的。因为对轰炸机来说，这两个地方的航程都微不足道。对我们大量的短程战斗机而言，当然是从机场到作战现场的距离越短，发挥的威力越大。德国空军的战斗机也是如此。现在面临的问题是，如何让德国空军远离我们的水手和步兵。由于我们的空军数量已经到达了顶峰，我们对德国空军毫无畏惧，所以从这个角度来看，选择加来是不错的。如果我们将登陆地点向西转移到诺曼底，将大大增加从机场到战场的距离，我们短程战斗机部

---

① 奥斯坦德（Ostend），位于比利时西北部西佛兰德省，主要港口城市之一。全国渔业中心，比利时最重要的渔港。——摘自 https：//baike. so. com/doc/6395804-660 9461. html

② 斯海尔德河（Scheldt），流经法国北部、比利时西部及荷兰的西南部，最后入北海，长约350公里，是该地区一条极为重要的水道。——摘译自 https：//en. wikipedia. org/wiki/Scheldt

队的作战能力将大幅下降。但是，根据当时专家们作出的评估，由于我们的轰炸机攻势迫使德国空军不得不后撤去保卫自己的祖国，德国空军在诺曼底上空的作战将比我们处于更大的劣势。只要情况在接下来的一年左右保持不变，这就足够了。

同样的推理也适用于敌人在沿海的防御工事和驻军。1943年6月的情况是，诺曼底的防御准备水平低下，加来海峡沿岸已经在浇筑大量混凝土工事，这两者之间是没法比的。我们当时并不了解纳粹秘密武器的确切情况。一旦我们的注意力集中在诺曼底，从我们的角度来说，最好是看到加来的工事继续修建下去。只要诺曼底的防御水平保持不变，我们的希望就会实现。

到了1943年6月份，我们就作出了决定，时间还是很快的。工作人员日以继夜地整理和收集作出这一决定所需要的证据。与其说是收集资料，不如说是从现有的大量资料中剔除无关紧要或次要的东西。所有人都出色地完成了编辑和汇报工作。没有遗漏一个应当被注意的细节，也没有多出一个不相关的词语。这是一段艰难的日子，但我们完成的是一项真正艰巨的任务。大家心中有一种坚定的信念，就是要从所提供的资料中，尽可能找出最好的答案。然而，方案中还是存在一些悬而未决的大问题。

在所有的疑问中，很多都源于分配给我们的登陆艇和船运资源有限。那些处理运输问题的人也是想尽了一切能用的办法，既包括减少预留给陆军部队的空间，也包括尽一切可能加快运输周转，即缩短船只返回进行下一次装载所需的时间。一切不利因素和失败的概率都是算了又算。但即便如此，从武器装备和地面兵力的角度来看，这次攻击的力量还是少得可怜。在第一波中，有三个师同时登陆，两个坦克旅（英国人是旅、美国人是团）和一个额外的美国团级战斗队立即"跟进"支援。还有空降部队，尽管我们被分配了两个空降师，但很早就开始担心运输机够不够。由于飞机太少，在进攻发起后的一两天里，似乎必须尴尬地暂停一下，才能让下一支重要的增援部队登陆。不过，根据我们的计算，在进攻发起后的 14 天内，我们应该能登陆大约 18 个师，并且在法国应该能够使用大约 14 个机场，30 个或更多的战斗机中队可以从这些机场展开作战。然而，最大的问题是，到那时，我们是否能够凭借这支部队，不仅阻止了所有的反击，而且还占领了瑟堡。如果在头两周结束时，我们还不能让瑟堡为我们工作，情况就不容乐观了。有一件事大家一直是很清楚的，那就是不可能通过直接正面攻击为我们自己夺取一个主要港口。德国人和我们一样清楚登陆行动的关键所在。这就意味着，无论在什么情况下，我们都必须在一段时间内为暴露在登陆海滩上的攻击部队提供各方面的补给。在 1943 年夏天的时候，我们这方面的技术还相当粗糙。1944 年的巨型人工港"桑葚"，当时还只是它们创造者眼中的一道灵光。正是出于这些原因，我们才一直盘算着要尽早拿下瑟堡港①。

虽然，如前所述，光拿下瑟堡港还不足以充分支撑我们的行动，但拥有它无论如何会给人一种脚踏实地的感觉。大家总是认为，万

---

① 攻占瑟堡：诺曼底登陆之后，美军集结第 4、9、79、90 步兵师和第 82 空降师一部，由绰号"闪电乔"的第 7 军军长劳顿·柯林斯统一指挥，于登陆 8 天后的 6 月 14 日发起对瑟堡的攻势，德军凭借科唐坦半岛上的灌木树篱、河流沼泽等复杂地形和坚固工事进行激烈抵抗。6 月 18 日深夜开始，一股强劲的东北风带着暴雨席卷诺曼底海滩，持续两天的风暴重创盟军登陆场，尤其是摧毁了美军登陆点奥马哈海滩的人工港。风暴过后美军加快了进攻节奏，6 月 21 日包围瑟堡；6 月 26 日占领除码头区外的市区，歼灭德军 2.1 万人，俘虏德军瑟堡守军司令卡尔·冯·施利本中将；6 月 27 日占领全部瑟堡，比计划晚了 6 天。遭德军严重破坏的港区随即进行了修复，到战争结束时，盟军通过瑟堡港输入 282.67 万吨各类军需物资，还有 13.02 万名兵员通过该港口进入欧洲战场。——译者注

一遇到问题，在瑟堡建立一个相对安全的桥头堡的可能性，总是比在开阔的海滩上大得多。在极端情况下，也许可以设想一个相对优雅的离开瑟堡的机会，就像 1940 年的情况一样。

现在我们必须再来看看法国北部的地图，尤其是芒什省①和卡尔瓦多斯省②的地图。前者包括科唐坦半岛，瑟堡即位于半岛的北端。后者包括巴约③、卡昂和我们提议登陆的海滩。这两个重要区域，登陆海滩和科唐坦半岛，可以说分别是我们的第一目标和第二目标，不幸的是，它们被一个在军事上不容忽视的障碍隔开了，即一片沼泽地，维尔河④通过这片沼泽地流入大海。在科唐坦半岛东侧的维尔河口以北，有可供登陆的海滩，但这些也都是可能的选择，作为主攻方向来说还不够好。如果不使用这些海滩，从巴约海滩到瑟堡的进攻路线可能需要往南往西绕得更远，以避开维尔河口的沼泽障碍，然后才能转向北攻击科唐坦半岛。

我们只有三个突击师的兵力。关键是要找出他们的最佳部署，以便我们能在登陆海滩上建立一个安全的立足点，接纳更多的师到来，同时给我们创造尽可能快地占领瑟堡的最好机会。由于三个方

---

① 芒什（法文：Manche），法国下诺曼底大区所辖的省份，临英吉利海峡。省会圣洛（Saint-Lô）在诺曼底战役中几乎被全毁，战后重建。瑟堡也属于该省。——译者注

② 卡尔瓦多斯（法文：Calvados），法国下诺曼底大区所辖的省份，临英吉利海峡。省会卡昂（Caen），也是下诺曼底大区的首府。该省出产的苹果白兰地非常有名，法语中的苹果白兰地即被称为"calvados"。——译者注

③ 巴约（Bayeux），法国卡尔瓦多斯省的一个市镇，也是该省的一个副省会，位于首府卡昂和卡兰坦之间，距离"霸王行动"美军登陆的奥马哈海岸只有一步之遥。——译者注

④ 维尔河（法语：Vire），法国诺曼底的一条河流，长 128 公里。流经卡尔瓦多斯和芒什两省的维尔、圣洛和滨海伊西尼等城镇，注入英吉利海峡。——译者注

面的原因，我们不可能在维尔河口以北的海滩发动整个进攻。首先这些海滩根本不足以承载我们想在那里投放的兵力；其次整个远征军都有很大的风险，可能会被敌人围困在科唐坦半岛上，如果真是这样的话，我们最后的结局即使不比第一次差，也充其量只比我们待在家里好一点点。第三，这些海滩的后面是低洼的沼泽地，这些沼泽地很容易被洪水淹成一片泽国，到时候水面上只剩下几条堤道，而且只能承载轻型农用车，重型车辆很快就会把堤道压垮。因此，我们希望在巴约海滩上进行主登陆，同时在维尔河口以北海滩进行辅助性登陆。这一辅助登陆也必须投入一定的兵力，由于维尔沼泽的存在，主登陆部队在早期对其进行陆上增援的可能性很小或根本没有。在这种情况下，我们面临的问题就是，如何在主登陆和辅助登陆之间摆布三个攻击师的兵力。

我们尝试了每一种可能的排列和组合，但毫无结果。唯一可行的解决办法是，我们必须拥有更多的登陆艇，以加强进攻兵力，同时还要拥有更多的船只，以加快后续行动，我们还必须解决在海滩上进行长时间补给的问题。所有这些都意味着更多的资源，如果我们被告知无法再搞到更多的资源了，又该怎么办呢？

我们还是回到那个著名的问题上："如果行，如何去做？如果不不行，为什么不行？"这里我们遇到的看起来是"为什么不行"，我们有充分的理由要求别人对这些问题作出回答，反正考萨克扮演的本来就是替罪羊的角色。但是，从另一个角度来说，我们讨论的整个事情都是未来才发生的，许多在1943年5月存在的讨论基础，到1944年5月可能会发生根本性的变化。在此之前，很可能会出现我们在制订"兰金行动"A方案时设想的情况。

不管怎么说，我们要扪心自问，"霸王行动"真的是一场疯狂的赌博吗？我们只能说，如果运气好的话，很可能会成功。一个人必须总是运气好才能赢。这很大程度上取决于最高指挥官的选择。当时据说这位最高司令会是英国人，但就我们看到的情况，不管是英国人还是美国人，运气够好又准备承担这个风险的将领好像并不多。这件事不管提前做了多少准备，仅仅考虑到英吉利海峡那臭名昭著的天气，就会有风险，而且是巨大的风险。从这个角度来说，我们在1940年的敦刻尔克大撤退真是奇迹般地幸运。对于"霸王行动"，我们还能指望再一次这么走运吗？但敦刻尔克大撤退只是几天的事；这次行动要持续几个星期或几个月。所以从一开始，我们就问自己，不知道那位对大家说"出发吧"的超人在哪里。

我们提出，指导作战行动的首要原则是尽早占领卡昂，并从"波卡基"①树篱乡村地带向西延伸一条防线。当敌人向我们反扑时，我们可以在这条防线背后，以超过敌人可以加强其抵抗的速度，增强我们自己的力量，包括军队、物资和设施。此处决定胜败的，是大家增兵的速度。然后我们再转向西向北进攻瑟堡。

相对而言，我们并不太担心起初阶段的作战，也就是说，登陆、拿下卡昂和防守"滩头"阵地，也就是用小时来算的事情。② 在进攻

---

① 波卡基(Bocage)，是一种混合了林地和牧场的地形，土地主要用于畜牧业，在法国北部、英格兰南部、爱尔兰、荷兰和德国北部均有分布。显著特征为地块四周的土墙上往往栽种着高大浓密的树篱。在诺曼底登陆行动中，德军利用诺曼底、科唐坦半岛和圣洛城周边的"波卡基"地形进行了顽强抵抗，阻滞了美军的进军速度。——摘译自 https：//encyclopedia. thefreedictionary. com/bocage

② 这里作者的估计过于乐观了。1944 年 6 月 6 日，盟军在诺曼底登陆后，英军第 2 集团军为协助美军在圣洛地区实施突破，将德军装甲部队牵制在卡昂地区，而集中 10 个步兵师、3 个装甲师、1 个空降师和 6 个装甲旅，共 1350 辆坦克，对卡昂地区的 6 个步兵师、7 个装甲师，共配备 670 辆坦克的德军展开了猛烈进攻。自 6 月 10 日至 15 日，英军向卡昂城包围进军。6 月 25 日至 29 日，英军第 8 军在击退德军装甲部队后，切断了卡昂—法莱斯公(转下页)

正面，各种各样火力支援的威力可不是假的。但我们一直担心增兵的速度，因为我们需要更多的登陆艇和船只。要估计从南部对瑟堡发起进攻的时间并不容易，尽管在那里相对狭窄的作战正面上可以获得的火力支援将是巨大的。如果夺取港口的时间延迟，那么人工港计划就一定不能失败，这纯粹是一场赌博。战争本来就是如此。这里的危险，似乎比许多其他例子还要小呢。

我们考萨克在这里讲的事情真的重要吗？这主要取决于上级的意图，对此我们仍然不确定。毫无疑问，如果整个项目都被取消，是不会有人伤心的。总是还有其他方法可以赢得这场战争，那些方法成本或许会更低，但可能需要更长的时间。我们有两方面的责任需要考虑。身在伦敦，或许可以深入了解英国人的想法。但对于美国人的思维，却没有办法作出类似的评估。我们在被赋予责任的同时，却好像没有被赋予履行责任所需要的最低限度的手段，这件事情是真的要去做吗？原来有过的疑虑又出现了。难道我们真的只是参与了一个巨大的掩护计划或欺敌行动，目的就是欺骗敌人，其中包括我们自己也被蒙在鼓里？

但是，这里有一个时间问题需要考虑。随着我们工作的推进，越来越明显的是，为了登陆行动做准备的各种各样的计划，一旦达成一致，无论遇到多大困难，都必须在预计的 1944 年 5 月的 D 日以前完成。的确，已经和正在进行的许多准备工作，包括代号

---

（接上页）路。7 月 7 日，英军发动对卡昂城的攻击，至 7 月 10 日，英军攻占了卡昂城。英军的战斗有力配合了美军对圣洛的进攻，至 7 月 18 日，美军占领圣洛。至 7 月 24 日，盟军在西欧大陆建立了自卡昂、经科蒙、圣洛、直至莱赛的稳固战线，建立了正面 150 公里、纵深 13 至 35 公里的战略登陆场。至此，诺曼底登陆战役第一阶段胜利结束。——摘自华夏出版社《第二次世界大战大词典》

"冥王星行动"①的海底油料供应系统，和登船组织工作，这里仅举两个例子，都取得了很大进展。但还有很多几乎无法预测的情况。而且，无论如何，100多万美国士兵在英国的运输和集结不可能在一天内完成。奇怪的是，有些号称具有先见之明和远见的部门始终认为，整个准备工作应该在不到六个月的时间内完成。然而，我们的印象是这么短的时间根本就不可能。任何延误都可能会导致登陆日的推迟。

归根结底，这只是我们提交的一个计划，要么通过，要么不通过。不管怎样，我们都有可能是错的。如果一个人要犯错，那么可以说，积极犯错比消极犯错更容易令人满意。

但在所有情况下，我们都不可能给出一份毫无保留的肯定性报告。我们必须明确某些前提条件。因此，我们的计划于1943年7月15日提交给伦敦的英军参谋长委员会时，在封面下附了一份备忘录，内容如下：

我现在荣幸地报告，届时在综合考虑一系列因素的基础上，我认为可以在指定的目标日期或前后，调用指定的海、陆、空军部队进行所述行动。

---

① "冥王星行动"（Operation Pluto），"二战"期间英国为支持盟军1944年6月入侵诺曼底的"霸王行动"，在英法之间的英吉利海峡下修建海底石油管道的行动。根据官方记载，代号冥王星的英文"PLUTO"是"管道水下石油运输"（Pipe-Line Underwater Transportation of Oil）的首字母缩写。该方案最早由英伊石油公司总工程师阿瑟·哈特利（Arthur Hartley）提出，最初的想法是使用经过改造的海底电话电缆。诺曼底战役打响时，跨海峡管道还没有来得及开通。截止到欧洲胜利日，向西北欧盟军输送的燃料中，只有8%是通过这些管道输送的。——摘译自https://encyclopedia.thefreedictionary.com/Operation+Pluto

这些因素有一部分在我们的直接控制范围内，还有一部分在我们的控制范围之外。我们控制范围内的问题，首先涉及海滩补给问题，其次涉及航运、海上登陆艇和运输机的供应。无论我们试图在哪里登陆，也无论我们占领了多少港口，我们都无法逃避这样一个事实：在港口设施修复的头两三个月里，我们将被迫通过海滩补给来维持相当比例的兵力。而且，由于英吉利海峡的天气多变，除非我们能够迅速在海滩附近临时修建避风锚地，否则就做不到这一点。目前正在研究解决这个问题的新方法。目前还没有理由认为这些方法行不通，但我认为自己有责任指出，除非长时间的跨海滩补给和提供人工锚地的问题得到解决，否则就无需再考虑这次登陆行动。

　　关于航运、海上登陆艇和运输机的供应，只有增加这些方面的资源，才有可能制订备用计划，以应对多种可能情况，而本文件目前考虑的只有一套方案，要么就只能取消行动。随着更多的船运、登陆艇和运输机的投入，成功的几率也会相应增加。依靠生产量的提升、战略上的重新分配，或者作为最后的手段也可以考虑推迟进攻日期，以此来增加资源投入似乎是可行的。

　　我得出的结论是，鉴于我接到命令所赋予的资源有限，只有集中力量在诺曼底的巴约海滩发动进攻，我们才有可能在1944年5月取得成功。

　　至于我们只能间接控制的情况，在我看来，有必要尽力维持目前法国陆地和空中的态势，使其对进攻造成的危险尽可能小。敌方部队组织严密、装备精良、训练有素，凭借着大肆吹嘘的坚不可摧的防御工事，正坐等着我们上门，而我方部队必须在横渡海峡的航程结束时才能发起进攻，一路上都伴随着重重风险，这两者作战条件之间的差距必须尽可能缩小。尽管我们可以通过英国现有的手段来影响这些因素，但我们在很大程度上还要看从现在到进攻发起之日这段时间其他战场上的局势，主要是苏联战线的情况。

因此，我建议参谋长委员会，如果我的计划获得批准，有必要按照"霸王行动"已在进行中的要求，采取一切可能的步骤，确保从现在起，所有相关部门的行动必须协调一致，只有这样，我们的计划才能在预定的登陆日实现。

最后，我冒昧地提请大家注意把"爱斯基摩人行动"和"霸王行动"进行直接比较的危险。毫无疑问，在"霸王行动"的具体规划阶段，目前在地中海战场获得的经验将被证明是非常宝贵的，但从整体上看，这两个行动几乎没有什么相同之处。在"爱斯基摩人行动"中，是以宽广的大陆海岸线为基地，对岛屿发起集中攻击，而在"霸王行动"中，则是从岛屿出发，对宽广的大陆海岸线发动进攻。此外，地中海的潮汐影响可以忽略不计，天气也比较可靠，但英吉利海峡的水位落差相当大，天气更是反复无常。

# 第七章 计 划 通 过

在我们的作战计划文件中，除了包含大量支持整体方案的统计数据外，还有很多内容。当然，其中主要探讨的是关于进攻和所有相关的复杂问题。我们时刻提醒自己，这对于我们和未来的最高司令官来说，只是达到目的的一种手段，而不是目的本身。最终，进攻将主要由先遣部队的司令官负责，在适当的时候，制订详细作战计划的责任将转交给他。我们的主要任务，就是为了证明这项行动是有可行性的，这个项目值得一试。仅此而已，实际采用方法的细节将由其他人制订和决定。

因此，在确定应该发动进攻之后，我们开始对后续过程的发展进行了一些预测。这种性质的预测，在很大程度上只能说是一种猜测。一旦与敌人有所接触，他们也有自己的判断能力，敌人的行动也是根据他所知道的情况作出的推断，而不是取决于真正的事实。于是，我们开始尽可能有根据地猜测敌人可能作出的反应。

首先，在进攻实际发动之后，可能会在敌人队伍中造成广泛的混乱，甚至是恐慌。即使到了1943年的时候，驻扎在诺曼底海岸的敌军部队的质量也不高。到1944年，如果幸运的话，敌军的战斗力会更低。有很多人无法相信进攻真的开始了，敌人不相信这一点的人数可能比我们自己人还要多。这种对心理的影响可能会让敌人陷入瘫痪状态。如果真的出现这种情况，我们必须记住，我们要拿下的是深水港，勒阿弗尔、瑟堡和圣纳泽尔，它们是我们着陆地点最方便夺取的三个。先遣部队必须准备好拿下它们的全部或任何一个，假如敌人真的被我们的出其不意搞得手足无措的话。但是，在抱着最好希望的同时，我们还必须做好最坏的打算，那就是敌人应该会反应过来并展开抵抗。

登陆先遣部队的首要目标，必须是占领并准备保卫从格兰德坎普到巴约、再到卡昂、再到乌伊斯特勒昂①附近海岸大致一线所围起来的地区。除此之外，从一开始就可以明显看出，最重要的目标是扼守交通要冲卡昂城。能够被称为"要冲"的地方是不多的。拿下卡昂这个地方，我们就可以牢牢地掌控住整个交通网，这就是它为什么被称为"要冲"的原因。我们认为，考虑到卡昂的重要性，无论结果如何，大部分可调遣的空降部队都应该被用于协助攻占它。突击队将承担摧毁敌方炮台的任务，就像他们曾经在迪耶普出色完成的那样，这些炮台可以从东边对登陆海滩展开炮击。突击队和小型空降部队将被准确部署到指定位置，以夺取进出指定区域主要路线上的关卡要道。

下一步将是向西南方向推进，有着双重目标，既夺取机场建设所需的地盘，也为进军科唐坦半岛提供周转空间，以便攻占瑟堡。如果我们能够达到预期，从卡昂向东南方向作战的机场就有了良好的场地。两周后，如果运气足够好的话，我们可能会发现已经有一半以上的先遣部队上岸，并拿下了瑟堡，若进展顺利还有可能占领

---

① 格兰德坎普-迈西(Grandcamp-Maisy)，巴约(Bayeux)，卡昂(Caen)，乌伊斯特勒昂(Ouistreham)，均为法国诺曼底地区的城市。

从圣米歇尔山到阿伦孔、再到特鲁维尔①的弧形地区。到那时，从敌人做出的反应来看，我们就应该知道，下一步是向东前往鲁昂和勒阿弗尔，还是向西南前往圣纳泽尔。更多的可能性都指向后者，因为东进需要跨越塞纳河，而且从地图和过去的经验来看，我们知道保卫阿弗尔半岛不受来自东边的攻击是多么困难②。因此，几乎可以肯定的是，我们应该去圣纳泽尔，切断布列塔尼半岛，然后必须把那里的敌人肃清。这将使我们能够进入布雷斯特港和布列塔尼半岛上小一些的港口。然后我们沿着卢瓦尔河把集结区域的外围扩展到从南特到图尔，再到奥尔良，再到沙特尔，再到德鲁，再沿厄尔河③到塞纳河，再到大海。这个区域将集结来自英国的 29 个师的先遣部队，以及在该地区建立基地的必要的空军，再加上大量的交通运输和后勤部队，他们的任务是首先准备接收来自海外的大约 60 个师的主力部队，然后所有部队再联合起来向东展开进攻。

　　想法是不错。有点儿遗憾的是，我们的最终目标是向东，可一开始我们却不得不从最初的登陆地点转向西。但又能怎么办呢？我们必须拥有港口，而要求先遣部队一上来就向东去夺取港口，那就

---

① 圣米歇尔山( Mont St. Michel)，法国西北海岸外的岩石小岛，位于圣米歇尔湾；邻近大陆的镇也用这个名字，是上诺曼底大区最西南端的镇。阿伦孔( Alencon)，位于法国上诺曼底大区南部边缘的一个镇，巴黎以西 173 公里，萨特河和布里安特河的交汇处。特鲁维尔( Trouville)，位于法国诺曼底海岸中部的一个渔业镇。——译者注

② 勒阿弗尔位于塞纳河入海口的北岸，阿弗尔半岛的西端，向东的地形是开放式的，容易受到来自东边的攻击。可参见本书开头的战场态势图。——译者注

③ 图尔( Tours)，位于法国卢瓦尔河谷城堡群中心，是富庶的中央大区最大的城市。奥尔良( Orleans)，法国中央大区首府和卢瓦雷省省会。沙特尔( Chartres)，位于法国法兰西岛大区和中央大区交界的厄尔-卢瓦尔省，厄尔河左岸，以城中的大教堂闻名于世。德勒( Dreux)，法国厄尔-卢瓦尔省的一个市镇。厄尔河( Eure)，法国北部河流，长 225 公里，是塞纳河左岸支流。

等于是要求他们独自去打这场战役。当然，这也是可能的。但多数可能是做不到。

前面讲的这一切，还只是一个白日梦，是一场我们在春天花了那么多时间的"纸上谈兵"。军队的部署、推进都是用粉笔画在一张小比例尺地图上的。当我们遵照指示制订作战计划时，在一定程度上玩"连点成线"的游戏是必不可少的。但参与的选手必须理解游戏的规则。战争取决于补给，补给取决于供给，而供给又必须基于预测。人们必须事先预测作战部队在物资和兵力方面对他们的需求，以及满足这种需求的速度。后勤部队正是基于这种预测来制订供应物资和兵力的时间表。为此，"连点成线"的游戏是少不了的。如果之后的作战行动能够按照这些标示线进行，那肯定是碰巧。因此，如果作战行动按照自己的另一个时间表进行，也不需要相互指责，哪怕口头上的埋怨也没有必要。

那么，决定这项行动成败的真正要害是什么呢？英军参谋长委员会很快就强调指出，整个行动的关键在于早期阶段。正如前面交代过的，我们一直让英国联合作战部门的参谋们与我们一起展开工作，但有一个问题让我们大家都伤透脑筋，那就是兵力如何做到"逐步增加"。正如一位美军将领曾经说过的那样，如果指挥官"能以最快的速度获得最大的兵力"，他就能够获胜。在我们策划的行动中，我们必须牢牢记住这一点。在第一次进攻中要绝对做到出其不意。如果做不到，那我们一定会在一个遥远的海岸被严阵以待的敌人堵在船上和登陆艇上，毫无疑问就是这样的结果。三个师的突然袭击，再加上我们所掌握的海空火力支援，毫无疑问将会赢得第一轮。但一旦第一轮攻击开始，隐秘性就消失了，远近的敌人预备部队将随着枪炮声而赶来增援。从那时起，就看谁能以最快的速度集结最多的兵力，将变成一场竞赛。现在，我们可以根据调用的相应运载设备，比较准确地计算我们将以多快的速度让我们的士兵上岸，但如何计算德军预备队能够以多快的速度投入战斗呢？这是一个相当大的问题。然而，我们必须采取一些措施来论证，否则我们的论点就会变得片面和不切实际。

因此，从基本假设开始，即在1944年发动进攻的时候德军可投入抵抗的预备部队，可先按照其1943年实际部署的情况，来预测一下他们可能会采取什么样的行动。这并不是简单地在地图上进行几次测量，然后像铁路时刻表一样进行简单的时间和距离计算。一开始是这样的，但后面的工作可就困难多了。

首先是我们欺敌计划的有效性问题。后来的结果是，我们取得了超出最大预期的成功，但当时我们还处于策划阶段，人们很难预料会取得这样的效果。第二个复杂的评估是，空中打击行动会在多大程度上阻碍敌人预备队的调动。空军向我们保证，一旦他们真正开始行动，就没有任何一支德军预备部队能够到达战场，永远也不会。在他们看来，做到这一点没有问题。然而，地面部队中的专家意见也同样言之凿凿，称空中行动对已经确定的德军预备部队调动几乎没有影响，或者根本不会产生影响。在登陆已经发生的情况下，他们必须赶到战场，才能打击我们这些"入侵者"，用一句由来已久的话来说，就是把我们"赶回海里去"。要在这两种极端的观点之间找到一个平衡，并以容易理解且令人信服的措辞将其写在纸上，看起来很难。

同样难以把握的，还有关于法国地下抵抗运动对敌人预备部队调动影响的估计。诺曼底登陆之时，就是他们的光复到来之日，这是毫无疑问的。但就他们对德军预备队调动的迟滞作用而言，最终的结果似乎也只能是一个纯粹的猜测。

总而言之，要想达成任何有意义的评估，唯一的办法似乎是换个思路，就算是按照德军可以调集的最大抵抗兵力，我们认为我们仍然能够以所需要的程度和速度取得进展。从这个角度，我们得出了如下答案。如果在 D 日，德国在法国的预备部队总兵力不超过 12 个满员机动野战师，我们的作战计划就可以实现。其中，在 D 日当天，位于能够反击卡昂距离内的德军不得超过 3 个师，到登陆第二天不得超过 5 个师，到登陆第八天不得超过 9 个师。在那之后，我们认为我们应该已经渡过难关了。

根据德军所有可能采取的应对措施来推测，在 D 日，德国在法国很可能有 15 个机动野战师，其中只有 6 个能够到达卡昂附近。也有可能总共只有 10 个这样的师，但其中 5 个师可能驻扎在我们登陆海滩附近。然而，如果我们在作战方案的不利因素中忽略了这个问题，那么策划工作就是片面的。所以，参谋长们坚持让我们在文件中尽可能全面地讨论这个问题，是完全正确的。我们在伦敦以及后来在华盛顿，都深入探讨了这一点，后来有人告诉我们，我们作战方案中的这个主要段落，还引起了斯大林元帅本人的关注。当这位大人物看到这一段时，情绪显然比平常更加愤世嫉俗。因为直到最后一刻，苏联人都不相信我们会兑现开辟第二战场的承诺。我敢肯定，即使是现在，俄国人总体上也还是不明白开辟第二战场对我们到底意味着什么。当时，也许现在也一样，他们除了难以置信地扬起眉毛，什么话都不会说，因为担心会丢了面子。据说这位大人物只是把手指放在了 12 个师的数字上，这是 D 日我们在法国可以扛住的德军预备部队的最大数字。"什么，"他说，"如果有第 13 个呢?"我不知道他得到了什么样的答案。

英军参谋长委员会还详细讨论了该方案的另一个问题。他们中的一位成员，大英帝国总参谋长，正好过去曾经到过计划登陆的诺曼底地区，了解那里的部分情况。因此，他凭着亲身经历，了解"波卡基"到底意味着什么。沿着我们登陆海滩的背面，有一块狭长地带被称为"波卡基"，由于其独特的地形地貌，将会对作战造成重要影响。它由一系列起伏不大的小地块组成，每个地块都有一个土堤隔开，土堤的高度和厚度各有几英尺。在大多数情况下，这些土堤上都栽种着茂密的灌木和树木，至少有一侧还挖了一条相当大的沟渠。

事实上，每一小块这样的土地都是一座堡垒，需要展开全面的清剿才能拿下，而且这样的作战还必须在明显有利于防御一方的条件下进行。我们反复研究了有关"波卡基"地形的所有资料，最终认为，这一地带与海滩之间形成的特殊位置关系，对我们也可以说是有利有弊。有利的是，故人可能会认为，我们在登陆时不太可能选择通过这样一个障碍地带。此外，还要考虑到我们未来的作战行动本来就兼具防御性和进攻性。突击部队的主要任务之一便是保护后续兵力上岸。这就要求我们有责任做好防御准备，防止敌人的反击接近海滩。如果我们能抢先通过，还有什么比"波卡基"地带更好的防守位置呢？"波卡基"乡村地带后来也被美国人称为树篱乡村。在我们看来，谁能够率先以足够的兵力占领"波卡基"地带，谁就能够充分利用其防守能力获得最决定性的优势。根据他本人对地形的更详细了解，总参谋长有保留地接受了我们的观点。有意思的是，考虑到后来发生的实际情况，如果我们的继任者坚持我们最初计划中的这一点，那么整个行动说不定会有更好的转机。

这是英军参谋长们对我们工作的第一次严峻考验，这对我们所有人都有好处。当一个人没日没夜地思考同一个问题长达数月之久，无论是睡觉、醒来、吃饭、喝酒，满脑子都是一个想法，就容易出现一种危险，那就是这个人可能会失去判断力和心理平衡，不再能够保持正确的观点。我们必须到参谋长委员会这个庄严的"法庭"上去过过堂，可以听到很多关于整个项目的新鲜想法，这是一种新奇的、令人兴奋的经历。我相信，对于参谋长们自己来说也是一样。他们每天都是没完没了地开会，据说，其中至少有一个人认为，开会就是他的休息时间①。但对于那些被"传唤"到他们面前的人来说，情况就完全不同了。我们当中的美军参谋人员可能会觉得这完全是小题大做，没有必要。但当你经历过之后就会发现，正是这样一群人引导着英国的战略成功走过了前面的四年。英国人这样做自然有其价值。

凡是英军参谋长委员会想要深入了解的问题，都要一个个地作详细解释；凡是他们批评意见集中的地方都要讨论和解决。直到其中一个人总结说，他们自己也觉得已经做好了采取下一步行动的准备。他们没有表现出任何热情。英国人很少显露自己的情绪，除非情况极其糟糕。

这种缺乏热情起初让我们当中的许多美军参谋人员感到困惑。他们听说过英国人轻描淡写的习惯，其中一些人已经见识过这种情况，那也是从考萨克的工作人员身上认识到的。但是，我发现，他们中的许多人仍然很难适应这种在所有事情上都一直不温不火的状态。当我们的工作进展到向英军参谋长委员会提交报告的节骨眼上，空气中出现了某种紧张气氛。并不是每件事都进展得很顺利。许多不太重要事情有可能被推翻。因为美军参谋人员也都非常投入，所

---

① 这里应该是指英国海军元帅达德利·庞德（Dudley Pound，1877—1943），1939年出任第一海务大臣，也就是皇家海军的参谋长，是英军参谋长委员会成员，1943年10月21日因脑瘤去世。根据大英帝国总参谋长艾伦·布鲁克《战争日记》的记载，老庞德经常在参谋长会议上睡得昏天黑地，据估计也是受到脑部疾病的影响。《战争日记》一书也由本书译者章和言完成翻译，上海译文出版社2022年出版。——译者注

以紧张就不可避免。这里可是英国的最高军事权威，其表现出来的氛围如果不是对整个方案感到不满，至少给人的感觉有些死气沉沉。考萨克是一家国际机构，美国人对事物的看法要尽可能地给予充分关注。但即使在考萨克，大多数高级军官也是英国人。其中很少人对美国这个国家、她的资源和武装力量有过了解。而英军参谋长委员会是一个纯粹的英国机构。尽管欧洲战区的美军总司令也确实和他们坐在一起开会，但这次面对的可不是一场常规军事演习，他是有可能影响到美国国内政策的，同时也受到美国国内政策的直接影响。与他同级别的英国高层，是否充分征求过他的意见，并将所有正在发生的事情及时告诉他？我在其他地方也提到过，在 1943 年初的伦敦，那种存在于美国和英国官方之间的感觉。随着我们工作的进行，高层之间的紧张气氛似乎在加剧。但在考萨克内部，则完全是相反的情况，到 7 月中旬的时候，我们之间的观点和目标已经达到了相当程度的一致，尽管令人遗憾的是，考萨克里面美国代表的人数仍然很少。事实就是这样。我觉得，由于过去几周的工作不太顺利，考萨克的英美两国组成人员都开始感到自己有点儿像没人管的孤儿。那段时间考萨克的员工经常会碰到下面的情况，一位满脸不耐烦的官员，没好气地甩过来一两句："你想要的东西，为什么不到你的美国朋友那里去找呢?"或者，"说实话，我很忙。去你的英国朋友那里拿吧。"在某种程度上，我们考萨克的人都是患难见真情的同志。

当时还有一个情况，尽管联合参谋长委员会的书面记录并非如此，但关于我们最终的最高司令官将是一位美军将领的谣言一直存在，而且愈演愈烈。报纸上公开预测，时任美国陆军参谋长的乔治·C. 马歇尔将军最有可能获得这一任命。事实上，如果真是这样的话，那么美国人在伦敦的利益就更有必要得到所有人的关注。驻伦敦的美国最高当局能否保证做到这一点？这是一个很难回答的问题，至少对德弗斯将军来说是这样，当时的欧洲战区美军总司令，也是我的一位好朋友。我发现他更难下定决心，因为他觉得他甚至不能确定美国国内对我们考萨克工作的态度。当时华盛顿的注意力似乎集中在地中海战区或太平洋上，而德弗斯将军，就像人们在这种情况下经常会遇到的，感到自己孤掌难鸣，何况这手臂有着3000英里长。

问题的关键是，下一步到底该怎么做。我们知道，我们被要求在7月份向英军参谋长委员会提交考萨克拟定的作战方案，原因是接下来可能会有另一场英美高层联合会议。有人已经提议，除其他事项外，这次会议应当审查我们拟订的登陆欧洲计划，并下达相关的命令。到了7月底的时候，正如前文所述，我们与英军参谋长委员会达成了一致意见，按照英国人的标准，这还是令人相当满意的。英军参谋长委员会是我们与英美联合参谋长委员会之间的法定联系人，而英美联合参谋长委员会才是我们真正的老板。英军参谋长委员会有着充分的机会，已经熟悉了我们作战方案的所有弱点和优点。在讨论的过程中，弱点自然是被放大的，而优点没有什么好讨论的，因为时间已经很紧张了，想必他们很快就要出发与美国参谋长们会面了。就目前的情况来看，当会议讨论到"霸王行动"的方案时，英国参谋长们基本上已经把它牢记在心，而美国参谋长们应该会持一种冷眼旁观的态度，除非他们事先得到了指导，据推测会上的情况就是这样的。有人提醒我们，要派出一个由考萨克里面的英国人组成的小组，陪同英国代表团一起参加联合会议，以协助英军参谋长委员会。我们请求允许我们的小组为美国参谋长们也提供类似的服务。但英军参谋长委员会没有同意我们这样做。

这里多少有点儿当面一套背后一套的味道。从上下级的角度来说，英军参谋长委员会的决策对于我们总是一如既往的正确。大家要知道，联合参谋长委员会可真是联合性质的，只要其中一半人提出议题就够了，即使该提议的有效性将取决于在另一半人手上的总资源中占到多少比例。英国人就是这么说的。其实这么做也是完全正确的，因为正如所解释的那样，英军参谋长委员会遵循了正确的程序，他们的做法是无懈可击的。但是，在伦敦的美国人给我们讲的可完全不是这样。到底是怎么回事呢？事实上，这一切都源自于一种预感，或者更确切地说是一种预感的积累，即英国佬可能会再次在地中海战区出卖他们美国人。或许这并不是有意的，很可能是因为对美国的实力缺乏正确认识。关键的问题是，英国人接下来到底会怎么做呢？

在激烈的讨论中有人出了个主意，考萨克应该直接向美军参谋长联席会议，甚至向联合参谋长委员会提出上诉，反对英军参谋长委员会的决定。我们很快想到了一个办法。与我们的作战方案相关联的，还有许多重要事项，如果有足够的时间，华盛顿当局理应更仔细地审查并正式批准这些事项。关于这些问题的决定，此前都是在伦敦作出的，但正如前文已经提到的那样，美国派驻伦敦的机构和华盛顿军事当局之间的联系，当时并不像人们所希望的那样密切和持续。诸如美军驻地、补给方面的所有细节以及与民政有关的问题，都不适合通过跨大西洋电话来处理。而这些事情又必须在美国经过一段时间的讨论。为什么不现在就把方案给他们呢？心中唯一略感不安是，为了向美军参谋长联席会议通报情况，有必要将全套绝密的"霸王行动"文件送到美国，这些文件现在可能仍被视为英军参谋长委员会的财产。于是考萨克就派他们去了，7 月 28 日晚上，他们从伦敦尤斯顿站乘秘密列车出发，经普雷斯特威克①飞往五角大楼，但必须承认，去给他们送行时，大家都在默默地祈祷。我们的队伍由考萨克副参谋长雷·巴克少将、考萨克美国海军参谋长戈登·哈钦斯上校、绰号"公爵"负责后勤的弗兰克·M. 阿尔布雷希特上校和负责作战的查尔斯·R. 库茨中校组成，库茨中校是一名出色的作战参谋，在考萨克、盟国远征军最高司令部和美国第 1 集团军司令部都干得不错。所有人都出色地完成了任务，雷·巴克通过信件、电报和电话，不时地给我们传回来激动人心的消息，以及随后在北美取得的重大成果也都及时告诉了我们。

在这个团队出发之前，我们必须从各个方面"武装"他们。他们都是具体执笔的人，了解我们方案的演变过程及其所有细节内容的每一个论点。他们可以讲出所有的依据或数字，但这还远远不够。

在提交给英军参谋长委员会的文件备忘录中，我们提出来要求增加船只、登陆艇和运输机等资源。我们希望，总有一天会有人问："好吧，你们到底想要什么？你们要这些到底是为了什么？"我们必须准备好答案。

因此，我们立即着手研究向参谋长们提出什么样的建议，如果真有额外的资源可用，那么应该如何使用。很自然，我们拿出来的是一个可以变通的方案。简单地说，我们的进攻计划能够向各个方向扩张。如果拿到更多的资源，我们可以把进攻正面扩大到任何一个侧翼或两个侧翼，或者我们可以"加厚"，也就是加快海滩攻击部队的集结速度。另外还有其他选择。如果海上和空中的支援力度更大，我们可能会考虑在诺曼底以外的其他地方发动第二次

---

① 普雷斯特威克（Prestwick），英国苏格兰南艾尔郡的一个城镇。建有机场，是许多跨大西洋航线的起降地。——译者注

攻击或转移注意力的进攻。如果我们手上的资源变得足够富余，还可以组织一支真正的浮动预备队，一个海军编队，加上装载在舰船上的突击队，可以根据指挥官的意愿投放到需要的地方，以巩固战果。

好像应该尝试按照优先顺序，来安排所有这些不同的选择。前文已经提到过我们对兵力增长速度的担忧。这一定是任何资源投放的前提条件。接着是对夺取瑟堡速度的担忧。如有可能，我们希望如前文所述的那样，在维尔河口的两边均实施登陆，但同时我们也认为，这样做又绝对不能削弱我们对卡昂的攻击，我们认为早日拿下卡昂对整个计划至关重要。这反过来又导致我们考虑向东扩大战线，以加快对卡昂的进攻。此后，我们决定，只有在满足这些要求之后，我们才应该考虑如果拿到比较多的资源，再展开对别处的牵制性攻击。对于组建一支真正的浮动预备队是否明智，甚至是否可能，大家的看法不一。在一般的陆地作战行动中，可供调遣的部队越少，就越有必要建立和保持一支预备队，以便在战局发展中投入到需要的时间和地点。但这次作战行动既不是普通的，也不是陆地的，前面的理论好像讲不通。

因此，我们在 1943 年 7 月总结说，如果我们关于增加资源的建议被采纳，我们拟定的基本方案是，应该尽可能增加对进攻部队的投放，然后先向西再向东扩展进攻正面。

数日之后，即 8 月 3 日，我们与陪同英国代表团参加魁北克"四分仪会议"的考萨克英国小组告别。他们一行人是乘坐"玛丽王后"号邮轮①

---

① "玛丽王后"号皇家邮轮（RMS Queen Mary），隶属英国卡纳德轮船公司，是"二战"前欧洲最奢华的邮轮之一。1934 年 9 月 26 日，英王乔治五世遗孀玛丽王后亲自出席这艘以其名字命名巨轮的下水典礼。1936 年 7 月 1 日首开南安普敦港至纽约的处女航，曾数次夺得象征横渡大西洋航速最快的蓝飘带奖。1939 年 9 月"二战"爆发，英国人不想失去这艘大英帝国商船（转下页）

前往的，为了这次航行，邮轮经过了翻新。在航行途中，首相躺在铺位上，抽着那著名的大雪茄，听取了考萨克肯尼斯·麦克莱恩准将的汇报，据说地图就架在船舱的洗脸盆和其他设备上。

这个考萨克英国小组由皇家海军上校鲍勃·曼塞尔赫、陆军准将麦克莱恩和皇家空军准将维克多·格鲁姆组成，他们是一个称职的团队。鲍勃·曼塞尔赫在这趟出行前才刚刚加入考萨克，工作还没几天，不过这段时间已经足够让他掌握别人可能需要几周才能弄清楚的一切。空军准将维克多·格鲁姆和肯尼斯·麦克莱恩一样，都是我昔日在印度服役时候的老朋友。他在"霸王行动"空中作战方面所作的贡献，永远无法得到充分的记录或回报。但"幕后英雄"就是这样，即使在伯里克利①向古代雅典人发表那著名演说的时代，这也不是什么新鲜事。总会有一些"没有纪念碑的人"，而且他们还是绝大多数。

两支"球队"在魁北克"球场"上的表现旗鼓相当。丘吉尔首相在

---

（接上页）队的王冠，命其滞留在纽约港。1940 年 3 月被英国政府征召，为盟军运送士兵和战争物资，"二战"期间总计航行约 60 万海里，运送超过 160 万以上部队人员到达世界各地。1943 年 7 月一次装载 16683 人（15740 名士兵，943 名船员），创有史以来最多人同船的纪录，至今未被打破。丘吉尔也曾化名"瓦尔登上校"数次搭乘该船参加盟国会议。欧洲战事结束后又参加运送美军回国。1947 年 7 月恢复客运航行，1967 年退役，被美国人购买停靠在加利福尼亚长滩，改建为旅馆和博物馆，至今仍是南加州最著名的旅游景点之一。——摘译自 https：//en. wikipedia. org/wiki/RMS_Queen_Mary

① 伯里克利（Pericles，约公元前 495—前 429），雅典黄金时期（希波战争至伯罗奔尼撒战争）具有重要影响的领导人。他在希波战争后的废墟中重建雅典，扶植文化艺术，现存的很多古希腊建筑都是在他的时代所建。他还帮助雅典在伯罗奔尼撒战争第一阶段击败了斯巴达人。尤为重要的是，他培育当时被看作非常激进的民主力量。他的时代也被称为伯里克利时代，是雅典最辉煌的时代，产生了苏格拉底、柏拉图等一批知名思想家。此处的演说是指公元前 431 年伯里克利发表的《在阵亡将士国葬典礼上的演说》，成为不朽的传世经典。——摘自 https：//baike. so. com/doc/6409672-6623339. html

邮轮上听取了汇报。罗斯福总统在华盛顿和他的乡间住所海德公园①里研究了方案。英军参谋长委员会在伦敦举行了预赛，美军参谋长联席会议也在华盛顿举行了预赛。我们期待着一场精彩的比赛，从各方面得到的消息来看，这的确应该是一场精彩的比赛。我们的方案受到了最细致的审查，难怪会有这么多人感到提心吊胆的。这个方案如果成功通过的话，将为我们热切渴望的目标——结束与德国的战争——提供最短的捷径。很久以前就有人告诉我们，我们已经到了"起点的终点"，然后是"终点的起点"。这一次总算要看到"终点的终点"了，如果一切顺利的话。万一进展不顺利，那就要祈求上帝保佑我们所有人了。这场战役将动用美国和大英帝国的大部分资源。如果它们还不够，未来就堪忧了。

　　这是一个庄严的展望。的确，潮水已经开始转向，但它仍然还在拍打着保护我们祖国的大堤的堤脚。德国远远没有失去一切。对德国来说，东线的战局进展不太顺利，但如果她能把注意力集中在东线，形势很可能会好转。意大利已经垮台了，但这也算不了什么。意大利对于希特勒来说，一定是一笔不太放心的资产，如果他不是从一开始就这样想的话。阿尔卑斯山是一道天然的防线。如果在对付苏联人的同时，再能找到某种合算的方式与西方言和，一切可能都会好起来。西方有什么可怕的？虽然有很多关于第二战场的宣传，但横渡英吉利海峡可不是一件容易办到的事，就连拿破仑，甚至另一位伟大的军人——"我们的元首"——都没有做到。英国人已经没

---

① 　美国海德公园，是富兰克林·罗斯福总统的故居，坐落在纽约州哈德逊河岸边。公园占地 180 余英亩，原是罗斯福家的产业，1944 年 1 月罗斯福总统把它献给了国家。罗斯福于 1945 年 4 月 12 日去世，三天后，他的遗体被运回故里，安葬在玫瑰园内。今天，这里辟有罗斯福纪念馆和以他名字命名的图书馆，总统的旧居对外开放供人们参观。——摘自 http：//www.cnki.com.cn/Article/CJFDTotal-SJZS198507026.htm

有什么劲头了；他们会产生一种虚幻的安全感，他们开始感到厌倦了，而且无论如何，他们只有一支弱小的军队。美国人可能有兵力，但他们显然缺乏领兵作战的军事才能。这两个盟国之间以及他们与苏联人之间天生的互不信任，不太可能让他们联合起来展开任何重大的军事行动。上面说的这些观点，都是从敌人的角度来看的。"霸王行动"如果能够成功，将有力地打破这一套理论。英美两国的领导人已经下定决心，决定迎接挑战并放手一搏。因此，考萨克接到指示，按照联合参谋长委员会确定的路线进行规划和准备，这些路线就是我们作战方案的指导方针。联合参谋长委员会认为，计划中的"兵力集结"和推进速度是乐观估计。正如前文所述，这在很大程度上只能是有根据的猜测。不过我们还是要加倍努力，尽可能找到一些可靠的思考和计算基础。当时首相认为，应该发动更多转移注意力的攻击，他提倡"猛烈打击的同时性"。目标虽然宏大，但付诸实践需要更多的船只，更多的登陆艇。不过，按照这个指导思想，"四分仪会议"上确定下来一件事，便是与"霸王行动"同时登陆法国南部。根据我们目前所了解的情况，这在 1944 年 5 月应该是能够实现的。据此，联合参谋长委员会向当时的地中海战区盟军最高司令艾森豪威尔将军下达了指示。首相还主张将首轮攻击力量至少增加25%。考萨克带头表示支持，但答案再次回到究竟能搞到多少船上。我们从一开始就知道，登陆艇和船只的供应问题，是两个最关键的要素之一。至于另一个关键点，就是长时间的跨海滩后勤补给问他，联合参谋长委员会审查了拟议解决方案的每一个细节。哈罗德·沃纳[1]少将被召集到魁北克，汇报他所负责项目的规划和进展情况。沃

---

① 哈罗德·沃纳（Harold Augustus Wernher, 1893—1973），英国陆军少将。1943年 9 月被丘吉尔首相任命为科研协调员（Co-Ordinator of Ministry and Science Facilities），专门负责"桑葚"人工港的建设工作。——摘译自 https：// encyclopedia. thefreedictionary. com/Harold+Augustus+Wernher

纳将军是从联合作战司令部调到考萨克的，他在那边积累了丰富的经验，善于协调军方需求和各种民间资源。尽管整个"桑葚"项目当时仍处于蓝图阶段，但联合参谋长委员会一致认为，它已经显示出足够的说服力，证明应当继续实施该计划，而登陆行动的成功最终将在很大程度上取决于它。

为圆满结束所有议程，"四分仪会议"达成了一项决定，即从现在起，"霸王行动"将被视为1944年美国和英国面临的主要任务。这似乎是对我们工作的最高首肯，尽管还远未结束。事实上，这是考萨克工作中另一个新的、甚至更紧张阶段的开始。

总之，正如我们所希望的那样，我们的方案得到了普遍的支持，成为未来根据上述各种意见进行扩展和完善的基础。但是，"四分仪会议"结束的时候又冒出来一项新任务。这个时候是1943年8月，而登陆行动是1944年5月，离那一天到来还有很长时间。在这段时间里，几乎任何事情都可能发生。这里说的"任何事情"很可能都是对我们有利的，为了应对这些情况我们又制订了"兰金行动"。于是，我们接到电报要求我们提交行动计划，正是这份电报打断了前面一章所述的争论。"兰金计划"大约花了我们六天六夜的时间，然后以书面形式提交，也得到了原则上的一致批准。但也有一种情况需要考虑，就是从现在到1944年5月之间发生的事情，可能会使我们的处境比现在更加糟糕。

这个秘密几乎不可能保守得天衣无缝。一个小小的疏漏就足以毁掉一切。如果敌人知道我们将全力以赴展开一次登陆，他只需要集中一部分后备兵力，比如在卡昂或其附近，就能让我们陷入困境。这可不是牵制性或附属性的作战行动能够解决的，我们需要一个重要的替代方案。就在"四分仪会议"要结束的时候，丘吉尔首相写了一个"便条"，要求考萨克重新研究对挪威而不是法国展开全面攻击，作为主要的替代方案，以此提供人们所期望的灵活性。

考萨克的人为什么总是在漫长的冬夜里通宵达旦地工作，大家知道原因了吧。现在，轮到我们再次坐下来研究"四分仪会议"的文件，并再次梳理清楚哪些是要最先完成的事情。

第一件事就是考萨克工作人员身份的变化。我们不仅要继续制订作战计划，还要负责为实施计划做实际准备。这意味着指挥责任。从理论上和纸面上看，这样做都不错，但在实践中，必须找到一些抓手，给参谋长和副参谋长赋予足够的权力。雷·巴克是最近晋升的少将，而我则是一名临时军衔的中将①，都是在1943年5月考萨克组建阶段得到晋升的，有人可能会说我们都还在试用期。在这项工作中，我曾不止一次提到过资历的问题，这个问题可以看作最高司令官缺席所导致的一个问题的两个方面。这个问题与其说是个人的问题，不如说是我们考萨克组织的声望问题。到目前为止，我们做得还不算太差，特别是在伦敦，我们已经走出了很长一段路。我自己的路子被我那无人能替代的副官波比帮忙铺平了。如果不是因为他幸运地争取到了各色人等的同情和帮助，我这样一个"乡下表亲"，早就在伦敦迷路了。据了解，雷·巴克从1942年初就开始在伦敦从事作战策划工作了，在这个过程中，他结识了很多英国人，当然，他也认识了美国派驻在伦敦的他的大多数同胞，大家也都熟悉他。不管怎样，我们要么已经认识了，要么很快就能认识那些有能力帮助这项事业的人。

---

① 很多国家的军衔都分为永久晋升和临时晋升两种。永久晋升的军衔称为"永久军衔"，亦称"正式军衔"，不经法律程序不得降级、停止或剥夺，为个人终身所用。临时晋升的军衔称为"临时军衔"，亦称"职务军衔"。一旦失去与这个军衔相当的职务，临时军衔也就随之消失，降回到原来的永久军衔。按规定，军官的永久军衔与临时军衔的级差，一般不超过两级。在特殊情况下，还另外授予军官"荣誉军衔"。——译者注

但现在的情况完全是另一回事了。在这之前，我们对"霸王行动"和"兰金行动"的研究只是最后的分析，只是假设。如果你想要的话，像这样的计划可以搞出很多。如果搞作战规划的人变成了讨厌鬼，向他们承诺他们想要的东西通常是相当安全的，因为十有八九过一阵子你就再也听不到他们和他们的计划了。如果真是这样说的话，那么我们1943年的行动就是一场恶作剧。只要我们的要求不与其他约定发生冲突，他们就对我们深表同情，并提供了大量帮助。我们非常谨慎，尽量不发生此类冲突。大家都知道，那时候还轮不到考萨克来发号施令。如果运气好，大多数人充满善意和热情，这种情况就永远不会出现。但这也可能发生，我们必须为可能发生的事情做好准备。事实上，我们现在已经变成了我们心中一直决心要成为的盟国远征军最高司令部。因此，我们无论如何都必须行使一部分指挥官的权力了。

从美国人的角度来看，这是没有问题的。即使没有指挥官，参谋长也会用司令官的语气对他们说话。但英国人的习俗则不然。指挥官和参谋之间是严格划清了界限的。如果一名参谋被授予的权力超过了比他军衔和年龄都要高的指挥官，在英国人的书本中还没有出现过这样的记载。我们必须创造一个先例。只有那些努力去做过的人，才知道这件事到底有多难。在我们看来，这基本上是想把一个不可能的情况变成合理的现实。当然，最好的办法似乎是，越不声张越好，减少给别人说闲话的机会。这个少惹麻烦的建议得到了批准，而实际上要做的，就是对我最初收到的命令作一个简单修改，上面写着："在任命最高司令官或其副手之前，你将负责执行最高司令官的上述职责，并采取必要的执行措施，以落实联合参谋长委员会批准的计划。"就这样，我们就可以放手大干了。这一招果然管用。

首先，我们盘点了可供调用的资源。在地面部队及其装备和空军力量方面，情况看起来不错。美国人正在开足马力。下面的数字听起来都很夸张，但的确没有虚假的。1943 年 8 月时候的估计是，到年底，从美国调集到英国的总兵力将不少于 100 万；到 1944 年 3 月，将不少于 125 万。如此，兵力方面就用不着担心了。但是，船只和航运的情况非但没有改善，好像还变得更糟了。几乎所有政府公文的开场白都是"由于各种运输严重短缺……"，都快要变成对付所有问题的法定理由了，可以用来回绝从多要一支新铅笔到增配一名参谋等各种要求。前景可以说一片黯淡，直到天空突然被一道阳光照亮，驱散了所有的阴云。我被邀请去见了一位不肯透露姓名的人，也是一位真正了解内幕情况的人。"所有这些关于船运短缺的说法，"他说，"你一个字都别相信。都是瞎说。在过去的几个月里，我们的损失一直很小，而且越来越小，而且我们的造船业也终于步入了正轨。如果你喜欢数字，让我告诉你，自 1 月以来，我们的航运资源平均每个月增加约 100 万吨。到了 1944 年初，我们手上的船将会如此之多，都很难把它们全部派上用场。现在的情况就是这样，只是别说是我说的。"因此，如果这是真的，那就有效解决了另一个大问题。估计他也应该知道，为什么这么好的消息不能公开，可能有着复杂而说不出口的原因吧。

航运状况虽然得到了改善，但登陆艇的前景却比我们预想的还要糟。据估算，到 1944 年 5 月，我们能够收到的已准备就绪的登陆艇，要远远低于参谋长们要求的数量。有两个关键类型的也存在缺口，其中大型步兵登陆艇少 7 艘，坦克登陆艇至少缺 164 艘。这些都是高度专业化的产品，即使是英国人想凑合也找不到替代品。这一缺口意味着，在进攻的早期阶段将减少约 1500 名官兵、1500 辆坦克和其他车辆。雪上加霜的是，在为英国登陆艇配备本国船员方面又出现了新的问题。6 月的时候，我们计算出这项工作需要增加 9000

人。但所有人都被分配到其他任务上去了，没有一个多余的。我们探讨了在英国船只上使用美国船员运载英国军队的可能性，但由此带来的训练和管理上的复杂性，好像与船只短缺导致的问题不相上下。最终的解决办法是，我们把一个英国海军陆战队师重新编组为若干个海军陆战队突击队，多出来的人全部上登陆艇当船员。从"霸王行动"的角度来看，找不到更令人满意的解决办法了。世界上再也没有比陆战队员更好的登陆艇船员了，但付出的代价是，能够投入到前线作战的部队少了一个战斗力一流的英国师。

然后是"霸王行动"的突击师问题。按照最初的计划，参加"霸王行动"的英国军队，是过去四年多时间里已经在国内组建和训练好的，这些部队首先是为了防御本土，然后是为了参与我们正在筹划的这场战役。我过去干过旅长、师长和军长，尽管我不应该贬低别人的成绩，但我始终认为部队的培训体系需要改进。在1918年至1939年的虚假和平时期，以及随后几个月的虚假战争①期间，我们基本上都在自欺欺人，认为最好的训练就是狩猎。真正的作战训练

---

① 静坐战与虚假战争："二战"初期，从1939年9月德军进攻波兰，到1940年5月德国真正进攻法国之间，西线没有发生什么战事，几乎没有放过一枪。德国老百姓把这种战争叫做"静坐战"，而西方也很快就给它起了一个名字："虚假战争"（phony war）。正如英国军事历史学家J. F. C. 富勒所说的："世界上最强大的法国陆军，对峙的不过26个德国师，却躲在钢骨水泥的工事背后静静地坐着，眼看着一个唐·吉诃德式的英勇的盟国被人消灭了。"当时法国最高统帅部、政府和人民当中弥漫着失败主义情绪，他们对一战期间的伤亡惨重、元气大伤记忆犹新，决心只要能够避免就一定要避免再遭受这样一场杀戮。法国政府从一开始就坚决要求英国空军不去轰炸德国境内的目标，生怕法国工厂会遭受到报复性的打击，但如果对德国工业中心鲁尔进行全力轰炸，将使德国遭到致命打击。许多德国将领战后承认，这是他们在9月间最担心的一件事。在纽伦堡法庭上，德国将领一致认为，波兰战役期间，西方国家没有在西线发动进攻，是错过了千载难逢的良机。——摘自http：//baike. haosou. com/doc/698306-739057. html

通常在开始变得有难度和有意义的环节就停止了。但到了1940年，可把我们吓坏了，这下轮到我们接受教训了。从那时起，我们不断地从所有战线上吸取教训，并确保这些教训得到充分和真正的吸收，使现在的军事训练效率大大提高。我们让英国士兵接受所谓的"战斗免疫"，这是一个相当艰苦的过程，在被宣布适合上战场之前，新兵们往往会被命令半夜行军，不允许睡觉，挨饿受冻，浸泡在水里，参加实弹射击。但是，尽管我们在训练中力求接近真实的战场，我们还是永远无法完全模拟第一颗子弹擦过耳边的那种震惊时刻，要知道那是为了杀死你而不是有意打偏的。训练中也会发生事故，也会有人死亡。不过，致命枪击事件的肇事者往往会接受军事法庭审判，还会被关上7天禁闭作为"奖励"，这一点与实战相比存在着很大的差异。英国军队中有一定比例的人经历过战争——那些受伤后康复的人，还有那些曾在海外服役多年现在又重新入伍的人。但在一般情况下，它很少包括在最近的战斗中整建制作战的部队。美国人也是差不多的情况。

我们在方案的末尾一章，对进攻部队的构成情况进行了详细讨论，并建议采取措施，在D日之前将经过战斗考验的老部队的核心骨干调到英格兰，这样不仅可以在首轮进攻部队中，而且在所有的后续行动中，都可以包含一定比例的老兵，在支援和补给部队以及空军地勤人员中也实行这样的混编，这些"上过战场并有些故事"的人，应该能够起到一种"酵母"的作用。我们的提议在魁北克"四分仪会议"上进行了讨论，会议同意，从11月开始，将四个美国师和三个英国师从地中海调到英国，加入"霸王行动"。就这样，作战和训练部门关心的问题也得到了解决。但接着可能要再调一个法国师过来加入联合作战，给运输部门带来了另一个小小的麻烦。

当然，这是陆军和空军地勤人员面临的问题。海军和空军机组人员并不缺乏作战经验。

接下来，让我们来看看"四分仪会议"的成果中，有哪些对我们来说可能是最重要的。如前所述，我们策划作战方案的主要基础是，应尽可能保持敌人不受干扰和不受威胁，以便到了 1944 年 5 月，敌人的部署尽可能接近 1943 年 8 月时候的部署，这是我们一切推论的起点。

在某种程度上，这将取决于其他战线上的战局发展，但从现在起，西北欧不应再发生任何事情来提醒敌人，就成了我们的责任。事实上，这场战斗眼下已经在进行中了，一场由最高司令官的代表来掌控的战斗。

的确，当时有许多以英国为基地的战斗正在进行。其中最重要的是"直射行动"，即美国和英国轰炸机部队对德国的全面轰炸。这个行动的优先级比我们还高。虽然这个行动实际上是我们登陆行动的先期轰炸，但它对我们战役早期阶段的影响可以说是间接的。因此，我们只是要求随时了解轰炸的进展情况。不仅可以从轰炸和作战报告中推断出对我们有用的信息，而且轰炸的战略模式可能也会起到某些"教育"敌人的作用，这对我们以后或许也有好处。

我们设想的与本土舰队①的关系也是如此。我们并不是要分散

---

① 本土舰队（Home Fleet），英国海军战略战役编队，英国海军的主力。1933 年以英国大西洋舰队为基础组建，主要基地为斯卡珀湾和波特兰。无固定作战海区，常派出独立作战的分遣舰队，但设有保卫北海南部和英吉利海峡的司令部以及保卫大西洋航道的西海岸司令部。第二次世界大战前夕拥有 7 艘战列舰、4 艘航空母舰、2 艘战列巡洋舰和 15 艘巡洋舰等。大战爆发后，即对德国实施深远封锁，建立护航制度，组成 8 个搜索舰队（编号为 F、G、H、I、K、L、X、Y）在大西洋搜索德舰。1939 年 10 月在斯卡珀湾遭德国潜艇袭击。同年 12 月进行拉普拉塔河口外海战。1940 年先后参加支援挪威战役和法兰西之战，进行北海护航战和托伊拉达海战。1941 年 2 月袭击意大利海岸。同年 5 月在大西洋拦截击沉德国"俾斯麦"号战列舰。以后主要（转下页）

这支部队的控制权。然而，我们觉得我们应该了解它的行动，因为这些将构成我们整体战局的一部分。

我们周围的海上、陆地和空中都在进行战斗，只是规模要小得多。我们和敌人沿海岸线的护航船队一直都在不停地移动，可以说，这构成了一系列激烈战斗的核心，包括大量的侦察、攻击和防御等小型作战行动。我们对这一切都非常感兴趣。为了保护好我们的后院，英国空军还展开了持续不断的短程空战、侦察行动、攻击性扫荡和小规模空袭，以及全国范围的防空工作。在陆地上，潜入敌后的特工和地下抵抗组织战士也在坚持不断地战斗，同时联合作战司令部所属部队实施小规模攻击行动。

的确，其中有很多行动都是按照我们的要求进行的。我们非常需要密集的侦察。一旦我们发现了新的目标，就必须用显微镜而不是放大镜来检查它。我们没有自己的侦察机构，借鉴平克顿①的运作

---

（接上页）在大西洋之战中对付德国潜艇。1943 年 7 至 9 月先后支援西西里岛登陆战役和萨勒诺登陆战。同年 12 月进行北角海战。1944 年参加"霸王行动"。同年下半年，随着欧洲战局胜利发展，德国海军丧失战斗力，遂抽调大批舰艇到太平洋对日作战。——摘自上海辞书出版社《第二次世界大战百科词典》

① 阿伦·平克顿（Allan Pinkerton，1819—1884），平克顿侦探公司的创始人。1850 年辞去芝加哥警察局公职，创办了美国第一家私人侦探机构平克顿侦探公司。19 世纪中期，美国国内工商业与畜牧业急速兴起，与此同时，盗贼与强盗也把注意力转向了这些看起来唾手可得的财富，而警方由于人力、财力与体制本身的限制，却不能给予这些工商业主与农场主以足够的保护。于是，平克顿侦探公司实际成为了当时最为大产业主所信赖与依靠的一支保安与犯罪调查力量。南北战争期间，平克顿更是直接为国家效力，为林肯总统的北方联邦军组建了一个专门收集南方分裂势力军事情报的组织，该机构后来成为美国军事情报局的前身。进入 20 世纪以后，平克顿侦探公司的业务范围又有了新的发展，从早期单纯的刑事案件调查，发展到各种民事案件、商业事务以及家庭纠纷的调查；从单纯的侦探事务发展到保安与安全咨询、安全防范产品生产与销售、商业情报收集等多个领域，在全世界设有一百多个办事处，并与六十多个国家的有关机构建立了协作关系。——摘自 https://baike.baidu.com/item/6851654

模式，我们向外部机构提出要求，利用他们来获取情报。这些机构会把我们的要求和其他机构的要求结合起来，这虽然是最经济、最节约的运作模式，但对我们来说，整个情况却是令人极不满意的，甚至非常危险。因为当一个人处于防御态势时，他总是在设法预测对手的意图，有时候通过研究对手的侦察计划，就可以很好地推断出这些意图。如果考虑不周，那些接受我们委托但又彼此协调不够的侦察机构，很可能会在一段时间内向德国人表明，我们对诺曼底地区的兴趣正在增加，而对前线其他地区的兴趣正在下降。如前所述，如果德国人对我们正在进行的事情有了哪怕一丁点察觉，我们很可能会在进攻开始之前就被击败。因此，在魁北克会议结束之后，我们立即向英军参谋长委员会提出，必须让考萨克尽可能多地控制前面提到的多方面军事行动。参谋长委员会在与所有相关人员进行了大量讨论后，给我们授予了必要的权限。实际上，用了上面这么多的话来说明，总的意思就是，我们有权在与"霸王行动"相关的范围内，控制和协调所有的突袭和侦察，但与"霸王行动"没有任何联系的纯粹海空侦察除外。此外，英国海军部和空军部均接到指示，他们在策划所有侦察行动时，哪怕与"霸王行动"无关，也需要与我们进行沟通协调。有一点需要我们注意的，就是这一切都要非常谨慎地去做。我们就好像夹在海军部和空军部这两个"大块头"当中的"小个子"，所以必须谨慎行事。尤其是"沟通协调"这个词，让我们既学会了尊重，也学会了敬畏。在美国军队中这个词用得很多。听起来好像很不错，但它可能意味着一切，也可能毫无意义。因此，为了推动工作，我们不得不更深入一步。

这里涉及一个重要的原则性问题，因为我们第一次发现自己直接参与到了作战行动中，而且都是高度专业化的行动。到目前为止，我们一直在策划大规模军队的作战方案，调用的部队至少都是数千人的师那么大。而这里的作战行动，都是一些单独的小艇和由两三个人或五六个专家组成的小组负责实施的。我们没有方法来同时处理规模上处于这两种极端的军事行动，因此，我们请求联合作战司令帮忙，他一如既往给予了热情的帮助。实际上，他把自己司令部的计划和情报部门交给了我们，没有比这更好的了。对于沟通协调方面的工作，除了成立一个委员会，别无选择。该委员会由考萨克的海军、陆军和空军三个军种的代表组成，由陆军的代表负责主持。派员参加的部门还包括美国第9航空队、英国战术空军司令部、美国和英国的陆军集团军群司令部、苏格兰司令部和联合作战司令部。其职责范围在字面上涵盖了滨水区域，但这是一个运作起来很不灵活的机构，其主要目的是防止发生对我们的战役策划不利的活动。不过也实现了我们所期望的许多其他目标。

在这些侦察工作中，我们发现并解决了不止一个复杂的问题。我前面讲到过，侦察工作一定不能紧盯着任何特定的海岸线，特别是不要过于关注我们预定发动进攻的海岸线，因此有必要确定所谓目标区域的侦察与其他地方的侦察之间的比率。每一次派往诺曼底西部的侦察，都要伴随三次被派往其他地方的侦察。简单地应用这一规则也还是不够的。为了使该规则指导下实施的侦察真正起到作用，我们必须通过海滩上留下的痕迹，让敌人意识到对手已经展开过侦察了。把一些零星的装备，有时是美国的，有时是英国的，悄悄地安放在敌人一定会捡到的地方，这里面有一种黑色幽默的感觉。一个人必须想好打算让敌人得出什么样的结论。事实上，必须制作一份复式记分表，以便在一侧记录我们实际做了什么，我们发现了什么，以及我们仍然想知道什么。在另一侧需要记下我们的评估，敌人对我们的行动肯定已经发现了什么，他还可能会发现什么，以及他可能会从我们提供给他的信息中作出什么样的推断。

最关键的侦察任务，可能来自于考萨克几乎每天都会遇到的麻烦事。在我们决定了登陆的海滩位置很久之后，一切都在按部就班地推进中，有一位好心人，肯定是怀着最美好的意愿，认为我们可能想知道这些海滩根本不是真正的沙滩，而主要是由泥炭构成的，只不过表层覆盖着一层薄薄的沙子。他是一位了解这些情况的科学家，并声称拥有当地海滩的详细资料。如果他是对的，我们正面临一场重大的灾难，因为我们的计划中需要使用数千辆汽车，其中大部分是重型的，而我们以为当地的海滩是被坚硬的沙子覆盖。当然，在自乱阵脚之前，我们必须尽我们所能对这些信息进行核实，联合作战司令部组织了一系列令人难以置信的大胆壮举。他们的年轻人是这方面的专家，他们组成小队在夜间横渡到海峡对面，乘坐他们的特种船艇，在浅滩上游荡了好几个小时，用土钻和类似设备带回了海滩底土样本。我们并非不知道这个地区有泥炭，而是我们之前掌握的资料让我们相信，泥炭只存在于对我们来说无关紧要的地区。幸运的是，联合作战司令部的侦察证实了这一点。但当我们大松一口气的时候，我们还是感谢这位知识渊博的科学家，让我们检查确认了这一点。

除了情报部门之外，还有其他部门的活动，我们也必须进行一定程度的控制，使其不会损害到全局的、长远的工作。比如英国的特别行动处①和美国战略情报局②的行动部门，他们现在都忙着让德国人在占领区的生活不得安宁。我们无意制止他们的活动——恰恰相反——但我们必须确定，一次小规模特别行动的结果，绝不可以给敌人提供任何其他方面有价值的线索。为此，考萨克被赋予了对所有特别行动项目进行总体指导的权力。

除了这些对外事务，我们当然也必须对自己国家的内部安全工作负责。这项工作与整个掩护任务是密切相关的，向谁透露多少真相，以及如何向敌人提供错误情报，必须统筹起来考虑。

在这之前，我们所面临的安全问题，正如每个个人和组织或多或少都会面临的那样，基本上仅限于我们自己的人员和场所及其周围环境。现在，它一下子变成了全英国和全美国的问题。至于美国，问题相对简单一些。它离打仗的地方毕竟路途遥远，而且它是一个大国，在信息和新闻发布方面几乎没有集中管理的机构。即使想做，也不可能限制谣言和猜测的流传。但是，从另一个角度来看，来自上千个来源的谣言和反谣言的持续喧嚣，本身就是一种安全保障。

---

① 特别行动处（Special Operations Executive），简称"SOE"。1940 年 7 月 22 日，英国政府将当时的三个秘密情报部门合并设立特别行动处，由经济战争部部长休·道尔顿领导，负责欧洲、亚洲敌占区的情报、破坏和侦察行动，以及援助当地的地下抵抗运动。雇员大约有 13000 人，其中约 3200 名女性。1946 年 1 月 15 日解散。——摘译自 https://en.wikipedia.org/wiki/Special_Operations_Executive

② 美国战略情报局（Office of Strategic Services），缩写 OSS，"二战"时期的美国情报机构。前身为情报协调局（Office of the Coordinator of Information，缩写 OCI）。1942 年 6 月 13 日改组而成。多诺万任局长，直接隶属于参谋长联席会议。总部设在华盛顿，下设指挥、分析、行动、训练等几十个机构，雇佣人员达几万人，情报站遍布美国与海外各地。基本任务为：（1）搜集、评价、分析一切有利于打败轴心国的情报；（2）策划与执行一切获得情报的间谍活动。此外，还负责开展心理战、宣传战以及敌后游击战。在大战期间的情报战中发挥了重大作用。1945 年 9 月 20 日解散，人员与材料划归国务院和战争部。——摘自上海辞书出版社《第二次世界大战百科词典》

要想从美国媒体和电台对未来事件的报道中条分缕析，作出具有逻辑性的推断，肯定是一项艰巨的工作。在考萨克看来，此时我们需要做的就是要求美国的传统安全保密部门保持沉默，如果他们认为有必要，就去四处散布更多的谣言，继续把水搅浑。

在英国则不同。不仅新闻和谣言传播机构在这个狭小的空间里高度集中，而且我们这项绝密行动的筹备和发动，都必须在人口稠密的平民中进行，他们现在可都是狂热的业余军事批评家。当然，新闻机构的集中，也可以按照两种不同的方式进行，多年的战争已经让大家普遍具有高度的安全意识。然而，摆在英国人面前的安全问题，是一个如此巨大而复杂的问题，不仅是我们考萨克无法解决的，最后如果没有得到最高司令官的帮助，连英国政府也难以应对。

因为，如果要按照紧急局势所要求的那样，充分处理好英国的安全问题，就必须大幅度限制公民的自由，从政治上而言，这种权利是热爱自由的选民高度重视的。在战争年代里，同样是这群选民，忍受着屈辱和困难，几乎到了崩溃的地步，然后我们还要进一步实施严厉的措施，这很可能成为压垮骆驼的最后一根稻草。总而言之，我们认为必须尽最大努力，消除一切可能泄露我们的行动计划全部真相的可能性。正如我一直努力解释的那样，有许多真相是不可避免地会泄露出去的，但我们的目标必须是，确保这些泄露会导致错误的推断，特别是关于我们攻击的确切地点、确切时间和确切兵力的。我们认为，至少有些人是无法避免地会知道某些信息的，那就是攻击部队出发的海岸和相邻腹地的居民。因此，采取严格的安全控制好像也是最低限度的要求，对这些不受军事纪律约束的地区，强行实施安全控制也是做得到的。最初提出的最简单的解决方案，就是疏散这些地区的所有普通居民，但这种建议根本不值得考虑。我们肯定找不到地方容纳如此多的撤离人员，这是自己为难自己。

部队必须经过这些地区，其中有许多人还要在 D 日之前、期间和之后长期驻扎在那里。如果军队只能自己解决通常都是平民为他们提供的所有服务，那我们倒是可以节约一批人力上的开支，现在是人力最宝贵的时候。

如果不实行疏散，也可以对受影响的区域实施封锁，严格控制进出。这一方案的运作也存在极大困难，其中包括维持治安所需的警力问题。为了降低成本，有必要将受影响的地区限制在最小范围，仅此一条就可能会泄露攻击地点的秘密。作为最后的手段，绝对必要而又最低限度的措施，似乎是向公众发布命令，禁止他们在某些区域，如一个比较宽的海岸地带，既包括军方关注的地区，也可以是其他一些地区的活动。考虑到特定时刻的特殊需要，这似乎是一个不太管用的措施，但实际上它非常有效。因为那个时候，对于普通老百姓来说，在全国各地活动是一件极其困难和不方便、不舒服的事情。一段时间以来，英国人已经放弃了旅游。所有打算出去旅行的人从一开始就顾虑重重。尽管受影响地区的警察人数已减少到最低限度，但其工作效率并未降低。到目前为止，他们已经对当地人口数量进行了相当精确的统计，因为他们得到了国家登记、补给配发等部门提供的各种花名册的帮助。至于通讯设施，邮政、电报、电话和广播服务的集中化管理，在这些地区将带来最大的好处。还有颇受大家尊重的国民自卫队，也在各个方面充分展示了它的热情和能力，他们愿意向任何事情伸出援手。其他一些机构也不能忘记，包括民防部队、国民消防队、防空预警团①、海岸观察员、妇女志

---

① 防空预警团（Air Raid Precautions），缩写"ARP"，英国致力于保护平民免受空袭危险的组织。自 20 世纪 20 年代起，英国政府开始关注空袭预防措施，1937 年成立了专门防空机构（Raid Wardens' Service），每个地方议会都有专人负责防空工作。从 1939 年 9 月 1 日起，防空预警团负责组织实施了（转下页）

愿队、童子军、女童子军等，所以只要命令一下达，人员的流动就可以基本上被管住。因此，我们建议，在指定的几个月里对以下地区禁止人员流动，沿海岸线向内陆十英里纵深，英格兰从兰兹角②到沃什湾的狭长地带，以及苏格兰从邓巴到阿尔布罗斯的狭长地带，但不包括爱丁堡及其周边地区。这似乎是同时满足安全和欺骗敌人两个目的所必需的最低限度了。

这件事情的特点与其他大多数都截然不同，因为这里要求的是单方面行动，是英国政府呼吁采取措施限制本国的人民。英军参谋长委员会在反复仔细审查了所有的利害关系后，支持了考萨克的要求，随后在政府部门圈子里进行了长时间的探讨和争论。这种情况持续了整个冬天，直到艾森豪威尔将军接任盟国远征军最高司令官之后才最终确定。艾森豪威尔到任后发现，当时的情况是，尽管英国军方领导人极力主张，但战时内阁仍然怀疑采取这些措施的必要性。不过，他们同意在这件事上听从艾森豪威尔将军个人的意见，这是艾森豪威尔最早作出的重大决定之一。

---

(接上页)"大停电"，所有私人住宅、商业场所和工厂都需配备厚窗帘和百叶窗，以防止光线外泄成为敌方轰炸目标。在遭到空袭时，他们还负责管理防空警报，引导人们到避难所。1941 年起名称改为民防部队，以承担更广泛的职能。在第二次世界大战期间，共有 150 万人在该组织服役，将近 7000 名民防工作者牺牲。在闪电战最激烈的时候，有超过 127000 名全职人员参与，到 1943 年底降至 70000 人。1945 年 5 月 2 日，欧洲战争接近尾声时解散。——摘译自 https：//encyclopedia. thefreedictionary.com/Air + Raid + Precautions

② 兰兹角(Land's End)，是英格兰康沃尔郡西部的一处海角，也是英格兰陆地的最西端，位于彭赞斯西南偏南约 13 公里处。——译者注

# 第八章　美国之行

尽管在 1943 年 8 月已经有传言说，艾森豪威尔将军是盟国远征军最高司令官的人选，但是到他真正就任还是过了很长时间，其间发生了很多事情。整个夏天一直都有非官方的意见说，最高司令官将由美国陆军的乔治·C. 马歇尔将军出任。

就像报纸上说的，有关马歇尔的报道既无法证实，也不能否定。我们试图从基本常识上推导出一个答案。当时存在着三个大的英美联合司令部，分别在太平洋、地中海和欧洲西北部战场。根据我们了解的情况，麦克阿瑟将军在太平洋战场上是没有竞争者的。地中海战场是艾森豪威尔将军的主场。如此看起来第三个司令部应该是掌握在英国人手中。尽管后来又设立了东南亚司令部，由路易斯·蒙巴顿勋爵担任司令官，英国人仍有可能接掌西北欧司令部，为了搞好平衡，英国人和美国人都是两个。但还有另外一个因素要考虑进去。随着夏天的过去，有一个观点突然冒了出来，并得到了一定范围的支持，就是西方盟军对德作战的所有行动都应该由一个统一的司令部指挥。如果一个人面对的是一张小型地图，很可能会赞成这个观点。尤其是从空军的角度而言，他们已经实现了某种意义上的统一指挥。穿梭轰炸是能够做到的，而且已经在做了，空军编队从不列颠飞往非洲，往返途中对德国、奥地利和意大利实施轰炸。由于对德国的包围已经形成，如何协调从北边和南边两个方向实施的轰炸变得越来越复杂，看起来有必要未雨绸缪，在实施"霸王行动"之前将两个方向的空军力量整合起来。最好的办法似乎只有将两支力量的司令部合并。在随后的地面作战中，类似的问题也会冒出来，解决问题的最好办法可能也是同样的路子。反对这一观点的人则认为，统一指挥的问题已经通过联合参谋长委员会这个机构解决了。在英国人看来这是非常有效的，但并不是所有的美国人都认同委员会这种架构。还有一种想法是再设立一个"超级司令部"，指挥下属两三个最高司令部的行动，这更加让人感觉有点儿头晕。光人员就很难找齐。又设在哪里呢？权威性何来？如果这主意还能算是个主意的话，先不讨论其利弊，具体操作运转起来也会面临一大堆困难。在这个以及类似问题上，英国人有很多需要向美国人学习的。前面已经说过，无论面对什么问题，英国人和美国人的处事方式都是截然相反的，尤其是在指挥官的机动能力和交通保障这样的问题上。美国的陆军将领好像无论大小，都至少有一架属于自己的个人专机使用。但对于皇家空军来说，一位英国陆军上将通常会被看成一件"军方货物"，而且等级还不是很高的货物，每次每个人的待遇肯定还不完全一样。在通信和类似的问题上，英国人的方式一般还是通过日常的信件来往，连电报这种新玩意儿都有些看不上。美国陆军则恰恰相反，他们设备更新的速度几乎令人眼花缭乱，他们的通信控制系统是以秒而不是按月来计算延误。这当然也有它的弊端，对于那些必须反复权衡的事情往往是需要时间的，不过在这种事情上，我们还是希望思考问题的脑袋能够转得再快一些，而不是让通信系统慢下来。

在这种未来司令官身份一直无法确定的情况下，是不可能建立起一套最高层面指挥体系的。我前面写过，矛盾肯定是一直存在的，尤其是需要同时与美国人和英国人打交道。高级指挥官在指挥方式以及其他一些方面往往都有自己的独特套路。那些曾经拥有过自己的独立司令部的将领，通常都很难再扮演好下属的角色。高级指挥官也和普通人一样容易有嫉妒心和好恶感，但对于他们来说，当他们从和平时期被边缘化的阴影中走出来，成为一个国家的焦点时，这些微小的人性弱点往往会在强烈的聚光灯照射下变得十分扎眼。由于缺少那些本应该操心的人的指导，提前谋划搭建"霸王行动"的最高指挥架构实际上就变成了考萨克一件极其困难的事。作为一个简单的机构，我们只能走这么远了，若要继续阔步远行，我们将不可避免地遇到一个关于身份或国际关系的问题，而我们是无法回答这个问题的。尽管当时英国人与美国人之间的关系，总体上可以说已经从互相吃不准变得明朗融洽，而且可以毫无疑问地预期，这种关系将会达到人员和所有资源上的充分共享。尽管如此，在补给和后勤上的不同管理方式还是会互相添乱。兵力占主导地位的部队，在这些事情的处理上往往会自行其是。还有方方面面的问题需要考虑进来，包括过去的历史和未来的关系，以及当前的权宜之计和我们的实战行动。地理的因素也要考虑。英国本土海域肯定是一位英国海军将领来指挥。海峡对岸的问题则要考虑与法国和盟国之间的关系。

　　这里有一个先例可以研究，但好像帮助也不大。已经在运作的地中海战区司令部，实行亚历山大将军和艾森豪威尔将军的融合指挥，可以让我们大致看到我们想要创建的指挥模式的样子。但是随着我们研究的越深入，越感觉它好像不过是一个粗糙的框架，而不是一个完工的艺术品。我们本来应该搞清楚，但实际上却没有看明白的地方，恰恰是高层之间的关系。艾森豪威尔将军好像把作战的细节问题都留给了亚历山大，他自己则集中精力在政治事务上，那么这样的安排是必要的还是有意的？如果是有意的，又是谁的选择呢？这些问题或许总有一天会搞清楚，但是在1943年夏天的时候，可没有人能说明白。

就我们自己来说，我们早就考虑到需要组建两个集团军群。以后可能还会有更多，但当时我们能够预见到的，就是组建两个，一个美国人的，一个英国人的。起初，在英格兰创建了美国第1集团军群（FUSAG）的雏形，并下辖美国第1集团军（FUSA），更多的美国集团军也在组建中。人们常常把美国第1集团军群和美国第1集团军搞混，因为它们名字的缩写非常接近，一直到给美国第12集团军群起名字的时候都是这样。英国人这边组建了第21集团军群，下辖英国第2集团军和加拿大第1集团军。总有一天这两个集团军群会在战场上并肩迎敌。当然也会有·个最高司令部在他们之上发号施令，无论是根据前面分析的英国人来做最高司令，还是像疯传的谣言那样是美国人出任最高司令。但不管是谁来做，如果他搞不清状况，都不可能弥补好最高司令与集团军群司令之间的空隙。

还有一点，就是根据最高司令的国籍，他最高司令部里的参谋班子，也就是考萨克的参谋班子，就必须相应按照美国人或英国人的路子来搭建。这关系到办公室门上的牌子是写副参谋长、助理参谋长、助理副参谋长的首字母缩写，还是写上美国人那干净利索的第一、二、三、四处。这之间的差别，将深刻影响到整个参谋班子的工作流程，因为两个国家参谋人员的工作手势从最初的环节开始就有很大不同。但最大的问题还是存在于两套指挥体系当中。在作战准备的过程中，我们是按照美国的统一指挥体系只设一位最高首长呢？还是按照英国的委员会机制搞三军首脑平起平坐？考萨克的命令来自于成员当中有一半是英国人的联合参谋长委员会，讲明了只设一位最高司令官和一位参谋长，这明显是美国人的口味，尽管一开始假定两个职务均由英国将领担任。这是不是意味着英国人准备接受美国人的行事方式？不过，所有这些想法都仅仅是我们自己心中的盘算。

让我们暂时放下最高司令部的问题不谈，还有一个较小的问题，那就是进攻行动司令部的设置，也就是我们先遣部队的指挥系统，与我们的命运也同样密切相关。这次进攻将由一支三个师士兵组成的基本部队进行，这是一支适合由军一级的司令部来指挥的部队。但是，到了那个时候，已经有许多各种各样的附属部门想要加入主要的陆军攻击部队，海军和空军以及其他百余个单位、机构，都吵着要上横渡海峡的第一班船，一个军级司令部手上那点资源是不可能满足他们的。所以我们又试着围绕一个集团军司令部再拿出一个方案。结果简而言之，也不合适，然后我们发现需要用一种全新的方法来处理。我们的两个陆军集团军群，一个美国的和一个英国的，从一开始就必须并驾齐驱，这并不是出于感情、民族自豪感或诸如此类问题的考虑。否则，我们就会发现，在遥远的海峡对岸战场上，会出现或英国人或美国人为主在作战，而另一个集团军群则跟在后面的情况，这基本上可以断定是不合理的。说到这里，终于有了一个基本点。就是这次进攻必须是美国人和英国人的联合作战。就算还有其他方面的考虑，也需要这样做。其实事情本来也很简单，联合进攻就是军事上的需要。然后，登陆艇的可能增加，使得我们能够发动更强大的攻势。首相曾主张增加25%。奇迹可能会发生，而奇迹一旦发生，就成为我们扩大行动规模的另一个原因。直接将指挥权交给一个或另一个集团军群司令部，几乎可以预见到什么变化都可能发生。最重要的是，第一次进攻的兵力应该保持在三个师。如果需要的话，三个开路先锋师可以平均分配，美国、英国和加拿大各安排一个师。或者，根据指挥官的意愿，任何其他排列组合都可以很快实施。但我们必须知道谁将成为指挥官。考虑到方方面面的因素，这项荣誉似乎只能归英国人所有。但当涉及到具体人选时，质疑的声音就出来了。进攻必须是联合的，因此指挥官必须是攻击部队所有组成部分都能完全信赖的人。

正是在这一点上，考萨克想尝试着用一下"四分仪会议"后发布的命令授予它的权限，这次会议上调整了某些指挥方面的分工。这不仅仅是一个指挥权的问题，我们所有人都越来越感到，需要有某种东西来刺激一下英国人民的士气，他们已经遭受了如此多的痛苦，未来可能还要遭受更多的痛苦。因为在1943年这个可爱的夏天，我们似乎察觉到了一点儿洋洋得意的味道。与过去相比，我们这边的情况正在好转。太平洋的好消息不断传来，麦克阿瑟将军开始再次挥师北上。印度似乎也解除了日本人的威胁。隆美尔被赶出了非洲。遗憾的是，他把自己和其他很多人都救了出去，不过没关系，抓获的战俘数量足以让人大吃一惊了。俄国人仍在战斗，而且进展顺利。现在英国几乎不再遭到空袭。另一方面，德国人终于对自己的命运也开始有那么点儿预感了。英国人的感觉当然是阳光灿烂。如果我们坐下来看他们去打下一轮，美国人和苏联人应该也不会有什么抱怨。对于英国人下一步到底应该做些什么，是需要坐下来安静地思考一下了。总之情况还不算太糟，但我们在考萨克的工作还是很累人，可能只是我们心里的感觉吧。

要提出一个积极的"治疗"建议，或者说是预防性的措施，并不是那么容易。保密非常重要，必须有某种方式，在不惊动德国人的情况下激励一下英国人。与其说武装部队需要提神打气，不如说是广大平民百姓需要，他们以各种方式进行了艰苦的战斗，除了生活被打乱之外，什么也没有得到。这场战争最终是为了他们，也就是为了老百姓，武装部队存在的价值，自始至终都是为了老百姓。激励的手段只能通过公共信息部门，要么报纸，要么广播，而丘吉尔

"医生"显然是开处方的专家。1940 年的时候，就是他将已经瘫倒的病人从手术台上抬进了角斗场，现在如果他能再次出手，那就再好不过了。我们建议，首相可以和英国报纸编辑进行秘密谈话，然后可以通过广播向民众发表讲话，在不透露细节的情况下，号召他们进行伟大的最后一击。我们认为做这件事的时间要晚一些，但我们也提出了另一种方法，那就是考虑尽早任命一些富有传奇色彩的人物加入英国军队，他们可能会通过军队向人民传递我们认为缺乏的活力。我们意识到，相对于我们接到的命令而言，做这些事情可能会招来一些非议，因为这些事很可能被大家认为不属于最高司令官的权限范围，假如他本人已到位也可能会这么看。我们的主张当然是考虑到英国和美国的共同需要才提出来的。

　　到目前为止，我对整个事情经过的叙述不可避免地带有一种难以抹去的英国味道。这是很自然的，因为主要剧目都是在英国伦敦上演的。这也不是一部官方历史，而是对一个历史小篇章的半个人化回忆，从 1941 年 12 月 7 日的夏威夷珍珠港开始，到 1945 年 5 月 7 日的法国兰斯①结束，将第二次世界大战的主要作战行动串在一起。当然，这本书从本质上也可以说就是我个人的回忆录，因为考萨克这个机构在 1944 年 1 月就撤销了。不过我们中的大多数人很幸运，之后还能够继续与艾森豪威尔将军共事，并在他的联合

---

①　兰斯(Reims 或 Rheims)，位于法国东北部，是香槟-阿登大区马恩省的城市。"二战"期间遭到了较大破坏。1945 年 5 月 7 日，德国政府代表约德尔上将在驻兰斯的盟军最高司令部向美国、英国、苏联三国代表签署德国无条件投降书。但是，苏联领导人斯大林对兰斯投降仪式极为不满，认为苏军是战胜纳粹德国的主力，并担负了攻克柏林的重大任务，兰斯投降仪式无论地点还是方式都有损于苏军的威望。有鉴于此，苏联、美国、英国政府经过商讨后决定，将兰斯投降仪式当作一次预演，正式的投降仪式于 5 月 8 日，格林威治时间 22 时 43 分(莫斯科时间 5 月 9 日 0 时 43 分)在柏林举行，并由苏联方面的代表主持。5 月 9 日由此成为苏联卫国战争胜利纪念日。——译者注

参谋班子中为他服务到战争结束。但是，考萨克归考萨克，责任却是我来担着的，期间发生的大部分事情，我个人都亲身经历，而我又是一位英国人。

1943年秋天，我们中的一小群人前往华盛顿特区，参加了与美军参谋长联席会议的进一步讨论。在战争中，有成千上万的英国人到过美国，有些人还去过多次。但我想，所有这些人都是代表英国政府一些老牌而权威的机构去的，他们都知道自己是在"为英格兰效力"。而我们这群人，心里面却很难弄清楚，我们此行究竟是在帮着谁。

"四分仪会议"结束后，雷·巴克将军去了美国，从那里再回到魁北克时，他带来了马歇尔将军的邀请，让我去华盛顿拜访他。当时似乎有一种可能性，就是他将出任最高司令官，而我可能是他的参谋长。这样的安排可是非常惹人关注的，因为我们是不同国籍的人，但如果能在这里证明是可能的话，那么未来双方的组合就是可行的。司令官和参谋长之间的关系，必须要有"心有灵犀一点通"的特殊性质，即便搭档双方属于同一个种族，也很少能达到这种境界。如果我真的因马歇尔将军就任最高司令官而为他服务，那我们的见面越早越好。同样的道理，我越早会见美军参谋长联席会议和尽可能多的其他美国作战机构，效果也就越好。到目前为止，我只是在他们访问世界各地的美军前线时，见过这些机构的某些代表。正如前文已经写到的，7月的时候，战争部长亨利·L.史汀生先生曾经来过，他为我们大家做了很多好事。还有战时生产委员会主席唐纳德·尼尔森①先生，我们已经将登陆艇和其他物资方面的需求告诉

---

① 唐纳德·马尔·尼尔森（Donald Marr Nelson，1888—1959），美国企业家。1911年毕业于密苏里大学，1912年进入著名零售商西尔斯罗巴克（转下页）

了他。当时我们还不知道该对战时新闻办公室的埃尔默·戴维斯先生说些什么，他说到了1944年5月再准备宣传工作可能会太晚，我们应该提前拍摄一些宣传作品，也许这的确可以制作成一个好故事，但对我们来说却未必能带来好的效果。预算局的埃里克·比德尔先生，用事实和数字给我们留下了深刻印象。我还有幸会见过五位进行环球之旅的著名参议员。我和当时的美国海军部长诺克斯①上校

---

(接上页)公司，1930年任副总裁，1939年任执行委员会副主席；该公司采购的商品超过13.5万种，这使得尼尔森对美国的工业体系了如指掌。1940年5月，罗斯福总统任命尼尔森担任财政部采购处代处长，负责采购援助英国等盟国对抗轴心国作战的物资。1941年1月，美国生产管理办公室成立，尼尔森任主任；为了解决物资分配优先权的争议，同年7月新组建了优先供给和分配委员会，尼尔森兼主任。1942年1月，罗斯福总统将两个机构合并组建战时生产委员会，任命尼尔森为主席；尽管一直遭到军方指责，尼尔森还是担任该职到"二战"结束。——摘译自 https：//en. wikipedia. org/wiki/Donald_M. _Nelson

① 威廉·富兰克林·诺克斯（William Franklin Knox，1874—1944），美国政治家、报纸编辑和出版商。1900年左右将自己的名字改为弗兰克（Frank）。早年参加过美西战争，还曾加入过西奥多·罗斯福组建的第1志愿骑兵团在古巴服役。1917年随远征军赴法国参加"一战"。1930年成为《芝加哥每日新闻报》的发行人和股东。1936年成为共和党副总统候选人。"二战"爆发后，他反对孤立主义，积极支持英国。1940年7月，罗斯福总统改组内阁，延揽共和党中的主战派加入内阁，诺克斯成为美国第46任海军部长，直到1944年去世。任职期间大力发展美国海军装备，使之成为具备两洋作战能力的强大战略力量。珍珠港事变后，他积极推荐欧内斯特·约瑟夫·金担任美国海军总司令和海军作战部长，并大幅改组海军指挥机构，扭转了太平洋战争的战局。诺克斯早在1933年就曾要求拘禁日裔美国人，"二战"期间更加主张对日裔美国人进行监禁，并禁止他们在海军服役。1942年6月，在得知德国以莱因哈德·海德里希（Reinhard Heydrich）遭到暗杀为由屠杀捷克利迪策村（Lidice）的平民进行报复后，诺克斯对此发表过一个非常著名的评论："将来如果子孙后代问我们，为什么要打第二次世界大战，我们将向他们讲述利迪策村的故事。"——摘译自 https：//en. m. wikipedia. org/wiki/Frank_Knox

共进过晚餐。美国陆军航空队司令阿诺德①将军、后勤部队副司令斯泰尔将军、战争部总参谋部作战处处长汉迪②将军，以及其他许多人都来拜访了我们。但是，尽管从我们个人的角度来看，这些接触给

---

① 亨利·哈利·阿诺德(Henry Harley Arnold，1886—1950)，美国陆军、空军五星上将，昵称"哈普"(Hap)，意思是快乐的阿诺德，被称为"美国现代空军之父"。1911年向莱特兄弟学习飞行，是美国陆军的首批飞行员之一。阿诺德在菲律宾服役时曾与乔治·马歇尔共事。1925年至1926年在陆军工程学院学习时，阿诺德支持陆军航空兵领导人威廉·米切尔建立独立空军的要求，并在审判米切尔事件中出庭作证支持米切尔。1938年9月任美国陆军航空兵司令。1940年10月任负责航空兵事务的陆军副参谋长兼陆军航空兵司令。1941年7月，美国陆军航空兵改编为陆军航空部队，下辖数个航空队，仍由阿诺德指挥。1942年3月美国陆军再次改编，陆军地面部队、陆军航空部队和陆军后勤部队成为陆军的三大组成部分，阿诺德改任美国陆军航空部队司令。阿诺德认为：由于空军的出现，战争已变得立体化，空军可以大规模袭击敌人地面部队和水面舰艇，可以深入敌人的战略后方，破坏敌人的后方补给、工业经济、交通枢纽、甚至人口密集的中心城市，从整体上摧毁敌人的抵抗意志。因此，根本无须入侵和占领敌国的领土，仅用空军就可以迫使敌人投降，从而结束战争，这种作战方式就叫"战略轰炸"，即具有战略意义的飞机轰炸作战。阿诺德的思想对盟国军事战略产生了重要影响。1943年3月晋升陆军上将，1944年12月获陆军五星上将军衔。"二战"期间，阿诺德指挥着世界上最庞大的空中力量，包括15个航空队(下辖234个作战航空大队)，共计250万人，约7万架飞机。1946年，阿诺德从美国陆军航空队退役。1947年，美国国会通过"国家安全法"，正式批准陆军航空队脱离陆军，组建独立的美国空军。1949年5月，在美国空军成立2年后，阿诺德被改授为空军五星上将。著有回忆录《全球使命》(Global Mission)，由"让历史感同身受"丛书策划人、本书译者章和言完成翻译，上海译文出版社2019年5月出版。——摘自http://baike.baidu.com/view/559420.htm

② 托马斯·汉迪(Thomas Troy Handy，1892—1982)，美国陆军上将。1914年毕业于弗吉尼亚军事学院，参加过"一战"。两次大战之间，曾在母校和野战炮兵学校任教官，大多数时间在炮兵部队服役。1940年调入总参谋部作战计划处。1942年6月接替艾森豪威尔，任分管作战的助理参谋长，晋升少将。1944年10月任陆军副参谋长，晋升中将。1945年3月晋升上将，马歇尔出席波茨坦会议期间，代理陆军参谋长，曾下达向广岛投掷原子弹的命令。"二战"后曾任第4集团军司令、驻欧洲美军总司令等职。1954年退役。——摘译自https://en.wikipedia.org/wiki/Thomas_T._Handy

我们营造了"氛围"，令人感激，但从军事业务的角度来看，我们并不完全满意。他们大多来去匆匆，而且在伦敦，他们的来访往往更多的是社交性质，而非官方性质。不过，随着美国高层更多地常驻在伦敦，包括约翰·G. 怀南特①大使，美国舰队在英国水域的指挥官、美国负责法国事务的半官方代表斯塔克②海军上将和美国陆军欧洲战区总司令德弗斯将军，我们都进行了密切和持续的接触，使得两国关系再友好不过了。但是，事实仍然是，美国政府的大部分人希望考萨克能够在某种程度上也被视为美国政府的一个机构，与美国政府保持更密切的联系和认同。因此，我请求英军参谋长委员会同意我接受马歇尔将军的邀请，于是便得到了批准。我还被允许

① 约翰·吉尔伯特·怀南特（John Gilbert Winant，1889—1947），美国共和党政治家。1925 年至 1927 年、1931 年至 1935 年两度担任新罕布什尔州州长。1935 年至 1937 年任社会保障委员会主席。1939 年 1 月至 1941 年初任国际劳工局局长。1941 年 3 月被任命为驻英大使，接替了当时倾向绥靖政策的原大使约瑟夫·肯尼迪。他到任后迅速与英王乔治六世和首相丘吉尔建立了良好的关系，后来因其贡献成为继艾森豪威尔后第二个被授予英国荣誉勋章的人。1946 年 4 月卸任大使后，被任命为驻联合国教科文组织代表。但其无法适应这种"平静"生活，加上婚姻失败和债务缠身，于 1947 年 11 月自杀身亡。丘吉尔为其葬礼献上 40 多朵黄玫瑰，英国国王和王后都发来唁电。——摘译自 https：//en. wikipedia. org/wiki/John_Gilbert_Winant

② 哈罗德·雷恩斯福德·斯塔克（Harold Raynsford Stark，1880—1972），美国海军四星上将，第 8 任美国海军作战部长。1903 年毕业于美国海军学院。曾率领美国海军亚洲舰队参加"一战"，战后被任命为欧洲海域美国海军作战部队司令。1934 年任海军军械局局长。1937—1939 年任第一巡洋舰队司令。1939 年 8 月任海军作战部长，晋升海军上将。他极力促成美国国会批准建立两洋舰队，加强海军军备，最先提出"先欧后亚"战略思想。1940 年，兼任大西洋舰队司令。日军偷袭珍珠港后，1942 年 3 月斯塔克被解除海军作战部长职务，调任美国驻欧洲水域海军司令、罗斯福总统驻伦敦的个人军事代表，1943 年 10 月又兼任美国第 12 舰队司令，参与指挥了诺曼底登陆行动。斯塔克与英国政府和皇家海军建立了密切友好的关系，在盟军协调合作方面做了大量工作，完成了多项外交和政治任务，包括：同维希法国政府的谈判、处理与法国戴高乐集团的关系、发展同在伦敦流亡的欧洲各国的事务等。——摘译自 https：//en. wikipedia. org/wiki/Harold_Rainsford_Stark

带上考萨克里面的英国陆军少将 N.C.D. 布朗约翰①，他从一开始就担任首席行政官，负责所有后勤补给和行政事务以及相关准备工作。虽然在后勤体系各自独立运作上不存在问题，但很明显，只要他们的部队在英国集结，美国人就有义务与英国人——也就是"地主"——密切协调他们的需求。因此，在考萨克总部，英国的后勤人员在规划筹备阶段也是被视为"上等人"的。所以，在美国之行中，布朗约翰将军当然应该是访问团的一员，因为他手上的许多事务，只有在美国才能进行调整。另外还有我的副官波比，有他在，宴请方面的事情就能搞定了。

1943 年 10 月 6 日，我们从爱迪生路火车站出发，乘坐德弗斯将军的豪华私人列车。这座车站比较冷清，战争时期的许多秘密出行都是从这里往返。陪同我们的是约翰·C.H. 李将军，他是美军驻英格兰后勤部门的负责人，向北一直把我们送到普雷斯特威克。10 月 7 日晚上，C-54"空中霸王"运输机腾空而起，载着我们在漫长的跨大西洋秋夜中追逐着夕阳，这给了我们长久以来难以得到的享受。

想睡着并不太容易，因为要保持在零度以上防止结冰，我们不得不承受大部分时间的颠簸。这段航空旅行带给我们的，就好像从生活中偷走了一段时光，可能是我们这些终日忙忙碌碌的人反省自己和工作的唯一一机会。我们到底在干什么？

尽管我们自己是英国人，但我们发现仍然很难解释我们高层的

---

① 内维尔·查尔斯·布朗约翰（Nevil Charles Brownjohn，1897—1973），昵称"BJ"，英国陆军上将。1940 年 3 月任陆军部一等参谋。1942 年 7 月任本土军副首席行政官。1943 年 4 月任盟国远征军参谋部（即考萨克）军需总监。1944 年 7 月任盟国远征军最高司令部副助理参谋长。"二战"后历任驻德国占领军首席行政官、对德管制委员会英方副军事长官、大英帝国副总参谋长、陆军部军需总监等职务。1958 年退役。——摘译自 https://www.generals.dk/general/Brownjohn/Nevil_Charles_Dowell

真实意图。回顾过去几个月，毫无疑问我们已经取得了一些成效，但在英国方面，大家仍然认为，对我们的要求作出让步有时是很勉强的。例如，英国人对这次美国之行的许可是带着某种偏见的，这与美国人对该提议的热情形成了反差。行程得到批准后，当我们问是否可以向华盛顿致以特别的问候时，没有人回应，这似乎很奇怪，尽管这可能只是英国人的传统作风。典型的英国人就是这样：在会谈或会议上，甚至在平时谈话中，你偶尔也能察觉到，对任何带有战略性的选择，他们总是陪着你讨论个没完，但不会给出正式意见。不过，对于我们自己炮制的不管什么计划，英国方面在实施上的确也存在着明显的困难。

在美国，我们无疑应该受到美国佬的"热情款待"，他们性格就是这样的。因此，当我们想到临行前被郑重地警告，让我们到了美国要当心眼皮底下的陷阱，真是一件很有趣的事。"小心点，老伙计"，大家都这样给我们提醒。这是我们三个人的第一次西行探险。到目前为止，在这场战争中，我们与美国人真正的接触都是在欧洲和非洲。

对我们来说，我们在伦敦所看到的一切，至少在热情好客方面，开始给了我们迄今为止最美好的希望。看着那些习惯于面无表情、紧紧握着钱袋子的英国人，开始向美国"侵略者"敞开大门，把所有的好东西都捧出来招待他们，那场景真是有趣。当然，在大多数情况下是会收费的，但也有许多真正慷慨大方的例子。普通英国人能负担得起的最好房子，也一般都是脏兮兮的小卧室、小客厅，而美国房客租住的却是我们首都最高档的公寓。等我们到了大洋对面，这种待遇可是想也不敢想，因为我们都曾有过靠着"当地津贴"在国外生活的经历。作为纳税人金钱的守护者，我在挑选派驻海外官员的时候，往往还要看他的私人收入有多少。

下面讨论的问题是，我们正在英国做的一切是不是一场骗局。正如前面所解释的，有许多迹象都与我们正在策划的事情相反。我们似乎也不太可能是在替美国人干活。尽管有很多口号和数字，但在英国驻扎的美国士兵仍然很少。我突然又冒出来那个念头：我们考萨克是不是另一个障眼法？这真的是另一个骗局吗？1943年，为了实施掩护性的行动，我们曾让一位美国的军长和一个小型参谋班子两次飞越大西洋，为模拟针对西北欧的进攻增添一些色彩。我们有没有可能被玩了同样的把戏？

　　在这种情况下，心存感恩是有好处的。我们制订了一个计划，得到了当时最高当局的批准，他们还命令我们执行这个计划。诚然，他们在支撑这个计划的手段上并不太慷慨，不过对他们来说，这的确也是一个操作层面的细节问题。在我们有限的资源和权力所允许的限度内，我们已经尽了力。现在需要的是更多的资源和更大的权力。这些东西的来源就在美国，我们的目标是必须让美国军队掉头向东，并坚持要得到最高指挥官或其副手的实权。如果实现不了，我也必须要获得某种权威，只有这样，说的话才真正管用。此外，我还希望司令官能够尽早到位，并从一开始就假设这个人是马歇尔将军。去问到底是谁似乎也没用。通过作出这种假设，我们至少能够让其他人去承担证明这是错误的责任。抛开所有的猜测，不管最终会是谁，我们现在都坚持自己的假设。

　　随着美国之行的深入，各种迹象越来越明显，对于我们的旅行，不管怎么说，从表面上看美国人还是花了相当大的心思。在缅因州的普雷斯奎尔机场，那是我们飞机在美国着陆的第一站，就看到有两辆大型豪华轿车停在那里，一辆挂着三星将军旗，一辆挂着两星将军旗，分别是给我和布朗约翰将军用的，接送我们从飞机场到吃早餐的地方，全程只不过大约 400 英尺。当我们抵达纽约的拉瓜迪亚机场时，我们发现不仅有一支仪仗队，还有一排将领在欢迎我们。在华盛顿机场，我们又荣幸地迎来了另一个庞大的代表团，团长正是约瑟夫·T. 麦克纳尼①将军，当时他是马歇尔将军的副手。很快我们就被送到迈尔堡②的来访将领宿舍，简直像到了天堂一样，我们受到的欢迎之热烈令人感动。我们觉得，这大概就是我们临行前被警告过要当心的东西吧。但是，你能发现有什么东西不是真情流露吗？不，先生，我们没有发现。我们的感觉就是和朋友们待在一起，从将军到退役的老印第安骑兵中士，还有一群充当开路先锋的印第安骑兵，都让我们看着很舒服。他们都是些老男孩，之前对穿戴向来齐整的英国佬可能也没什么好感，而且对军事也懂得不多。大家

---

① 约瑟夫·塔格特·麦克纳尼（Joseph Taggart McNarney，1893—1972），美国陆军上将。1915 年毕业于西点军校。1916 年 7 月进入圣地亚哥陆军通信兵航空学校学习飞行。1917 年进入通信兵航空科和第 1 飞行中队，8 月赴法国参加"一战"。1918 年 5 月起先后担任美国远征军第 1、第 3、第 6 军团侦察机大队指挥官。1919 年 4 月调入驻巴黎美国远征军司令部，编写空中侦察作战手册。1920 年 11 月进入兰利机场航空勤务队军官学校学习，毕业后留校任教官。1926 年毕业于指挥参谋学院，7 月调入陆军总参谋部军事情报处空军科。1930 年 8 月完成陆军军事学院进修课程，调任马奇机场初级飞行学校校长。1931 年 10 月任第 7 轰炸机大队指挥官。1933 年 8 月调任陆军战争学院教官。1935 年 3 月回到兰利机场主管后勤保障工作，协助筹建陆军航空兵总指挥部。1939 年调入陆军总参谋部作战计划处，6 月参加陆海军作战计划联合委员会。1941 年 5 月任美国陆军驻伦敦特别观察团参谋长。1942 年 1 月任战争部整编委员会主席，晋升少将，参与了陆军航空队的组建；3 月任美国陆军副参谋长，6 月晋升中将。1944 年 10 月任盟军地中海战区副总司令兼美军司令。1945 年 3 月晋升上将，9 月任盟军地中海战区代总司令，11 月任欧洲美军司令兼德国美占区军事长官。1947 年 10 月任新独立的美国空军装备司令部司令。1949 年 9 月任国防部行政委员会主席。1952 年 1 月退役。——摘译自 https：//en. wikipedia. org/wiki/Joseph_T. _McNarney
② 迈尔堡（Fort Myer），美国陆军基地，毗邻弗吉尼亚州阿灵顿县的阿灵顿国家公墓，与华盛顿特区隔波托马克河相望。该基地规模较小，没有靶场和野战训练区。迈尔堡是美国陆军中最古老的步兵团第 3 步兵团的驻地。——译者注

聊的都是些最普通的话题。

后来我们发现，在马歇尔夫人的直接监督下，我们的住处已经专门为我们重新装修过了。大家都想彻底放松一下，试着把身体和头脑都调整到新的水平。我一边享受着美国人的热情款待，一边等着马歇尔将军的通知，他要在五角大楼的办公室里与我见面。这是一个重要的时刻，可不能迟到。

当兵的这个行业到底是干什么的？它的秘诀是什么？仅仅是武器性能、掌控和部署部队的技巧、学习基本军事原理和研究历史战例吗？最伟大的统帅拿破仑告诉我们，在军事上，道义的力量是物质的三倍。不过从他那个时代起，战争的物质方面就开始变得复杂得无法计算了，其造成的结果是，战争的胜算几乎超出了人们能够预见的限度。战争是人类之间的冲突，也是人类思想的冲突。领导者不一定懂技术，但他们善于利用技术和信息去影响对手的思想和思维。时势造英雄。当我们的文明处在一个消极衰退的过程中，人们对伟大人物的呼唤就越是强烈。1943年10月8日，我发现自己就坐在这样的伟大人物面前，与马歇尔将军的会见让我感到愉快和放松。

我本来只打算在那边待五天，不过在我们返程出发之前，最好再休息五天，一回去可就要忙了。不过这想法在我脑海中一闪而过，只是短暂的停顿，然后就听到将军接着说："我听说你已经很久没有休息了，这可不行。你在这边多待几天，到时候我给你送行。"

马歇尔将军人很好，非常坦诚直率。令我沮丧的是，他告诉我，关于他的个人前景，一切还很不明朗。如果他接掌欧洲战区，显然就无法再兼任美国陆军参谋长一职。这个问题不仅是美国军队的人事调整问题，还有和"国会山"的关系问题。美国的机构设置与伦敦大不相同，在伦敦，军队及首脑在一定程度上与政治的那种周期性和地震性的波动相隔绝。而美国的参谋长，根据宪法，则是直接面对着民选的代表，他对于人民的责任远比英国参谋长更直接。因此，在战争即将达到高潮之际更换美国的参谋长，将是一个需要慎重考虑的问题，无论如何，个人的偏好都不会太重要。而且，参谋长是把握全局的，如果接手一个战区司令部，似乎是降职安排。过去他自己是这个职务的上司，那么，在这种情况下，谁又能成为他的上司呢？如果把几个战区的指挥权尽可能合并到一个中央指挥机关，那么美国参谋长接受这个中央指挥机关的最高指挥权就不会遭到任何贬低。但这样的计划从未获得通过，因此也就没有机会见识这样一个"中央司令部"与各个联合国家的最高指挥层之间，会是怎样的一种微妙关系了。

从美国那些最精明的观察者那里，听听他们对我们英国的主要人物进行无所顾忌的评价，并回顾两国及其军队之间交往的历史，真是很有意思。从这一点上来说，我们可以清晰地看到眼下与1917年、1918年的情况何其相似。美国远征军总司令约翰·J.潘兴①将军当时所采取的态度，比我们看到的表面现象要复杂得多，是他站出来坚持组建独立的美军司令部，坚决抵制那些毫无疑问有些傲慢的英国和法国专家的所有花言巧语。这些专家承诺会尽早取得胜利，他们想利用美国的步兵师为他们的战争注入新的血液，这是法国和英国的老兵们已经尝试过的，但几乎到了难以为继的地步。似乎有

① 约翰·约瑟夫·潘兴(John Joseph Pershing, 1860—1948)，美国军事家，特级上将，美军历史上军阶最高的人。1886年毕业于西点军校。1916年3月至1917年2月，率军对墨西哥进行武装干涉。1917年4月美国参加"一战"后，任美国远征军司令，6月率美军在法国登陆。大战末期，率领美军单独进行圣米耶勒等战役，协同英法联军对德国发动总攻，突破兴登堡防线，迫使德国投降。1921年任美国陆军参谋长。1924年退役，著有《我在世界大战中的经历》。——译者注

迹象表明，美国人在上一次大战中的立场可能会再次出现，而且到了1943年必定会更加坚决地予以拒绝。在整个战争期间，马歇尔将军每周都会去沃尔特·里德医院拜访他的老参谋长，或许是为了回顾那场很久以前的大战吧。

马歇尔将军继续说道，语气非常恭敬，如果当年道格拉斯·黑格①爵士或者福煦将军能够得到我现在这样的机会，可以访问美国，了解其巨大的规模和潜力，历史可能就会改写。

从我们对美国这个巨大的国家所知甚少的情况来看，如果再出现任何像上次大战那样的问题，那就太荒唐了。我们最初的判断是正确的，美国是我们的主力，而且要从完整意义上去理解"主力"这个词，它包括我们储备的人力、物资、能量、精神和其他的一切。

总结我与马歇尔将军的第一次谈话，让我获得了丰富的经验。正如我们考萨克的人所预想的，如果英国人的意图可以信赖，那么包括航空队在内的美国陆军将会全力投入其中。

关于最高司令部的问题还和以往一样遥不可及，不过马歇尔将军还是很通情达理地表示了同意，为了所有的现实需要，我们俩应

---

① 道格拉斯·黑格（Douglas Haig, 1861—1928），伯爵，英国陆军元帅。1885年以全班第一名的成绩桑德赫斯特皇家军事学院。早年主要在印度的骑兵部队服役，参加过苏丹战争、布尔战争，1909年再次回到印度任印度军参谋长。1912年3月回国任奥尔德肖特军区司令。1918年8月"一战"爆发后，黑格参与筹建了英国远征军，他准确地预测出战争将持续数年，需要动员数量达100万的部队；其所辖奥尔德肖特军区部队被改编为第1军，几乎是远征军的半壁江山。1915年2月任第1集团军司令，同年12月受命接替因被动消极而备受责难的弗伦奇，担任远征军司令直至战争结束。1917年1月晋升陆军元帅。对黑格的评价褒贬不一。有观点认为他不善于运用新技术、新武器，漠视将士生命，导致了一些战役中大量人员伤亡，甚至称他为"屠夫黑格"；也有观点认为正是他的领导力和坚韧带领英国坚持到了胜利。1920年1月退役，余生主要精力都奉献给了为退役军人争取福利。——摘译自 https://en.wikipedia.org/wiki/Douglas_Haig

该在我访问期间共同行动，就好像他和我最终要成为搭档一样。只有一件事似乎是肯定的，那就是我五天后返回欧洲的想法是不可能的。好吧，那就这样吧。看起来在华盛顿特区还有很多"好菜"等着吃呢，无论是字面上的还是比喻上的。

从第二天早晨开始，包括此后的每一天上午，我都被召去参加马歇尔将军每天召开的参谋长会议。会上，总参谋部作战处长汉迪将军简要报告世界各前线的战况，由陆军航空队的阿诺德将军和总参谋部情报处长（G-2）乔治·斯特朗将军补充。不时会有其他人出席会议，对他们负责的工作进行专门汇报。我不知道是否有这样的特权被授予过其他的外国人，总之我无法想象在伦敦会发生这样的事情。这是一种奇怪的精神分裂状态，让人难以自拔。在早些时候的一次会议上，当一位发言者顺口说出"该死的英国佬"时，出现了一个尴尬的停顿。但那只是一瞬间，我接在他后面问，自己是否可以被看成一个"该死的美国佬"，这之后大家就都这样叫开了。

我和另外两个人组成的这个小型访问团，是作为美军总参谋部的客人，受到的接待水平似乎比好莱坞描绘的千万富翁的生活水平还略高一些，尤其是在我们过了几年的苦日子之后更是感觉如此。一到华盛顿，我们就与派驻在这里的英国联合参谋团的同胞建立了联系，他们的环境可就差多了。他们的日子也不好过，在被迫像穷亲戚一样生存的同时，还要冒充高级合伙人的样子，可真是不容易。但事实就是这样，联合参谋团的所有成员都尽了最大努力，不仅完成了自己的任务，还帮助了我们。正如约翰·迪尔①爵士在我们

---

① 约翰·格瑞尔·迪尔（John Greer Dill，1881—1944），英国陆军元帅，爵士。布尔战争中在伦斯特团服役。"一战"爆发前在坎伯利参谋学院学习。"一战"期间，他历任多个师级、军级参谋岗位，后来升任准将、远征军司令部作战参谋。两次世界大战间隙，他先后担任帝国国防大学教官、坎伯（转下页）

第一次会面时所讲的那样，"我们越早了解这些美国人，他们就越了解我们，对解决所有问题和其他有关方面都会更好"。值得注意的是迪尔元帅和美国参谋长马歇尔之间的私人关系。有人说，迪尔元帅的做法不太像是英国人的风格。但是，所有级别的美国人，包括那些平时不太喜欢说俏皮话的，都一直如此热情地把"我们的马歇尔将军和我们的陆军元帅"①挂在嘴边。

在英国陆军部我曾经与迪尔元帅一起共事过，但皇家海军上将珀西·诺布尔②爵士和皇家空军中将威廉·威尔士爵士都是新认识

---

（接上页）利参谋学院院长、陆军部作战与情报局局长、驻巴勒斯坦英军司令。1937 年 10 月任奥尔德肖特军区司令。"二战"爆发后，1939 年 9 月任英国远征军第 1 军军长，率部开赴法国参战。1940 年 4 月，在盟军败退敦刻尔克前夕，迪尔被调回本土任大英帝国副总参谋长，5 月任总参谋长。丘吉尔挪揄他是个"磨蹭"，两人在一起工作气场不合，迪尔被迫忍着丘吉尔，但发现将濒临绝境的英国和咄咄逼人的丘吉尔协调在一起简直难以实现。不过迪尔想方设法建立了很多英国最高指挥机构的运作机制。美国参战后，1941 年 12 月 25 日，迪尔被任命为英美联合参谋长委员会英方首席代表、驻华盛顿联合参谋团团长，把他从差点退居孟买总督的境地中挽救回来。他在任上为维持和协调盟军事务作出了杰出贡献。迪尔与马歇尔的深厚友谊也使他获益良多。1944 年 11 月 4 日因再生性障碍贫血在任上逝世，葬于美国阿灵顿国家公墓。罗斯福总统称他为"以卓越的协调能力推动我们两国联合军事行动的最重要人物"。——编译自 https：//www. generals. dk/general/Dill/John_Greer/Great_Britain. html，https：//en. wikipedia. org/wiki/John_Dill

① 马歇尔名字的发音，与元帅一词的拼写和发音都非常接近，此处原文是"our General Marshall and our Field-marshal"。——译者注

② 珀西·诺布尔（Percy Noble，1880—1955），英国皇家海军上将。1894 年加入皇家海军，参加过"一战"。1935 年 2 月任第四海务大臣，分管补给和运输工作。1937 年 12 月任驻中国皇家海军司令。1940 年 11 月任海军部总务处处长。1941 年 2 月任西部海区总司令，负责大西洋反潜艇战，为发展英国反潜部队做了大量组织和训练工作，为日后反德国潜艇战的胜利奠定了基础。1942 年 11 月任皇家海军驻华盛顿代表团团长。1944 年 12 月再任海军部总务处处长，直到"二战"结束。——摘编自 http：//www. unithistories. com/，https：//baike. so. com/doc/2703383-2854270. html

的朋友。戈登·麦克雷迪①将军是迪尔元帅的副手，他是一位久经考验的老同志。大家都热烈地欢迎了我们。在争取获得指挥权这个至关重要的问题上，我需要他们的全力支持，包括整个登陆行动的指挥权和先遣突击部队的指挥权。当然，大的指挥权可以包括小的，正是出于这一点考虑，我显然应该集中目标。从考萨克的角度来看，道理是如此简单。因为没有指挥官，也就没有战斗。但在华盛顿的高层，就像在伦敦的高层一样，一旦有人在这一点上卡住，整个工作就会中断，问题就会稀里糊涂地再次回到我们自己手上，即我们是否非常确定真的需要一场战斗。

总而言之，在马歇尔将军和迪尔元帅都没有意见的情况下，下一步最好把工作先启动起来，就像两边的人都可能会说的那样，让小伙子们就当作我们的计划已经获得批准那样先干起来，然后一有机会就不断地向高层提出要求。对于现在出现的这种一环套一环的事情，就算有详细的工作记录，也很难以一种完全连贯的形式重现。行动方案的主要内容，全部经过了我们与美国作战计划人员、英国作战计划人员、联合作战计划人员和所有其他作战计划人员的一系列会商，以及与联合参谋长委员会本身这一权威机构的会商。平常接待的个人更是不计其数。谢天谢地，在这一系列的会议和接待当中，我得到了布朗约翰将军的大力支持。所有这些努力的结果，是我有幸在白宫单独与罗斯福总统度过了一段难忘的时光。

---

① 戈登·内维尔·麦克雷迪（Gordon Nevil Macready，1891—1956），英国陆军中将。1934年4月任陆军部一等参谋。1936年10月任陆军部人事处副处长。1938年9月任驻埃及军事代表团长。1940年10月任陆军助理参谋长。1942年6月任英国陆军驻华盛顿代表团团长，一直到"二战"结束。1946年9月退役。——摘译自 http：//www．generals.dk/general/Macready/Gordon_Nevil/Great_Britain.html

我们与美国作战计划人员的第一次会面，真是一次考验。过去在伦敦与英国作战计划人员开会的时候，气氛如果称不上友好，那也是很轻松的讨论，一般都是在离地面很深的小房间里，三四个人围在一起，谁要是漫不经心开小差可瞒不过别人的眼睛。在华盛顿这里可全然不同。我们好像走进了一个由战争部官员出席的群众大会，他们了解我们的来意，与会的每个人都是行家里手，每个人都准备着刨根问底。在我们的第一次"审判"中，除了布朗约翰将军，还有两位强有力的盟友——卡尔·斯帕茨①将军和"大管家"史密斯将军在"被告席"上陪着我，他们在某种意义上也是地中海战区的代表。有了他们熟练而雄辩的协助，再加上前不久北非战场上的实战经验，我们得以连续三个小时不间断地防守，拿下了第一局。

---

① 卡尔·安德鲁·斯帕茨（Carl Andrew Spaatz, 1891—1974），昵称"图伊"（Tooey），美国空军四星上将，美国空军发展的重要人物，美国陆军航空队总司令，"二战"后成为独立军种的美国空军第一任参谋长。1914年毕业于西点军校，1916年成为飞行员，在"一战"中负责指挥一个驱逐机中队。后历任航空勤务队主任办公室训练与作战处处长、计划处处长、装备处处长和副主任等职。斯帕茨是米切尔空权论的积极拥护者，从20年代起就坚信制空权理论，认为空军能够成为独立的力量，单独实现作战目的，而战略轰炸则是空军的主要任务。"二战"爆发后，1940年5月被派遣到英国伦敦，任联络空军事务的助理武官、特别观察员；10月任陆军航空兵主任办公室物资处处长，11月改任计划处处长。1941年6月任陆军航空队司令部部参谋长。1942年1月任陆军航空队战斗机司令部司令；5月任驻英国的美国陆军第8航空队司令；7月兼任欧洲战区美国陆军航空队司令；同年12月调任西北非盟军空军副总司令。1943年1月任北非盟军空军总司令；2月改任西北非盟军空军司令；3月兼任美国陆军第12航空队司令，参加了北非战役、意大利战役。1944年1月又回到英国，任美国战略航空兵司令，负责指挥对德战略轰炸，有力配合了地面部队实施诺曼底登陆等一系列重要战役。欧战结束后，1945年7月调到太平洋战区任陆军战略航空兵司令，指挥对日本的战略轰炸。1946年2月，接替阿诺德将军担任美国陆军航空队总司令。1947年9月，任新建成独立军种的美国空军第一任参谋长。1948年6月退役。——摘译自https：//en. wikipedia. org/wiki/Carl ＿ Spaatz，http：//www. generals. dk/general/Spaatz/Carl_Andrew/USA. html

第二局的征程更加艰难。在伦敦的英军参谋长委员会和华盛顿的美军参谋长联席会议所遵循的程序之间，存在着与作战计划人员相同的差异。英军参谋长委员会开会，出席人员总是最少的，安静的就像是在修道院。而美军参谋长联席会议开会，则是一场令人生畏的集会。时间已经是10月22日了，还没有任何结果，我决定换个路子以求突破。所以，这一次我直接提出要求，在盟国远征军最高司令官最终任命之前，我要获得他的全部指挥权。等着看接下来的反应非常有趣，我们再次陷入了僵局。正如我所料，英国方面没有采取任何行动。简单地说，对英国人来说，参谋人员是不能发号施令的。而美国方面的发言人，这一次轮到欧内斯特·金①海军上将，

---

①　欧内斯特·约瑟夫·金（Ernest Joseph King, 1878—1956），美国海军五星上将。1901年毕业于美国海军学院，在校期间参加了美西战争。1914年任"特里"号驱逐舰舰长。美国参加"一战"后，金担任大西洋舰队司令亨利·梅奥（Henry Mayo）中将的参谋，其间与英国皇家海军有很多接触，但却对其没有什么好印象。"一战"后曾任潜艇分队长、潜艇基地司令。1926年应海军航空局局长威廉·莫菲特（William Moffett）少将之邀转入海军航空兵，任"莱特"号水上飞机母舰舰长。1927年5月完成飞行员培训的时候已近49岁。1929年任海军航空局副局长，但由于同局长莫菲特意见不和，不久后调任诺福克海军基地司令。1930年6月任"列克星敦"号航空母舰舰长。1933年4月4日，莫菲特因"阿克伦"号飞艇坠毁遇难，金接任海军航空局局长，4月26日晋升海军少将，任内与海军航行局局长威廉·莱希（William Leahy）少将密切配合，大大增加了海军飞行员的数量。1936年任加利福尼亚北岛海军航空基地司令。1938年1月任海军航空兵作战部队司令，晋升海军中将。1939年6月调任海军委员会，幸亏他的朋友、海军作战部长哈罗德·斯塔克认为他在这么一个养老的地方是浪费人才。1941年2月任大西洋舰队司令，晋升海军上将；珍珠港事件之后，12月30日升任美国海军舰队总司令。1942年3月至"二战"结束，他又兼任海军作战部长，是美国历史上唯一一位兼任海军舰队总司令和海军作战部长这两个职务的将军。在金的影响下，美国在"二战"中改变了对战列舰的看法，不再把它看成海战中起决定作用的舰种，而主张加速建造航空母舰。他还是"太平洋优先"战略的倡导者。1944年12月，晋升海军五星上将。1945年12月退役。1956年6月25日因心脏病去世。金性格直爽，脾气暴躁，对部下要求非常严苛，比较难以相处，连罗斯福总统都戏称他是"每天早上用喷灯刮胡子的人"。——摘译自https://encyclopedia.thefreedictionary.com/Ernest+King

他明确表示，凭借我在考萨克已经拥有的权力，如果他处在我的位置上，也会毫不犹豫地干下去。但这次会议上还是没有达成任何协议，所以布朗约翰将军和我只好绞尽脑汁到深夜，再想其他办法。

英国人似乎不大可能放弃他们的传统态度，同意赋予我超越我在现实中地位的权力。从一开始就有人怀疑，为什么我会被任命为考萨克的参谋长，明明还有比我经验更丰富而且又适合考萨克这项特殊工作的人。

但我们也可以设想一种全新的工作思路。无论谁最终将出任盟军最高司令官，也不管什么时候，他都必须由联合参谋长委员会正式授予他任务。换言之，联合参谋长委员会必须给他发布一道命令，那将是一份有力而神奇的文件，把整件事都交代清楚，并注入启动整个作战行动的动力。我们在起草这样或那样的命令方面都有很多经验，现在终于轮到我自己来接受命令了。因此，我们决定草拟一道命令，就欧洲西北部的战争而言，这道命令将终止所有其他的命令。事实上，真的是我们起草了按照规定程序最终颁布给艾森豪威尔将军的命令，几乎没有被修改。这道命令后来再由他本人公之于众，作为他关于这场战役一系列精辟报道和简讯的开篇序言。

我们的初稿是夜深人静的时候，在我们迈尔堡安静的宿舍里起草的，在这份文件最终定稿之前，又经历了各种各样的审核程序，但这并没有让我们——布朗约翰将军和我自己——得到我们所期待的解脱，关于任命人选问题的不确定性依然存在。一切还是那样棘手。

除了在"命令"本身上做文章之外，还有一个办法，似乎有可能提供更好的机会。在这场行动中，我们需要一位盟军最高副司令官，至少在我们看来是这样。尽管给最高职位安排副手的原则基本上是美国人的习惯，但很明显，英国几乎已经在所有英美联合机构中都正式采纳了这一原则。所以，亚历山大将军就成为了艾森豪威尔将军在地中海战区的副手，史迪威将军是蒙巴顿海军上将在东南亚司令部的副手，巴克将军是我的副手。因此，从逻辑上讲，如果我们在西北欧战场上的盟军最高司令官看起来是美国人，那么他将会得到一名英国副手。副手到位的下一步，就可能会引出来最高司令官本人的任命，或者至少会明确最终的人选。所以我们就这么去做了。

这显然是最高决策层考虑的问题，所以我直接向战争部长史汀生先生、马歇尔将军和迪尔元帅进行了汇报。石子又一次投进了深水里，大家发现自己不得不面对的问题太大了。马歇尔将军坚持履行自己的诺言，可以继续扮演候任最高司令官的角色，但即便如此，他也无法想象有可能被允许去挑选一个英国人做副手。因此，这是一个圈定"小名单"的事情。可以理解，他完全倾向于支持他最伟大、最受尊敬的英国朋友约翰·迪尔爵士。但是，人们对约翰爵士的年龄和健康状况，尤其是后者表示怀疑。在与史汀生或马歇尔将军的讨论中，没有人强调过年龄因素，认为俩人都非常健康。最终，马歇尔将军和迪尔元帅两个人必须坐下来一起商量这件事，这使两人都非常尴尬，于是人选中又出现了查尔斯·波特尔①爵士（当时的英国皇家空军参谋

---

① 查尔斯·波特尔（Charles Portal，1893—1971），英国皇家空军元帅，昵称"彼得"（Peter）。早年就读于牛津大学，1914年"一战"爆发后中断学业加入陆军。1915年7月加入皇家飞行团，1916年7月起先后任第3、第16中队指挥官，1918年8月任第24训练联队指挥官。1919年11月任皇家空军学院飞行教官。1927年3月任第7中队指挥官，着力于提高"维克斯·弗吉尼亚"双翼重型轰炸机的轰炸精度。1929年进入帝国国防学院进修。1930年12月任空军部作战情报处副处长。1934年2月任驻亚丁英军司令。1935年1月晋升空军准将。1936年1月任帝国国防学院校务委员。1937年7月晋升少将，9月任空军部组织处处长。1939年2月任空军委员会主管人事的委员，9月晋升代理中将。1940年4月任轰炸机司令部司令，7月晋升实职中将并（转下页）

长）和艾伦·布鲁克①爵士（当时的大英帝国总参谋长）。由于前面我已经做了这么多惹麻烦的事情，现在问题来了，下一步该由谁来推动呢？使用"常规渠道"是不可能的。正如我说过的，这是最高级别的问题。

---

（接上页）被授予巴斯勋爵，主张对德国工业区实施战略轰炸。1940 年 10 月任皇家空军参谋长，晋升临时上将。1942 年 4 月晋升永久上将。任职期间反对皇家海军接管空军的海岸司令部和陆军组建航空队，大胆任用阿瑟·哈里斯（Arthur Harris），主持对德轰炸作战。1944 年 1 月晋升皇家空军元帅。1945 年欧战胜利后退役，10 月被封男爵。后曾担任英国铝业委员会主席和英国飞机公司主席。其弟雷金纳德·波特尔（Reginald Portal）是英国皇家海军上将，1943 年 1 月至 1944 年 11 月曾任皇家海军助理参谋长。——摘译自 https：//en. wikipedia. org/wiki/Charles_Portal,_1st_Viscount_Portal_of_Hungerford

① 艾伦·弗朗西斯·布鲁克（Alan Francis Brooke，1883—1963）。英国陆军元帅。出生于法国并一直生活到 16 岁。1902 年毕业于伍尔维奇皇家军事学院，被分配到皇家炮兵部队。"一战"时曾协同法军和加拿大部队作战，1918 年 9 月任第 1 集团军炮兵一等参谋。"一战"后历任坎伯利参谋学院教官、炮兵学校校长、帝国国防学院教官、第 8 步兵旅旅长、陆军部炮兵总监和军事训练处处长、防空司令部司令等职。"二战"爆发后，1939 年 9 月 3 日任第 2 军军长，随远征军赴法国作战。1940 年 6 月又担任英国第二远征军司令，当月底回国后曾短暂任本土军南方司令部司令，7 月被任命为本土军总司令，预防德国登陆。1941 年 12 月至 1946 年 6 月任大英帝国总参谋长。1942 年 3 月接替第一海务大臣达德利·庞德元帅担任参谋长委员会主席，参与了"二战"时期的绝大多数重大战争决策，出席了一系列重要国际会议。自 1939 年 9 月至 1946 年 6 月，布鲁克几乎每天都坚持写日记，起初是写给自己的第二位夫人贝尼塔·丽斯看的（第一位夫人琼·理查德森 1925 年因车祸死亡），不准备发表，20 世纪 50 年代布鲁克再读的时候又添加了评论和批注。但后来丘吉尔出版了"二战"回忆录，将很多布鲁克和诸位参谋长的想法说成是自己的，为了还原史实，布鲁克才同意发表其日记，但其中包含了许多对丘吉尔、马歇尔、艾森豪威尔等人的尖刻批评，尤其是对丘吉尔，而且这些人当时都在世，日记发表后引发巨大争议。2019 年 12 月，"让历史感同身受"丛书策划人、本书译者章和言先生，与修道石先生合作完成其《战争日记》的翻译工作，并同样对日记中记述比较简略的人物和事件进行了详细考证，本书由上海译文出版社 2022 年 6 月出版。——摘译自 https：//en. wikipedia. org/wiki/Alan_Brooke

最幸运的是，我能够将此事直接提交给美国的最高权力机构——罗斯福总统本人，他真是大好人，说从轻微感冒中康复之后就希望见我一面。

我对美国政治一无所知。我有幸结识了各行各业的数千名美国公民，因此能够以数千种不同的观点来讨论美国政治，因为与美国公民的每一次对话都会时不时地涉及美国政治。但我还是没搞明白美国政治到底是什么，因为显然，你认识的人必须达到五、六位数以上，才可能得到两次相同的解释。所以，我们得把政治因素排除在外。

我以前从来没有，将来也很少有幸遇到像富兰克林·D. 罗斯福这样的人，他思维敏捷，而又如此有魅力。也许有些人自称在他身上看到了完全相反的一面，我猜他们大多数人根本没见过他本人。无论如何，他们不可能像我有幸经历的那样，花这么一个小时，独自和他在书房里讨论事物未来的形状，他的手在很大程度上可以塑造这种形状。

一上来，在陪同我的哈里·霍普金斯①先生离开我们之前，总统

① 哈里·劳埃德·霍普金斯（Harry Lloyd Hopkins，1890—1946），美国政治家。1935 年至 1938 年任公共事业振兴署署长，1938 年至 1940 年任商务部长，是罗斯福总统的重要顾问之一，也是新政的主要设计者之一，参与组建并领导了公共事业振兴署。第二次世界大战期间，霍普金斯是罗斯福的首席外交顾问，实际上成了白宫的第二号人物，参与了美国、英国、苏联之间的所有重大决策，出席了卡萨布兰卡、开罗、德黑兰、雅尔塔等一系列重要国际会议，并在《租借法案》的制订和实施中扮演了重要角色，有"影子总统"之称。因霍普金斯有着出色的政治洞察力，丘吉尔首相笑称他为"一针见血大人"。霍普金斯始终深得罗斯福总统信任，私人关系相当密切。——摘译自 https：//en. wikipedia. org/wiki/Harry_Hopkins

就将了我一军，他咧嘴笑着说："将军，你知道我是特意从病床上爬起来见你的，所以你要说的话最好是重要的。"我知道这是在开玩笑，并回答说："总统先生，我不想在您贵体有恙的时候拖累您，我只需要您的军队、马歇尔将军和比德尔大使。"

"美国军队"，他说，"如果你能告诉我想要它的目的和理由，而且足够好，明天你就可以拥有它。我非常怀疑马歇尔将军能否脱身，我的比德尔大使你当然也拿不走。我还需要他。"

然后我们继续聊下去。在我完成对考萨克作战方案的大致介绍之前，我惊讶地发现自己听到了一个主张从东南部而不是西北部登陆欧洲的观点。这可不行，所以我不得不介入这个话题，就总统的某些广泛的地理假设向他提出挑战。幸运的是，他似乎不比我知道更多的细节，我猜测他一定是从最近看到的材料中了解到这个观点的。这自然而然地引发了关于他是如何与丘吉尔首相打交道的讨论。"首相对我的称呼，"他说，"你是不会相信的。但你不觉得他的确有自己的一套方式吗。你要知道，也许最能够体现我们联盟力量的就是这一点，我们可以用我们能叫出来的随便什么名字来称呼对方，但大家仍然是好朋友。一旦我们开始对彼此彬彬有礼，就不会是那么一回事了。"

对于考萨克的计划，他在早期阶段已经听说过了。但他最感兴趣的，是听我讲述迄今为止我们这个小型使团在美国的经历。当我们讨论马歇尔将军是否可能被任命为盟国远征军最高司令官时，又出现了一个分歧。在概述了美国参谋长换届会带来的所有困难之后，总统说道，"你要知道，在这些问题上，我要充分听取宪法事务顾问的意见，特别是在军事问题上，我想其他一些国家的元首可能并非如此。是这样吧?"

接着我们继续讨论了比德尔大使的事情。我非常想挖他过来,让他负责考萨克与我们所有欧洲盟友的联络工作。托尼·比德尔作为总统的代表,此前已经与他们在一起工作了。我们想要的是,他只要稍微改变一下服务的对象,接下来对盟军最高司令官负责,或者说暂时对我负责。但总统也离不开他。总统给我讲了一些奇闻轶事,关于他在欧洲各个王室面前遇到的一些尴尬事儿,尽管非常有趣,不过大多可能是杜撰的。总统告诉我,为了不让他再遭这份罪,只能依靠托尼·比德尔去处理这些关系。

我的时间不多了,好像也没取得什么进展。但我想,如果我打算得到所有期待的,那也太放肆了。似乎没有人能迫使美国总统做出他不想做、宪法可能也不允许做的事情。但一反常态的事情有时也会发生,尤其是在战争期间。所以我又开始提要求了。下面这个计划应该没有问题,因为没有打美国人的主意,于是我向总统提出,让我为他起草一份关于英国人出任盟国远征军最高副司令官的电报给首相。在哈里·霍普金斯先生来白宫门口接我,并护送我安全经过那些面目狰狞的警卫时,他已经答应了我的这个请求。这些警卫躲在每一个角落后面,用冰冷的鱼一样的眼睛审视着每一个人。

富兰克林·罗斯福甚至不自诩为一名业余的军人。我不是政治家,更不是政客。但是总统有一种天赋,这不是很多人都有的,那就是不管遇到什么样的人,都能让你感觉到他在与你并肩作战,这就是我们所说的人情味吧。等我离开的时候,因为与他的谈话,让我感觉好多了,而且,我觉得一切都会好起来的。

第二天早晨，我向总统的参谋长莱希①海军上将递交了总统答应让我考虑的电报草稿。我很小心地让战争部总参谋部的一名军官事先审核了我的稿子，我知道他对美英两国语言的表达方式都很熟悉。这里面一定不能有任何误解。他只修改了一个单词，这说明我在学习语言上的进步令人满意。

不过最终，我们还是挖来了托尼·比德尔。我们在诺福克大厦进行了一天愉快的长谈，那个时候和我握手的已经不再是小安东尼·德雷克塞尔·比德尔大使了，而是美国陆军中校托尼·比德尔。

因此，在我向总统提出的三个问题中，我们解决了两个。无论

---

① 威廉·丹尼尔·莱希（William Daniel Leahy，1875—1959），美国海军五星上将。1897年毕业于安纳波利斯美国海军学院，先后在亚洲舰队、菲律宾服役，参加过美西战争、美菲战争、八国联军入侵中国、占领海地的军事行动。1912年美国侵占尼加拉瓜时任舰队参谋长。"一战"期间任"海豚"号调度舰舰长，与经常乘坐此舰的海军部助理部长富兰克林·罗斯福总统建立了深厚友谊。"一战"后历任"新墨西哥"号战列舰舰长、军械局局长、航行局局长。1935年任战列舰作战部队司令，1936年晋升海军四星上将。1937年1月任海军作战部长，至1939年8月因年迈退休。1939年9月，罗斯福总统又任命莱希为波多黎各总督。"二战"法国战败后，罗斯福考虑选派一位具备较深海军任职资历的将领到法国维希政权任大使，牵制其进一步倒向纳粹阵营，并防止依然强大的法国海军被纳粹利用，莱希在1941年1月至1942年5月担任驻法国大使期间，较好地完成了上述使命，其妻子在回国前夕病逝在法国。美国加入"二战"后，罗斯福总统认为需要设置一位首席参谋长，既作为总统的军事顾问，也负责联络陆海空三军参谋长。1942年7月，莱希就任新设置的美国总统暨武装部队总司令参谋长职务，并主持美国参谋长联席会议，一直到1949年3月参谋长联席会议获得正式编制，奥马尔·布拉德利接任他成为首任参谋长联席会议主席。1944年12月，莱希成为美国历史上首位获五星上将军衔的海军军官。"二战"期间，莱希陪同罗斯福和杜鲁门两位总统，出席了开罗会议、德黑兰会议、雅尔塔会议、波茨坦会议等一系列重大国际会议，直接参与了盟军重大战略决策。1950年出版回忆录《身历其境》（I Was There），"让历史感同身受"丛书策划人、本书译者章和言先生完成其翻译，2020年5月由上海译文出版社出版。——摘译自 https：//en. wikipedia. org/wiki/William_D. _Leahy

在哪个国家的游戏中，这个得分都算不错了。有一点大家别忘了，在我自己以及布朗约翰将军的头脑中，我们俩代表的到底是谁，有时候真不知道该怎么回答。就算是难免尴尬，我们也必须准备好这么说，并且还要这么去做，那就是我们不仅代表自己所属的军种，而且还代表着海军和空军。

就在这个时候，西南太平洋的美国陆军航空队以他们的创举震惊了世界，以至于都很难用传统的想象力来评价他们的大胆做法。但他们每一次行动都通过照片记录了下来，我们在华盛顿看到了这些照片，展示了肯尼①将军麾下部队在新几内亚及其附近地区抗击

① 乔治·丘吉尔·肯尼（George Churchill Kenney，1889—1977），美国陆军四星上将。1917年6月被陆军通信兵航空科招飞入伍，参加"一战"，在第91飞行中队服役。1921年至1923年派驻寇蒂斯飞机公司，负责马丁NBS-1轰炸机的监制和试飞工作。1926年起先后在航空兵战术学校、陆军指挥参谋学院进修，毕业后任航空兵战术学校教官。1932年9月进入陆军战争学院进修，1933年6月毕业后任航空兵主任办公室计划处参谋。1934年参与筹建航空兵总指挥部的立法起草工作，1935年3月任航空兵总指挥部分管作战和训练的助理参谋长。因B-17轰炸机采购和航空兵总指挥部的控制权问题，与陆军总参谋部和航空兵主任办公室产生激烈矛盾，1936年6月被调任本宁堡步兵学校教官。1938年9月任第89飞行观测中队指挥官。1939年任航空兵装备处生产工程科科长。1940年2月作为空军联络官前往法国，考察欧洲战场空军作战情况，提出了将30口径机枪升级为50口径机枪、改装防漏油箱等一系列装备和战术上的重要建议；他是空军近距离支援战术的支持者，不主张过分强调战略轰炸。但他对纳粹空军和美国航空兵的比较引起不少高层军官的不快，4月被调回航空兵装备处任技术主管。1941年1月任航空兵工程学校和实验基地指挥官，晋升准将。1942年3月任第4航空队司令，晋升少将；7月任西南太平洋战区盟国空军司令，9月兼任美国陆军第5航空队司令，10月晋升中将，成为麦克阿瑟将军的得力助手。1944年6月任远东空军司令，下辖第5、第7和第13航空队，1945年3月晋升上将。1946年4月任新成立的美国战略空军首任司令。1948年10月任美国空军大学校长。1951年9月退役。——摘译自 https：//en.wikipedia.org/wiki/George_Kenney，http：//www.generals.dk/general/Kenney/George_Churchill/USA.htm

日军所取得辉煌战绩的全部细节。肯尼将军指挥的空中力量规模很小，与欧洲集中对付德国人的"空军大本营"相比微不足道。我们通过照片研究了整个战况，一个齐装满员的澳大利亚师被空运翻越欧文·斯坦利山脉，在敌人附近集结并展开作战，除了依靠空投，没有任何后方补给线。现在，为什么不能在欧洲以更大的规模做同样的事情呢？在我们的作战方案中当然也有空降行动，但只是作为配合海上主要进攻的行动。但我们遇到了各种各样的困难，并且海上进攻也不可避免地伴随着一系列危险。为什么不能把整个事情反转一下，以空降部队和滑翔机部队为主，海上进攻作为辅助呢？难道不可以事先选择一个合适的内陆地区，通过一次空中行动将一个、两个或三个完整的空降师和滑翔机部队投放到那里，这些师就可以切断敌人的交通线，并对他们进行全方位的袭扰？与此同时，让海上远征军继续开辟他们的陆上通道？这有什么不可以吗？

　　从我到达美国的那一刻起，就听到了不少关于正确使用和滥用空中力量的激烈争论。阿诺德将军非常和气、有耐心，他提供了大量的统计数据、事实和照片来说明他的主要观点，得到了马歇尔将军的支持。但是，当深入探讨英国可用于支持这一行动的资源等细节问题时，我就觉得自己有点儿难以招架了。我虽然没有见过日本人，但从所有的说法来看，以澳大利亚为基地的太平洋前哨针对日本人的空中作战行动，一定与以英国为基地的空战有着完全不同的特点，因为德国空军是非常活跃的。我问马歇尔将军，在这种情况下，我们是否最好听一下英国方面的建议，他同意我们应该通知盟国远征军临时指定的空军指挥官特拉福德·利-马洛里空军中将前来华盛顿。因此，这位空军中将亲自开着一架未经改装的"解放者"，进行了一次令人震惊的跨越大西洋飞行，与我们一起在华盛顿度过了一周，并迅速参观了美国空军的一些主要设施。他以前也没有来过美国，以后也没再来过，也不可能再来了①，他所看到的情况给他留下了深刻的印象。但对于整个计划的可行性，他持怀疑态度。他自己的处境也不容易。正如我早些时候所说，他作为候任空军指挥官的临时任命并没有得到美国军方的支持，在这方面，他发现自己从一开始就必须谨慎行事。但这位空军中将为人处世的坦率真诚是有目共睹的。我们的计划最终并没有进行重大调整。这其中可能是他做了工作的原因吗？

至于海军方面，一到华盛顿特区，人们就会发现自己处于"大西洋优先"还是"太平洋优先"意见冲突的焦点。对于一名美国水兵来说，除了考虑对传统敌人——日本的海战之外，一定很难再有别的想法。这不仅仅是一个思想观念上的问题。这两个大洋的海战，在许多基本方面均存在着明显差异。在太平洋地区，人们必须准备好一场由大型舰队进行的战争，在日本人横行无忌的海域和群岛进行海上的远征。而在大西洋一侧，海面上并没有像样的敌人。这里的作战大多是保护航运线路，以防遭到空中和水下的攻击，以及为陆军的短途作战行动提供海军支援。我们的造船资源是巨大的，但它们远非无限的。当涉及哪种类型的物资应该优先考虑哪个战场时，就需要作出艰难的决定了。必须有人来接手这样的问题，这就是我的责任，必须尽一切可能影响他们的决定，以支持对德战争。

我认为，在地球上每个国家的国防部门中，都或多或少地存在着军种之间的竞争。在民主国家，这是可以理解的，甚至是可以预见的，因为人们知道，现代社会已经把民主扭曲成一场争论和竞争的混战。但即使在极权政府统治下，同样的事情也屡见不鲜。我们

---

① 1944年11月马洛里将军调任东南亚战区盟国空军司令，携夫人赴任途中，12月14日因飞机失事遇难。——译者注

已经非常了解德国军种之间的争吵了，日本陆军和海军之间的明争暗斗也臭名昭著。当我发现自己不得不在英国以外的其他国家体验这种多军种之间的较量，那感觉更是奇怪。幸运的是，我既不是美国陆军，也不是英国水手！事实上，我只是请求大幅增加小型船只、登陆艇、拖船等的建造，这些话还是有人听得进。所有的帮助都得到了保证，但是有一个要命的前提条件——"急事先办"，这里的急事首先是扭转战争初期珍珠港遭袭造成的被动局面，然后为海军最终对日本的伟大反攻奠定基础。当然，这涉及为跨越数千英里海洋而进行的一系列作战行动的筹备。然后才是轮到我们。与此同时，英国人为此又做了什么呢？他们真的尽了一切努力吗？在美国流传着很多令人不快的故事，说英国造船厂为了战后工资标准和类似的复杂理由而实施人为产量限制。考虑到上述情况，这方面的工作确实前景黯淡。我尝试了各种方法，努力从那些在英国人看来有能力给予帮助的人那里争取更多资源。尽管尼尔森在 1943 年早些时候做出了乐观的姿态，但后来的情况却并非如此。因此，看来我们应该要尝试其他替代方案了，以获得我们必须拥有的更多船只，也就是说，在太平洋以外的战区之间进行战略性的重新分配，或者最后的办法只有推迟 D 日。事实上，当我们访问团结束任务的时候，我们很难找到让自己真正开心起来的充足理由。我们的访问已经从最初提议的五天延长到超过六周。我们心中除了对英国人自身意图的不确定之外，又加上了对美国人的怀疑。当我们有机会进入幕后，了解到的情况远超我们在伦敦听到的头条新闻。我们见到了那些操控美国这台伟大机器运转的人，不过，有一点似乎毋庸置疑，即使是伟大的美国，也有一天会达到其资源的极限，而且这一天很快就到来。对我们来说，不可思议的是，美国人力资源的危机已经迫在眉睫。将考察的结果与我们最初的雄心壮志相比较，也只能在冷酷无情的事实面前寻找平衡，这是令人沮丧的。比物质上的困难更令人不安的是，大家似乎能感觉到未来最高司令官内心深处的疑虑。由于我们曾有过多次接触，在我看来，马歇尔将军本人也不相信"霸王行动"是一个切实可行的主张，因为他几乎是所有人中唯一一个了解真实情况的人。

但任何事物都有另一面。虽然我们不得不把大部分时间花在华盛顿，因为这里是所有军事活动的中心，但我们还是有机会去更多地了解这个国家及其人民。我们跑了很多地方，但即使如此，也只覆盖了这片巨大领土的一小部分。

前面我已经讲过，在我们第一次会面时，马歇尔将军是如何要求我多待上一阵子。几天后，随着交往的进一步深入，我被邀请与他和夫人共进午餐。他再次强调了我在这里时尽可能多地游览这个国家的重要性。我只要叫得出名字，他会把我送到我想去的任何地方。那里有巨大的工厂、铸造厂、造船厂和铁路设施，人们只有去过那里，才能了解美国战争能力的规模和领域。我也可以飞越整个国家，以便对它的规模有一些大致的印象。但我还是想深入地看一看美国：她到底是什么样的？

我认为是马克·吐温①最早创造了这个有点儿愤世嫉俗但又非常实用的格言，我这个当兵的在这里只是引用。游历美国对我来说

---

① 马克·吐温(Mark Twain，1835—1910)，原名萨缪尔·兰亨·克莱门(Samuel Langhorne Clemens)，美国作家、演说家，"马克·吐温"是他的笔名，原是密西西比河水手使用的表示在航道上所测水的深度的术语。12岁时，父亲去世，他只好停学，到工厂当小工。曾做过密西西比河的领航员、矿工及新闻记者工作。渐渐地开始写一些有趣的小说，开启了自己的写作生涯。代表作品有小说《百万英镑》《哈克贝利·费恩历险记》《汤姆·索亚历险记》等。马克·吐温是美国批判现实主义文学的奠基人，一生写了大量作品，体裁涉及小说、剧本、散文、诗歌等各方面。2006年，马克·吐温被美国的权威期刊《大西洋月刊》评为影响美国的100位人物第16名。——译者注

是一个重要的机会，一个过去做梦都想不到的机会。我有些拿不定主意，是提出我认为工作上应该去看的地方，还是就要求我自己想去看的地方。马克·吐温说："如果有疑问，那就说实话"。现在机会来了。许多年前，从我第一次开始学习成为一名军人的时候起，就一直想去的地方当然是谢南多厄山谷，那是伟大的战士——"石墙"杰克逊①浴血奋战的地方。男主人和女主人都用不相信的眼光看着我，马歇尔夫人，我觉得她仍然有点儿吃不准似地说："如果你再想想，可能会有更好的答案。不过我们喜欢那个地方。那是我们生活过的地方。"

在一个选好的日子，布朗约翰将军和我很荣幸地收到邀请，去位于弗吉尼亚州利斯堡的马歇尔家做客，那儿离华盛顿很近。我们及时赶到，帮着将军家里解决了一个大问题，在他们看来，这个问题可比国际上的那些问题更麻烦。爱德华·斯特蒂纽斯②先生刚刚给

---

① 托马斯·乔纳森·杰克逊（Thomas Jonathan Jackson，1824—1863），美国内战时期著名的南军将领，绰号"石墙"，弗吉尼亚州人。1846 年毕业于西点军校。参加过美墨战争。1951 年辞去联邦军职，到有"南方西点"之称的弗吉尼亚军事学院任教官。南北战争爆发后，尽管杰克逊反对奴隶制，但还是加入家乡一方作战。1861 年 7 月 21 日，在第一次马纳萨斯战役中，杰克逊率部镇守最后一道防线亨利豪斯山高地。北方军连续发起五次以团为单位的冲锋，危急时刻，负责指挥南卡罗来纳旅的巴纳德·比准将振臂高呼："看，杰克逊像石墙一样屹立在那里!"南方军士气大振，又一次击溃了北方军的进攻，此役让杰克逊获"石墙"美称，他所率领的弗吉尼亚第一步兵旅从此也被称为"石墙旅"。1962 年 10 月晋升中将，任南方军第 2 军军长。1863 年 5 月因肺炎去世。——摘自 https://baike.so.com/doc/6276626-6490061.html

② 小爱德华·赖利·斯特蒂纽斯（Edward Reilly Stettinius Jr.，1900—1949），美国第 48 任国务卿。早年毕业于弗吉尼亚大学。1931 年任通用汽车公司副总裁，曾协助罗斯福减少失业的工作。1933 年任国家复兴署顾问。1934 年进入美国钢铁公司，1938 年任这家当时最大的美国企业总裁。1939 年任战争资源委员会主席。1941 年 3 月任租借事务办公室主任。1943 年 10 月任（转下页）

将军送了一小群火鸡，在利斯堡的新主人为它们准备好足够的住宿之前，这些大鸟儿似乎提前到家了。接下来的就是要用栅栏、防水油布和其他材料，在庄园里搭建一个合适的临时围栏。对于一个没有见过真正的美国火鸡的英国读者来说，这项工作的艰巨性是不太容易理解的。斯特蒂纽斯送来的这些火鸡，每一只的大小和重量都和设得兰矮种马差不多，而且更不易驯服。当我们到他家里时，将军——他原打算在本周末给他的果树进行秋季修剪——正在第十次从其中一棵果树的树枝上跳下来，再一次去围捕那些上蹿下跳的大鸟儿。在我们的帮助下，最终总算控制了局面，作为回报，将军在与他南边的邻居、一位北卡罗来纳州的前州长聊天时，一直对我们俩赞不绝口。

我和布朗约翰将军总是急于学习新的知识，马歇尔夫妇问我，能否向我们介绍一种大家耳熟能详的神奇饮料——薄荷酒的制作方法。于是，我们全神贯注地观看了参谋长亲自主持的整个调制仪式。我以为自己很清楚地学会了整个过程，但在第一次操练之后，我就不那么确定了。不幸的是，还没有等到我们演示完毕，酒瓶子就空了。马歇尔太太开始叫我们过去，她准备好了一桌子美味佳肴，其

---

（接上页）副国务卿。1944 年 8 月曾代替生病的国务卿科德尔·赫尔主持敦巴顿橡树园会议；12 月接替赫尔任国务卿。1945 年 2 月参加雅尔塔会议。罗斯福去世后，新总统杜鲁门认为斯特蒂纽斯对共产主义的态度太温和，1945 年 6 月选詹姆斯·伯恩斯取而代之。1946 年 1 月，斯特蒂纽斯出任美国驻联合国第一任大使；同年 6 月，因认识到杜鲁门拒绝通过联合国缓解与苏联之间的紧张关系而辞职。其回忆录《罗斯福与苏联人：雅尔塔会议内幕》（Roosevelt and the Russians：The Yalta Conference）1950 年出版。"让历史感同身受"丛书策划人、本书译者章和言先生已完成其翻译，预计 2023 年 6 月出版。——摘译自 https：//en. wikipedia. org/wiki/Edward_Stettinius_Jr.

中就包括那道在美国歌曲和故事中都经常提到的名菜——"南瓜饼"。就我而言，在我们的美国之行中，这顿晚餐是为数不多的几个温馨动人的时刻之一。身处世界的动荡之中，这是多么迷人的一段插曲啊。我指的是家的感觉。

果然，等到我们去考察谢南多厄山谷时，将军完全信守了诺言。他亲自安排行程，并让国会图书馆的军事历史学家约翰·麦考利·帕尔默将军与我们一同前往。马歇尔将军不知道，我的同伴布朗约翰将军同样也是个历史迷，对于杰克逊的山谷战役全过程，他的讲述宛如身临其境，帕尔默将军发现，有时连他自己也加入了听众的行列。我们从弗吉尼亚州的夏洛茨维尔出发，穿过罗克菲什和斯威夫特伦峡谷之间蓝岭山脉顶部的天际线车道，再从那里穿过马萨纳顿到鲁雷。第二天，沿着山谷经过纽马克特，到哈珀渡口，然后到安提坦和黑格斯敦。历史无处不在，但有时候我们已经很难再透过现代的地貌风景，看清楚当年"石墙"在旧战场上的部署。我们花了不少时间寻找弗兰特罗亚尔镇①，一个永远铭刻在记忆中的名字。

也可能是我错了，我在想，我们正是通过踏上这片神圣的土地和后来的葛底斯堡②之行，才真正算是对美国有了更多的了解，而不

---

① 弗兰特罗亚尔(Front Royal)，弗吉尼亚州沃伦县所在的市镇，位于谢南多厄河南北分岔的交汇处，天际线大道和谢南多厄国家公园的北端。1861 年 7 月 21 日，美国内战时期著名的南军将领托马斯·杰克逊赢得"石墙"美称的战斗就发生在这附近。——译者注

② 葛底斯堡战役(Battle of Gettysburg)，为 1863 年 7 月 1 日至 7 月 3 日所发生的一场决定性战役，属于葛底斯堡会战的最后阶段，于宾夕法尼亚葛底斯堡及其附近地区进行，北方联邦军获胜，经常被引以为美国内战的转折点。此役南方联盟军的指挥官是罗伯特·李将军，北方联邦军指挥官是乔治·戈登·米德少将。——摘自 http://baike.haosou.com/doc/5938376-6151308.html

是仅仅去参观多少个钢铁厂。

后面的几次安排，让我们有机会参观了美国历史上的三个关键地点——蒙蒂塞洛、弗农山庄和阿灵顿，分别是杰斐逊、华盛顿和李①的家园，他们是两个伟大时代的三位伟人。这三座房子是多么地道的英式风格，它们的原始布局和家具陈设都保存得如此美好。看着这一切，我可以得出一种说法，我想这种说法应该讲得通，尽管对许多美国人来说可能不太中听，那就是，在美国居住的人民，主要是一个英国人的种族，他们几个世纪以来一直自由地发展着，不仅没有受到他们原来的祖国——英国那有限空间的阻碍，也没有受到狭小岛国上那许多传统的束缚。

我们不仅是通过参观这个国家了解到了这一点，还遇到了一些人。这里没有必要详细描述美国人像王子一般热情好客的魔力，我们所到之处都能受到这种热诚的欢迎，但不提这一点就是欠缺礼数了。在整个美国之行中，我们遇到了各种各样的人。我们很快就搞明白了，自己身上这套英国军队的制服对普通美国人来说几乎没有意义。在1943年的时候，就连他们自己部队的制服对大多数美国人来说都是比较新鲜的。这里讲讲美国老百姓对于我们身份的猜测，

① 罗伯特·爱德华·李（Robert Edward Lee，1807—1870），美国著名将领。1829年毕业于西点军校，在美墨战争中表现突出，1859年镇压了约翰·布朗起义。南北战争时期担任南方联盟军总司令，在内战中他率军以寡击众、以少胜多，在公牛溪战役、腓特烈斯堡战役及钱瑟勒斯维尔战役中多次大胜北方联邦军。1865年在联盟军弹尽粮绝的情况下向联邦军的格兰特将军投降，结束了内战。战后积极推动国家重建和教育事业，1965年10月任位于弗吉尼亚州列克星敦的华盛顿学院校长，直至1870年去世，学校为纪念他而更名为华盛顿与李大学。——摘译自 https：//en.wikipedia.org/wiki/Robert_E._Lee

是一件很有趣的事情。我的副官波比佩戴着英国陆军上尉的三颗星，他通常都会被当成是我们的领导，他的军装往往被认定是智利的中将穿的。更老练世故一些的人，往往把布朗约翰将军和我当成法国人。至少有一次，我用法语聊了相当长的时间，直到我们发现对方一个是美国人，另一个竟然还是英国人。还有一次更有趣，我们以为被问及是不是意大利人。"天哪，不，"问话的人说，"我问你是不是加拿大人，不是意大利人。我自己是德国人。"

当我们说出自己的国籍后，就会听到这些善良纯朴的人给我们介绍他们对于战争的看法，及其战争对于他们的意义，这对我们来说是一件好事。他们都有自己的观点，也乐于讲出来。记得有一位华盛顿的出租车司机，一路上和我聊了一个小时，让我一点儿睡意也没有。他把自己的出租车停在林肯纪念堂桥的中间位置，向我解释为什么，如果他处在温斯顿·丘吉尔的位置，绝对不会支持什么跨越海峡的作战行动。在他看来，这一行动风险太大了。那位司机并不知道我是什么人，但很明显，这个话题一直都在他的脑海里萦绕，让他操了很多心。

下面的行程是与我们的工作有更直接关系的，我们观摩了墨西哥湾的卡拉贝尔两栖训练，参观了乔治亚州本宁堡的大型步兵训练基地，视察了北卡罗来纳州麦考尔兵营的大型空降部队，以及北卡罗来纳州布拉格堡的火炮训练。我们还被带到佛罗里达州的迈阿密，当我们在那里美丽的海滩上晒日光浴时，就能听到附近飞行员训练时播放的行进曲。当时那个地方显得空荡荡的，只有4万人，而被征用的酒店能容纳8万人。

最后一站的考察，实际上是在我们回家的路上做短暂停留时，参观了被称为"纽约登船港"的巨大建筑群，大多数前往欧洲的兵员和设备都要经过这里。这里的一切都是超大规模的。一艘自由轮①几乎就在我们眼前满载而去。在这里，所有与我们的战争存在千丝万缕联系的事情，从巨型机车的操控，到杀灭德国战俘身上的虱子，都有其相应的处理规范。对于美军的指挥官们来说，这场战争的组织工作，从纽约登船港就已经开始了。如果有什么事情不幸出了差错，那肯定不是纽约这里出的错。

因此，不管怎样，当我们飞回到欧洲的夜空，如果说没能签什么"合同"是一种遗憾，但我们至少也是带着一种令人振奋的感觉回来了。我们已经在这个伟大的国家中，通过巧妙的努力，在某种意义上凝聚起了一种战争精神。虽然我们只看到了这个国家的一小部分，但我们至少对她身上正在生成的、用于援助我们的巨大力量有了一定的了解。没有什么能阻挡这种力量。

---

① 自由轮(Liberty ship)，美国在"二战"期间大量制造的货轮，用来替代被德国潜艇击沉的商船，并根据租借法案大批援助给英国。船名一般取自《独立宣言》签署之后的著名美国人。1941 年 9 月 27 日被定为自由舰队日，第一批 14 艘紧急建造的自由轮在那天下水。第一艘是"帕特里克·亨利"号，名字取自独立战争时期的政治家、弗吉尼亚首任州长帕特里克·亨利，由罗斯福总统本人亲自主持下水仪式。仪式上罗斯福引用了帕特里克·亨利在 1775 年独立革命前夜动员演讲中的一句话"给我自由，或者死亡"，称这些船只将给欧洲带来自由，这便是"自由轮"名字的来历。这些船只按照流水线建造，预制好的零件被运到船坞进行装配，采用焊接工艺取代铆接工艺，建造时间被大大缩短。早期每艘船需要大约 230 天，后来建造速度不断加快，最终平均只需 42 天就可以下水，最快的一艘从铺设龙骨到下水只用了 4 天 15 小时 30 分钟。1943 年每天有 3 艘自由轮下水。1941 年到 1945 年，18 个美国船坞共计建造了 2751 艘自由轮，让它成为"二战"中美国工业的一种象征。——摘自 http://baike.so.com/doc/9340337-9677281.html

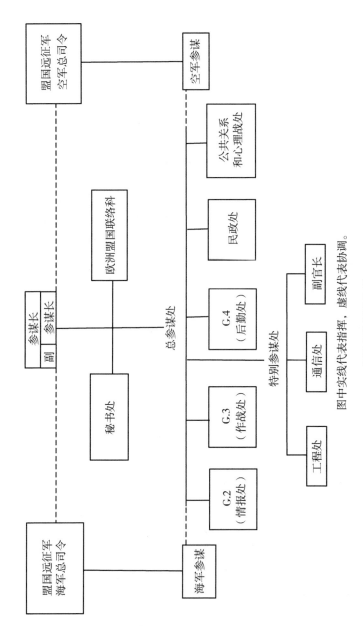

考萨克组织结构图 II

图中实线代表指挥，虚线代表协调。

# 第九章　计划参谋变作战参谋

在美国期间，我们通过信件、电报和电话与伦敦保持了密切联系。等我们回到家中，发现在我们离开的这段日子里，巴克将军所做的事情超出了人类所能做到的最高限度。我们出发的时候，本来打算在外面待一周或十天。在这么短的时间里，原本没有预料到会有什么重大的变化。但我们离开已经超过了六个星期。虽然我们的旅行在很多地方都像是去了仙境，就像从漫长而黑暗的欧洲之夜走出来，瞥见了明媚的白昼，但在这幻觉的背后，那种时不我待的紧迫感还是时刻伴随着我们。在这个当口上，六个星期的工作日是一段很长很长的时间。不管我们浪费了多少，巴克将军浪费得肯定很少。尽管他只是一位副参谋长，不过我们大家一直都把他的任命书看成不过一张纸而已，不影响我们这群人当中的任何一位发挥出应有的作用。到我们出发前往美国的时候，不仅我们两人之间的"磨合"已经完成，而且考萨克整个机构也已经完美地融合在一起，并且运行顺畅。所以，从10月6日到11月15日，它的产量相当可观。

最显著的变化可能是人员组织架构的整体面貌。巴克将军提出的机构重组建议，已于10月份获得联合参谋长委员会的批准，到了11月，所有内设机构的调整就全部完成了。到11月15日，考萨克已经完全转变为一个美国风格的参谋班子，而且是转变为 个作战型的参谋班子，这是盟国远征军最高司令部真正的核心。我们在许多机构设置上都作了简化，但另一方面，在某些重要的问题上也强调了一系列新的要求。

无论是小事还是大事，都发生了很多变化。大家应该还记得，无论结果究竟如何，我们决定先假定马歇尔将军会出任我们的司令官。因此，我把诺福克大厦的一套办公室也作了相应的改动，将房间进行重新装修和翻新，以适合一位美国高级官员使用，连柜子都采用那种传统的令人印象深刻的色彩。至于将军的个人住宿，已经做了初步安排，等他和私人助理参加完德黑兰会议、"六分仪会议"①，经伦敦回国的时候，可以自己挑选。

我们还在美国期间，怀南特大使给马歇尔将军发了电报，表示愿意将位于格罗夫纳广场的美国大使馆的·半馆舍交给他使用，这让人们更加觉得马歇尔将军最终将获得任命。将军把这个问题交给了我，根据我的建议，他拒绝了怀南特的提议。尽管这种想法表面上肯定有好处，因为大使馆无疑会更善于照顾本国国民的生活起居，但如此强调美国人的特殊性似乎是大错特错的。考虑到伦敦的氛围，突出国际化才是正确的选择。因此，办公室还是设在诺福克大厦。

有一样非常重要的东西，在我们的组织结构图中是完全看不出来的，但是它对我们所有的工作都起到了一定的作用，当然这种影响也不能过分夸大。从最初开始，我就一直为很难获得政治指导而烦恼，而我们的工作从一开始就需要政治上的指导。因为，如果一切按计划进行，我们最终组建的最高司令部就必须将战略问题和国际政策(如果有的话)结合在一起考虑。这里几乎不可能有纯粹的军

① "六分仪"是 1943 年 11 月 23 日至 26 日、12 月 2 日至 6 日分两段召开的开罗会议的代号；1943 年 11 月 28 日至 12 月 1 日的德黑兰会议代号为"尤里卡"。——译者注

事考虑。最高司令官的任何一项决定，都必须而且只能在考虑其可能产生的政治影响后作出。随着时间的推移，同样的原则也越来越多地适用于我们的各种规划活动。一旦我们的方案获得批准，考萨克就必须不断地获得最新的政治建议和指导。在伦敦，我们可以求助于英国外交部和美国大使馆，但是，就算所有人都愿意帮忙，我们仅仅有权在需要的时候进入这些机构还是不够的。这样的安排对最高司令官本人、外交大臣或大使显然都不适合，他们必须建立直接的联系。在我们看来，美国国务院和英国外交部均有必要在我们的总部派驻高级别官员，以便他们能够在最短的时间内提供"高层"政治建议和援助。

举一个相对简单的例子，因为我们此前有过北非达尔朗①事件的

---

① 弗朗索瓦·达尔朗（François Darlan，1881—1942），法国海军元帅。1902年毕业于法国海军学院。曾参加"一战"。1936年晋升海军上将，1937年1月任法国海军参谋长，1939年任法国海军总司令。达尔朗深以自己亲手参与创建的法国海军为傲。1940年5月，德国入侵法国，法军惨败；6月3日，达尔朗曾威胁政府，如果停战投降，他将起兵反叛，带领法国海军投向英国人旗下继续战斗；6月12日，在"布里亚尔会议"上，达尔朗曾向丘吉尔承诺，不会有一艘法国军舰落入德国人手中；在随后的停战谈判中，他同意停战协议，前提是不把法国海军交给德国人；6月16日，达尔朗就任贝当政府的海军部长；6月18日，他再次向英国第一海务大臣庞德利·庞德保证不将法国舰队交给德国。停战协议要求法国军舰在德国人的监督下解除武装，后根据意大利的建议，准许法国军舰停靠在北非港口，但可能落入驻利比亚的意军之手，为此达尔朗命令法国军舰开往海外属地，让德意两国均鞭长莫及；丘吉尔曾要求法国舰队开往英国或法属西印度群岛，但被达尔朗拒绝，遂对其产生怀疑；7月3日，英国发起"投石机行动"，摧毁了停泊在北非凯比尔港的部分法国舰队。此后，效忠维希政权的法军在达尔朗指挥下，极力抵抗英军进入法国境内，有时会配合德军作战。此时达尔朗希望德国赢得战争，并准备和英国打一场海战。1941年2月，达尔朗任维希法国总理、国民议会副议长，并兼任外交部长、内务部长、国防部长，11日被指定为贝当的继任者。起初，达尔朗采取了与纳粹德国合作的态度，但随着德军在苏联、中东的失败，他逐渐改变了立场。1942年4月，更得希特勒信任的赖伐尔迫使达尔朗辞去数个政府部门职务，包括法军总司令一职；11月7日，达（转下页）

教训。当我们的部队在北非登陆以后，达尔朗海军上将找到艾森豪威尔将军，声称自己尽管表面上有着通敌的黑历史，但实际上他是我们的盟友。当时在场的人都赞成与达尔朗合作，但随后便产生了尴尬的争论，直到一个年轻的法国人刺杀了这位海军上将，争论才平息下来。当我们踏进法国的大都会时，可以想象这段尴尬的历史还会重演。假设等我们登上诺曼底的海滩，臭名昭著的皮埃尔·赖伐尔①张开双臂来拥抱我们，那么我们是亲吻他的双颊，还是只亲吻一侧脸颊？或者朝他的肚子开枪呢？这样的问题立马就会冒出来。不管答案是什么，都必须从政治的角度尽快作出判断。不过，即便

---

（接上页）尔朗前往阿尔及尔看望自己生病住院的儿子，不料次日盟军即展开了登陆北非的"火炬行动"；7 日夜，亲盟国的阿尔及利亚法军（与自由法国没有联系）控制了阿尔及尔，逮捕了达尔朗；盟军本来希望北非法军能够接受吉罗指挥，但吉罗的资历难以服众，北非法军的抵抗行动继续展开；盟军只好与达尔朗达成协议，11 月 10 日，达尔朗命令全部法军加入盟军，北非、西非的法军均服从了他的命令；14 日，盟军承认达尔朗担任法属西北非高级专员、法军总司令，这项协议不仅激怒了戴高乐和自由法国组织，也导致德军进占了法国剩余 40% 的领土；27 日，德军进攻土伦港的法国舰队，除了 3 艘驱逐舰和少量潜艇外，主力战舰全部自沉，基本兑现了达尔朗在 1940 年对丘吉尔的诺言。1942 年 12 月 24 日，达尔朗在自己的司令部遭法国保皇党人暗杀身亡。——摘译自 https：//en. wikipedia. org/wiki/François_Darlan

① 皮埃尔·赖伐尔（Pierre Laval，1883—1945），法国政治家，社会党人，1914 年至 1919 年、1924 年至 1926 年，两度任职于国民议会。20 世纪 30 年代担任过多个内阁职位，1931 年 1 月至 1932 年 2 月、1935 年 6 月至 1936 年 1 月两度担任法国总理，积极推行绥靖政策，曾签订《法意罗马协议》（又称《赖伐尔-墨索里尼罗马协议》）和《赖伐尔-霍尔协定》，出卖埃塞俄比亚利益。"二战"期间，1940 年 6 月法国战败后，支持菲利普·贝当上台，同月出任副总理和国务部长，促成将政府迁至维希，并诱使议会授全权予贝当；任内奉行亲德政策，深得希特勒信任；后因与贝当矛盾，1940 年 12 月被逮捕，在德方庇护下旋即获释。1942 年 4 月，由于德国人出面干涉，贝当被迫重新召回赖伐尔任政府总理，贝当成为"傀儡元首"。赖伐尔大权独揽，兼任外交部长、内政部长和情报部长，进一步纵容了纳粹德国当局对法国人民的凌辱并动用法国的经济力量支持德国的侵略战争。1945 年 10 月 9 日，被以叛国罪判处死刑。——译者注

是抛开这种假设性的、过于简单的问题不谈，其实我们和各种各样的盟友之间的所有关系当中都充满了政治难题。

要编制一份没有目标的军事计划是很困难的，出于同样的原因，在政治领域也没有好到哪里去。更麻烦的是，我们面临的第一道政治难题就是法国。虽然自 1940 年以来，我们就一直与戴高乐将军和他的"自由法国"保持着联系，我们还赢得了北非战役，通过这场战役，我们实际上进一步扩大了与法国各个方面的联系，但到了 1943 年，英美联盟似乎仍然没有形成统一的对法政策。也就是说，大家各自都有自己的目的。当关于这一时期的政治史著作出版时，毫无疑问，书中肯定会说我们如何在最高宗旨的激励下，不懈地去追求我们的目标。但当时情况似乎并非如此。

随后，我们再次幸运地得到了美国国务卿和英国外交部的帮助，分别把威廉·菲利普斯①大使和查尔斯·皮克先生委派给我们，他们不仅给我们带来了政治上的安全感，让我们摆脱了最大的焦虑，而且还极大地提高了我们整个机构的总体影响力。看到这些资深和

---

① 威廉·菲利普斯（William Phillips，1878—1968），美国外交官，曾两次担任副国务卿。1903 年毕业于哈佛法学院，先后在驻英和驻华大使馆工作。1908 年负责筹建国务院远东事务司并任第一任司长。1917 年任助理国务卿。1920 年任驻荷兰和卢森堡公使。1922 年任副国务卿。1924 年任驻比利时大使。1927 年至 1929 年任驻加拿大公使。1933 年再次担任副国务卿。1936 年意大利入侵埃塞俄比亚后不久，他被任命为驻意大利大使，1941 年 10 月辞职。1942 年任战略情报局（OSS）伦敦站站长；同年 10 月被任命为罗斯福总统派驻印度的个人代表，而美国在印度的官方使团直到其 1947 年独立后才正式设立，由于菲利普斯支持印度独立，使其在英国极不受欢迎。1943 年任大使级别的欧洲政治问题特别顾问，协助盟国远征军最高司令艾森豪威尔工作。1944 年退休。1945 年任国务卿斯特蒂纽斯的特别助理。1946 年被选派到英美巴勒斯坦委员会任职，反对英国分裂巴勒斯坦的计划。1947 年曾参与调解暹罗和印度支那之间的边界争端，未能成功。——摘译自 https：// encyclopedia. thefreedictionary. com/William+Phillips+（diplomat）

杰出的外交官如何迅速调整自己，适应在过去并不习惯的"野蛮放肆的军人"环境中工作，我们所有人都受到了鼓舞。到了初秋，考萨克的"政治顾问"部门已经建立起来了。

到目前为止，秘书处也逐步形成了一种独特的运作方式。有文件处理经验的人都可以理解，在这方面考萨克面临着多大的压力。除了一直存在的、至关重要的保密和安全问题外，考萨克从一开张就面临着文件处理上的困难，这些说的文件不仅是我们自己制作的，还有国家的各个部门发的，最初是两个国家，后来又变成了几个国家。处理书面材料的方法是无穷无尽的，但几乎所有的方法都要因时因地制宜。工作人员的流转程序各不相同，还存在着因语言和惯例不同造成的困难。决定谁应该看什么，谁不应该看什么，可不是一件小事情。我们再次请来了马丁·麦克拉伦少校来负责这项工作，他曾是英国政府的公务员，现在加入了陆军，在他高水平的指导下，我们建立了一个系统，融合了美国和英国实际工作中的优点，不仅提供了高效的服务，还制作了一套完整的缩微胶片，为后人记录下我们所做的一切。

正是为了给欧洲盟国联络科找个负责人，我才恳求罗斯福总统把比德尔大使让给我们。等他最终加入我们以后，很快就超越了我们最美好的预期。他搭了一个最小的班子，设计了一种方法，可以很好地疏通和控制我们与众多盟友之间的联系，并通过他始终如一的幽默感，保持着和谐的气氛，他的工作当中总是少不了感情投资。

在主要的参谋部门中，我们没有设立"G-1"，也就是第一处，在美国军队中，它相当于英国的副官长所在的部门。虽然美国陆军也有其副官长，但在英国陆军中却没有"G-1"这个部门。我们觉得成立"G-1"的时机尚未成熟，因为它的主要职责是解决人事问题。在我们的司令官到位之前，这些问题必须由两个国家的当局来处理，各自提名自己的官员。在考萨克，我们的定位是只负责处理大部队的人事问题，即组织架构性质的问题，而且我们按照英国的模式，将该问题分配给"G-3"，即作战部门负责。

我前文已经写过"G-2"即情报部门的情况。一直到了1943年秋天，我们在情报这个领域仍然极难获得美国方面足够的帮助。但是，只要能够充分利用好现有的、盘根错节的情报网络，而不是建立新的情报机构，那么就没有以前那么困难。我们英国的情报人员很精通这一点，他们熟练掌握了所有一百零一套首字母的应用，情报传递者通过这些首字母背后隐藏的含义来蒙骗敌人，有时候甚至把他们自己和同道也骗过去了。很幸运，我们的第一任情报主管、英国陆军少将 P. G. 怀特福德①，有在情报领域工作多年的经验，使得他能够为情报机构的发展奠定坚实的基础。一直到了年底，美国前来增援我们的托马斯·贝茨②将军才到，他是个大块头，我在华盛顿的时候就请求过他的帮助。在巴克将军的领导下，情报部门之间长期存在的许多障碍被打破。在作战部门的支持下，以及陆军部总参谋部地理科的帮助下，考萨克已经组建了一个高效率的团队，在正确的时间，针对正确的地点制作正确的地图。简而言之，地图供应这

---

① 菲利普·怀特福德(Philip Whitefoord，1894—1975)，英国陆军少将。1939年"二战"爆发后任英国远征军一等参谋。1941年3月任陆军部军事情报处副处长。1942年任第8军准将参谋。1943年任盟军最高司令部参谋部(即考萨克)情报主管。1944年起先后任西非司令部、苏格兰司令部准将参谋。1945年任驻挪威盟军参谋长。同年退役。——摘译自 https：//www.generals.dk/general/Whitefoord/Philip_Geoffrey

② 托马斯·贝茨(Thomas Betts，1894—1977)，美国陆军准将。1940年7月为外交关系委员会安全与军备小组成员。1943年12月任盟军最高司令部参谋部(即考萨克)分管情报工作的副助理参谋长。1945年"二战"结束后，任德国管制委员会美方情报主管。1946年11月任驻波兰武官。1953年退役。——摘译自 https：//www.generals.dk/general/Betts/Thomas_Jeffries

件事情似乎很小，但它凝聚了英国陆军准将 A. B. 克拉夫①及其小团队数不清的研究和努力。我怀疑，过去战争中的军队是否配备过如此完美的地图。我自己的经历不算多，但 1944 年到 1945 年的战役，是我唯一一次带着匹配的地图、清晰的比例尺和无可挑剔的准确性来展开的战役。制作地图工作也存在最重要的安全问题。如果敌人对我们的测绘计划和安排有任何了解，他立即就能推断出我们战略上的大致方向。然而，地图又必须大量印刷出来，交到那些需要它们的人手中，既不能太早，也不能太迟。毫无疑问，这一次肯定不会像 1940 年那样，手上拿着一本《米其林指南》②就算相当幸运了。

在"G-3"作战部门，同样由于缺乏美国的帮助，机构组建一直没有成型。从一开张到秋天，作战部门由于这个原因实际上就没有整合起来。该部门由英军的查尔斯·韦斯特少将领导，协助他的副手还有前面提到过的英军准将肯尼斯·麦克莱恩。当我们将作战策划工作与当前和即将进行的作战行动分开时，麦克莱恩准将最终成为

---

① 阿瑟·巴特勒·克拉夫（Arthur Butler Clough，1888—1989），工程师，英国陆军准将。长期从事地理勘查工作。——摘译自 https：//www. generals. dk/general/Clough/Arthur_Butler

② 《米其林指南》（Le Guide Michelin），是法国知名轮胎制造商米其林公司出版的美食及旅游指南书籍的总称。《米其林指南》诞生于 1900 年的巴黎万国博览会期间，当时米其林公司的创办人米其林兄弟看好汽车旅行有发展的远景，如果汽车旅行越兴盛，他们的轮胎也能卖得越好，因此将地图、加油站、旅馆、汽车维修厂等等有助于汽车旅行的资讯集结起来，出版了随身手册大小的《米其林指南》。其中以评鉴餐厅及旅馆，书皮为红色的"红色指南"（Le Guide Rouge）最具代表性，所以有时《米其林指南》一词特指"红色指南"。此外还有绿色书皮的"绿色指南"（Le Guide Vert），内容为旅游的行程规划、景点推荐、道路导引等。——摘自 https：//baike. so. com/doc/608873644687. html

我们的首席策划官。美国方面的副手最初是 J. T. 哈里斯上校，6 月由来自冰岛的威廉·钱伯斯将军继任，他于 10 月下旬再次离开我们前往澳大利亚。9 月，他们又派来了美国陆军少将哈罗德·R. 布尔①，最后在艾森豪威尔将军手下担任分管 G-3 的助理参谋长，表现非常出色。德国人投降后，他在美国占领区担任麦克纳尼将军的参谋长。

在组建整个机构的关键部门上出现拖延，是一件令人痛苦的事情，但又无可奈何。事实上，我们面对的是同一个问题的缩影，而这个问题的根源一直存在于更高的层面上。如果连我们的司令官都没有到位，就很难组织起团队的其他成员。在我们分管"G-3"作战处的助理参谋长到来之前，实际上不可能将该部门较低级别的岗位分配给不同的国家和个人。延迟的原因，其实就是因为布尔将军直到秋天才到任。他是马歇尔将军亲自挑选的，当时，马歇尔将军似乎肯定要出任最高司令官。布尔将军一到，"G-3"作战处很快就搭建成形了。

当然，图表上那标有"G-4"后勤部门的小方框，根本无法表达这背后隐含的巨大工作量。它不仅涉及供应和运输每一种可以想

---

① 哈罗德·罗·布尔（Harold Roe Bull，1893—1976），美国陆军中将。1914 年毕业于西点军校。1935 年 8 月调入战争部总参谋部工作。1938 年 8 月任卡尔弗军事学院军事科学和战术学教授。1941 年 7 月任第 4 摩托化师助理师长。1942 年 3 月任陆军分管作战的助理参谋长；5 月任轮换和培训司令部司令。1943 年 4 月任北非战区观察员；6 月任第 3 军军长；10 月任盟军最高司令部参谋部（即考萨克）分管作战的助理参谋长。1944 年 2 月任盟国远征军最高司令部分管作战的助理参谋长，具体牵头策划了欧洲战场的一系列重大作战行动。1945 年 5 月任欧洲战场美军司令部分管作战的助理参谋长；12 月任欧洲美军参谋长。1946 年 9 月回国后历任战争部表彰委员会主席、陆军部编制训练处处长、美国战争学院院长等职。1952 年退役。——摘译自 http://www.generals.dk/general/Bull/Harold_Roe/USA.html

象到的消耗性商品，业务虽然相对简单但工作量巨大，而且还涉及"运输"一词所涵盖的一切。负责运输的部门，往往是一个在战斗失败之前大家都一无所知或闻所未闻的机构。现在运输工作的专业化程度，可能超过以往任何时候，在考萨克和后来的盟国远征军最高司令部，这项工作都是由杰出的英国皇家工程师、昵称"多姆"的纳皮尔①少将领导的。纳皮尔将军在战争结束后不久就去世了，他为西线作战取得胜利作出了巨大贡献。油料供应是相对比较副业的问题，"冥王星行动"只是其中的一小部分，此外还有西北欧铁路和公路系统的重建和修复问题。尽管这些工作并非全部起源于考萨克，但由于美国和英国的后勤工作是分别独立运作的，在必要的时候还是要将两个系统连接在一起，并确保它们齐头并进，这也是非常困难的。

从一开始，英国一方的后勤工作就是由 N. C. D. 布朗约翰少将领导的，他的杰出才干，为后续组建庞大的联合后勤机构奠定了坚实基础。美国方面再次出现了调整。首先是 F. L. 拉什上校，然后是阿尔布雷希特上校，最后是罗伯特·克劳福德将军。我们在后勤方面的主要工作，很大程度上是将多方面的供给整合到一个运作协调的渠道中，而不是在最初的生产上。

到 11 月初，就这样按照美国人的模式，巴克将军建立了更为正统的陆军参谋机构。到了这个时候，海军和空军的情况也在一定程度上理清楚了。尽管最高司令官的身份尚未明确，但我们还是任命了"霸王行动"远征军中海军和空军两方面的总司令，分别是英国的

---

① 查尔斯·纳皮尔（Charles Scott Napier, 1899—1946），英国陆军少将。1939 年任陆军部助理军需总监。1940 年 6 月任陆军部运输处副处长。1943 年任盟国远征军最高司令部运输处处长。——摘译自 https：//www. generals. dk/ general/Napier/Charles_Scott/Great_Britain. html

皇家海军上将伯特伦·拉姆齐①爵士和皇家空军中将特拉福德·利-马洛里爵士。随着这些任命的做出，海军和空军的参谋班子立即到位。在这之前，由于前面提到的服务对象的不同，各方的人员安排都存在不确定性。与我们一起做了大量工作的海军和空军军官，一直被迫扮演着两个角色，一个是考萨克参谋部的成员，另一个是一名在职司令官的参谋部成员。在海军方面，要么属于英国朴次茅斯司令部总司令的参谋部，要么属于美国第 12 舰队的参谋部；在空军方面，要么属于英国战斗机司令部，要么属于美国陆军第 8 航空队的司令部。现在好了，所有这些军官都变成了盟国远征军的海军或空军参谋人员。这在具体工作人员层面起到了不可估量的作用，但也带来了一个新问题。那就是在最高司令官任命之前，这两位海军和空军的总司令又该效忠于谁呢？

在华盛顿，关于这一点和相关问题的争论已经激烈起来。首先，有一个问题是，在建立海军和空军司令部的同时，是否还要组建一个"地面部队"司令部？这将使最高司令官处于明显的超然状态，在他的三个下属分别推进海战、陆战和空战时，他可以相对自由地主要关注政治军事问题。在我们看来，这一概念肯定起源于英国方面，毫无疑问受到了地中海战区司令部演变过程的启发。但是它似乎没有得到美国方面的任何支持。这个问题自然而然地还涉及了盟国远征军最高副司令官的任命问题。在这方面，最重要的是必须要听取

---

① 伯特伦·拉姆齐（Bertram Ramsay，1883—1945），英国海军上将，1898 年参加海军，1938 年退役。1939 年 8 月应召重新服役，出任多佛尔港司令至1942 年 4 月，任内指挥敦刻尔克撤退的"发电机行动"以及不列颠之战的海峡防卫战斗。1942 年至 1943 年协助策划和实施盟军在北非和西西里岛的登陆作战。1944 年任实施"霸王行动"的盟国远征军海军总司令，负责海上输送和保障任务。1945 年 1 月 2 日在执行任务中因飞机失事殉职。——摘译自https：//encyclopedia.thefreedictionary.com/Bertram+Ramsay

马歇尔将军的意见，因为他是推定的最高司令官人选。马歇尔将军在这一问题上的想法和他的同胞总体一致。因此，"地面部队"司令部的概念便胎死腹中了。但两名下级司令官的问题仍然存在，如何将他们纳入我们这支的没有"头儿"的远征军呢？所采取的解决方案很难说是正统做法，尽管效果不错。接下来由我来起草命令，这可是要发给我上司的命令。为了赋予这些命令必要的权威性，只好提请联合参谋长委员会批准其草案，这一程序可能会让那些习惯于正统路子的人觉得反感。但我们所处的局面本来就是不正常的，在这种情况下，也只能去寻求非正统的补救办法。我非常高兴自己最终做到了这一点，尽管发给海军的文件表述既简明扼要又直截了当，但发给空军司令官的文件却要慎之又慎，避免引起强烈的反应。必须找到一个路子，既不冒犯参加空中作战的众多利益集团中的任何一个，同时又能为空军司令部及其指挥官的行动提供必要的动力。最终找到了一个折衷办法，就迄今为止找到的各种方案而言，解决空中指挥和控制问题的办法真是天才之举，那就是将最高副司令官的职务给了英国皇家空军的阿瑟·特德①爵士。

1943 年 11 月，我们与两位军种指挥官会了面，两位总司令都拿

---

① 阿瑟·威廉·特德（Arthur William Tedder, 1890—1967），英国皇家空军元帅。"一战"中曾随英国远征军赴法国作战，任第 70 飞行中队的中队长。战后留在皇家空军（1918 年成为独立军种）服役，先后任皇家空军参谋学院教官和院长、空军装备学校校长、空军部训练处处长、驻新加坡皇家空军远东司令、空军部研究与发展处处长。"二战"时期曾任中东皇家空军司令、北非战区空军司令、地中海战区空军司令。1944 年 1 月任盟国远征军最高副司令官，指挥盟国在西欧的全部空军作战，加速了盟军在"二战"最后几个月的推进。特德与英军著名将领、盟军第 21 集团军群总司令伯纳德·蒙哥马利不和，直言批评蒙哥马利的表现，并主张剥夺蒙哥马利的指挥权。1945 年 9 月晋升皇家空军元帅。1946 至 1950 年任皇家空军参谋长。——摘译自 https：//encyclopedia. thefreedictionary. com/Arthur+Tedder+1st+Baron+Tedder

到了自己的命令，在我回去发布这些文件时，必须考虑采用新的流转程序。在这之前，特拉福德·利-马洛里爵士已经友好地同意参加我们的参谋会议，他的帮助非常宝贵。现在，他和拉姆齐海军上将再这样做已经不合适了。因此，我们组建了一个"核心内阁"，他们都善意地接受我作为最高司令官的代表。但我们三个都是英国人，这一点立刻让局面显得很尴尬。从实际效果的角度来看，这还不仅仅是一种尴尬，衍生出来的意义远不止于此。因此，巴克将军又被吸纳进我们的核心圈子中，我们希望，不知情的批评者会减少一些非议，并为我们用心良苦的建设性考虑增加一些好评。因为在当时那个节骨眼上，我们正好面临着英美双方情感上的周期性反复，就像在每一次联合会议召开之前经常发生的那样。不过在这些会议上，大家讨论的当然都是有争议的问题，而在起草议程和发言摘要时，人们往往只会倾向于强调单边的、自己国家的角度。最终妥协总是能够达成的，但无论是在开会之前还是之后，都不乏总统在与我的谈话中所提到的那种"试探"性质的动作。就在我离开华盛顿之前，我是看着美国的参谋长们启程前往开罗和德黑兰参加"六分仪会议"的，他们低声咒骂着英国佬及其背信弃义，尤其是在地中海的野心方面。我及时赶到伦敦，去见了同样一肚子火气准备去开会的英国参谋长，他们正决心在这项战略安排上一劳永逸地纠正美国佬的错误。当然，最后一切都很顺利，但在开会之前，考萨克可没办法想着碰碰运气。

让我们再回到考萨克的组织结构图上，那是按照巴克将军的意见重新搭建的，其中特殊的部门不需要太多讨论。标记着"副官长"的部门是美国版的副官长办公室，考萨克现在是按照美国人的模式来组建的。"工程处"和"通信处"也是一样，因为他们的服务显然是普遍都需要的。我们急需大量的工程技术人员，因为需要开展大规模的工程建设和施工，后勤部门普遍需要各类工程技术人员前去帮忙。同样，通信是所有级别的所有任务中都必须解决的问题，而我们恰恰遇到了一个前所未有的规模庞大和极为复杂的通信问题。仿佛世界上一半以上的通信都在英格兰南部地区集中成了一个线圈，穿过英吉利海峡，然后再散播到整个欧洲。由于整个远征军的基地都在英国，而且一切都取决于英国资源的适当集中和应用，所以这两个特殊参谋部门的负责人都是英国人，工程处是 H. B. W. 休斯①少将，通信处是 C. H. H. 武利亚米②少将。

图表中显示的"民政处"和"宣传与心理战处"两个部门这里要介绍一下。先讲后一个部门，因为它最终未能保留下来，当我们真正开始工作的时候，发现导致它出现的基本概念是错误的。

我认为我们所有人在公共关系或宣传工作上都没有什么值得一提的经验，包括心理战，当然我指的是在能够发挥作用的高水平上。因此，我们求助于前人的经验，发现这两方面工作在地中海战区的盟军司令部是联合开展的。这两项工作之间有着明显的相似之处，因为公共关系基本上就是"对自己人说什么"，而宣传工作就是"对敌

① 亨利·休斯（Henry Hughes，1887—1953），英国陆军少将。1935 年任希尔内斯高级军官学校教官。1936 年任陆军部助理副官长。1939 年任本土军西部司令部工程处长。1940 年任中东司令部工程处长。1943 年任盟国远征军最高司令部工程处长。1944 年任第 21 集团军群工程处长，12 月回到陆军部任工程处长、皇家工程兵总监。1946 年退役。——摘译自 https://www.generals.dk/general/Hughes/Henry_Bernard_Wylde/Great_Britain.html

② 科尔文·武利亚米（Colwyn Vulliamy，1894—1972），英国陆军少将。"二战"爆发后 1939 年任防空司令部通信处长；1940 年 6 月任第二远征军通信处长；1941 年任本土军东部司令部通信处长；1943 年任中东司令部通信处长；1944 年任盟国远征军最高司令部通信处长；1945 年 5 月任印度军司令部通信处长；1946 年任陆军部通信处长。1949 年退役。——摘译自 https://www.generals.dk/general/Vulliamy/Colwyn_Henry_Hughes/Great_Britain.html

人说什么"。不过，也碰到了一些困难，例如，"对敌人说什么"会产生反作用，对自己人说的太多对敌人也会有影响。所以，从表面上看，把这两件武器交给同一个人使用应该是有好处的。但我认为，刚开始的时候我们都没有意识到，在应对"霸王行动"的公共关系和心理战事务上，我们可是真正陷入了骑虎难下的境地。在阿尔及尔应付一个相对较小的摊子是一回事，在伦敦展开一场决定性的反攻则完全是另一回事。

这些工作一开始都非常难。对于新闻界来说，他们是靠今天和明天的新闻吃饭的，偶尔也报报昨天和前天的消息。对于明年可能出现的新闻，与其说是日报的事，不如说是更沉闷的期刊和《老摩尔历书》①及其类似杂志的事。因此，我们不得不从考萨克这个已经超负荷运转的信息源当中尽量多挖掘一些素材，以便尽我们所能做好准备，因为我们从一开始就知道，当"霸王行动"启动的时候，这将是有史以来最伟大的故事。事实上，现在回想起来，情况几乎没有得到改善，部分原因是考萨克"宣传和心理战处"的公共关系科太小了，根本忙不过来。但是，只要我们西方人仍然坚持我们目前新闻自由的信仰，就必须如此，尤其是记者这个群体本身，很少有例外，不过出于军事安全上的考虑，他们也能够克制自己的本能。对于未来的军人来说，在这方面接受训练是多么有必要，包括如何正确对待和应付新闻记者。年轻时候有所积累，将来等他们做了指挥官之后，才能够从容应对那折磨人的焦虑。只要我们坚持这种新闻自由，

---

① 《老摩尔》(Old Moore)是英国自1697年以来出版的一本占星术历书。作者弗朗西斯·摩尔是一位自学成才的内科医生和占星家，曾在查理二世的宫廷任职。杂志内容包含天气预报、占星术观测，因此也被称为《老摩尔历书》。它是18世纪和19世纪的畅销书，1768年销量高达10.7万册。——摘译自https：//encyclopedia. the freedic-tionary. com/Old+Moore's+Almanack

就必须允许记者写下自己的想法，问题是要确保他们在正确的时间和正确的节奏上考虑问题。从军事方面来看，毫无疑问，这个课题需要作深入研究。这是许多无法通过找一个"稻草人"就能解决的问题之一。司令官必须是自己的公共关系联络官。如果需要一个榜样，最好的办法就是研究德怀特·D.艾森豪威尔将军在这些问题上的做法，他就任西北欧盟军最高指挥官后不久，公共关系事务就被单列出来专门处理，这是完全正确的。

心理战的问题，即对我方和敌人的宣传，似乎更加看不见摸不着，难度也更大。到目前为止，美国和英国都有自己的国家宣传机构，互相都不买账，这也可以理解。不管怎么说，他们的工作节奏并不适合我们的作战行动。我们必须有自己的机构。其他人的经验再一次为我们提供了被称为"前线宣传"这种小规模工作的先例，但在更高层面上没有太大帮助。这种前线宣传包括，熟练而迅速地制作小册子，从大炮上发射或从空中投下，或通过扩音器来影响敌人前线部队的思想。这种武器非常有效，尤其是在这场战争的最后阶段，成功的例子比比皆是。有人曾津津有味地讲过这样一个故事。在登陆法国南部的行动中，由于一次机械故障，一捆劝降驻马赛德军的宣传册在半空中未能打开并散发，像炸弹一样直达海平面，砸穿了一艘小船的底部，随即小船就沉没了。这也算另一种成功的例子吧。

这件事情是如此困难，但从我们的角度和我们的方法来看，似乎毫无疑问地证明了我们的努力是有效的。在过去的一段时间里，人们一直在争论各种战争手段各自的效力。其实，将飞机与坦克进行比较是没有意义的。但是，当谈到语言和文字的力量，以及它们对人类思想的影响时，谁又能肯定地说它们没用呢？

毫无疑问，我们已经看到过，在特定情况下心理战武器可以做些什么。已经自杀的戈培尔博士和他的追随者，尤其是那个专门针对英国搞宣传的"哈哈勋爵"①，创造了一个很难被打破的纪录。没有他们支持的宣传战，德国装甲部队就不可能在西欧取得基本上不流血的胜利。不过，在比赛结束之前，我们这方面的表现也没有那么糟糕。许多人会记得臭名远扬的"加来电台"②的功绩，这只是我们努力的一小部分。

　　这是另一个需要我们未来的领袖们深入研究的课题，无论是战争时期还是和平时期。因为人的思想是一直向文字和语言敞开的。在战时，我们对敌人必须有一定的心理准备，以承受威胁和打击。在和平时期，领导者必须始终牢记自己的言行会引发心理反应，不

---

① 哈哈勋爵（Lord Haw-Haw），是美国出生的英国人威廉·乔伊斯（William Joyce）的绰号，他在第二次世界大战期间从德国向英国广播纳粹宣传。广播以"德国呼叫，德国呼叫"开场，用上流社会英语口音，通过德国汉堡中波电台向英国广播，并通过短波向美国广播。该计划始于 1939 年 9 月 18 日，一直持续到 1945 年 4 月 30 日英国军队占领汉堡。广播的目的主要是反制盟军的战争宣传，瓦解盟军的士气。《每日快报》的广播评论家乔纳·巴林顿（Jonah Barrington）在嘲笑德国的英语广播员时使用了这个词——"He speaks English of the haw-haw"，后来"Lord Haw-Haw"就被英国民众和盟军官兵用来泛指德国电台里使用英语的广播员。——摘译自 https://encyclopedia.thefreedictionary.com/Lord+Haw-Haw

② 加来电台（Radio Calais），德文名"Soldatensender Calais（G.9）"，"二战"期间由英国政治战行动处（Political Warfare Executive）运营的黑色宣传广播电台。它假装是德国军事广播网的一个电台，于 1943 年 11 月 14 日至 1945 年 4 月 30 日期间运行，设在英格兰郡苏塞克斯郡克罗伯勒附近的一个巨大地下掩体中，曾一度是世界上最大的中波电台，每日下午 6 时至黎明播出，除了使用中波外，还使用短波对德国 U 型潜艇的艇员进行广播。加来电台将虚假信息穿插、隐藏在真实节目当中，让听众无意中接受降低士气、虚假情报等宣传内容。这种宣传方法被其创始人塞夫顿·德尔默（Sefton Delmer）在回忆录《黑色回旋镖》（Black Boomerang）一书中描述为"封面，封面，污垢，封面，污垢"。诺曼底登陆行动期间，加来电台广播了一些信息，意在让德国情报官员认为登陆区域比实际范围更广。盟军占领加来地区后，电台呼号改为"西线电台"。——摘译自 https://encyclopedia.thefreedictionary.com/Soldatensender+Calais

管是有意识的还是无意识的。

在考萨克，我们所能做的，就是为后来进行的伟大反攻奠定基础。如前所述，我们转移敌人注意力的行动，在宣传领域积累了许多宝贵的经验，主要是如何掩盖自己的真实意图。在心理战领域，最重要的贡献可能是下决心将其作为一项专门工作来处理。因此，在1944年1月，有两位新人走马上任，美国的罗伯特·麦克卢尔①将军担任心理战部门负责人，美国的托马斯·杰斐逊·戴维斯②将军担任公共关系部门负责人，他们俩人可能是我们所有人中最经受考验的。我认为，公平地说，他们所经受的煎熬，主要归因于总参谋部的人缺乏经验，而他们又必须与其打交道，只好一边积累经验一边推动工作。今后，毫无疑问，在这些新生事物上，对参谋人员的培训必须像所有战斗部队人员接受的传统培训一样细致。

在考萨克面对的纷繁复杂的庞大任务中，最烦人、最难令人满意的无疑是所有被统称为"民政事务"的那一摊子。"G-5"民政处工作人员的招录、组织和培训不仅一直存在着困难，而且他们所依据的政策和程序的不断变化，简直就是一场永远挥之不去的噩梦。正

---

① 罗伯特·麦克卢尔（Robert McClure，1897—1957），美国陆军少将。1941年任驻英国武官。1942年8月任欧洲战区美军司令部分管情报工作的助理参谋长。1943年1月任北非战区盟军司令部新闻和审查科科长。1944年任盟国远征军最高司令部心理战处处长。"二战"后担任驻欧洲、驻德国美军新闻管制处处长。1951年1月任陆军部心理战办公室主任。1953至1956年任驻伊朗武装部队的美军代表团团长。1957年退役。——摘译自 https://www.generals.dk/general/McClure/Robert_Alexis/USA.html

② 托马斯·杰斐逊·戴维斯（Thomas Jefferson Davis，1894—1964），美国陆军准将。1942年起先后任欧洲战区美军司令部副官长、北非战区盟军兼美军的副官长。1944年任盟国远征军最高司令部副官长。1946年10月退役。——摘译自 https://www.generals.dk/general/Davis/Thomas_Jefferson/USA.html

如英国皇家炮兵部队的沙利文少校在其标题为"落水行动"的文件中如此巧妙地指出的那样，这里有很多事务，但最困难的还是如何让他们在工作中保持文明。大家想象一下就不足为奇了，那些接受打打杀杀训练的士兵，怎么会去关心政府部门涉及的一系列重大问题呢。而且，自相矛盾的是，几乎不需要什么洞察力就能看出，我们所有军事行动的最终目的，是在我们从敌人手中解放或夺取的领土上组建或重建某种形式的民事政府。没有人给我们说过战役的政治目标，所以我们不得不假定一个，或者说几个。如果没有一个目标，我们是不可能继续战斗下去的，因为迟早会出现而且我们也希望会出现这样一种情况，即关键的战斗仍在欧洲大陆的中心地带进行，但是其他大部分地区已经解放了。这些被占领的地区将包含许多不同成分、不同种族和不同生存状态的居民，他们必须由某个人对他们进行某种形式的控制，而且盟国远征军最高司令官也必须对他们进行某种形式的控制。我认为，起初我对最高司令官属下民政部门职责的定义仍然是有效的。根据1940年的经验，1942年我在自己的第1军防区把理论付诸了实践，得出了这个结论。1943年，当我被要求去温布尔登的民政事务培训学校就未来指挥官面临的民政问题开展讲座时，我讲了将来的民政部门可能承担着三重职责。首先，他们必须确保军事行动不会受到难民的阻碍，这些难民有的是因为躲避危险，也有的是敌人故意造成的。大家永远不会忘记1940年在法国遇到的那些难民的悲惨状况。第二，民政部门必须确保指挥官不必担心战线后面的事情，不必回过头来看背后的情况。第三，在我们的战役中，一旦被解放或被占领地区存在任何有军事价值的资源，无论是劳动力、物资、工业、运输、电力还是其他方面的资源，都应立即交由军队支配。用最简单的解释，以上这些差不多就是民政事务的基本概念，在军队前进的道路上，一直都会遇到这些情况。但在"霸王行动"中，问题还远不止于此，因为很可能会出现，实际上也的确发生了，由于我们作战行动的间接影响，某些广大地区会突然摆脱敌人的占领，例如法国西南部。还有，解放和征服之间肯定存在一些明显的区别。解放我们的朋友是一回事，征服、占领和统治敌人的领土则是另一回事。

正如在所有事情上都会寻求先例一样，但同样也和在其他大多数事情上遇到的差不多，大家没有找到任何先例完全符合我们眼下的情况。因为迄今为止我们在这方面所获得的经验，主要是在非洲人口稀少的领土上，那里的政治和经济形势与欧洲几乎没有相似之处。为意大利设想的民政事务处理方式，给我们提供了将来德国模式的参考，但即使是在这一点上，由于意大利是从敌对国变成的盟友，这种感觉往往会产生一种说不上来的影响，很难说这种参考能有多大价值。

从完全没有经验的零基础开始，面对这一堆令人困惑的事务，大家都认为考萨克在其民政事务的规划方面完全走错了路。围绕着原有的小部门，随着对问题研究的逐步深入，我们开始组建"国家科"，每个科室分别对应研究法国、比利时、荷兰和挪威的问题，其基本假设是，对于这些国家中的每一个来说，都需要某种类似于意大利的"被占领土盟军政府"①性质的机构。这种"国家科"

---

① 被占领土盟军政府（Allied Military Government of Occupied Territory），缩写"AMGOT"，"二战"期间的英美军事行政机构，负责管理 1943 年至 1945 年从德军手中解放出来的意大利领土。成立于 1943 年 7 月，由一位军事总督领导，作为地中海战区盟军总司令、英国陆军上将亚历山大的副手。随着英美军队向意大利北部推进，"AMGOT"逐渐将管理职能移交给意大利地方当局，但仍保留对其活动的控制权。1945 年 12 月 31 日撤销。——摘译自 https：//encyclopedia2．thefree dictionary．com/AMGOT

很快就被撤销了，但并不是所有的工作都白费了，许多基础数据被挖掘出来并记录下来供将来使用。因为大家很快就想明白了，这一路线的最终结果是将我们的最高司令官推上了西北欧皇帝的位子，或类似泛日耳曼帝国的大头领。这肯定是不可取的，也是不切实际和不必要的。我们是在为民主而战。组建一个国家的政府是一个相当复杂的问题，更不用说要组建一连串国家的政府了，而且，它毕竟只是这场伟大的海、陆、空战役的副业。我们要尽量减少最高司令官在这方面的责任。这个"超人"肩膀上的担子已经足够重了，不能再增添任何不必要的负担。在前面谈到的四个国家中，显然都是一个解放的问题。我们从来都没想过用自己的统治去取代德国人的统治。

因此，问题在于如何找到与这些国家的某些本土当局取得联系的方式方法，并与之建立某种形式的沟通，在允许我们获得所需信息的同时，确保充分保护我们的秘密。为此，我们在考萨克里面设立了"政治和欧洲盟国联络科"。政治指导是第一要务。我们这边有挪威国王陛下、荷兰女王陛下、战前比利时政府和戴高乐将军的法国民族解放委员会。显然，我们的目标必须是恢复挪威和荷兰原来统治者的地位，但后两个当局存在疑问，我们军人的想法很简单，因为必须考虑这两个流亡政府当局在祖国解放时对其大部分本土人口的影响。

这样的背景足以说明，我们的部门需要多么巧妙地处理相关事务，既要能拿到我们想要的东西，又必须维护所有相关国家当局的荣誉，还不能有任何违反保密安全的纰漏。

人们会注意到，我们在这里没有提到丹麦。虽然我们的目标当然包括解放这个国家，但我们规划的所有作战方案都不可能让我们直接经过丹麦，除非是通过挪威或其他低地国家①的间接途径。因此，在纳粹的旗帜落下之后，或者至少比现在更接近诺曼底登陆日的时候，我们认为，会有一段时间来做一切所需的事情来帮助丹麦，这个国家尽管遭受了种种苦难，却能够勇敢地保持了相当程度的内在稳定。

德国的问题及其待遇则完全是另外一回事。毫无疑问，我们必须从一开始就为建立某种军事政府做好准备。当然，对考萨克来说，幸运的是，在这个问题上，无论最终我们是否有可能阐明自己前往德国的确切目的，相关方面已经在研究占领德国以后必须采取的各种措施②。显然，必须有某种机构来执行最终可能决定强加给该国的此类方案。

在关于"兰金行动"的讨论中，我提到了被征服的德国在美国人、英国人和苏联人之间分区占领所面临的困难。为了解决这一问题和

---

① 低地国家，对欧洲西北沿海荷兰、比利时、卢森堡三国的统称，三国有着地理和历史文化上的渊源，曾经多次统一于一个国家。地理学家在有关欧洲的地理著作中，常把比、荷、卢放在一起叙述，称为"尼德兰"，荷兰语为Nederland，即"低地"。——摘自 http://baike.haosou.com/doc/4702535.html

② 比如，摩根索计划（Morgenthau Plan），战后肢解德国并使之丧失工业潜力的计划。因美国财政部长摩根索1944年9月在美、英第二次魁北克会议上提出而得名。主要内容为：战后把德国的东普鲁士分割给苏联和波兰，西里西亚南部割给波兰，萨尔划归法国，莱茵-鲁尔地区国际共管，其他地区分别成立两个独立的自治国；清除和破坏德国工业的固定资产，受害国有权搬走它们所需要的机器；停止鲁尔的冶金、化学和电气工业生产，把德国改造成一个主要是农业和畜牧业的国家。该计划曾得到罗斯福和丘吉尔的同意，并于9月15日草签了备忘录。但魁北克会议结束后不久，美、英政府即否定了该计划。——摘自上海辞书出版社《第二次世界大战百科词典》

类似的三方问题，伦敦成立了一个名为"欧洲咨询委员会"①的三方机构。这是一个规格很高的小型机构，由代表美利坚合众国的 G. 怀南特、代表苏联的 M. 古谢夫②和代表英联邦的威廉·斯特朗③爵士组成，每人都配有少数的军事和其他顾问，他们被指定的第一项任务就是起草适用于德国的投降条款。在拟定这些条款时，必须考虑为我们的"兰金行动"和随后"霸王行动"带来的问题提供解决方案。

---

① 欧洲咨询委员会(European Advisory Commission)，苏、英、美政府研究与战争结束有关的欧洲问题的咨询机构。1943 年 10 月苏美英莫斯科外长会议上决定成立。总部设在伦敦。主要任务是为三国共同行动提出建议，但无发布命令的权力。同年 11 月 30 日(一说 1944 年 1 月 14 日)正式开始工作。1944 年 11 月法国也被邀参加。委员会先后召开会议 120 次，曾制定德国无条件投降的条款，确定各盟国在德国的占领区，以及起草关于在德国履行无条件投降基本条件期间设立对德管制机构的提案；还研究了恢复奥地利独立的问题以及制定同保加利亚和其他一些国家的停战协定条款。1945 年 7 月波茨坦会议决定建立外长会议后停止工作。——摘自上海辞书出版社《第二次世界大战百科词典》

② 费多尔·塔拉索维奇·古谢夫(Fedor Tarasovich Gusev，1905—1987)，苏联外交官。1931 年毕业于列宁格勒法律学院，1937 年毕业于外交学院。1935 年进入苏联外交部，1938 至 1939 年任西方三处处长，1941 年调任欧洲二处处长。1942 年任驻加拿大大使。1943 至 1946 年任驻英国大使，是 1943 年 10 月 18 日至 11 月 11 日第三次莫斯科会议上提议组建的欧洲咨询委员会(European Advisory Commission)成员，出席了德黑兰会议、雅尔塔会议和波茨坦会议。1946 至 1952 年任外交部副部长。1956 至 1962 年任驻瑞典大使。——摘译自 https：//en. wikipedia. org/wiki/Fedor_Tarasovich_Gusev

③ 威廉·斯特朗(William Strang，1893—1978)，英国外交官。20 世纪 30 年代至 50 年代是英国政府外交事务的重要顾问之一。参加过"一战"。1919 年加入外交工作。1919 年至 1922 年派驻贝尔格莱德。1930 年至 1933 年派驻莫斯科，回国后曾负责国际联盟事务。1930 年代出席过一系列重要国际会议，会见过墨索里尼、希特勒和斯大林，反对绥靖政策。1939 年至 1943 年任分管欧洲事务的助理国务秘书，1943 年任英国驻欧洲咨询委员会代表，出席了"二战"期间同盟国的重要会议。1945 年 6 月任英国驻德国占领军总司令蒙哥马利的政治顾问。1947 年任分管德国事务的常任国务秘书。1949 年任外交部常务次长。1953 年 12 月退休。——摘译自 https://en. wikipedia. org/wiki/William_Strang

这个欧洲咨询委员会的故事不属于本书讨论的范围。从我们考萨克的观点来看，这个 1943 年在伦敦组建的小型"沙龙合奏团"，一开始演奏的乐章是相对简单的，但随着后来面对着各色各样的国际观众，他们演奏的乐曲越来越神秘，到眼下这个时候，在纽约联合国总部上演的不和谐乐章已经达到了高潮①。

然后，在华盛顿，作为联合参谋长委员会的一部分，便顺理成章地组建了一个名为"联合民政委员会"的机构。如果领土是被联合部队解放或征服的，那么显然，恢复这些领土上的正常生活同样必须通过联合手段进行。但是英国人进行解放和征服的事业已经有好几年了，他们自己已经建立了一个机构来处理这类事情。在他们看来，把英国在这方面的努力再复制到美国，可能是把简单问题复杂化，完全没有必要。简单地说，在他们看来，有两种选择——一是加强英国的机构并赋予其联合机构的地位，另一种是可以将英国的机构视为对华盛顿所期望建立的同等机构所作的贡献。

我们在这里讨论的又是考萨克职责之外的事情，尽管它们对考萨克的整个任务至关重要。因此，我们所有人都非常担心，随着夏季的几个月过去，我们的沮丧情绪也越来越大，在我们看来，在大西洋两岸来回激烈进行的主要都是学术讨论。不过，我们也能够感觉到，在表面上的学术讨论背后，有一股强大的影响力，它不是军事上的影响力，而是当讨论到恢复自由国家的经济生活时，这种影响力便开始聚集起来了，因为这些国家都是重要的商业和工业中心。

尽管考萨克在双方都尽了最大努力，但直到很晚我们才达成一项不太靠谱的妥协方案，成立了一个名为"联合民政委员会（联络

---

① 此处应该是指作者完成本书的 1947 年，冷战已经拉下帷幕，东西方阵营在纽约联合国总部的较量趋于激烈。——译者注

处)"的机构，设在伦敦。考萨克坚持不同意驻伦敦的美国机构合并到英国的机构当中。不过这些美国机构花了很长时间才意识到，欧洲的民政事务是考萨克的任务，而不是他们的任务。这其中的沟通和调整工作主要落在了常驻伦敦的巴克将军身上，因为在华盛顿看来这个问题已经理清楚了。还有一个因素就是，在考萨克使团出访华盛顿期间，某些工作上还存在欠缺。我清楚地记得，我与时任战争部助理部长的约翰·麦克洛伊先生至少有过一次谈话，关于我们与被解放国家之间的货币调整问题，我当时一个字也听不懂。

除了关于政策和国际事务的高级别谈判外，还有一个更容易理解但同样紧迫的问题，即民政工作人员的招募、组织和培训，要靠他们去实施这些政策。在这件事情上，考萨克再次发现自己面对的又是全新的课题。在和平时期的备战过程中，美国和英国的军队都没有考虑过什么民政问题。在大家的记忆中，从没有遇到过像1943年这样重大的问题，在有记录的历史中似乎也没有找到什么有用的资料。因此，盎格鲁-撒克逊人也只好选择他们最喜欢的即兴创作了。而且，急事必须先办。

显然，要做的第一件事就是，找到一个人代表盟国远征军最高司令官负责这项工作。但是，大家想挑选的是个什么样的人呢？我们想要找的，是一名在民政管理方面具有某种经验、能力或背景的军人，海军、陆军或空军都可以，还是一名喜欢军旅生活的民政管理人员？一般来说，考虑到英国人在政治军事领域广泛而长期的经验，他们似乎更有可能培养出一个符合此类要求的人。在这件事情上，就像在其他工作上一样，重要的是找到这个合适的人。

这个人是怎么找到的呢？我有一次向副官波比讲了我遇到的难题，剩下的就是他的贡献了。我跟他讲过几天后，他告诉我，如果我愿意陪他去骑兵俱乐部吃餐前点心，就会在那里见到他的一个朋友，这位朋友最近刚从东方回来，急于在欧洲找到工作。这个人就是罗杰·卢姆利爵士，刚从孟买总督的职位上卸任。我认为这是一个好兆头，并建议他向相关部门申请我提到的工作。后来他就变成了我们考萨克民政部门的第一位负责人，在他的有效指导下，该部门从一个雏形开始，逐步形成了庞大的网络，最终在艾森豪威尔将军指挥的战役中发挥了重要作用。

对于其他人的招募来说，也很不容易。因为我们是人力市场上的新竞购者，当时这种商品的资源在美国和英国都处于最紧张的时候。更糟糕的是，我们是代表一项新的工作去招人，而大家对这项工作实际上一无所知，因此没有可靠的方法来确定我们需要找什么样的人。自然而然地，我们不得不开始了一个复杂的反复试错的过程，我担心，这些错误恐怕都是我们考萨克出的错误，而那些有志于从事民政工作的人却成了我们的试验品，尽管他们宽容大度地忍受了一个肯定是最令人讨厌的时期。

组织和培训这些花了很大力气招募来的人员，也同样十分困难。有些人在地中海战区的"被占领土盟军政府"工作过，此前的经历让他们相信，正确的组织方式是让民政管理体系完全独立于军事指挥体系，尽管它当然应该由盟国远征军最高司令官领导。虽然有时候很难反驳这样的经验之谈，但我们考萨克感到无法接受这个理念。我们认为，整个体系必须是一个不可分割的责任链条，而且必须通过一个渠道来贯彻执行。直到 1944 年初，考萨克的理论才最终被采纳。

在美国弗吉尼亚州夏洛茨维尔的弗吉尼亚大学，在英国伦敦郊外的温布尔顿，在威尔特郡的施莱文汉姆和苏塞克斯海边的伊斯特伯恩，民政事务培训课程开始展开，后面可能还有更多。凭着不断的摸索和上帝的保佑，我们终于走到了这一步。但是，如果登陆日来得更早些，或者"兰金行动"被付诸实施，我们应该很难做到这一点。不过毫无疑问，如果真的发生了，就像遇到的其他许多事情一样，我们天生的智慧也会帮助我们渡过难关。

到了 1943 年，我们考萨克的工作人员才被迫去开辟这块新的业务领域，在我看来，这一切完全是不应该的。这无疑表明，无论是在美利坚合众国还是在英联邦，我们和平时期的正常准备和训练都严重不足。几乎所有作战行动结束之后，都必然要求建立或重建某种形式的公共行政。而且无论形势如何，在一段时期内，这样的行政管理都必须由军事指挥官负责。因此，军官必须接受这方面的培训，这似乎是一个不容回避的课题。战争中包含着比战斗更多的东西。好像只要开球打得好，所有人都能赢得比赛，这种说法可真是忽悠人的。关键的考验其实不在于战斗本身。

但此时此地，我们几乎没有时间去进行全面的反思。对我们来说，我们取得进展的第一个成果，是以一大堆文件的形式出现的，反映了我们要解放的那些国家对民政物资的最初需求。我有幸在皇家炮兵服役了 16 年，主要负责为炮兵连供应任何所需的后勤物资，所以我对英国陆军的每一种装备都不陌生。但考萨克这次拿出来的是一份军需官做梦也想不到的文件。我们的民政工作人员评估了我们的朋友在获得自由以后最初几周里的最低需求。这不仅仅是一个吃饱肚子的问题，尽管所需的粮食数量已经大大增加了。现代经济可远比我们想象的要复杂，除了食品、衣服、鞋子和布料，还有芬马克①

---

① 芬马克(Finnmark)，挪威北部的一个郡，首府瓦德瑟。位于欧洲大陆最北端，挪威海岸线由此转向东，为此芬马克也被称为"东西方交汇点"。1944 年秋天，德军在大撤退中使用焦土政策阻止苏联红军，几乎将芬马克夷为平地，有 11000 所房屋、4700 个牛棚、106 所学校、27 座教堂和 21 所医院被烧毁，22000 条道路被毁，船只被凿沉，动物被宰杀。1944 年 10 月（转下页）

需要鱼钩，挪威需要电力系统和鱼油精炼厂的电气备件，荷兰需要堤坝的抽水设备，比利时需要闻所未闻的化学原料，法国需要排雷设备，还有所有人都需要的铁路设备、燃料、石油和原材料、半成品、机械设备，等等，名目还有上百样。

通过看这些文件就能学到很多东西，可以了解到此前西欧的经济状况和敌人已经在那里造成的破坏。想到我们正在草拟的作战计划，在赢得最终胜利之前可能还会带来更多的痛苦，真是可怕。

在我们出访华盛顿期间，在巴克将军的手上，所有这些和相关的事务都得到了进一步推动，包括为远征军争取足够的设施来训练他们自己，以应付未来作战中可能遇到的困难。这种训练必须经过精心设计，其规模在英国也是史无前例的。由于许多明显的原因，训练必须在英国进行。单单时间这一因素就排除了其他任何选择。此外还有一个问题，不仅每个军种、兵种的训练通常都是全新的战术，而且还涉及三者的结合。步兵们必须和水手们一起训练，同时两者还必须学会和飞行员并肩作战。除了实战部队之外，还有许多其他部门也都必须进行各自角色的训练。所有类型船只的快速装卸必须尽可能缩短时间。机场的建设，过去都是几年或几个月的事情，现在必须压缩到几天，甚至几个小时。爆破队必须学会在任何可能的条件下清除各种障碍物。还有一点必须记住，就是所有东西都必须按照正确的顺序和相应的要求横渡英吉利海峡，才能在远方的战场发挥作用。这意味着每个人不仅要掌握自己的业务，还要掌握周

---

（接上页）25 日，苏联红军攻占了希尔克内斯（Kirkenes）镇之后未再推进；自由挪威军队从英国抵达，解放了芬马克的其他地区。战争结束后，芬马克有 7 万多人无家可归。由于地雷的危险，政府暂时禁止居民返回家乡，这项禁令一直持续到 1945 年夏天。——摘译自 https://encyclo-pedia.thefree dictionary.com/Finnmark

围每个人的业务。整个远征军都必须有空间和机会进行实战演练。大家都知道，时间是不等人的。秒表已经在滴答作响了。

为了给英国武装部队寻找训练场地，遇到了一连串的困难，在这里就不再详述了。现在的问题是，要为相当数量的美国军队寻找空间。我们希望，随着这一问题的紧迫性越来越明显，将有助于克服我们在寻找场地时遇到的抵制。这种抵制，是英国政府出于几个世纪的传统而本能地产生的。如前所述，考萨克这个机构的特殊性，让我们有权通过多个渠道中的任何一个，去找更高的层面来解决问题。我们可以通过英国海军部、陆军部或空军部找到英军参谋长委员会，或者也可以通过我们认为合适的几个政府部门来选择一条途径。如果必要的话，在美国方面也可以采取同样的方法，尽管美国人在这件事上没有太多利害关系。在英国的训练场地问题上，我们可能还算得上幸运的，皇家海军和美国海军一样，都非常关心他们海军突击部队的训练。经现场勘查发现，海军对训练场地的要求足以同时满足其他两个军种的需要。因此，考萨克就利用皇家海军在历史上往往享有特权地位的传统，决定授权海军部负责处理训练场地的问题。事实证明非常成功，而且我认为，它的成本可以说是非常低的。不过，看到斯塔特湾①这样风景如画的地方变成了演习场，心里还是感到很难过。但想想如果早些年遇到眼下的境况，或许也只能这么做，也算是一丝安慰。我敢说，这些光荣的伤疤将在很短的时间内完全愈合。或许有一天，英国人不仅发自内心地为此感到骄傲，还会公开纪念他们的牺牲。谁也不知道未来会发生什么。因为时代总在变化。

---

① 斯塔特湾(Start Bay)，英国德文郡东南部面向英吉利海峡的海湾。——译者注

# 第十章　注入动力，确定路线

　　虽然考萨克在自己内部经历了"盟国远征军最高司令部"诞生前的骚动，但外面的战争还在进行，有时候距离我们并不遥远。从1943年8月起，考萨克开始逐步接管控制权，最终于1944年1月由艾森豪威尔将军全面接掌指挥权。一开始，这个过程自然是高度试探性的，所实施的控制是远程和间接的。前面我们已经讲述过，在1943年考萨克是如何策划和指挥整个牵制性作战行动的，以及我们是如何对侦察、突袭和破坏行动进行指导的。我们的上述工作及其附属活动于9月和10月结束，但后面的工作需要我们更加认真投入。原本那些负责指挥海战和空战的参谋班子加入我们，海上和空中的战争日夜不停，日复一日，从来没间断过。大家很快就步调一致起来，我们能够感觉到我们的手指自如地控制着所有脉搏。感受并记录下那脉搏中不断增强的跳动，是一件很有趣的事情。在每一个月黑风高的夜晚，我们都会给德军防线后面的各种地下抵抗力量运送武器和补给，吨位稳步得到增加。为了帮助我们的朋友，越来越多的特工人员凭着难以置信的勇气潜入欧洲大陆，有的是用降落伞，有的是搭乘飞机在许多秘密跑道上着陆，这些跑道一直奇迹般地发挥着作用，从来没有被周围的敌人发现过。爆炸、火灾和事故，在这里、那里和任何可能的地方四处开花，给敌人带来的不仅仅是恼怒，还有不祥的预兆。我们目睹了第三帝国是如何一步步被粉碎的，以及这些破坏活动对敌人经济和各种防空、防御部署的影响。这种用"小船"来打的战争也是一种战争形式，尽管节奏缓慢，但也肯定能把敌人从狭窄的海峡赶出去。

转移注意力的牵制性作战存在一个连续性的问题。因为，虽然我们的牵制性作战可能会结束，但总是有必要尽一切可能，诱使敌人对他日益减少的储备资源做出错误的处置，尽可能使敌人处于不利地位。当然，这是非常不道德的，但在真正的战争中就是这样。虽然丰特努瓦战役①中"邀请对方先开第一枪"的故事读起来很美好，虽然有时候鼓励一下盎格鲁-撒克逊传统的体育精神也是值得的，但事实仍然是，如果你能从后面偷偷接近敌人，在敌人不知不觉时抓住他，或者最好是在他睡觉时把刀子捅进去，那么他的危险性就会小一些。

因此，伟大的"影子战"必须不间断地进行下去，一刻也不能停歇。敌人头脑中的一个虚假印象，必须被下一个同样虚假的印象所取代。这一切都必须有一种不间断的合理性，而且必须服从于一个永远不变的最终目标，即最终的实际打击将在敌人最不期望的时候、最不期望的地点，以一种完全超出他估算规模的力量，降临到敌人头上。

我们的牵制性作战行动给人的印象是，我们的目标是在 1943 年发动进攻。第一次是在 9 月，通过从美国、英格兰西部和威尔士向布列塔尼半岛发起一次辅助性攻击，而主攻放在多佛-加来方向。然

---

① 丰特努瓦战役，1740 年神圣罗马帝国皇帝查理六世去世，欧洲列强为王位继承权爆发战争。1745 年 5 月，法军围攻图尔奈，英国国王乔治二世之子坎伯兰公爵统率英国、汉诺威、荷兰和奥地利部队组成的五万联军前来解救，11 日在图尔奈东南 8 公里处的丰特努瓦(Fontenoy)展开激战。交战中英法军队在列阵对峙时均坚守骑士风度，邀请对方先开第一枪。——摘自上海辞书出版社《欧洲历史大辞典》

后，在 10 月和 11 月，我们似乎又要进攻挪威，在斯塔万格①实施空降，再从那里向左右展开，对奥斯陆发起一次主要攻击。

除了这些有点儿神秘的工作之外，还有很多实打实的事情需要处理。前文中我已经讲过，在 8 月份魁北克"四分仪会议"结束时，丘吉尔首相又给我们增加了一个任务，就是让我们考虑在某些情况下把整个"霸王行动"转变为进攻挪威的可能性。在出访美国之前，我曾向英军参谋长委员会提交了一份关于该提议的报告。在我们看来，考萨克是不可能同时策划"霸王行动"和"丘比特行动"的，因为这是对挪威的全面进攻。我们认为，这两次作战行动之间的特点是如此不同，"丘比特行动"的策划工作也需要全神贯注，所以必须在考萨克之外搭一个全新的班子。因为，哪怕将现在分配给"霸王行动"的军队和飞机资源全部给"丘比特行动"，但还是存在一个整个作战行动是基于舰艇还是登陆艇的问题。参加"丘比特行动"的军队，不可能像前往法国的短途航线那样，乘坐登陆艇前往挪威。战斗机的航程问题也再次冒了出来。虽然遇到的空中抵抗可能规模较小，但我们的战斗机是以英国为基地的，能发挥的作用同样很小。比较理想的是拥有一支航空母舰舰队，但航空母舰都在太平洋上全力推进两栖作战呢。同样，我们在英格兰南部建立的保障系统当时已经比较完备了，但这套保障系统无法支撑前往挪威的远征军。因此，这就需要几乎从零开始再精心设计一个全新的布局，地方应该是在苏格兰，而且还将耗费原定用于"霸王行动"的时间、劳动力和物资。考虑到该提议目前还处于酝酿阶段，因此我们建议大量增加参谋人

---

① 斯塔万格(Stavanger)，挪威第四大城市，也是挪威西海岸博肯峡湾中的商港和渔港，欧洲最大的沙丁鱼罐头加工基地。20 世纪 70 年代后，由于北海油田的开发，斯塔万格成为油气田设施和船只的维修及后勤保障基地，成为挪威著名的"北海油都"。——译者注

员。我本来打算让巴克将军挑起这副担子，但让我们松了一口气的是，后来就再也没有听人提起过这件事了。

其实最让我们感到紧张的是，如果决定继续进行"丘比特行动"的规划，将不可避免地几乎完全要由英国人负责，因为不可能来得及为第二个联合参谋班子挑选美方工作人员。我们心中的忐忑不安还来自于这样一个明显的事实，即：如果确保"丘比特行动"的作战计划顺利推进，那么"霸王行动"一定会被晾在一边。随着时间的推移，大家越来越清楚地认识到，时间上的紧迫和物资上的短缺，很快就会给西北欧的战略选择拿出一个简单的解决方案。要么选"霸王行动"，要么选其他行动。

还有一项作战行动与魁北克会议上讨论的"霸王行动"有关，并且不是作为"霸王行动"的备选方案来考虑的。"四分仪会议"的另一项决定是，向驻阿尔及尔的地中海战区盟军最高指挥官艾森豪威尔将军发出指示，计划对法国南部发动一次攻击，代号为"铁砧行动"。我们认为，此时英美两国领导人已经向苏联人作出承诺，我们对西线的进攻将同时从两个方向进行。从很早的时候起，考萨克就对这项提议没有什么热情。这并不是因为我们不赞成这个想法背后的总体战略概念，而是因为，从一开始我们就养成了一种习惯思维，不愿意把我们认为可能会到手的任何资源分配到其他地方去。在登陆艇方面尤其如此。从"霸王行动"的主攻作战中抽调任何一艘登陆艇，都会让我们感到十分心疼。

我之前曾经提到过统一对德战争的概念。此外，我们还建议通过我所说的战略性重新部署，为"霸王行动"集结足够的登陆艇，简单地说，这相当于从艾森豪威尔将军手上抢船，然后交给我们。虽然我们可以通过联合参谋长委员会间接去找艾森豪威尔将军，但面对如此多无法估量的环节和变数，我们要求直接与他打交道，并获得了批准。于是在1943年10月，地中海战区盟军司令部和考萨克之间互派了联络官。

尽管这可能是我们一厢情愿的想法，但我们最初的印象是，"铁砧行动"的基本构想应该是虚晃一枪，而不是对法国南部的实际进攻。我们以为这又是一个烟幕弹，最多只会部署搭载一个师的真登陆艇，再加上大量使用仿制的假登陆艇模型，所有这些对"霸王行动"都不会造成实质性影响。但是艾森豪威尔将军对他接到的命令作出了完全不同的解释，因为他在解读这些命令时所处的位置与我们天差地别。他当时正在与意大利的敌人作战，驻扎在北非的阿尔及尔，那是从南方眺望法国。他的作战方案于11月份提交，进攻行动将动用两到三个师，以便在岸上建立一个坚固的据点，最终将投入包括法国军队在内的总共十个师的兵力。然后盟军部队向北朝着维希推进，与活跃在法国这一地区的大批"马基"①游击队员会师。对于总库存数量本来就不多的登陆艇来说，这项作战行动所需要的，是一个远比我们想象的要大很多的代价。此外，我们还了解到，艾森豪威尔将军已经向法国人传达了他关于"铁砧行动"的总体设想，考虑到法国人将是进攻部队中人数最多的主力军，这也是必要的。

---

① 马基（Maquis），法国国内游击队的通称。"Maquis"在法文中意为"丛林""密林"。普法战争期间法国游击队即以此自称，第二次世界大战期间，法国国内抵抗运动又沿袭此名。1942年在阿尔卑斯山区初次出现，此后陆续在中央高地、布列塔尼、东部的勃艮第、弗朗什孔泰（Franche-Comte）和比利牛斯山区形成基地。主要由工人、农民、大学生和城市平民组成，并有西班牙、意大利和苏联的反法西斯战士参加。1943年2月《义务劳动服务法》颁布后，遭到人民反对，马基迅速壮大，其中以莫塞（Mouchet）山区、格里埃尔（Glieres）山区和维尔柯尔（Vercors）山区的游击队最为活跃。各地马基人数不等，常以数十人或百余人的小分队形式，四处打击敌人。1944年初共达3万余人，后全部加入法国国内地军，在解放本土的战斗中发挥了巨大作用。——摘自上海辞书出版社《第二次世界大战百科词典》

因此，这就不是考萨克当初以为的一个假动作的概念了，为此，我们建议在法国北部或西部进行的"霸王行动"中，法国人就只能参与早期的作战了，尽管这会让他们感到非常失望，但我们也只好进行这样的安排。

然而，我们确信，如果在三个突击师的基础上充分展开"铁砧行动"，那么为"霸王行动"留下的登陆艇数量就会远低于安全极限。到了那个时候，我们在北欧方向的作战应该会陷入力量不足的境地，而南欧方向的进攻也绝不可能再被视为一件相对次要的作战，或者说一种牵制性行动。如此一来，我们的整个战局肯定会陷入危机。蒙哥马利将军回到英国之后，给了我们有力的帮助，他是回来接掌第21集团军群指挥权的。他认为，如果在全面实施"霸王行动"的同时再全面展开"铁砧行动"，将严重危及两个作战行动的成功。最终的解决方案是在考萨克改组为盟国远征军最高司令部之后才达成的，当时艾森豪威尔将军从阿尔及尔来到伦敦，提出了唯一可行的折衷方案，即两个行动"交错"展开，以便将先期用于"霸王行动"的物资绕过西班牙运到南欧，再用于后面进行的"铁砧行动"。在我看来，这正好印证了我一直以来的那个说法，那就是最敏锐的头脑有时候也免不了"屁股指挥脑袋"。在地中海战区坐镇指挥的时候，艾森豪威尔将军已经能够看出来"铁砧行动"在某些方面有助于"霸王行动"的实施。当他来到英国以后，凭着自己丰富的经验，很快就调整了两个行动之间的优先级，并且没有采纳地中海战区新任司令官的建议：即从各方面考虑，最好放弃"铁砧行动"。

不过，真要是这样做，我们当时面临的战略选择问题倒也简单了。这是一个需要历史学家和战略学专业研究生展开深入研究的课题，因为他们现在有时间和机会对所有相关事实进行收集和分析了。如果我对上述情况的描述过于简单，那么另一种在许多历史书上流行的观点同样具有误导性。这一说法旨在证明，美国人支持"霸王行动"，而英国人则主张地中海战略，两者是相互排斥的。我在其他地方已经写过一些美国人对意大利战役的看法。一些美国人认为，英国人提出的有关"铁砧行动"的论点是同一思路的延续。

但大家不能以这种断章取义的方式作出判断。要想让每一笔笔触在画布上都有一个恰当的位置和比例，就必须看到整个世界的画面。这样做将远远超出当时工作的范围，并将进入我的个人经验无法提供指导的领域。如果你坐在票价更便宜的座位上，从后排或舞台的一侧看演出，很可能会感觉舞台上的表演存在一系列问题。我个人认为，所有这些问题都要综合起来分析。

首先，我们能在 1943 年进行"霸王行动"吗？有人可能会回答："是的，如果我们没有在 1942 年入侵非洲。"但这又引出来另一个问题，这两者之间到底存在怎样的关联？也就是说，如果我们在 1942年袖手旁观，为 1943 年的进攻积蓄力量，敌人又会是一个什么样的情况呢？

然后，地中海战略的优点又是什么呢？如果从意大利向东北方向进攻，穿过匈牙利平原，切断巴尔干半岛，与苏联红军在比萨拉比亚①会师，这样的战略路线能够被实际采纳吗？这两项作战行动

---

① 比萨拉比亚（Bessarabia），是指德涅斯特河、普鲁特河-多瑙河和黑海之间形成的三角地带，居民大多数是罗马尼亚人，讲罗马尼亚语。1812 年沙俄夺取这个地区后，用这个名称来区别于摩尔多瓦的剩余领土。后来在历史上于罗马尼亚和苏联之间几易其手。1918 年 1 月，比萨拉比亚人民根据民族自决的原则，与罗马尼亚合并。1920 年 10 月 28 日，英、法、意、日和罗马尼亚签订《比萨拉比亚条约》，确定归属罗马尼亚。1940 年 6 月，苏联占领比萨拉比亚和北布科维纳，并将比萨拉比亚大部与摩尔达维亚自治共和国合并，建立了"摩尔达维亚苏维埃加盟共和国"；将比萨拉比亚南部沿海地区和北部一小部分划归乌克兰。第二次世界大战期间，苏德战争爆发后，罗马尼亚占领了比萨拉比亚；1944 年苏联重占该地区，根据 1944 年 9 月《罗苏停战（转下页）

是否可能同时进行？如果不行，假使优先考虑地中海战略，西北欧的作战行动又将如何发展呢？我认为，综合考虑这些不同的选择，以及进一步仔细分析所有情况，都是有益的。但是，在这样的"事后诸葛亮"式的讨论开始之前，我觉得我们必须坚定地承认下面一点，即那些指导我们总体战略的人并没有犯过严重的错误。

1943 年夏天，在考萨克关于当时战略问题的所有讨论中，始终都有一个突出因素绕不开。那就是所谓的希特勒"秘密武器"问题，长期以来，许多人都听说过这种武器，但到当时为止，还没有真正充分的理由把这个问题看得太严肃。我们可以把它看作敌人的一种宣传伎俩，但同时我们也要小心行事，不要因此而吃亏。大家都把"希特勒的秘密武器"当成了一个调侃的玩笑话，把这个称号授予那些不给解决实际问题的政府官僚，以及任何阻碍我们努力工作的人和事。这并不是因为我们不信任自己的情报系统，但是我们必须永远记住，一个好的情报官员肯定是悲观主义者，因为他的任务就是假扮敌人，从敌人的视角来看问题。不过，即使充分考虑到这一点，到了 1943 年夏天的时候，敌人的威胁中至少有一部分远非空穴来风，这一点已经非常明显。他们甚至已经制造出来了一些可能影响我们"霸王行动"的东西，如此导致的后果绝对是严重的。因此，我们必须对可能面临的情况进行评估，如果需要对作战方案进行调整，我们还必须拿出补救性措施。说起来我们的问题一点儿也不复杂。我们必须搞清楚的是：在接下来的几个月里，一直到 D 日，敌人的

---

（接上页）协定》，又恢复了 1940 年 6 月的苏罗边界。战后，罗马尼亚对这两个地区未再提出领土要求。1990 年 6 月改称"摩尔多瓦苏维埃社会主义共和国"。1991 年 5 月 23 日改称"摩尔多瓦共和国"。苏联解体前夕，1991 年 8 月 27 日摩尔多瓦共和国宣布独立。1994 年 3 月，公民投票以压倒性的票数支持维持独立国家的地位，反对与罗马尼亚再统一。——摘自 http://baike.baidu.com/view/462540.htm

秘密武器是否会发展到足以击败我们所有可能的反制措施的程度，然后他们是否能够在英格兰南部施加如此大的影响，使我们的作战计划和准备工作失去意义？如果答案是肯定的，就必须立即采取紧急而大范围的行动。因为，如果我们在英格兰南部的基地有可能被敌人破坏，那就必须转移到其他地方，而这可不是一天两天能做到的。我们现在离 D 日只有不到六个月的时间了，如果敌人就是冲着 D 日来的，那我们就更有必要设法如期发动进攻。我们可能不得不重新调整相关基地的整个布局，就不能继续放在布里斯托尔、南安普顿和伦敦了，而要考虑转移到格拉斯哥、利物浦和赫尔①，或者诸如此类的地方。如果我们的策划不够仔细，东西两边海岸的北上转移行动很有可能在苏格兰北部的某个地方撞在一起。

我们必须在每一个细节上都认真考虑。首先，需要对我们可能遇到的确切影响进行一些具体预测，如果发生最坏的情况，我们也要用可理解的语言来表达清楚。我们需要的是一个类似于"弹着点"预测图的东西，估算一下到底有多少炮弹可能会落在我们头上。一些特别详细的情报奇迹般地出现了，我们根据这些情报向英军参谋长委员会提出建议，正确的做法是坚持我们的立场，接受即将到来的挑战。当然，事实证明，这项建议或者说参谋长们接受它的决定是无可置疑的。不过根据事后的了解，我们可以说，在这件事情上，所谓的运气再一次站在了我们这一边。

我们对"秘密武器"可能产生后果的估计，是通过一个会令人感到惊讶的推理过程得出的，这个推理过程又不是建立在有力的证据之上。不过，我们对后来 V-I 和 V-2 飞弹的预测还是相当准确的。在

---

① 赫尔(Hull)，全称赫尔河畔金斯敦(Kingston upon Hull)，是英国的一个自治市。位于英格兰的约克郡亨伯行政区，在亨伯河口北岸，东距北海 35 公里。——译者注

"轰炸机"哈里斯对位于佩纳明德①的德国实验室进行大规模空袭之前，整个飞弹项目已经达到了完成研发的阶段。在那里看到和拍摄到的不明建筑物，开始沿着加来海岸和瑟堡后面的科唐坦半岛进行复制和增加。由于佩纳明德的试验进行了实弹发射，各种奇怪的金属碎片飘散到了中立的瑞典国土上。正如资深的考古学家可以通过检查一小块骨头、一块陶器碎片或地面上的凹陷来重建整个文明的历史一样，军械专家也同样可以根据从瑞典可获得的丰富信息来拼出事物的大概面貌。这样一来，整个"霸王行动"又一次被架在了火炉上烤。如果我们对自己提出的问题作出肯定的回答，也就是得出结论认为布里斯托尔、南安普顿和伦敦的基地可能将遭到毁灭，那么后果不仅会影响到登陆行动，还会影响到广大民众以及政府统治和英联邦本身的安危。所有这些都必须重新部署和考虑，其规模和复杂性将远远超过"霸王行动"。

现在我们当然已经知道实际情况如何了，但有时候我还是在想，如果我们的飞行员没有进行如此有效的反击，如果我们的地面防空系统没有保持如此高的效率，到底会发生什么？如果希特勒的整个秘密武器库都充分发挥作用，我们很可能会改变我们的战略。回答

---

① 佩纳明德（Peenemünde），位于德国北部的乌瑟多姆半岛、佩纳河口。德国陆军火箭研究所所在地，是纳粹德国在第二次世界大战期间的重要火箭武器研究基地。德国陆军火箭研究所成立于 1936 年，集中了德国主要的火箭研制设备、物理学家和工程技术人员。战争期间，研究所在佩纳明德研制成功了 V-1、V-2 型飞弹。1941 年 9 月，德国最高军事当局将火箭研制计划列为"特急发展项目"，致使佩纳明德的地位更为重要。由于该地逐渐为西方情报部门所察觉，德国军方对佩纳明德的防卫日益严密。1943 年 8 月 17 日夜，英国皇家空军派出 597 架轰炸机对佩纳明德实施空袭，投掷爆破弹 1593 吨，燃烧弹 281 吨。空袭导致研究所研制和生产车间遭到严重破坏，735 人（包括在该地被迫劳动的犯人）丧生。但英国轰炸机也有 40 架被击落。1944 年 8 月，美国空军第 8 航空队又对佩纳明德实施了两次空袭，分别投弹 466 吨和 328 吨。——摘自 http://xuewen.cnki.net/R200705029000 5826.html

这些问题是非常困难的，因为人们无法用语言或数字来描述"运气"这种东西。

我们刚刚下定决心准备好接受即将到来的命运，就受到了另一场同样重大危机的挑战。起因是源于我们的"兰金行动"C方案，该方案是用来应对敌人在我们进攻之前就完全崩溃或投降的情况。大家可能还记得，考萨克在这项计划中拟定了将被征服的德国最终划分为若干区域的计划。我们的总体建议是把德国分成三部分，东部是苏联人的占领区，西北部是英国人的，西南部是美国人的。我们的方案在1943年8月获得原则批准，到了当年12月，已经差不多公平地完成了区域划分。然后，美国人提出了一个表面上看起来很简单的建议，据说是罗斯福总统本人提出来的，即，我们应该研究将美国和英国的占领区进行对调，由美国人占领西北区，英国人占领西南区，同时计划中的苏联占领区保持不变。工作都差不多快结束了还收到这么一条建议，似乎证明了我们前面的怀疑是有道理的，也就是有人正在耍我们，但这一提议的真实性很快便得到了核实，这意味着我们很可能过不了多久就会接到这样的命令。

到了这个时候，幸运的是，考萨克的工作机构已经调整好了，大家相处的氛围也非常好，能够经得起任何折腾。眼下已经是1943年12月，离D日还有不到五个月的时间，当时预定的时间仍然是5月初，作战方案也已大体成型，很多方面都已经基本敲定。不过作战方案仍然预留了足够的空间进行内部调整，这是留给最高司令官到任并接掌指挥权之后再进行的，所以留有一定的调整空间还是有必要的，但基础确实打好了，而且还非常牢固。

尽管如此，调整占领区的提议还是被下达给考萨克进行审议和讨论。当时我们的运行机制已经相当成熟了，这只不过是一个典型的例子。凡是需要进行审查的提案和建议都会被单列出来，同时交到所有相关部门手中，让他们提出意见以及支撑其观点的事实和数据，然后按照规定程序提交，在必要的层面上进行跨军种和跨参谋部门的讨论，直到所有三个军种的主要参谋人员达成一致意见。我从来没有听说过，有什么事情在达成最后一步之前还存在分歧没有解决的。这一事实本身就足以说明，到了1943年底，考萨克已经形成了一个齐心协力的完整共同体。

我常常在想，到底是什么原因促使美国人提出了这样一条建议，至今仍不得而知。我觉得，这可能是美国某个位高权重的人，突然心血来潮，不愿意再看到北非曾经出现的那种复杂局面。我个人认为，美国人的真正目的并不在最终的占领区划分上，而是在权衡达到这些占领区的进攻路径，以避免让美国承担解放法国的主要责任。由于方方面面的原因，解放法国的事业注定充满了各种复杂因素。

不过，对我们来说，这就是一个需要研究的课题，论证建议的可能性和可行性。简单地说，这里似乎存在着三种选择。第一种，在进攻之前，可以调整驻扎在英国的美军和英军的部署，以便英国人在美国人的右翼展开进攻。这里不需要详细说明实施起来的困难，这样做可能会导致推迟 D 日。关键是背后的原因是否值得我们这样去做。

第二种选择，在作战过程中实施进攻路线的切换，也就是说，进攻开始时让美国人在右边，等我们打到莱茵河时，再把他们调整到左边。后勤补给和运输人员对这个主意的评论既精辟又尖锐，说就是扯淡。

第三种，也是唯一真正可行的建议是，作战行动应当按照现在的安排展开，等德国战败后，在相对轻松的时候再进行换防。从军事行动的角度来看，这是唯一真正切实可行的解决办法，但即便如此，从民政事务的角度来看，这一方案仍有可能遭到激烈反对。此外，它回避了在我们看来是整个事情的真正目的进行讨论，即，这将导致解放法国的安排发生了改变。

尽管如此，我们还是提出了自己该提的建议，结果像在其他问题上一样，给这件事画上了句号。此后我们再也没有听到过有人提出这件事情。

随着时间的推移和进攻部队的编组完成，要求为战役打响下达明确命令的呼声越来越强烈。事实上，我们已经走到了这一步，继续再讨论原则和方法已经毫无意义，也毫无益处。未来作战行动的总体方案已经广为人知，而且似乎也没什么毛病。现在需要的就是一份作战命令，它能把所有不确定的猜测、稀奇古怪的想法都终结掉，明明白白地告诉每个人他要做什么。尽管当时我们仍然没有最高司令官。英国第 21 集团军群的指挥官人选也没有确定，估计还会发生变化。美国第 1 集团军群(即后来的第 12 集团军群)的组建尚处于蓝图阶段。奥马尔·布拉德利①将军身兼美国第 1 集团军群总司令

① 奥马尔·尼尔森·布拉德利(Omar Nelson Bradley，1893—1981)，美国陆军五星上将。1915 年 6 月毕业于西点军校，1920 年回校任数学教官。1929 年任本宁堡步兵学校兵器教研室主任。1933 年进指挥参谋学院深造，毕业后回西点军校任学员团团长。1939 年 9 月调入总参谋部任参谋，次年任助理参谋长。1941 年 2 月任本宁堡步兵学校校长。1942 年 2 月起先后担任步兵第 82 师和第 28 师师长。1943 年 2 月调往北非，任美军第 2 军副军长、军长，参与指挥了突尼斯战役、西西里岛登陆战役；9 月任驻英格兰美军第 1 集团军群总司令兼第 1 集团军司令，参与指挥了诺曼底登陆行动、"眼镜蛇"作战行动。1944 年 8 月任第 12 集团军群总司令，率部参加了法莱斯战役、解放卢森堡和比利时战役、阿登战役、鲁尔战役等一系列重大战役。1945 年 8 月任退伍军人管理局局长。1948 年 2 月任美国陆军参谋长。1949 年 8 月任正式设立的美军参谋长联席会议首任主席。1950 年 9 月晋升陆军五星上将。1953 年退役。——摘自 http://baike. so. com/doc/7159076-7383086. html

和美国第 1 集团军司令两个职务，第 1 集团军群的参谋长是莱文·艾伦①将军，第 1 集团军的参谋长是威廉·基恩②将军。同时我们已经有了远征军的海军和空军总司令，两位都是英国人。现在需要做的是将驱动力从考萨克注入到下一个环节，而不要再考虑那么多了。

　　我们先暂时抛开个人因素的影响，还有一个比较重要的因素似乎是不同国籍带来的问题。如前所述，大家已经知道，我们的先遣部队必须是美国人和英国人联合组成的。我们心里也清楚，先遣部队必须由一位集团军群总司令负责指挥。由于当时只有第 21 集团军群是一个业已运作起来的实体，于是就成为了支持我们观点的有力论据，即从英国发动的进攻必须由英国人指挥。但在当时情况下，

①　莱文·艾伦(Leven Allen，1894—1979)，美国陆军少将。1942 年 2 月任本宁堡步兵学校校长。1943 年 9 月任第 1 集团军群参谋长。1944 年 8 月任第 12 集团军群参谋长。1946 年 1 月任驻欧洲美军清偿和人力资源委员会主席。1946 年 9 月任战争部人力资源委员会主席。1949 年任国防部办公厅主任。1951 年退役。——摘译自 https：//www. generals. dk/general/Allen/Leven_Cooper/USA. html

②　威廉·基恩(William Kean，1897—1981)，美国陆军中将。1918 年毕业于西点军校。1939 年 7 月进入陆军步兵人事部门工作。1942 年 3 月任征兵培训司令部人事处长；9 月任第 28 步兵师参谋长。1943 年 4 月任第 2 军参谋长，参加了北非战役和登陆西西里岛的行动；9 月任第 1 集团军参谋长，是"霸王行动"的主要策划者之一，随后率军参加了诺曼底行动和反攻欧洲的作战。1947 年 10 月任第 5 步兵师师长。1948 年 8 月任第 25 步兵师师长，先派驻日本，朝鲜战争爆发后率军入朝作战，在釜山阻击战中发挥重要作用。1950 年 3 月至 8 月兼任第 1 军军长。中国人民志愿军入朝参战后，基恩率第 25 师先后参加了清川江和乌山的防御作战，以及反攻汉江的"开膛手行动"（Operation Ripper）。1950 年 12 月李奇微接任第 8 集团军司令后，对前线将领进行大调整，基恩被调回国。1951 年 3 月任第 3 军军长，10 月率军参加了内华达试验场的核武器演习。1952 年 7 月任第 5 集团军司令。1954 年 9 月退役。——摘译自 https：//military-history. fandom. com/wiki/William_Benjamin_Kean

不管原则性的要求如何，简单地把责任移交给集团军群总司令肯定是行不通的。我们培训手册上写的那些原则性规定，在实践中是不能盲目滥用的。正如我们英国人在前几年保家卫国的战斗中所发现的那样，面对眼下这种主要防御阵地、交通线路和后勤基地在空间布局上完全重合的情况，这些手册根本就不可能提供什么有用的指导意见。到了1943年，我们正在考虑的是从我们所有的基地倾巢出动，发起一场毁灭性的反攻。当前进的信号最终发出时，连海军上将的位置也应该是待在船舱里，先头突击排出发之前可能就坐在将军背后的空地上，而空军中将可能比他所有的飞行员都更接近目标。这是在任何指挥关系图中都找不到的。当然，从许多角度来看，高级将领靠前指挥会有很多好处，但是，当我们讨论更高层面指挥架构的时候，这样做就会出现一些不太常见但却非常实际的问题。在战斗打响之前，最高司令官应该与他的每一个部下都保持很近的距离，这对于鼓舞士气有着不可估量的作用。但在这个高速机械化的时代，可能经常会有人贬低这种个人激励的价值。其实我们应该告诉他们，交通的便捷恰恰提高了而不是降低了人为因素的影响。有时候上下级之间那种兄弟般的关系，也往往会让上司喜欢跑到下属的位置上，代替他们发号施令。如此一来，就不可避免地会出现责任不清的问题，而且，由于"霸王行动"及与之相关的所有环节之间都存在复杂的关联，所以我们首先要强调的就是，责任必须非常明确。但也不能走到另外一个极端：最高统帅完全孤立自己，使自己与周围发生的一切隔绝，这也是不可想象的。所以，事实上，我们的最高司令官必须在超脱世外和事无巨细之间找到一个非常好的平衡。

1943年11月29日，考萨克向两个集团军群以及海军和空军总司令发布了命令。对于这一命令，各个方面都相当一致地表达了某种程度的不满，不过这反而让我们觉得自己的工作做得还不错。该命令明确，盟国远征军最高司令官将全权负责协调下级的所有作战计划，并最终控制整个行动的执行。接下来，第 21 集团军群总司令将与海军和空军总司令共同负责登陆行动的详细规划，并在接到命令后立即执行，直至盟军最高司令官认为合适时，将一部分指挥责任划分给美国第 1 集团军群总司令。对于盟军最高司令官来说，当足够多的美国军队登陆欧洲大陆时，他就会把指挥责任分配给美国陆军第 1 集团军群总司令。美国军队将在英国军队的右翼作战，这一点也从原则上得到确认。命令还进一步规定，在第 21 集团军群总司令的指挥下，最初的攻击将由一支大约由两个英国或加拿大军和两个美国军组成的联合部队进行，这两个美国军由美国第 1 集团军司令统一掌控。美国第 1 集团军司令负责直接指挥陆地作战，直到第 21 集团军群总司令认为，在法国登陆的部队数量和组成，需要再组建另外的英国或加拿大部队的集团军司令部。这样的安排，与其说是为了维护国家的尊严和虚荣心，不如说是为了尽量减少指挥上的混乱。我们规定，除非紧急情况下必须由现场指挥官在尽可能短的时间内作出决断，否则低于军一级的英国或美国部队将不接受另一国籍指挥官的命令。

我们认为，在最高司令官本人和第 21 集团军总司令两名关键人物均未到任的情况下，对于考萨克而言，最多也只能做到目前的样子了。不管怎么说，它给所有相关的人员都提供了一些可供遵循的东西。不过，这道命令也使得海军和空军总司令所面临的困难立即凸显了出来，特别是前者。因为，在陆军方面，作战计划的制订和执行是层层下达的，从考萨克到集团军群、集团军、军、师。但海军的层级结构没有这么复杂，总司令直接面对的就是海军攻击部队，而不需要通过中间人，每支海军攻击部队都对应一个陆军突击师。

既然这次登陆行动本质上是两栖联合作战，那么与陆军的集团军和军一级指挥官一起策划行动的海军指挥官又在哪里呢？这样的问题，从理论上看是行不通的，但在实践中却能够得到解决。空军也存在同样的问题，尽管程度较轻，因为空军的层级架构介于海军和陆军之间。这一方面的问题，变得比考萨克发布命令时设想的更加复杂，因为随着资源的增加，使整个作战规模得以扩大，部队的编制也要相应地细化，而军种之间架构上的差异始终无法解决。

这里面有很多值得思考的地方，也有很多值得日后研究的课题。尽管"霸王行动"最终成功了，这是不争的事实，但并不是所有环节都配合得如此完美和密切，研究这些问题，将有助于加强对各类组织结构的控制和指导。

最终采用的组织架构不属于这个故事的内容。正如我们所希望和预期的那样，最高司令官一旦到位，很快就能让我们所主张的机构扩充成为可能。随着第21集团军群司令部的调整完成，创建地面部队司令部的概念又曾短暂地冒出来过，以便与海军、空军的司令部平行，最高司令官一到位，所有事项很快就尘埃落定了。

这里有一个对指挥和控制效能产生重要影响的问题，就是指挥官位置与被指挥人员位置的关系。在一场像"霸王行动"这样复杂的作战中，指挥机关位置的选择，比一支舰队、一个集团军或一个飞行大队的指挥部选址问题要复杂得多。因为在"霸王行动"的总部，前期是考萨克，后期是盟国远征军最高司令部，汇集了大量的通讯联系渠道，不仅是海军、陆军和空军的，还包括美国和英国政府及其部门的，以及所有盟国的代表。由于远征军是从英国出发的，而且英国公民中会有很大一部分人将受到行动成败的积极或消极影响，因此还必须与许多英国地方当局保持密切和持续的联系。这不仅仅是一个与所有利益相关方尽可能多见见面、碰碰头的问题，还有一个严峻的问题，就是要提供足够的物质保障。这不仅涉及办公用房的分配，还包括道路、电话线路和飞机舱位等诸多资源的分配。无论哪个部门，办公用房的选址都要避开伦敦可能遭空袭的目标区域，以免遭到轰炸。而且，无论盟国远征军最高司令官最终可能是谁，还要考虑到他的个人喜好和工作方式。不过，我们无法再等太久了，因为安装通讯设备需要时间，哪怕是久经考验的英国邮政总局专家来承担这项工作，也要预留施工时间。到了1943年8月，诺福克大厦的空间已经明显不够用了，我们只好在附近的帕尔购物中心80号安置了第一批多出来的员工，缓解了办公用房压力。有时候，我们也会要求新加入的机构就在他们自己的场所办公，这对于缓解我们的压力当然有所帮助。到工作结束的时候，考萨克已经成为伦敦房地产行业的重要客户了。

还有一个工作人员防空袭保护措施的问题。整个伦敦几乎都变成了一个令人生畏的要塞，在它的地下居住着英国政府和指挥战争的大部分重要机构。白厅的地下工事花了数年时间才建成，虽然我们一开始就预见到了可能出现的情况，但时间已经到了这么晚，估计不会在地下找到足够大的空间，能够容纳下未来规模庞大的盟国远征军最高司令部。既然如此，我们不得不往更偏远的地方找找看。去哪里找呢？这可不是那么容易选的。如前所述，"霸王行动"从一开始就是从小做到大的。考萨克最初的任务只是组织和协调现有的作战和机构，而不是从一开始就重新创建一个司令部。这种规模上基本没有扩张的状态一直持续到1943年秋天，直到远征军的海军和空军总司令到任。他们立刻积极投入工作，而且很自然地只能依靠他们原本各自的机构和班子。于是，海军司令部就在朴次茅斯海军基地里运作，空军司令部在米德尔塞克斯郡的斯坦莫尔运作，地方位于伦敦西北约十几英里处。看来有必要把最高司令官安排在这些地点当中的一个，或是两地中间某个出行方便的地方。大家的目光立刻落在了奥尔德肖特①，这里好像可以腾出地方来。距离伦敦、朴次茅斯、斯坦莫尔都不算太远，乘坐小型飞机、轿车甚至火车都可以，在这种短距离上遇到空袭的危险也似乎可以忽略不计。

然而，空军总司令好像有很多话要说，他必须与盟军最高司令官保持比这种安排更密切的联系。他说的确实也不错，空军作战的局势变化更加迅速。现如今，空战中的几秒钟或最多几分钟，就可能决定战役成败乃至整个国家的命运。从斯坦莫尔辐射出来的通讯线路是1939年以前做梦也想不到的。离开了它们，空军总司令完全无法指挥作战。他必须留在他的中央作战室，这里是空军的"上层后甲板区"，它指挥着英国所有的空军作战室，日夜持续不断地掌控着全国性的作战行动，这里关联着空中防守和反击的神经系统。

另一方面，海军是以小时和海里来衡量时间和距离的，海上战局的发展往往是一个缓慢得多的过程。人们总是认为，优秀的水手是不愿意在高水位线以上工作的。即便是能说服水手们下船，他们也是更喜欢待在海滩上，或者至多是待在不借助望远镜就能够看到大海的高地上。

因此，特拉福德·利-马洛里爵士非常强烈地主张盟国远征军最高司令官的总部应该设在斯坦莫尔，那里的布希疗养院有一片房子

---

① 奥尔德肖特（Aldershot），英格兰汉普郡的一个市镇，位于伦敦西南约51公里。在克里米亚战争期间的1854年，奥尔德肖特兵营被改建成英国陆军的永久训练营地，因此这里也被称为"英国陆军的摇篮"，城镇建设也因而迅速扩张。——摘译自 https：//encyclopedia.thefreedictionary.com/Aldershot

非常合适。这里先请记下"布希疗养院"这个名字。

　　至于随后发生的事情的确切细节，连我自己都无法讲清楚，因为 1943 年圣诞节和后面的一周我在住院。我住的这家专科医院过去是专门为精神病患者提供护理的，因为米尔班克军方医院在敌人的轰炸中受损，住院部就从伦敦撤离到了这个地方。就在我住院的这段时间里，比德尔·史密斯将军作为艾森豪威尔将军的先遣队，从阿尔及尔抵达了伦敦。他有大量的工作要在有限的时间内完成。在此期间，有人提出，美国陆军航空队可以提供一个非常适合艾森豪威尔将军建立总部的地方，而且不需要做什么改动。为了迎接未来的作战行动，美国陆军航空队当时正在进行重组，将撤离泰晤士河畔金斯敦附近的大部分设施，这个地方位于伦敦以西约 10 英里，名字叫布希公园。也请记住"布希公园"这个名字。

　　我以前听说过布希公园，但从未听说过布希疗养院。我敢说，在我们的英国工作人员中几乎没有人立即意识到这一差异，而美国人可能更加没有听说过。当我们开始了解情况时，一支几个营的美国工程部队已经开进了布希公园，泥土、卡车、推土机、砖块、砂浆、棚屋、伪装网等很快被摊得到处都是。转眼间施工就完成了。当情况报告给比德尔时，他的回答虽然意思很清楚，但措辞却不太像个军人："我的上帝，"他说，"我娶错了女人!"话虽然有些粗糙，但情况的确就是这样。所以也只能是布希公园了，不可能再去选布希疗养院。因为我们负担不起调整所需的时间、人力和物力。

　　这件小插曲好像也值得记录一笔。尽管指挥系统的选址布局有些尴尬，但总算是成功完成了。特拉福德·利-马洛里爵士向我们表达了他的不满。不过，讨论这件事件还是需要更加全面地去看待。如果艾森豪威尔将军的总部设在布希疗养院而不是布希公园，那么空军司令部和空军总司令联络上的困难确实会小得多，但空军总司令与驻伦敦西部哈默史密斯区圣保罗学校的第 21 集团军群总司令之间的密切合作就会大受影响了。当我们回顾检讨"霸王行动"指挥系统的设置问题时，千万不要忘记，我们面对的任务是一位美国司令官指挥一支由美英两国所有军种兵种组成的联合远征军，而且这支远征军还将从英国的心脏地带出发。

# 第十一章　达成目标的方式

到目前为止，对那些为了"霸王行动"专门发明的各种各样的器材和机械装置，我有意地一样也没有提到过。我在接下来想说的是，我们的重点不是放在这些为了克服某些特定困难而发明的工具身上，重要的是想说明，成功往往来自于我们到底有多大决心去完成自己的工作，因为办法总比困难多。

英国人和美国人或加拿大人之间还有一个重要的区别，就是如果工作中不可避免地需要使用某种机械设备的话，相对随和的英国人更倾向于使用他们父辈和祖辈用顺手的机器。哪怕现在需要的机器用途，已经与最初设计它的时候的目的大不相同，英国人可能也不会考虑太多。

而美国人或加拿大人在面对几乎所有问题时，都倾向于首先寻找可能的机械解决方案。不过，正如在上一场战争中表现的那样，英国人的发明天才，一旦亮相也不输给任何人，最早使用坦克的就是英国人。我不是工程师，但从 1939 年以来的发明创造来看，大西洋两岸之间的差距还是比较明显的。可能是由于纳粹政府的效率低下，尤其是他们自杀式的反犹太主义政策，使得那些名扬四海的德国发明天才远没有我们担心的那样富有成效。他们在毁灭性武器上取得的重大成就，已经被我们最近的一系列袭击无情地扼杀了①。如果给他们时间去发展，我们这里讲的就是一个完全不同的故事了。如果再给他们几个月的时间来生产原子弹和喷气式超音速战斗机，如果他们能够将其密集的火箭发射组投入使用，我们可能会发现自

---

① 盟军对德国核计划的破坏行动：1943 年 2 月，英国突击部队的挪威籍突击队员，在挪威地下抵抗组织的帮助下，炸毁了位于挪威小镇维莫克附近巴伦山上的重水工厂。1943 年底，留守的突击队员报告维莫克化工厂恢复了重水生产，英国皇家空军和美国第 8 航空队均进行了空袭，但轰炸未能产生明显效果；此时，德国人计划把维莫克化工厂提炼重水的设备及其所储存的重水搬迁到德国，1944 年 2 月，突击队员又将转运的船只炸沉。此外，自 1943 年开始，盟军战略轰炸已经严重影响了德国整体经济和交通，大城市难以维持正常运转，科研机构也必须疏散，帝国物理研究学会被疏散到了图林根，而为德国核物理实验提供原料设备的工厂则都上了盟军战略轰炸的黑名单，包括西门子公司柏林实验室、林德公司、安舒茨公司在基尔的厂房和洛伊纳公司等。但德国研发核武器的计划一直没有中断，据德国德意志出版社 2005 年 3 月出版的《希特勒的炸弹》披露，德国物理学家和军方曾在第二次世界大战结束前夕进行过三次核武器试验，第一次于 1944 年秋季在德国北部的吕根岛进行，另外两次于 1945 年 3 月在德国东部的图林根州进行，三次试验共造成 700 人丧命。该书作者、德国柏林历史学家勒纳·卡尔施在书中说，当时德国物理学家找到了利用常规炸药爆炸产生超高温和超高压从而实现核裂变的方法，并据此设计制造出简易的核爆炸装置。它可能是一种重约两吨的圆柱形浓缩铀装置。由于装填的铀太少，这种装置没能产生更加剧烈的核裂变，其爆炸威力自然无法与真正的原子弹相媲美，但可以算作"脏弹"。卡尔施的这一观点颠覆了以往史学界对纳粹德国核武器研发进展情况的估计。它表明，纳粹德国当年掌握核武器技术的程度比迄今专家们所认为的更高，更接近拥有核武器。卡尔施的研究结果主要是依据在德国东部以及英国、美国和俄罗斯发现的一些档案和一些相关人员及目击者的证词。但他也承认，支持其观点的证据还不够充分，他希望，这本书的出版能够促使人们对纳粹德国秘密核计划开展更多的研究。1944 年至 1945 年，面对德军在苏联红军的打击下节节败退，希特勒曾多次提到用"神奇武器"可以击退苏军。1945 年 3 月，当苏联红军推进到距德国首都柏林仅 60 公里时，纳粹党卫军头目希姆莱还乐观地称，如果德军使用"神奇武器"，"只要一两次打击，纽约和伦敦就会消失"。当时，美、英、苏等国的情报人员也发现，纳粹德国确实在研发原子弹，然而迄今为止，专家们普遍认为，直到战争结束时，纳粹德国的核武器研发离实用仍有相当差距。——译者注

己至少会暂时处于客观条件上的劣势。但是，他们开展研发生产所需要的时间被我们强行剥夺了。

当我们在 1943 年 7 月提交拟定的作战方案时，不得不规定了一个前提，就是除非我们能够研发出某种可靠的设施，能够在开放的海滩上为我们的军队提供足够长时间的支持，以便我们有时间占领和修复主要的港口，否则就不应考虑采取登陆行动。到底需要多少时间，是无法准确计算的，但可以暂定为数周，最多也不能超过几个月，因为从 9 月份起，大规模军队就无法在英吉利海峡进行跨海登陆了。到了那个时候我们还不能保证主要港口充分运转的话，我们的前景就堪忧了。正是基于这一前提条件的要求，我们才取得了代号为"桑葚"工程①的巨大而惊人的成就。尽管如此，由于天灾摧毁了第二个"人工港"，该项目真正发挥的作用也就是预期的一半多一点儿。还好，幸存下来的那一个"人工港"能够处理超过其原本预计承担的运输量份额。

我认为，整个概念的创意应当归功于当时皇家海军朴次茅斯司令部派驻考萨克的高级代表、皇家海军准将约翰·休斯-哈利特。这

① "桑葚"（Mulberry），英、美为保障实施"霸王行动"而在诺曼底海滩建造的人工港代号。经反复研究和试验，1943 年 8 月形成方案。人工港中央为浮动式主码头，以 2 条约半英里长的舟桥车道通向岸上；其东、西分设浮动直式坦克登陆舰码头和驳船码头，均有较短的舟桥车道通向岸上；不论潮汐涨落均可卸载。两侧以 31 个钢筋水泥沉箱［代号"凤凰"（Phoenix）］组成长 2200 码的内防波堤，作弧形伸向海面，围成约 2 平方海里的港区；另在其半海里处，以锚固定浮动的钢制构件［代号"低音号"（Bombardon）］组成外防波堤，围成一片更大的深水锚泊区。原计划在英、美 2 个登陆战区各建 1 个，全部设备均在英国预制成部件，共 400 多个，重达 150 万吨，登陆战役开始后拖到诺曼底海滩，3 个星期内装配成港，预计每天可卸载 7000 吨物资。但在建造过程中，6 月 19 日至 22 日遇大风暴，美战区的设备被摧毁，英战区在阿罗芒什（Arromanches）的人工港至 7 月 19 日才建成。——摘编自上海辞书出版社《第二次世界大战百科词典》

一切都起源于 1943 年初夏炎热的一天，在诺福克大厦举行的一次主要参谋人员出席的会议上，当时大家都坐在会议室里，没完没了地讨论解决这个巨大难题的方法和途径。负责后勤补给和运输的部门率先发难，他们没有办法补偿占领瑟堡时间延后所造成的损失。他们说，在登陆的最初几天里，至少需要拿下一个港口，如果做不到，战事就不可能取得进展。我们对他们说，这个问题必须在没有港口的情况下解决，但所有的花言巧语他们都听不进。就在讨论陷入僵局的时候，哈利特准将一边在掌心间轻快地搓着铅笔，一边用教皇一样的口气宣布道："嗯，我只能说，如果我们不能占领一个港口，那我们就必须带上一个。"会议在大家的一片哄笑声中结束了。

大家睡了一觉以后，第二天早上就问哈利特准将，他是否在开玩笑。经过一夜的深思熟虑，大家觉得，这个看似荒谬的想法中可能有某些合理的东西。哈利特准将也承认，虽然他最初的俏皮话主要是开玩笑的，但他同样一直在想，这里面是否有实现的可能。他此前在联合作战司令部工作过一段时间，他知道那里正在展开的研发工作。当时联合作战司令部组织开展的许多研发项目，给我们策划"霸王行动"带来了不少希望之光。1940 年敦刻尔克大撤退之后，据说丘吉尔首相本人就开始研究是否有可能建造一种码头，能够在潮汐性的海峡水域里将船与岸连接起来。即使是在当时，他已经预见到总有一天会需要这样的东西。到了 1943 年，这一想法已经取得了显著的成果，而且已经造出了一种奇特的四桩码头，可以沿着自己的桩柱上下浮动，并通过一个铰接式浮筒车道连接到海岸，无论是处于漂浮或搁浅的状态，该码头都可以平稳运行。此外，在远东海域建造避风港的项目也在进行中，以备将来在对日战争中使用。当然，在亚洲水域我们不会遇到海峡潮汐这样的麻烦，但人们的想法总是能互相启发。我们同样迫切需要一些办法来解决在英吉利海峡建造避风港的问题，世界上所有海域都会遇到这个问题。这是整件事的关键，即辟出一片能够避风防浪的安全水域。只要这一点做到了，可以说，避风港内的码头、浮桥、车道等设施就相对简单了。这项工作的后一部分实际上已经完成了。在正常情况下，避风港的问题是不会出现的。因为人们总是首先选择一片已经被自然地形防护好的水域，然后在其上建造各种各样的设施，以供船只卸货和向内陆输送货物。而眼下，我们必须找到一种"反自然"的方式，用一句特别贴切的美国谚语来说，就是"不管万丈深渊还是恶浪滔天"，我们都要在没有防波堤的地方造出防波堤来。不过，英吉利海峡可的确是以制造这两种自然现象的能力而闻名的。

正如其他工作一样，我们再次发现，这个问题有不少方面的人都在积极研究。最有创意的一个据说是俄国人的点子，打算利用海底管道释放的气泡形成防波堤。我觉得这种解决方案只能说是纯理论上的，实践中到哪里去找那么多的压缩空气呢。

同样最简单的权宜之计，就是利用沉船，但似乎也无法满足实际需要。把船有意沉到海底的某个特定位置，好像也是一件非常复杂的事情。而且为了满足我们的需求，不得不牺牲一支庞大的船队。难道只能靠把这些船沉掉才能造出防波堤来吗？能不能找到其他可以承受风浪冲击的锚泊装置？或者，是否有可能制造出某种类型的漂浮物，这种漂浮物在提供足够抵抗风浪能力的同时，又更容易让舰船安全地系泊？

正如现在大家已经知道的，我们最终所采用的方法是建造巨型钢筋混凝土"沉箱"，在设计上，它既要具有一定的海上拖曳浮航性能，也能在精确的位置快速下沉。这些"沉箱"实际上就是专门建造的大型船舶，每一艘都与"诺亚方舟"的传说外形非常相似。由此形成的避风港主墙还会受到系泊在其上的漂浮式防波堤的保护，这些防波堤是由另一种被称为"低音"号的特殊设计船只组成的，而沉船本身也可以为锚地提供较小的避风坞。尽管在设计时挖空了心思，但"低音"号基本上还是失败了。

但是，正如大家可以想象的，要跨过设计概念和实践操作之间的鸿沟，需要付出多少想象力和组织工作，整个"霸王行动"其他方面工作的都无法与"桑葚"工程相比。所以从一开始就很明显，我们必须找到一些具备非常特殊资格的专门人才，来负责监督"桑葚"工程的实施。

到了 8 月份，考萨克从联合作战司令部挖来了哈罗德·沃纳爵士，来负责协调整个项目。他在那个月魁北克召开的"四分仪会议"上提交了计划大纲，以及工程所需的材料和劳动力估算，以及如何组织实施的建议。在随后的建设过程中，他们遇到了一系列新的困难点，也就是通常所说的瓶颈问题。所有的需求都非常迫切，包括数量巨大的钢铁、混凝土、做模板用的木材、劳动力、建造码头的空间、将所有构件拖过海峡用的拖船以及熟练船员，然后还要以英寸级的精准度将其安放在异国的浅滩上。不过最重要的可能还是绝对保密，在这方面容不得出现半点儿闪失。建设过程会持续很长一段时间，半个英格兰和爱尔兰很多地方的人都在为此努力工作。我很想知道，在这成千上万的人当中，到底有多少人真正知道他们在干什么。当然，这里必须有一个说得过去的故事，以备不时之需，而最可信的说法是，这些都是在法国港口内使用的配件，因为当我们把港口从敌人手上夺过来时，肯定已经被完全摧毁了。但是工人们不会被这么简单的事情所欺骗。有一天，我被带到萨里和东印度码头①，代号"凤凰"的混凝土沉箱就是在那里建造的，有一些在码

① 萨里商业码头（Surrey Commercial Docks），是英国伦敦东南部罗瑟利斯的一个大型码头群，位于泰晤士河南岸（萨里一侧）。码头从 1696 年运作到 1969 年，此后被填平并重新开发为住宅区。东印度码头（East India Docks）是位于伦敦东部布莱克沃尔的一群码头，在泰晤士河北岸，由东印度公司建设，1806 年起用，1967 年关闭。——摘译自 https：//encyclopedia. thefree-dictionary.com/

头里面，还有一些在干地上为它们挖掘的水池中，当泰晤士河水被引入时，它们就可以漂浮起来。我问一个工头是否知道这是怎么回事。当然了，他说。他被找来干这个活儿的时候，正在北方某个地方建造混凝土谷仓。他们现在正赶工的这些东西，显然是漂浮的谷仓，到时候它们里面将装满小麦，并被拖过海峡去喂饱饥饿的欧洲。太容易猜了，所有的小伙子都知道。但没关系，他们都闭口不谈。

"桑葚"工程的整个故事本身就是一个研究课题，非常值得单独讲一讲。因为，当我们开始认真研究它时，我们发现，它甚至都称不上新生事物。在印度、美国和其他地方，有人似乎毕生都在季节性大河的河岸上处理这类问题。随着夏季洪水和冬季退潮，河岸设施必须随着水线的前进和后退而一次又一次地移动。在1943年和1944年的工作中，很可能也会出现许多对未来有所启发的东西。但对我们考萨克来说，整个工程却是一场关于优先权的较量。在或多或少与战争有关的资源中，每一个人，每一盎司的物资，每一英尺的空间，早就全都分配光了。"桑葚"的一切都是从别人手上或其他地方抢来的。由于整个项目完成后将跨越水面与陆地的分界线，也就是春季一般大潮的高水位线，因此需要做出非常明确的分工，以确定海军该干什么，陆军该干什么。最终的结果是，海军部负责建造所有可能被证明是必要的浮船防波堤、大型船舶和所有为建造防波堤而自沉的船舶，以及将代号"凤凰"的混凝土构件拖过英吉利海峡。陆军部负责混凝土构件的设计，并负责在人工港内安装所有码头和浮筒车道。大家一起分担人力、材料和场地的成本。劳工部提供了许多从英国和南爱尔兰招募来的专业制造商和电力设备。英国军队负责提供警卫士兵，美国军队则提供了工程师部队。海军放弃了部分护卫舰和航空母舰的生产。美国战时航运管理局①和英国战时运输部都放弃了不少商船，将其作为大型沉船使用。

到 1944 年 1 月，哈罗德·沃纳爵士向我们保证，不管怎么说，整个工程总算成功在望了。

1944 年 6 月，从英国开出来一百万吨位的钢筋混凝土沉箱和庞大的船队、码头突堤、浮筒车道以及其他各种各样的构件，大家都想不明白它们是如何浮在水面上的。正如有人在伦敦的酒吧里所评论的："就像把雅典娜神庙推到了，然后再拖过英吉利海峡。"几天之后，所有这些漂浮的"怪物"都沉到了合适的位置，变成了"桑葚 A"，一个供美军使用的完整港口，以及供英国人使用的"桑葚 B"。在人工港的两侧是代号"醋栗"②的防波堤，它们是小型登陆艇的避风坞，在"桑葚"人工港完工之前就可以投入使用，之后还可以作为备用锚地。这些"醋栗"是由一排排沉放在适当位置的大型船舶而形成的防波堤，从阿弗尔半岛的观察哨上刚好可以看到那些位于最东端的沉船，这可让敌人高兴坏了。德军声称，这是他们"毁灭性的反登陆措施"的牺牲品，是我们登陆行动被击溃的明证。不过，等到"桑葚"和

① 战时航运管理局（War Shipping Administration），第二次世界大战期间美国联邦政府协调船舶航运的管理机构。1942 年建立。负责接管各战时委员会拥有的船只，购买、征用和管理所有悬挂美国国旗的船只。有权根据战争需要把船只分配给军事部门和一些政府机构，有权监督船舶制造、控制船舶用途和处理劳资关系。第二次世界大战结束时，拥有世界船舶吨位的一半以上。——摘自上海辞书出版社《美国历史百科辞典》

② "醋栗"（Gooseberry），诺曼底登陆战役中英、美用沉船构成的防波堤代号。为保障登陆作战的物资供应，英、美在 1944 年 1 月计划，以 70（一说 55）艘旧商船和 4 艘报废军舰（其中 25 艘美国船、1 艘法国旧战列舰），在开始登陆作战的 3 天内，驶至各登陆滩头内自沉，构成与海岸线平行的 5 条防波堤，以屏护船只靠岸卸载。其中在奥马哈和黄金滩头的 2 条，则成为"桑葚"人工港的一部分。——摘自上海辞书出版社《第二次世界大战百科词典》

"醋栗"的花儿盛开和果实成熟，就变成另外一个故事了。考萨克的工作，其实就是种下它们的种子和培育它们的早期成长。"长时间的跨海滩后勤补给和提供人工锚地"这个史无前例的特殊问题，就这样解决了。

然后再来介绍"冥王星行动"①，该项目是通过铺设在英吉利海峡水下的管道向登陆部队提供液体燃料。时至今日，液体燃料确实已成为所有作战力量的生命线。"二战"期间，德国的合成油工厂和我们在海上的薄壳子油轮船队始终都是重点打击的目标。油轮可是永远都不会嫌多的，但我们损失了很多油轮。它们很可能被证明是"霸王行动"的"阿喀琉斯之踵"②。如果一艘油轮停泊在一片开阔的海滩上，正在慢悠悠地将自己的货物用油泵抽上岸，那没有比这更好的目标了。因此，必须想尽一切办法来减少由此产生的危险。

在战争之前，人们对和平使用输油管道已经有了丰富的经验。多年来，就是这些输油管道把世界上不断增加的石油输送到了各大

①  "冥王星行动"（Operation Pluto），"二战"期间英国为支持盟军 1944 年 6 月入侵诺曼底的"霸王行动"，在英法之间的英吉利海峡下修建海底石油管道的行动。根据官方记载，代号"冥王星"的英文"PLUTO"是"管道水下石油运输"（Pipe-Line Underwater Transportation of Oil）的首字母缩写。该方案最早由英伊石油公司总工程师阿瑟·哈特利（Arthur Hartley）提出，最初的想法是使用经过改造的海底电话电缆。诺曼底战役打响时，跨海峡管道还没有来得及开通。截至欧洲胜利日，向西北欧盟军输送的燃料中，只有 8% 是通过这些管道输送的。——摘译自 https：//encyclopedia.thefreedictionary.com/Operation+Pluto

②  阿喀琉斯之踵（Achilles´ Heel），《荷马史诗》记载，传说中的阿喀琉斯是凡人珀琉斯和仙女忒提斯之子。忒提斯为了让儿子炼成不坏之身，在他刚出生时就将其倒提着浸进冥河，但其被母亲捏住的脚后跟却不慎露在水外，留下了全身唯一一处"死穴"。后来，阿喀琉斯被毒箭射中脚后跟而死去。这就是至今流传在欧洲的谚语"阿喀琉斯之踵"的来历，后人常以此譬喻这样一个道理：即使是再强大的英雄，也有致命的死穴或软肋。——摘自 http：//baike.sogou.com/v543734.htm

洲的边疆僻壤。即便是在战争时期，这也不是什么新鲜事。早在
1917 年、1918 年，我们就曾通过管道将中东的石油输送到约旦河
谷。到了 1941 年，英国更是被一个管道系统所覆盖，用于向即将建
成的庞大机场网络供给燃料。在 1942 年之前，为了开发潜艇燃料补
给系统，海底输油管道的有关试验已经在顺利进行中。1943 年初，
"冥王星行动"在斯旺西和伊尔弗勒科姆之间的塞文河口①进行了试
运行。根据经验，我们发现不能完全依赖这种海底管道。很明显，
要找到一种既不会发生泄漏，同时又足够容易处理、铺设和维护的
材料是很困难的。因此，作为备用，我们又采用了一套混凝土油罐
拖船系统，将其拖过英吉利海峡，并拉上岸，作为海滩上的固定油
料储备。这就是我们另外一个最操心的事——液体燃料供应的问题。
结果还是幸运的，也许就是因为我们准备了多套方案。虽然"冥王星
行动"的设计没有问题，也的确从怀特岛铺设到了瑟堡，但该系统并
没有达到人们的预期。不过，它的不足也没有造成什么物质上的损
失，因为它确实比预期更早地利用了法国港口的储油设施，而这些
设施几乎没有受到什么破坏。后来，从邓杰内斯角②到加来这段短距
离的"海底输油管道"就没有出现任何问题，最终使得建设从利物浦
通向莱茵河的管道成为可能。虽然在这件事情上我是门外汉，但在
我看来，通向瑟堡的"冥王星"输油管道系统在"霸王行动"中并未发
挥有价值的作用，尽管毫无疑问积累了许多对未来有益的经验。

---

① 塞文河(The River Severn)，英国最长的河流。长 220 英里(354 公里)，也是
英格兰和威尔士流量最大的河流。发源于威尔士中部山脉，流经什罗普郡、
伍斯特郡和格洛斯特郡，经布里斯托尔海峡流入大西洋。斯旺西(Swansea)
为威尔士第二大城市，位于布里斯托尔海峡北岸。伊尔弗勒科姆(Ilfracombe)，
英格兰西南部滨海城市，位于布里斯托尔海峡南岸。——译者注
② 邓杰内斯角(Dungeness)，英格兰肯特郡南部荒凉的三角形砾石海岬，从隆尼
(Romney)沼泽地突入英吉利海峡，北面则伸入多佛海峡。——译者注

"桑葚"和"冥王星"这两个项目，激发了人们的想象力，以至于可能会转移大家对其他一些次要的、可能更为普通的技术发明的注意力，但如果没有这些技术的帮助，登陆行动的进展可能就不会那么顺利。这些技术革新中的大多数，都是在考萨克以外的其他地方完成的。我们考萨克的任务就是，当英国士兵和他们从三千英里外赶来的表亲——美国士兵一起踏上诺曼底的沙滩时，我们要确保这些权宜之计最终有助于解决这个非常时刻的问题。

还有一个必须交代的就是我们的登陆艇，那些组成伟大舰队的数量众多的登陆艇，至少有几十种类型。每一个类型的出现，本身就是一个精彩的故事。几个月以来，甚至近几年来，有多少人的脑子一直在冥思苦想，就是为了能够找到解决某些细节问题的办法，有很多零部件就是我们身边的工人利用现成的材料，在附近的造船厂里，甚至就是在离海边数英里的内陆棚屋和车库中制造出来的。在过去一段日子里，整个英格兰都变成了一个巨大的造船厂。随便在哪个英国乡村的狭窄街道上，人们经常可以看到一辆满载着某种海洋怪物的多轮卡车驶过。原来这里的"鱼"不是在水里养的。这些怪物怎么能够漂在水面上呢，这对一个生活在陆地上的人来说很难理解。海军又是如何将诀窍传授给船员的，让他们操控这些东西像是端着一个汤盘那样容易，这同样也是一个待解之谜。这些奇形怪状的登陆艇最终全都完成了自己的使命，它们开到了法国，并把货物送上了岸，而真正推动它们的，是坚定不移追求胜利的意志。

有一些登陆艇被吊在运兵舰的栏杆上，等它们被放到海面上之后，就来来回回疾驰，将突击队员送上岸。有很多不同规格的登陆舰可以把前舱门直接放到沙滩上，这样它们装载的火炮和卡车就可以直接开下来而不会沾水。一些单程运载坦克的登陆舰能够在短时间内被改装成医院船，可以带回大量伤员。有一些舰艇可以向敌人的防线发射一束束火箭弹，在那一刻它们自身几乎消失在火焰和烟雾中。有一些小船装载着几乎和自己一样大的火炮，因此可以直接开到岸边实施抵近射击。有一种特殊类型的登陆舰可以将进攻的步兵直接运送到海滩，一次一个连，不需要转运。还有一种安装了铁轨的军舰，用来运载火车头和车厢。每一种类型的舰艇都有自己独特的作用。起初还有人提出来修建海峡隧道，现在已经很久没有人再提这个话题了。

登陆艇不仅有数量上的问题，还存在一个质量问题，也就是说，我们要确保这些船艇得到及时维修。这又一次引发了英国已经不堪重负的造船厂的任务安排问题，也再次引发了美国人和英国人之间的矛盾。英格兰和苏格兰周围的海岸上停着许多受损的船只。这是多方面原因造成的，其中包括英国造船厂出现了严重的供过于求，同时还要考虑到这些造船厂的战后情况。就像上次经济衰退之前那样，造船业可能会出现一次新的繁荣，为了迎接这一天的到来，必须先把工人们哄好了。这意味着需要严格遵守工会对工作时间和工资的限制，此外还必须维护好船东的利益。如果迫于战时需求而提高了工资或延长了工作时间，这种变化可能会延续到和平时期，从而增加未来的生产成本。我们在面对爱国主义和其他方面的问题时，都必须同样坚持实事求是。通过支付更高的工资，我相信我们可以更快地建造和修理更多的登陆艇。但是我们毕竟赢了。我们从未得到过那些我们认为需要的登陆艇，说明我们的资源一定是足够了。毕竟物资短缺的噩梦还会一直持续到 D 日之后。

然后我们再来说说，世界上一半的车辆学会了游泳，船只也装上了轮子上路。在船只上路方面，美国军队远远领先，因为这项技术从一开始就对太平洋战争具有重要意义。他们很久以前就在佛罗里达州的沼泽地里积累了这方面的丰富经验。和过去一样，解决方案其实非常简单，通用汽车公司的两个小伙子想到了一个聪明的办法，找一辆标准的美国2.5吨卡车，用一条船把它包起来。就这样，代号"鸭子"（DUKW）的水陆两用运输车①诞生了，这是一款真正的两栖卡车，帮着我们打赢了战争。我第一次乘坐"鸭子"的时候可真是激动万分，当时是路易斯·蒙巴顿勋爵负责驾驶，在苏格兰西部的一个高尔夫球场上，我们越过了几个沙坑，一直冲向大海。这也是登陆运输问题应对方案的一个组成部分，解决了在最脆弱和最不方便的地点——水域边缘转运人员和物资的问题。

如何跨越水位线，几乎是一件最需要集中思想和智慧的技术。首先是为了让进攻部队自己通过，然后是为了打破他们身后补给线上最大的瓶颈。在第一次世界大战当中，我们从1916年开始痛苦地尝到了现代防御火力的可怕②，虽然可以躲在相对安全的野战壕沟后面，但如果不想让进攻的步兵遭受严重损失的话，就需要巨大的炮火支援。即使是为了压制当年那些日子的武器，我们的火炮也必

---

① 美军DUKW水陆两用运输车，代号称为"鸭子"，D指1942年制造，U指水陆两用，K指各轮均有驱动力，W指双后车轴，于1942年至1944年投入使用，用于登陆作战中从货船中将上陆部队所需的补给品或兵员运送至岸上，对于欧洲及太平洋战场的盟军反攻作出了重要贡献，战后亦军援各盟国及美国州警使用。该车水陆两用，重达6吨，十个前进齿，两个后退齿，6缸汽油发动机，陆上时速50英里，水上时速6节，行驶途中可将轮胎充气和部分放气，以适应高山雨林路况，在水中用螺旋桨推进。"二战"期间制造了21000辆。——译者注

② 1916年6月24日到11月18日间，英、法两国联军为突破德军防御并将其击退到法德边境，在位于法国北方的索姆河区域发起了第一次世界大战中规模最大的一次会战，即索姆河战役。双方伤亡共计130多万人，是"一战"中最惨烈的阵地战，也是人类历史上第一次把坦克投入实战中，因其残酷性而被称为"索姆河地狱"。从6月24日起，英、法军进行了7天的炮火准备。7月1日晨7时半，步兵在炮火支援下发起进攻。英军以密集队形前进，遭到德军机枪和炮兵火力的严重杀伤，第一天伤亡近6万人。——译者注

须一排排地密集排列，我们的坦克必须以营为单位前进。尽管如此，取得的效果往往还是微不足道，让我们付出了惨痛的血的代价。时至今日，我们正准备去攻击的，可是希特勒用钢铁和混凝土精心构筑的欧洲要塞，况且还不是从自己相对安全的战壕里出发，而是从一堆不同种类的小船上跳下来。因此，我们发起首轮进攻的士兵就需要得到比以往任何时候都更强大的支持，但显然这也是最难给予帮助的时刻。技术人员肯定会告诉我们，他们精心部署了各种完美的装置，可以发射数千吨炸弹以支持攻击，支援舰队的火炮也会同时展开炮击。有一些登陆艇被改装成炮艇和火箭发射平台。另有一种登陆艇，可以让陆地火炮在漂浮状态下发射。最后，还有多年来世界上每一支部队都在研发的水上坦克。

关于车辆如何登上开阔海滩的问题，是我们的另一个主要心病，考萨克的一位工作人员解决了这一难题。因为车辆必须要上岸，才能组建起完整的登陆部队，所以不可能等着"桑葚"人工港建成。比如，作战方案设想在 D 日和之后的第二天就要登陆 2 万多辆汽车。现在，设计登陆艇的部分诀窍是，确保其龙骨的坡度与使用该艇的海滩自然坡度保持一定的对应，使其在卸下负载时能够尽可能不浸到海水。然后，登陆艇可以凭借自身的力量撤离海岸，为其他人让出通道，并返回装载另一批货物。当然，人类在这种事情上可没有最后的决定权，因此，安全起见，除了直接开上码头的以外，每一辆汽车都必须"防水"，也就是说，要保护其在海水中浸泡到几英尺深时受到的损害最小。因为登陆艇很可能会在一些不平的地方着陆，船首下面可能还有几英尺深的海水。在这种情况下，车辆也要沿着卸货坡道开下去。开车的军士可能会说，这可不是闹着玩的。的确，这可不能开玩笑。1944 年夏天登陆诺曼底的每一辆车都经过了"防水"处理，例如，一辆吉普车就可以沿着海床行驶，除了驾驶员的头和几英寸的进气管外，没有任何东西伸出水面。

车辆防水的问题对英国军队来说可不太容易，因为像往常一样，他们对战争的爆发毫无准备，在机动装备的标准化等问题上一直无法跟上步伐。到1943年的时候，英军拥有超过100种不同类型的车辆和发动机，每一种在防水方面都有不同的要求。而另一方面，美国军队从一开始运气就好很多，为了防水的需要，他们能够将自己的车辆类型限制在12种以下。因为这项工作必须分配到各个单位，主要是由非技术人员完成的，很明显，这一过程必须简单易操作。虽然所需的配件当中有些是很容易改装的，比如进气管的延伸管，把它们引到可能的水位以上就可以了。但当涉及防护更重要的电气零件时，就需要某种塑料材质的东西，这种东西在提供绝缘性和耐热性的同时，还要很容易用手去塑造它们的形状。

通过实验，再加上对适用性的研究，答案是高粘度润滑脂与石棉的混合物。但如何获得能保持形状的适当混合物，一开始还是难倒了所有人，直到考萨克的那个小部门"科学实验科"的美国陆军上校诺曼·莱克加入进来。他发现问题在于石棉通常都含有少量的水分，是可以通过烘烤去除的，于是我们便找到了答案。也许这是一件小事，但有时候成功很大程度上就取决于这样的小事。曾经，因为一颗马蹄钉就失去了一个王国①。在我们这个事例中，支撑起胜利

---

① "失了一颗铁钉，丢了一只马蹄铁；丢了一只马蹄铁，折了一匹战马；折了一匹战马，损了一位国王；损了一位国王，输了一场战争；输了一场战争，亡了一个帝国。"这是个著名的英国民谣，其中提到的故事在历史上曾经真实发生过。那是在1485年，英国国王理查三世即将面临一场重要的战争，这场战争关系到国家的生死存亡。在战斗开始之前，国王让马夫去备好自己最喜爱的战马。马夫立即找到铁匠，吩咐他快点给马掌钉上马蹄铁。铁匠先钉了三个马掌，在钉第四个时发现还缺了一个钉子，马掌当然不牢固。马夫将这个情况报告给国王，眼看战斗即将开始，国王根本就来不及在意这第（转下页）

的正是石棉碎片中的那一滴水。

就像在海上、陆地和天空一样，战争也在空气中进行着。敌人和我们一样也有雷达，但他们在这场比赛中，和在其他所有比赛中一样，被公平、公正地击败了。那些熟悉复杂技术细节的专家们，那些想出、组织和实施反制措施的人，给我们讲述了是如何挫败敌人那无形的电波屏障的。有一部分原因是通过武力手段，突击队突袭、飞机发射火箭弹或投炸弹轰炸敌人的雷达设施。但更微妙的安排是，首先，让敌人通过他们的系统接收到一些不正确的细节信息，然后，他们还会接收到几乎没有办法求证的证据，于是他们就会相信前面的虚假信息。比如，我们会听到德军广播提醒德国西北部地区注意防范空袭，而实际上我们的轰炸是要在南部地区进行的，这就是人们想要的结果。还有就是使用漂浮的魔术箱，来自加利福尼亚好莱坞的美国海军中校小道格拉斯·费尔班克斯①熟练地指挥

---

（接上页）四个马蹄铁，就匆匆赶回战场了。战场上，国王骑着马领着他的士兵冲锋陷阵，左突右奔，英勇杀敌。突然间，一只马蹄铁脱落了，战马仰身跌翻在地，国王也被重重地摔在了地上。没等他再次抓住缰绳，那匹惊恐的马就跳起来逃走了。一见国王倒下，士兵们就自顾自地逃命去了，整支军队在一瞬间土崩瓦解、一败涂地。敌军趁机反击，并在战斗中俘虏了国王。国王此时才意识到那颗钉子的重要性，在被俘那一刻痛苦地喊道："钉子，马蹄钉，我的国家就倾覆在这颗马蹄钉上！"这场战役就是波斯沃斯战役。在这场战役中，理查三世失掉了整个英国。后世常常用这个故事来说明细节决定成败。——译者注

① 小道格拉斯·费尔班克斯（Douglas Fairbanks Jr.，1909—2000），美国著名演员、制片人，海军上校。父亲是好莱坞著名影星道格拉斯·费尔班克斯，小道格拉斯七岁的时候就开始在父亲的电影里面演戏。1929年3月，19岁的小道格拉斯与大自己4岁的著名女星琼·克劳馥结婚，1933年离婚。1930年代小道格拉斯成立了自己的电影制片公司，并成为好莱坞著名的动作片、惊险片男影星。美国加入"二战"后，小道格拉斯先是担任英国联合作战司令部司令路易斯·蒙巴顿勋爵的联络官，负责突击队的组建和训练，以及策划、实施袭扰和牵制性、欺骗性行动，在参加了数次跨越海峡的突袭任务后，他认为对敌人实施欺骗和心理战非常重要。后转到美国海军（转下页）

着其中一个中队，他们每个人都配备了一个小型电子设备，以便令敌人的雷达屏幕上产生强大舰队登陆时才可能产生的反应。

有的电影中也描述过这样的片段，在黑暗中，一阵风吹草动顺风传到一个紧张的观察哨位，就可以让站岗放哨的人觉得，仿佛所有武器都即将以排山倒海之势袭来。

这种草木皆兵的情况，到了夜间空袭的时候也会出现在空旷的田野上。在敌人轰炸机的瞄准手看来，下面一定是一个全力运转的活跃机场。如果他们能在白天回来检查一下自己的战果，就只会看到一些在农田里炸出来的弹坑。那个从夜间高空看到的机场，只不过是一些飞行员用点燃小垃圾堆的办法模拟出来照明跑道的形状。为此德国人可真浪费了不少炸弹。

我在前面已经提到过，"鸭子"水陆两用车是赢得战争的功臣。这里还有一位为战争作出贡献的功臣，我想大家可能不会有疑问。尽管战后也有人试图抹黑它的名声，但如果没有 C-47"达科塔"运输机，我们的处境应该会很糟糕。在全世界，这匹"天空之马"都证明了自己的价值。在"霸王行动"中，无论是运输作战部队还是保障后勤补给，它的空运量都无其他飞机能够超越。与大家都抢登陆艇一

---

（接上页）"威契塔"号（Wichita）巡洋舰服役，参加了 1942 年 6、7 月间的 PQ-17 船队护航任务。1942 年，他先后向筹备登陆北非行动的美国海军中将肯特·休伊特和美国海军作战部长、海军舰队总司令欧内斯特·金建议成立军事欺敌机构。1943 年 3 月 5 日，金海军上将签发秘密命令，让小道格拉斯负责招募 180 名军官和 300 名士兵，组建了代号"海滩跳跃者"（Beach Jumper）的特种部队，主要任务是利用小股部队模仿登陆行动，通过特殊设备干扰、欺骗敌军雷达，让敌人以为他们是主要的登陆部队。"海滩跳跃者"在登陆西西里和法国南部的地中海作战行动中均发挥了重要作用，小道格拉斯也为此多次获得表彰，战后留在海军预备役，1954 年以上校军衔退役。战后他又回到了好莱坞，同时也在英国从事影视创作。——摘译自 https://encyclopedia.thefreedictionary.com/Douglas+Fairbanks+Jr.

样，运输机也是如此，没有人会嫌它们多。直到盟国远征军最高司令官到位之后，西北欧战场对于运输机的需求才得到满足。

功臣簿上还要给吉普车记上一笔。无论是装上螺旋桨乘风破浪，还是吊着降落伞从天上投下来，对吉普车来说都是一样轻松。不幸的是，在陆地上，它获得了仅次于英国摩托车的"致命武器"第二位的恶名。但公平地说，这并不总是吉普车的错。

虽然说起来有点儿像业余的尝试，但在材料应用的独创性上，我们不能不提到贝雷先生，现在的唐纳德·贝雷①爵士，以及他发明的桥梁——"贝雷桥"，肯定是那个时代杰出的工程成就之一。因为没有桥梁的公路或铁路根本就连不成交通线。当敌人在我们空军的"大力支持下"试图摧毁西北欧的所有桥梁和涵洞时，人们会发现，这片本来略有起伏、毫无特色的平原，立刻变成了由无数个令人头疼的小岛组成的群岛。无论是我们的作战方案，还是其他任何人制订的战斗计划，都离不开各种形状、大小和种类的桥梁。

多年来大家应该听到过不少火炮设计师和装甲设计师之间的嘴仗，但对于过去三十年中坦克设计师和桥梁设计师之间的争吵，大家可能了解的不多。坦克的重量早已超过了大多数普通公路桥梁和涵洞的临界荷载。即使回到 1918 年，当时的重型军用车队要想穿越欧洲的路网，也是非常困难的。幸运的是，到了 1940 年，我们的桥

---

① 唐纳德·贝雷（Donald Bailey, 1901—1985），英国土木工程师，"贝雷桥"的发明者，早年曾在谢菲尔德大学学习。"二战"期间在陆军部工作，设计出了著名的"贝雷桥"。这种桥以高强钢材制成轻便的标准化桁架单元构件及横梁、纵梁、桥面板、桥座及连接件等组成，用专用的安装设备可就地迅速拼装成适用于各种跨径、荷载的桁架梁桥。1940 年后，在英、美、加等盟军工程部队中得到广泛应用。英国陆军元帅蒙哥马利曾经说过："没有'贝雷桥'，我们就打不赢战争。"因为这个贡献，1946 年贝雷被封为爵士。——摘译自 https：//military-history. fandom.com/wiki/Donald_Bailey_(civil_engineer)

梁设计师跑在了前面，为我们提供了"贝雷桥"，这是一个非常巧妙的产品，它好像不仅解决了所有的桥梁问题，还解决了在尽可能远的将来可以预见的许多其他问题。这种设备基于单元结构原理，很像一套小男孩玩的"麦卡诺"①微型工程玩具，其应用范围非常广泛。比如，它可以在莱茵河上搭建经得起任何车厢的双轨铁路桥，也可以在夜间悄无声息地在战线最前沿组装好，让黎明发起进攻的坦克驶过最宽的壕沟。而且，它的组件可以在任何一辆载重卡车上运输，其中最重的组件也最多只要六个人就能举起来。一般情况下也不太会组装错。正如我们后来所发现的，这套设备可是个无价之宝，它还能作为海港临时码头区的配件使用，并且很适合建造多种用途的龙门架，包括在船上和在岸上用的。依靠这套"贝雷桥"设备，我们在考萨克遇到的很多事情都被大大简化了。对其中大多数问题来说，答案就是再多送几套"贝雷桥"过去就行了。

还有，坦克也有很多不同的种类——装甲推土机坦克、引爆或开掘雷区的坦克、将工兵及成吨的炸药安全运送到要炸开的障碍物上的坦克、喷射火焰或发射火箭或巨型炸弹的坦克。有游泳的坦克，也有乘飞机的坦克。不过，技术问题是技术人员的事情。正如我前面讲过的，考萨克的任务就是审视所有这样那样千奇百怪的问题，并从那些丰富多彩的创意中找到解决办法，不浪费任何有用的东西，才可能有助于达成我们伟大的最高目标，那就是，当英国和美国的士兵们完成他们的共同事业时，仍然能够保持毫发无损。

对于下面这个问题，我们又一次必须等到最高司令官到任了才

---

① "麦卡诺"拼装玩具（Meccano），1898 年，弗兰克·霍恩比（Frank Hornby）在英国利物浦发明的一套模型拼装玩具。由可重复使用的金属条、板、角梁、车轮、车轴和齿轮，以及使用螺母和螺栓连接的塑料零件组成，可以组装建筑模型和机械设备。——摘译自 https://thefreedictionary.com/Meccano

能解决。有一个简单但非常重大的决定等着作出，那就是进攻选择在白天还是夜间进行。决定哪一个选项在很大程度上取决于技术和装备。到目前为止，我们的发明家们已经创造出各种各样的新奇照明效果，这将使现代的夜袭变得完全不同。和平时期发展起来的泛光照明给了我们很多启发，战场上使用的设备也被开发出来，可以产生明暗之间的反差，这样我们的部队就可以在黑暗的掩护下，朝着被灯光照亮致盲的敌人进攻。我们也已经掌握了"夜视"的技术，即如何在黑暗中清晰地看到目标而自己不被人看见。

到底选择白天还是夜里进攻，有许多方面需要考虑。虽然黑暗可能使我们免受敌人的大部分反击，但毫无疑问，敌人和我们一样，也在如何战胜黑夜的知识上取得了进步。在黑暗中，尽管我们有各种仪器设备的辅助，但我们实施掩护性轰炸和炮击的效果肯定会减弱。一想到要在黑夜里的规定海域部署一支由数千艘船只组成的舰队，还要能够在短时间内清除水雷，我们就感到压力山大。即使对于训练有素、无所畏惧的专家来说，在黑暗中发现并清除障碍物和诱杀装置也是一件很冒险的事情。而白天本身就可以解决或减少大部分困难，但另一方面也可以减少敌人遇到的麻烦。当双方都能看到篮筐的时候，那就是一场非常简单的投篮比赛。难道我们不具备这样的力量吗？即使敌人在岸上而我们处于海上的不利地位，难道就不能像我们所期待的那样，给敌人一个出其不意的决定性打击吗？难道我们希望利用黑夜获得的好处，不会被我们因此而遭受的战斗力损失所抵消吗？这好像是一个非常难以权衡的取舍。

这个问题，就要等我们期待已久的司令官德怀特·D. 艾森豪威尔将军来回答了。

# 第十二章 权当结论

艾森豪威尔将军的参谋长沃尔特·比德尔·史密斯将军，与艾森豪威尔将军是一组伟大的搭档，他们将在世界军事史上名垂青史。这组搭档经受住了战争的考验，证明了他们的能力和效率。能被选中加入这个团队是一种无上的光荣。就在他们到来的早几天前，蒙哥马利将军也到任了，他负责指挥第21集团军群和整个突击行动，也就是我们的首轮战略进攻作战，用他自己的话来说，这是有史以来最伟大的"先遣部队"。最高司令官掌握着考萨克不具备的资源，他可以"尽人类之所能，尽可能减少进攻的危险"，这是全世界都知道的。最初的进攻达到了奇袭的效果，令敌人措手不及，这样的情况一般不太经常发生，深受鼓舞的指挥层马上认识到了这一点并抓住机会，及时调整了我们的原定作战方案，完全放弃了计划中的第一个主要目标，即在塞纳河-卢瓦尔河沿岸建立集结区域，调整为在那里做短暂休整，然后继续向东进攻。盎格鲁-撒克逊民族善于即兴发挥的天赋，再加上习惯于在任何事情上都要保证百分之三百的安全系数，再次给我们带来了胜利。

如果要总结一下的话，我想任何人都可以制订一个作战方案，但要实现它却需要一些不同寻常的东西。战争的科技含量越高，对其方案和筹备工作科学化水平的要求就越高。在这种情况下，胜利不属于那些制造武器的人，而是属于那些拥有运用武器天赋的人。

第一次世界大战之后，我们都非常疲惫，这种疲惫让我们渴望放松。我们更容易让思想留恋过去，而不会花时间去预测未来，因为那是一件很费劲的事情。所以我们很多人都公开表示要回到过去，要把一切都找回来。回到我们在1914年被打破的生活状态。我们说，最重要的是不要让我们再去担心更多的战争。于是我们被告知，我们刚刚打赢的应该是一场结束战争的战争，无论如何，十年内都不可能再发生重大冲突。随着时间的流逝，这十年很快过去了，那些有朝一日可能要捍卫同胞生命权、自由权和追求幸福权利的人，必须尽可能保持好精神状态，但可惜的是，他们面对的情况是前十年都没有任何进步。然后，当大家都醒过来的时候，才开始做出姗姗来迟的努力，试图重新唤起早已逝去的战争记忆，从1914年到1918年，我们付出了巨大的代价，究竟获得了什么样的教训。

　　现在，我们又像1918年一样打赢了战争。为了将来的人着想，我们希望这一次能够好好看看，刚刚过去的这个邪恶时代可能给我们带来什么有益的东西。但愿我这本书的写作能够有所帮助。但这本书并不是公认的正史。编撰正史的工作将在晚些时候才能完成，因为这是一个需要花费大量时间的苦差事。我们英国关于第一次世界大战的军事历史编撰工作，一直到"二战"爆发才得以完成，无论说有什么价值都为时已晚，只不过是记录了一段死气沉沉的过去，因为在这之后人类的命运又经历了一次新的轮回。墓碑必须回到刻字的石匠那里重新书写，然后才能再次竖立在坟墓上。历史到底是什么？有一位著名的美国人曾经说过："历史就是一派胡言。"也许这是一个很好的玩笑，但他在这一点上错了吗？如果历史必须至少隔上一代人的时间再来书写，那么它所依据的原始材料只能是以书面形式记录并保存下来的资料。当历史正在发生时，并非总是能够在激烈的行动中做好书面记录。但如果谈到资料保存的长久性，那些包含亲历者个人想法的田野访谈，比那些缺乏具体人物的抽象报告更不容易保存下来。如果有人看到一份发表的报告，与自己熟知的事实存在很大出入，那种感觉一定很奇怪。然而，这份报告很可能会成为历史的原始材料。随着时间的推移，历史事实和书面记载之间的差异似乎会变得越来越大。如果今天再来问那个著名的问题，"真相到底是什么？"答案可能很简单："很少有人能说明白。"

　　总之，在我看来，一个人有责任在记忆犹新的时候，记录下自己对事件的印象。尤其是如果像我一样，有幸接触到了那些肩负着重大责任的伟大人物，情况就更应该如此。当所有的历史记载都汇聚起来时，我一个人写下来的印象可能没多大价值，但另一方面，我们常说历史是一副没有血肉的骨架，而我的这些记录则可能会给其中一个小关节赋予生命。事实上，如果考虑到历史对于未来的作用，那么重要的根本不是那副骨架，而恰恰是它的血肉。因为伟大的指挥官改变历史进程的决定，很少是参照着多年后才艰苦挖掘出来的历史而作出的，这是战争本身的事情。他根据决策时的情况，审时度势采取行动。再伟大的指挥官也都是人，像其他人一样，同样承受着折磨小人物的所有精神压力。"再读一遍伟大船长的生平，"拿破仑说，也许他才是最伟大的。他们的继任者可能会从他们的生活中学到更多，而不是从他们指挥的战役中。因此，每一个历史的细节都很重要，每一个细微的证据都可能对解开这个伟大的方程式产生影响，引导学生去发现事情究竟是如何发生的。

　　1943 年 3 月到 1944 年 1 月这段时间里发生的事情，在历史上是没有先例的，我们要给后人留下什么样的印象呢？1944 年 1 月 17 日，艾森豪威尔将军接管了指挥权，考萨克就变身成为了"盟国远征军最高司令部"。在这段时间里，我几乎每天都与考萨克的同事朝夕相处。这本身可能并不稀奇，但很少有英国军人能有如此幸运的机会，可以对许多国家的各行各业有如此广泛的了解。到考萨克之前，我的工作往往只是与一个小的内部圈子分享某一个重要的秘密，考萨克让我扩大到从未有过的外部圈子，参与分享更多具有重大意义的秘密，大大增加了这一段经历的趣味性。

在外行看来，随着一个人在指挥链上的地位越来越高，作决定总是越来越容易。当上级的明确命令被推迟或没有如期下达的时候，下级队伍中容易出现不耐烦的情绪。他们创造了一个很有说服力的短语，"层级越高，处事越圆"。有时候确实是这样。在不需要承担责任的情况下，快速作出决定似乎很容易，但是当你负责掌控一件事情的时候，就完全不同了。难怪"霸王行动"的负责人有时候会犹豫不决。因为失败会带来毁灭性的灾难，英吉利海峡将被英国人和美国人的尸体塞满。对英国人来说，作出这个决定的心理负担肯定更重。在之前德国人计划入侵英国的时候，我们只有寥寥数月的时间准备迎击入侵者。而现在，我们的敌人已经等着我们上门好几年了。对历史的研究并没有带来多少安慰。尤利乌斯·凯撒和诺曼底的威廉都曾经成功地征服过不列颠①。不过拿破仑却害怕了，希特勒也害怕了。其实根本不存在什么真正的先例，就连失败也没有先例。那种要打回诺曼底公爵威廉老家的想法，与其说是现实，不如说是诗意。正如我们提醒参谋长们的那样，对世界其他地方表面上看起来差不多的战例寄托太多信心其实都是没有用的。西西里岛是一回事，诺曼底则完全是另一回事。

---

① 公元前55年和公元前54年，凯撒两次入侵不列颠。第一次因为风暴导致损失惨重，不得不仓促撤回。第二次调集了更多兵力，迫使不列颠人臣服，而后返回高卢。英格兰国王威廉一世（1066—1087年在位）本是法国诺曼底公爵。英王爱德华死后无嗣，大贵族哈罗德被拥立。威廉借口爱德华生前曾许以王位，乃渡海侵入英国，黑斯廷斯一战击毙哈罗德，自立为英王威廉一世，史称"征服者威廉"。——译者注

有人争辩说，继续发动进攻的决定实际上并不是由最终任命的指挥官作出的，而是由作战方案本身，即规划者作出的。有些人认为，在最高司令官接掌指挥权时，整个作战方案就像一个机器人，已经获得了自己的动力，无论是司令官还是任何其他权威人士，都无法阻止它的发展。但事实并非如此，也不可能如此。诚然，到了1944年1月，一切都取得了长足的进步，从那时起，取消登陆的命令每晚一个小时，其影响都会变得更加严重和深远。到了1944年1月的时候，大家可能会由衷地说，在那之前一年里，在英国国内和国外发生的一系列事件，已经让赢得战争的可能性显而易见。在不列颠群岛上，兵力集结的规模越来越大，已经无法隐瞒了，这预示着一定会有事情发生。其实，我们等于已经告诉敌人了，进攻只是时间问题。毫无疑问，让事情按照既定的路线发展，让计划自行展开，是一种更容易的方式。但在我看来，以此来揣度我们的领导人仅仅满足于遵循阻力最小的路线是荒谬的。如果他们是这样的人，我们就不可能赢得1944年初那样有利的形势。但如果所有情况都发生了变化，使得没有必要再继续战争，那么哪怕到了最后一个小时，哪怕让一个小人物来作出决定，答案也会是"不"，而不会是遗臭万年的"是"。

那么，这一段历史进程的转折点在哪里呢？当然是在1943年8月，在魁北克会议上，不仅考萨克的总体方案获得了批准，而且考萨克的工作人员也接到命令将其付诸实施。从那一刻起，就出现了一种理想的运作状态，即计划和执行都属于同一个权力机构。同时大家也发现，在最近的这一场战争中，在部队中被称为作战计划参谋的这批人，作用变得越来越突出了。我们在考萨克的工作经验，可能有助于未来如何最合理地分配参谋部门的职责，并承担起与参谋部门相关的某些职能。

在我看来，美国和英国在部队中大规模引进作战计划参谋，是因为近年来集中指挥的倾向越来越明显。这种指挥上的集中化，是由于通信的完善和准确而得以实现的。与此同时，我们必须承认，我们所说的民主也有消极的一面，掌握权力的往往不是那些最合适的人，但也不会是那些显然不合适的人。现如今，事实上，承担责任可能不会给个人带来好处，因为权力往往会被交给那些"最少制造麻烦"的人。如此一来的结果便是，长期以来，指挥官在细节问题上的负担越来越重，因为他的上级总是急于了解这些细节，以免他们被自己的上级"找到毛病"。因此，指挥官能够用于考虑日常事务之外问题的时间就变得越来越少。所以，他不得不为自己配备一个参谋班子，负责为自己进行一些长期性的规划思考。过去传统概念上的参谋人员很难再适应当前的需要，特别是当他们必须为基本上未经过职业训练的军队服务时，现在军队的大多数成员原本都是老百姓，其战斗力是众所周知的。如果一个国家的政策是维护和平的同时又随时准备打仗，情况可能就不一样了。

最大的浪费或许就是大家戏称的"计划力量"。据保守估计，二战期间，在所有作战计划参谋制订并被他们指挥官采纳的方案中，大约20个当中只有一个得到了执行，其余的都变成了废纸。制订一项作战方案，即使是为了一次小规模的行动，也需要大批军官开展很多艰苦细致的工作，而且这些军官的能力都是比较出挑的。但要改善这种状况，防止浪费工时和精力，可不那么容易。解决的办法似乎在于，第一，将我们所倡导的分散指挥权的观点付诸实践；第二，提高个人的工作能力。但后一条建议本身就需要长远计议。

诺曼底战役初期采用的总体战略，是一个永远值得讨论的话题。如前所述，首轮进攻的关键物资从头到尾都严重短缺。登陆艇和运输机从来就没够用过。可以说，考萨克的资源都是以美分和便士为单位计算的，从来没有用过美元和先令，更不用说英镑了。虽然我们考萨克的方案是全力以赴押注在卡昂身上，并将科唐坦半岛作为第二个目标，但即便如此，仍然存在着在卡昂和科唐坦之间如何分配资源的问题。谁敢说卡昂方向有问题呢？如果真有问题的话，那就永远不会有机会如此快地打到塞纳河。但是，正如前文说到过的，方案是一回事，执行是另一回事。一份作战方案，第一次接触的时候可能会被仔细地贯彻执行，之后的事情便是由战神的双手来掌控了。值得进行最深入研究的是，在艾森豪威尔将军到任和登陆行动发起之间的这段时间里，最高司令部又取得了令人惊叹的成绩，对影响整个行动的很多细节进行了优化调整。在许多人看来，登陆行动从 5 月推迟到 6 月，好像是仓促决定的，没有考虑到随之而来的所有影响。但研究的结果是否能支撑这种批评，似乎令人怀疑。还好，在之前制订作战方案的漫长过程中，我们把各种意外因素都充分预见到了。不过，的确，在阳光灿烂的五月里只能无所事事地坐着，然后又不得不在夏天里奋力拼搏，真是令人恼火。

在考萨克，没有人告诉我们——当然我们也不需要知道——决定艾森豪威尔将军担任我们最高司令官的全部真实内幕。不过有人告诉我们，1943 年 1 月在卡萨布兰卡附近举行的安法会议①上，高层不管怎么说都是默许"霸王行动"的指挥权应该交给英国人的。一名英国军官被任命为未来盟国远征军最高司令官的参谋长，也就是考萨克的参谋长，就清楚地证明了这一点。就我们而言，虽然具体

———————————

① 安法（柏柏尔语：Anfa 或 Anaffa），卡萨布兰卡的古老地名。大约在公元前 10 世纪由柏柏尔人建立，奥古斯都时期的罗马人在公元前 15 年建立了商业港口"安福"（Anfus）。安法现在是卡萨布兰卡最古老的一个区的名字。——摘译自 https://encyclopedia.thefreedictionary.com/Anfa

人选还没有产生，但很自然，关于我们最终会为谁服务的猜测是无法避免的。在我们看来，几乎不可能有什么争论。指挥这场自英格兰发起的最大规模军事行动的人，肯定是一位最顶尖的英国军人。但如果他真的被任命，他与大英帝国总参谋长和英国政府的关系会如何？美国人又将如何看待将其军队的指挥权下放给这样一位英国指挥官？正如前文讲到过的，我们在处理指挥关系的时候是充分考虑到民族偏见的。

我也说不清楚，这其中的变化是从什么地方、什么时候以及什么方式第一次传到我们这里的。到了1943年8月，在魁北克召开"四分仪会议"的时候，我们考萨克就坚定地认为，指挥权将会掌握在美国人手中。我前面讲述了自己在1943年10月的美国之行，主要就是基于这样的假设。

在我看来，当涉及具体人选时，也没有多大争论。首先是大英帝国总参谋长艾伦·布鲁克爵士，然后是美国陆军参谋长乔治·C.马歇尔将军，他们都是热门人选，对前者的讨论是在一个有限的圈子里，后者更广泛，这在美国是不可避免的。我已经讲过一些美国参谋长换届时可能遇到的困难。在这一点上，我是听罗斯福总统本人亲口说的。关于大英帝国总参谋长的调整，也可以提出完全相同的意见。在我看来，这里我们没有必要再深究为什么两位被提名的领导人都没有被任命为"霸王行动"的最高司令官。还不如讨论一下，如果不是这样可能会有什么好处呢。

如果谈谈我的想法，这个问题我可能比任何其他事情都更清楚，那就是，如果是一位英国将领掌握了指挥权，整个事件可能会变得非常不一样。我甚至敢说可能根本就行不通。军人和政客之间的关系，是每个国家都必须解决的问题，每个国家都必须为自己制定最适合其宪法、国情、目标和政策的解决方案。而且绝对不可能照抄硬搬。一方面,总参谋部可以决定国家政策;但另一方面,从军事角度来看,总参谋部可能会认为政府剥夺了自己的权力,作为最低限度的必要预防措施,理由是政府认为过多授权既不符合政治利益,也不符合公共利益。在这两个极端之间,可能存在无限多的变化。美国和英国在这方面的做法就形成了明显的对比。在这里我引用美国总统的话。美军高级将领有很多次忍住没有向我们英国人表达他们的惊讶,在他们看来,英国政府当局好像一直对自己的军事将领缺乏信心。

他们说,军人必须得到自己国家当局的支持,除非他们失去了祖国的信心,不管是什么原因。无论是好是坏,对英国这个老牌帝国来说情况都有所不同。我早些时候曾经引用过老一代人的话。对于善于哲学思考的人来说,可以看出来我们的处境并没有什么新鲜变化。英国军人就是在这样的传统里面出生和成长的,这种传统年复一年,会让人们对黑暗时代的记忆永久固化,据说当时的英国人只能匍匐在那位"伟大的护国主"①及其将军们的脚后跟下呻吟。人们

①　奥利弗·克伦威尔(Oliver Cromwell, 1599—1658),英国政治家、军事家、宗教领袖。在 17 世纪英国资产阶级革命中,是独立派清教徒的首领。生于亨廷登,曾就读剑桥大学苏塞克斯学院,信奉清教思想。1628 年当选国会议员。在 1642 年至 1648 年的两次内战中,他站在"圆颅党"一边,统率议会军队"新模范军"战胜了王党的军队"骑士军"。1645 年 6 月在纳西比战役中取得对王党的决定性胜利。1649 年,在城市平民和自耕农压力下,处死国王查理一世,宣布成立共和国。在 1649 年至 1650 年的战争中打败了爱尔兰的邦联和保皇党联盟,战争非常残酷,爱尔兰人进行激烈抵抗,英国军队则残暴地屠杀当地人,德罗赫达(Drogheda)屠城行动就是典型例子:英军破城之后,克伦威尔下令处死城内所有男子,甚至连教士和修士也不能幸免。征服爱尔兰后,克伦威尔通过立法大量剥夺罗马天主教徒的土地,近乎实施种族灭绝。英国前首相丘吉尔就曾在自己的著作《英语国家史略》中这样评论说:"克伦威尔在爱尔兰拥有压倒一切的力量,他以卑鄙的手段残忍地运用这些力量,践踏了人类的行为准则,有意对人类的历程投下阴影。"自 1640(转下页)

总是希望历史朝着正确的方向前进。现在，我们的继任者有了他们期待已久的国防部。他们也能看到纽伦堡国际审判的记录。但愿他们和其他所有国家的军人们一起，能够找到共同维护地球和平的答案。当战争结束之后，我觉得，能够给后来人提出的最好建议，莫过于美国海军上将哈特读过的那段祈祷词："请赐予我们力量，好平静地接受无法改变的事。请赐予我们勇气，好去改变那些可以也应该改变的事。请赐予我们智慧，好区分两者之不同。"现在回顾"霸王行动"的筹备工作，按照当时的情况，我并不认为存在由英国人指挥的可行性。虽然没必要急于下结论，但大家或许可以回顾一下整个作战行动的过程。尽管首轮进攻的负担主要落在了英国人身上，包括军队和平民，但随后的负担却是越来越多地压到了美国人的肩膀上。当战争结束时，随着英国军队所占比例不断减少，基本上就是守卫着整个大部队的左翼，这个时候是不可能由英国人行使最高指挥权的。

　　而且，这里面还不仅仅是对个人或国籍的选择，还有对指挥体

<hr />

（接上页）年克伦威尔掌握政权以后，英国国会始终处于一种规模小、不具有代表性的非主流地位，史称"残缺国会"（Rump Parliament）。1653 年 4 月 20 日，克伦威尔以武力解散了"残缺国会"，12 月 16 日起自任"护国主"，对英格兰（包括威尔士）、苏格兰和爱尔兰实行军事独裁统治。他的宗教宽容政策也是仅适用于清教徒，不包括那些被视为异教徒的人，如贵格会教徒、社会党人和"浮嚣派"。护国政府的财政状况和国内经济状况不断恶化，阶级矛盾日趋尖锐，克伦威尔始终未能稳定局势，健康状况每况愈下，1658 年 9 月 3 日去世。在克伦威尔去世前，国会曾几度组成，又几度被解散。曾有两种不同的宪法被采用，但执行得都不成功。1660 年，查理二世继位。1661 年 1 月 30 日，也就是查理一世被处决的 12 周年纪念日，克伦威尔的遗体被从威斯敏斯特大教堂挖出，捆在铁链上进行象征性的绞刑，头颅被割下来挂在柱子上一直到 1685 年。此后克伦威尔的头颅被多次转手买卖并展出，直到 1960 年才最终被葬在他的母校剑桥大学苏塞克斯学院。——译者注

系的选择。美国人的统一指挥体系，是把最终的、不可推卸的责任交给一名指挥官，而英国人，就像在所有事情上一样，把他们的委员会制度带到了最高层。在参与联合作战的英国战斗部队中，一共有三名司令官，每个军种都有一位。这里不是讨论两种制度优缺点的地方。不管怎样，军队指挥体系在每种情况下无疑都是多种民族特征相互作用的产物。但是，我们英国人中很少有人有机会去近距离观察统一指挥体系运作的优势——那种清晰利索的速度和效率，我们还没有认识到这套体系在实战中产生的效果。"霸王行动"可以让英国式的指挥委员会来发起、控制和领导吗？为了给这个问题找到一个肯定的答案，可能用到的理由一定是非常有趣的。

最后，还有一个大家都在谈论的"英美合作"的话题。这是一个极其复杂的国际问题，需要不断进行讨论、关注和研究。有的人在推动它，认为它是一种脆弱的温室作物，必须小心照料，以免枯萎。也有人在阻挠它，说它是一种需要铲除的有毒杂草，因为它的存在污染了许多珍贵的土地。

在考萨克，我们很快为自己找到了所有这些和类似复杂问题的简单答案，那就是现实当中根本没那么复杂。我们彼此非常了解，我认为，那种两国之间存在重大分歧的想法，对我们任何一个人来说都是荒谬的。这并不是说，我们都是被精心挑选出来负责英美合作的，因而对这件事的看法比较特别。或许可以这样说，英美之间合作是正常的，不合作反而是不正常的。尽管美国和英国最近的大规模联合行动很难被定义为正常，因为这也是历史上的首次。对于美国成千上万的普通老百姓而言，他们中的绝大多数人在纳税的时候碰在一起，很可能会这样聊起来："这帮该死的英国佬就是一群畜生——当然，除了有一次我遇到的一个家伙，看起来没有那么坏。"
英国人其实也是如此。他们虽然会庆幸美国佬驻扎英格兰的日子已
经结束，但他们还是会说："当然，他们当中也有一些了不起的人。
我就特别记得一个人……"如何如何。

大家必须记住，美国人和英国人开始联合起来行动时，他们看
到的对方都不是处于最佳状态。对于美国人来说，他们加入陆军或
海军，到海外服役，远离家乡，心情一定很糟糕。英国人看到的只
有美国军队在打仗。而美国人看到的，也是英国人在自己饱受战火
摧残的家园中作战。很多美国人都是第一次发现，这里没有冰箱，
没有集中供暖，没有汽车，也没有多少吃的和喝的，生活竟然还可
以继续，而且充满了活力。也许他们还发现了一些物质层面之外的
东西，而且，当他们停下来思考时，他们发现自己身上也有同样的
东西。他们发现"英国人能够挺得住"，不管从哪种意义上来说，但
我相信他们还会发现，英国人可以用精神上的东西来回报他们慷慨
分发的糖果和口香糖。在这场战争中，美国人第一次遇见的外国人
可不只是英国人。星条旗被他们带到了地球的每一个角落。美国人
已经开始承担起英国人长期以来所承担的某种责任，也许他们已经
开始意识到许多事情的要义，而这些事情对他们大多数人来说以前
都不曾考虑过。

我发自内心地相信，任何人如果把任何一种盘算，建立在英美
之间不会开展合作这种极小的可能性之上，那么他的估算结果都会
大错特错，从而伤害到他自己。

是谁在决定一个国家是不是应该和另一个国家决裂？据说，在
这些问题上的政策，是由一些高高在上的权威决定的，政治的、金
融的或诸如此类的机构。人们不禁要问：是谁制定了美国的孤立主

义政策①？在英国又是谁默许了美国人对英国的这种态度？只要两国人民之间的接触很少，而且主要局限于商业和两国的特殊阶层，可以称之为游客，那么利益集团就不难传达任何想要的宣传路线。现在的情况就不一样了。但愿能像陆军元帅约翰·迪尔爵士热切希望的那样，可以找到一些方法，而且像美国人现在对英国人已经有所了解那样，让英国人对美国人也能有充分的了解。其实，在半个世纪以前，美国作家，或许也可以称之为先知——荷马·李②在《撒克逊的时代》一书中就曾如此雄辩地描述过这一前景，届时，这个世界

① 孤立主义（Isolationism），美国奉行的一种传统的对外政策原则，意指尽可能避免干涉国际政治争端以符合本国利益。源于首届总统华盛顿1796年8月19日的《告别演说》，声言欧洲的一些根本利益与美国无关，美国要避免卷入欧洲的争端并避免与外界结成永久性联盟。它不排斥发展对外贸易、对外扩张和保卫美国在西半球的利益。由华盛顿宣布并得到后任总统亚当斯、杰斐逊屡屡重申的这项政策，初被称为"大陆主义"。20世纪初，美国卷入第一次世界大战，威尔逊总统倡导成立国际联盟。一些美国人以华盛顿的教诲为理论根据，反对政府卷入欧洲政治争端，他们被讥嘲为孤立主义者，成为该词的由来。第二次世界大战前，随着国际局势日渐紧张，该思潮一度泛滥。持这一观点的人反对美国卷入欧亚大陆民主国家与法西斯国家间的对抗，在政府内部和国会中均有代言人，并建立了一些民间组织，形成一股强大的社会政治势力，曾一度影响和制约着美国外交政策的制定与执行。由于法西斯国家的扩张，美国的利益受到更大威胁，通过国际干涉主义者的努力，在罗斯福的领导下，美国逐步摆脱其束缚，实行援助盟国对抗法西斯的外交政策。1941年12月美国参战后，其势力和影响大减。——摘自上海辞书出版社《第二次世界大战百科词典》

② 荷马·李（Homer Lea，1876—1912），美国地缘政治、军事策略学家，是个身高不满五英尺、体重不过百磅、视力不佳的驼背。自小醉心军事，曾申请就读西点军校和参加陆军，均被拒绝。后进斯坦福大学，研究军事史和政治，并对中国产生浓厚兴趣。曾主动结交康有为，参加清末维新运动。后加入同盟会，成为孙中山好友，为中国革命在欧美筹款并培训军事人才。1911年辛亥革命成功后，孙中山任命其为首席军事顾问。1912年病故，享年35岁，遗愿葬在中国。1969年，蒋介石下令将荷马·李夫妇厚葬于台湾阳明山第一公墓。荷马·李认为，在日俄战争后，日本已成为美国的新威胁，曾花七个月时间在美国西海岸考察可能成为日军登陆的港口，将研究资料结集成书，于1909年出版《无知之勇》（The Valor of Ignorance），但未引起美国当局注意。当时西点军校校长麦克阿瑟曾建议将其列为西点学生必读书，后改名《不可避免的日美战争》在日本出版，成了日本军事策略家和士官学校学生的必读书。荷马·李另有两本地缘政治著作《萨克逊的时代》（The Day of the Saxon）、《斯拉夫人的涌现》（The Swarming of the Slav），书中对日本从海上攻击美国、德国和苏联的崛起扩张、两次世界大战的爆发均有比较准确的预言，验证了他对军事研究的独到之处。——摘自http：//baike.so.com/doc/5850349-6063187.html

也许会迎来光明。

正如我之前所写的，尽管大家有着基本的共识，但美国人和英国人通常有不同的方法来达到同一个目的。虽然在考萨克的整个工作过程中，我们都感到自己不断地受到质疑，首先是英国人，然后是美国人，然后是双方，都怀疑对方是否忠实地致力于充分履行自己的承诺，并将他们所拥有的一切资源都投入"霸王行动"中来，但我认为这种印象都是来自于上层。然而，随着时间的推移，我们从下级的队伍中越来越感受到，有一股汹涌而来的力量，这股力量是无法阻挡的，也是不可否认的。我曾经写过，1943年9月的演习行动结束后，从海滩返回的时候，看到那些英国步兵的眼神。他们一路上嬉笑着，互相开着玩笑，他们可能就是通过自己独特的和传统的方式，向将军及其参谋们表达他们强烈的请战决心，他们知道自己能够打赢。正是这种力量，当D日到来时，激励着两国所有部队中的每一位军人奋勇向前。他们中的每一个人都对胜利充满了信心。领导层固然发挥了很大的作用，但领导并不是全部。在任命的领导人出现之前很久，队伍中已经有一些东西存在了。这正是我们在考萨克所做的。最终每个人都明白，当艾森豪威尔将军在6月的一个深夜说出"行动吧"的时候，这句话只不过就是通过了艾森豪威尔将军的嘴巴说出来而已。我不认为这只是他一个人的决定，这是人类深思熟虑的必然结果。这意味着，我们应该有所行动。

至此，我对于战争的回顾就结束了。写作这本书的目的，是希望为那些讲述和平而非战争故事的人提供一些帮助，无论这种帮助有多么得小。或许连这点愿望也可能过于雄心勃勃了。但至少我希望，它能成为对考萨克每一个人的小小纪念，在那段美好的日子里，有一群快乐而忠诚的同志，能为他们工作是如此的开心。

1947年3月